Reihe: Planung, Information und Unternehmungsführung · Band 16

Herausgegeben von Prof. Dr. Norbert Szyperski, Köln; Prof. Dr. Paul Schmitz, Köln; Prof. Dr. Winfried Matthes, Köln und Dr. Udo Winand, Frankfurt

Dr. Margot Eul-Bischoff

Computergestützte Problemstrukturierung

Anwendung der Interpretativen Strukturmodellierungs-Technik in Gruppen

Mit einem Geleitwort von Prof. Dr. Norbert Szyperski

Verlag Josef Eul

Bergisch Gladbach · Köln

CIP-Kurztitelaufnahme der Deutschen Bibliothek

Eul-Bischoff, Margot:
Computergestützte Problemstrukturierung : Anwendung d. Interpretativen Strukturmodellierungs-Technik in Gruppen / Margot Eul-Bischoff. – Bergisch Gladbach; Köln : Eul, 1987.
(Reihe: Planung, Information und Unternehmungsführung ; Bd. 16)
ISBN 3-89012-080-6

NE: GT

Printed in Germany
Druck: difo-druck schmacht, Bamberg

G E L E I T W O R T

In der betriebswirtschaftlichen Literatur überwiegt bislang eine Orientierung hin zum Lösen gegebener Probleme; demgegenüber wird die Problemorientierung im Sinne einer der Lösung vorgelagerten Problemformulierungsphase weniger beachtet. Erst in jüngster Zeit breitet sich der Gedanke aus, daß zahlreiche, für Unternehmungen wichtige Probleme nicht a priori den Strukturiertheitsgrad aufweisen, der für eine effiziente Problemhandhabung notwendig ist. Diese setzt vielmehr bei einer Vielzahl von Problemen voraus, daß zunächst die Problemstruktur erarbeitet werden muß, will man nicht Gefahr laufen, einen Fehler dritter Art zu begehen, d.h. das falsche Problem mit hohem Aufwand lösen zu wollen. Die vorliegende Arbeit unternimmt den Versuch, über die Diskussion der Gesamtkonzeption der in den USA entwickelten Interpretativen Strukturmodellierungs-Technik (ISM) einen Beitrag zu einer problemorientierten Betriebswirtschaftslehre zu leisten. ISM bietet dem bzw. den mit der Problembewältigung betrauten Experten die Möglichkeit, statt eines nicht methodengestützten, intuitiven Vorgehens - das allein weder problem- noch benutzeradäquat erscheint - eine formalere, effektivere und effizientere Handlungsweise zur Problemstrukturierung anzuwenden. Die ISM-Technik zielt nicht auf eine Quantifizierung des zu bewältigenden Problems ab. Dem Charakter schlecht-strukturierter, komplexer Probleme entsprechend, versucht sie lediglich eine (grobe) qualitativ-strukturelle Annäherung an das Problem. Dem Problemexperten soll ermöglicht werden, expliziter und bewußter, systematischer und kreativer über schlecht-strukturierte, komplexe Probleme nachzudenken. Hierzu soll er sich einer einfach zu handhabenden, gruppen- und computergestützt anwendbaren Technik bedienen können, die ihn bzw. die Gruppe kognitiv nicht überfordert.

ISM gilt als die bekannteste und am häufigsten angewandte Strukturmodellierungs-Technik. Der Einsatzbereich von ISM unterliegt praktisch keinen Beschränkungen, sofern das zu behandelnde Problem als hierarchische Struktur interpretierbar ist. Dennoch ist die Technik so konzipiert, daß sie ohne spezielle Anpassung an das jeweilige Problem sofort anwendbar ist.

Für den recht jungen Gegenstandsbereich der Strukturmodellierung existiert bisher keine geschlossene Theorie. Aus diesem Forschungsdefizit resultiert die zweifache Bedeutung der vorliegenden Arbeit: Zum ersten hat eine Vielzahl der nachfolgenden Ausführungen, insbesondere in den Punkten B und E, nicht nur ISM-spezifischen, sondern allgemeingültigeren Charakter. Sie können als erster Ansatzpunkt für eine Strukturmodellierungs-Theorie angesehen werden.

Daneben ist die spezifische Bedeutung der Erarbeitung und kritischen Untersuchung einer Gesamtkonzeption von ISM als einer spezifischen Technik aus der Methoden-Klasse Strukturmodellierung zu betonen. Aus den bislang weitgehend isoliert nebeneinander stehenden literarischen Beiträgen zur ISM-Technik hat die Autorin einen konzeptionellen Bezugsrahmen entwickelt, der nicht nur die mathematische und computertechnische Komponente von ISM erfaßt, sondern auch die Schnittstellenproblematik der ISM-Technik zwischen dem bzw. den Problemexperten und dem schlecht-strukturierten, komplexen Problem verdeutlicht.

Die in dieser Untersuchung behandelte Themenstellung resultiert aus einem von der Deutschen Forschungsgemeinschaft (DFG) geförderten Projekt zur "Strukturmodellierung", in dem die Autorin als Projektleiterin tätig war. Die Durchdringung dieses Forschungsgegenstandes dokumentiert sich in der umfassenden und fundierten, aber dennoch gut verständlichen Bearbeitung des Themas. Mit Hilfe dieser Untersuchung sollte es möglich sein, den Bekanntheitsgrad der ISM-Technik zu erhöhen und sie neben den bislang realisierten gesellschaftspolitischen Problemstellungen auch für Anwendungen im Rahmen betriebswirtschaftlicher Fragestellungen verstärkt einzusetzen. Ich wünsche dieser Arbeit eine positive Aufnahme und eine reichhaltige Resonanz.

Köln, im Januar 1987

Prof. Dr. N. Szyperski

V O R W O R T

Die vorliegende Arbeit wurde im Sommersemester 1986 von der Wirtschafts- und Sozialwissenschaftlichen Fakultät der Universität zu Köln als Dissertation angenommen.

Im Rahmen dieser Untersuchung wird der Versuch unternommen, einen Beitrag zur Handhabung komplexer Probleme zu leisten. Doch auch dieses Vorhaben selbst zeichnete sich durch einen hohen Komplexitätsgrad aus. Der hier behandelten Problemstellung haben sich folglich eine Reihe von Barrieren kognitiver, technischer und motivationaler Art entgegengestellt, die die Autorin alleine wohl kaum überwunden hätte:

In diesem Zusammenhang gilt mein besonderer Dank zunächst meinem verehrten akademischen Lehrer und Doktorvater, Herrn Prof. Dr. Norbert Szyperski. Durch die Mitarbeit in einem von ihm wissenschaftlich geleiteten Forschungsprojekt zur Strukturmodellierung habe ich eine Vielzahl von Anregungen erhalten. Prof. Szyperski hat darüber hinaus meine Arbeit in vielfältiger Weise großzügig unterstützt und gefördert.

Bedanken möchte ich mich auch bei Herrn Prof. Dr. Winfried Matthes für die Übernahme des Zweitgutachtens. Im Rahmen meiner Tätigkeit als wissenschaftliche Mitarbeiterin am Seminar für Allgemeine Betriebswirtschaftslehre und Betriebswirtschaftliche Planung der Universität zu Köln hat er ebenfalls durch mir gewährte zeitliche Freiräume maßgeblichen Anteil an der zügigen Fertigstellung der Arbeit.

Mein Dank gilt darüber hinaus auch Herrn Dr. Udo Winand als stetem Ansprechpartner im Rahmen meines Dissertationsvorhabens. Dr. Winand hat meinen beruflichen Werdegang in den letzten neun Jahren maßgeblich beeinflußt.

Herrn cand. rer. pol. Jürgen Dederichs danke ich für das zuverlässige und saubere Anfertigen aller Abbildungen in dieser Arbeit. Ohne das engagierte und gründliche Schreiben des Manuskripts durch Frau Renate Laarmann hätte die Arbeit sicherlich nicht termingerecht fertiggestellt werden können. Meiner Mutter möchte ich für die mühsame Arbeit des Korrekturlesens danken.

Neben all diesen "kognitiven" und "technischen" Förderern meiner Arbeit gilt aber mein besonderer Dank (und meine Bewunderung) meinem Mann, StB Dr. Johannes Georg Bischoff. Ich fürchte, daß es ihm nur unter Aufbietung all seiner Selbstdisziplin, seines Verständnisses und unter Erinnerung an die von ihm durchlittenen Qualen während seiner eigenen Promotion möglich war, mein streßgeplagtes Verhalten während der Endphase dieser Arbeit zu ertragen. Um die Worte von Martin Irle in diesem Sinne aufzugreifen: Doktoranden sind eigentlich unerträgliche Partner und finden unverdientes Verständnis.

Köln, im Februar 1987

Margot Eul-Bischoff

GLIEDERUNG Seite

A. EINLEITUNG 1

I. Einführung in die Interpretative Strukturmodellierungs-Technik (ISM) 4

II. Zielsetzung der Untersuchung 21

III. Aufbau der Untersuchung 28

B. SCHLECHT-STRUKTURIERTE, KOMPLEXE PROBLEME ALS OBJEKTE DER ISM-TECHNIK 34

I. Problemorientierung der ISM-Technik 34

1. Problembegriff der ISM-Technik 37

2. Problemtypologien der ISM-Technik 43

3. Definition des ISM-Problems 47

4. Definition der ISM-Situation 54

4.1 Komponenten der Definition der Situation 54

4.2 Wohl-definierte Situation 59

4.3 Schlecht-definierte Situation 61

4.3.1 Schlecht-strukturierte Probleme 62

4.3.1.1 Schlecht-strukturierte, simplexe Probleme 64

4.3.1.2 Schlecht-strukturierte, komplexe Probleme 67

4.3.2 Barrieren schlecht-strukturierter Probleme 69

5. ISM-Problemformulierungsphase 72

II. Systemorientierung der ISM-Technik 82

1. Bedeutung der Systemorientierung 84

2. Holistische Betrachtungsweise des ISM-Problems 85

3. Statische Betrachtungsweise des ISM-Problems 87

4. Entwickeln einer hierarchischen Systemstruktur des ISM-Problems 89

Seite

C. DIE ISM-TECHNIK IM RAHMEN DER METHODENKLASSE STRUKTUR-MODELLIERUNG 93

I. Grundlagen der Modellierung 93

1. Zweck der Modellierung 94

2. Merkmale von Modellen 94

3. Modelltypologien 97

II. ISM als eine Strukturmodellierungs-Technik 103

1. Begriff und Intention der Strukturmodellierung 108

2. Komponenten des Strukturmodellierungs-Konzeptes 110

2.1 Schlecht-strukturiertes, komplexes Problem 110

2.2 Problemexperte 111

2.3 Strukturmodellierungs-Technik 113

3. Heuristische und algorithmische Aspekte der ISM-Technik 114

3.1 Phasenschema der ISM-Technik 115

3.1.1 Generierungsphase 116

3.1.2 Strukturierungsphase 117

3.2 Anwendung heuristischer Methoden in der Generierungsphase 118

3.3 Anwendung heuristischer und algorithmischer Methoden in der Strukturierungsphase 126

D. MATHEMATISCHE KOMPONENTE DER ISM-TECHNIK 127

I. Mathematische Grundlagen der ISM-Technik 128

1. Digraphen als irreflexive Relationen 130

1.1 Netze 130

1.2 Relationen 133

1.3 Digraphen 137

Seite

1.3.1 Ordnungsrelationen 139

1.3.2 Digraphen-Bäume 145

1.3.3 Zyklen 148

2. Matrizen als Äquivalent von Digraphen 150

2.1 Adjazenz-Matrix 151

2.2 Einheits-Matrix 152

2.3 Erreichbarkeits-Matrix 153

2.4 Universal-Matrix 156

2.4.1 Kondensations-Matrix 158

2.4.2 Gewichts-Matrix 158

II. Grundannahmen der ISM-Technik 162

1. Statische Betrachtung des ISM-Problems 162

2. Linearisierte Betrachtung des ISM-Problems 163

2.1 Paarweise Relationen 164

2.2 Äquivalenz von Digraphen und Matrizen 165

3. Transitive Betrachtung des ISM-Problems 165

3.1 Erreichbarkeits-Matrix 165

3.2 Transitiver Schluß 166

III. Modell-Austausch-Isomorphismus (MAI) der ISM-Technik 169

1. Überführen des mentalen Modells in weiche Daten und Einbringen der Daten in eine Erreichbarkeits-Matrix (MAI 1 und MAI 2) 172

2. Umwandeln der Erreichbarkeits-Matrix in Standardform (MAI 3) 186

2.1 Relations-Partition 187

2.2 Ebenen-Partition 187

2.3 Separate Teile-Partition 189

2.4 Disjunkte und stark verbundene Teilmengen-Partition 191

Seite

2.5 Stark verbundene Teilmengen-Partition 192

3. Entwickeln des Basis-Strukturmodells (Digraphen) aus der Standardform-Erreichbarkeits-Matrix (MAI 4) 198

3.1 Mit Berücksichtigung der Adjazenz-Matrix 198

3.2 Ohne Berücksichtigung der Adjazenz-Matrix 200

4. Transformation des Basis-Strukturmodells in ein Interpretatives Strukturmodell (MAI 5) 203

E. MENSCH-MASCHINE-AKTIONSEINHEIT IM ISM-PROZESS 204

I. ISM-Problemexperte 208

1. Rolle des ISM-Problemexperten 210

2. Tätigkeiten des ISM-Problemexperten bei der Durchführung des ISM-Prozesses 211

3. Individuum als ISM-Problemexperte 213

3.1 Mentales Modell des schlecht-strukturierten, komplexen Problems 213

3.1.1 Grundlagen mentaler Modelle 216

3.1.2 Einflußfaktoren der Bildung mentaler Modelle 223

3.1.2.1 Gedächtnis 227

3.1.2.2 Gespeicherte Informationen 232

3.1.2.3 Kognitive Prozesse und kognitive Stile 236

3.1.2.4 Motive und Bedürfnisse 246

3.1.2.5 Demographische Merkmale 248

3.2 Explizites Modell des schlecht-strukturierten, komplexen Problems 250

4. Gruppe als ISM-Problemexperte 252

4.1 Grundlagen der Gruppenmodellierung 254

4.2 Gruppendynamische Aspekte des ISM-Teams 257

4.2.1 Funktionalitäten und Dysfunktionalitäten der Gruppeninteraktion 258

Seite

4.2.2 Gestaltung der ISM-Team-Interaktion 261

4.2.2.1 Aufbau des ISM-Teams 261

4.2.2.1.1 Quantitative Zusammensetzung des ISM-Teams 262

4.2.2.1.2 Qualitative Zusammensetzung des ISM-Teams 263

4.2.2.1.3 Rolle des Moderators 266

4.2.2.1.4 Ausschalten von Zeitdruck 266

4.2.2.1.5 Schaffen geeigneter Rahmenbedingungen 268

4.2.2.2 Ablauf der ISM-Team-Interaktion 268

4.2.2.2.1 Allkanal-Kommunikationsstruktur 269

4.2.2.2.2 Gesteuerter Argumentations-Prozeß 271

4.2.2.2.3 Abstimmungsprozedur 278

II. ISM-Moderator 280

1. Rolle des ISM-Moderators 281

2. Tätigkeiten des ISM-Moderators bei der Durchführung des ISM-Prozesses 283

III. ISM-Manager 288

1. Rolle des ISM-Managers 288

2. Tätigkeiten des ISM-Managers zur Vorbereitung des ISM-Prozesses 289

3. Tätigkeiten des ISM-Managers zur Kontrolle des ISM-Ergebnisses 291

IV. ISM-Computer 293

1. Rolle des ISM-Computers 294

2. ISM-Software zur Durchführung des ISM-Prozesses 295

Seite

2.1 ISM-Programmklassen 295

2.1.1 Entwickeln des anfänglichen Strukturmodells 295

2.1.2 Zyklen-Bearbeitung 295

2.1.3 Formale Korrekturen des anfänglichen Strukturmodells 296

2.1.4 Inhaltliche Korrekturen des anfänglichen Strukturmodells 296

2.1.5 Graphische Ausgabe des Strukturmodells 297

2.2 ISM-Programmpakete 298

2.2.1 Battelle Memorial Institute, Columbus, Ohio 298

2.2.2 University of Dayton, Dayton, Ohio 300

2.2.3 "SERPRO" in Kooperation mit IBM Brasilien 302

3. ISM-Hardware zur Durchführung des ISM-Prozesses 303

F. BEURTEILUNG DER ISM-TECHNIK 306

I. Effektivität der ISM-Technik 310

1. Konzeptionelle Effektivität der ISM-Technik 310

1.1 ISM-Problem-Adäquanz 311

1.1.1 ISM-Problembereich 311

1.1.2 ISM-Problemklasse 314

1.1.2.1 Statik 315

1.1.2.2 Linearität 315

1.1.2.3 Transitivität 317

1.2 ISM-Benutzer-Adäquanz 320

1.2.1 ISM-Manager und ISM-Moderator 320

1.2.2 ISM-Problemexperte 324

1.2.2.1 Verständlichkeit 325

1.2.2.2 Erlernbarkeit 326

Seite

1.2.2.3 Mensch-Maschine-Symbiose 327

1.2.2.4 ISM-Team-Interaktion 331

2. Anwendungsorientierte Effektivität der ISM-Technik 333

II. Effizienz der ISM-Technik 335

G. ZUSAMMENFASSUNG UND AUSBLICK 340

LITERATURVERZEICHNIS 344

ABBILDUNGSVERZEICHNIS Seite

Abb. 1: ISM-Anwender und Strukturmodell-Typen 6

Abb. 2: Mit der ISM-Technik entwickelte Zielstrukturen 8,9

Abb. 3: Mit der ISM-Technik entwickelte Beeinflussungsstrukturen 9

Abb. 4: Mit der ISM-Technik entwickelte Prioritätsstrukturen 10

Abb. 5: Mit der ISM-Technik entwickelte Zielstruktur der "Ohio Environmental Protection Agency" 13

Abb. 6: Mit der ISM-Technik entwickelte Zielstruktur der "Franklin University, Columbus, Ohio" 14

Abb. 7: Mit der ISM-Technik entwickelte Struktur der Investitionshindernisse in "Columbus, Ohio, Central Business District" 15

Abb. 8: Mit der ISM-Technik entwickelte Beeinflussungsstruktur der Ziele für eine ökologische Landwirtschaft in der Sahelzone 16

Abb. 9: Mit der ISM-Technik entwickelte Prioritätsstruktur von 31 Stadtentwicklungsprojekten in "Cedar Falls, Iowa" 17

Abb. 10: Mit der ISM-Technik entwickelte Zielstruktur für die öffentliche Sicherheit im Stadtteil ABC 18

Abb. 11: Die ISM-Technik als Interface zwischen dem Problemexperten und dem schlecht-strukturierten, komplexen Problem 22

Abb. 12: Typologie von Entscheidungsproblemen nach formalen Kriterien 45

Abb. 13: Reitmanscher Problemvektor 48

Abb. 14: Komponenten der Definition der Situation 56

Abb. 15: Wohl- und schlecht-definierte Situation 60

Abb. 16: Struktur des Problems 65

Abb. 17: Teilbereiche der Systemtheorie 88

Abb. 18: Modelltypologie nach der Darstellungsform 100

Abb. 19: Strukturmodell ausgewählter SM-Techniken 106

Abb. 20: Auswahl von SM-Techniken 107

Seite

Abb. 21: Allgemeine Methodik des Problemlösens 119

Abb. 22: Einfaches Netz 131

Abb. 23: a) Schleife 132
Abb. 23: b) parallele Kanten 132

Abb. 24: Netz mit Schleifen und Parallelen 133

Abb. 25: Relation 134

Abb. 26: Hierarchie verschiedener digraphenbasierter Strukturen 140

Abb. 27: a) Ein isoliertes Element 141
Abb. 27: b) Mehrere isolierte Elemente 141

Abb. 28: a) Lineare Struktur 141
Abb. 28: b) Multilineare Struktur 141

Abb. 29: a) Hierarchie 142
Abb. 29: b) Zyklus 142

Abb. 30: Multiebenen-Struktur 143

Abb. 31: Hierarchie, jedoch kein Digraphen-Baum 145

Abb. 32: Digraphen-Baum mit mehreren Senken und Quellen 147

Abb. 33: a) Digraph D 151
Abb. 33: b) Adjazenz-Matrix A des Digraphen D 151

Abb. 34: Einheits-Matrix I zur Adjazenz-Matrix A 153

Abb. 35: A + I 154

Abb. 36: $(A + I)^2$ 155

Abb. 37: a) Zyklus Z 157
Abb. 37: b) Adjazenz-Matrix A des Zyklus Z 157
Abb. 37: c) Erreichbarkeits-Matrix E des Zyklus Z 157

Abb. 38: Gewichts-Matrix W 159

Abb. 39: Schwellenwert-Bestimmung 160

Abb. 40: a) Zyklus ohne Schwellenwert 161
Abb. 40: b) Zyklus mit Schwellenwert 7 161

Abb. 41: a) Transitiver Digraph (auf Basis der Erreichbarkeits-Matrix) 167
Abb. 41: b) Minimalspannende Darstellung eines transitiven Digraphen (auf Basis der Adjazenz-Matrix) 167

Seite

Abb. 42: Modell-Austausch-Isomorphismus (MAI) der ISM-Technik 171

Abb. 43: Partition über Element p_i ohne Feedback 177

Abb. 44: Partition über Element p_i mit Feedback 178

Abb. 45: Partition über Element p_i zum Bestimmen der Erreichbarkeits-Matrix 179

Abb. 46: DELTA-Chart zum Zuordnen aller p_j zu der jeweiligen Teilmenge 181

Abb. 47: Durch transitiven Schluß ermittelte Feldinhalte 183

Abb. 48: Nachfolger- und Vorgängermengen für M-L_0 193

Abb. 49: Nachfolger- und Vorgängermengen für M-L_0-L_1 193

Abb. 50: Nachfolger- und Vorgängermengen für M-L_0-L_1-L_2 194

Abb. 51: Standardform-Erreichbarkeits-Matrix nach Ebenen 195

Abb. 52: Computer-Output des Beispiels 199

Abb. 53: Basis-Strukturmodell des Beispiels 202

Abb. 54: Mensch-Maschine-Symbiose zwischen dem ISM-Problemexperten und dem ISM-Computer 205

Abb. 55: ISM-Prozeß 209

Abb. 56: Erweiterte Konzeption des IV-Ansatzes in Verbindung mit dem SOR-Paradigma als Bezugsrahmen zur Bildung mentaler Modelle durch den ISM-Problemexperten 224

Abb. 57: Psychologische Typen nach JUNG 241

Abb. 58: Grundformen möglicher Kommunikationsstrukturen 269

Abb. 59: TOULMINS Argumentationsschema 275

Abb. 60: ISM-Programmpaket-Generationen 299

A. EINLEITUNG

Die wachsenden Interdependenzen sowie die zunehmende Dynamik und Diskontinuität unserer technologisch hochentwickelten Gesellschaft haben die Komplexität der Probleme, denen sich die heutige Unternehmung gegenübersieht, sprunghaft ansteigen lassen.[1] Die den Problemen zugrundeliegenden Phänomene können nicht mehr isoliert betrachtet werden, sondern sind in einen größeren Umweltzusammenhang mit einer Vielzahl von Einflußfaktoren zu stellen.[2]

Wirtschaftliche Erfolge setzen demnach in der heutigen Zeit voraus, Änderungen von Technik und Gesellschaft nicht nur bereitwillig zu akzeptieren,[3] sondern sich schnell verändernden Bedingungen anzupassen oder den Konkurrenten gar mit neuen Entwicklungen und Konzepten zuvorzukommen.[4] Die hierbei angesprochenen komplexen Probleme zeichnen sich folglich durch ihre Neuartigkeit aus, d.h. sie haben keine Parallelen in der Vergangenheit, die Anhaltspunkte zu ihrer Handhabung geben könnten.[5] Es handelt sich um innovative Problemstellungen.[6] Probleme dieser Art verlangen zu ihrer adäquaten Handhabung neue Denkweisen und Methoden.

Interpretiert man komplexe, innovative Probleme aus systemtheoretischer Sicht,[7] so beinhalten sie eine Vielzahl

---

1) Vgl. stellvertretend für zahlreiche andere Quellen Brandenburg u.a./Innovationsentscheidung/33. Zum Aspekt komplexer Probleme siehe Punkt B.I.4.
2) Vgl. Gomez/Modelle/9 sowie Wright/Systems/7.
3) Vgl. Drucker/Management/115.
4) Vgl. Kieser/Theorien/39. Zu den beiden interagierenden Faktorengruppen Unternehmungsumwelt (Adaptionsproblematik) und Unternehmungsstruktur (Koordinationsproblematik) vgl. Szyperski, Winand/Planungslehre/50 ff.
5) Vgl. Gomez/Modelle/9.
6) Zur Unterscheidung von Routine-, adaptiven und innovativen Problemen siehe Punkt B.I.4.2 sowie B.I.4.3.
7) Siehe Punkt B.II.1.

von Elementen aus verschiedenen Kontexten sowie die zwischen den Elementen bestehenden Beziehungen. Elemente und Beziehungen bilden die Struktur des Problems.[1)] Bedingt durch die quantitative und qualitative Fülle der relevanten Informationen verfügen komplexe Probleme jedoch nicht über eine a priori "gegebene" Struktur, sondern sind vielmehr s c h l e c h t - s t r u k t u r i e r t. Ohne Kenntnis der Problemstruktur erscheint es jedoch nicht möglich, das Problem zu handhaben.[2)]

Die Bewältigung eines derartig komplexen Problems kann auf unterschiedliche Art und Weise erfolgen: Existiert keine adäquate Methode oder ist dem Menschen keine solche bekannt, so wird er eine i n t u i t i v e V o r g e h e n s w e i s e wählen. Bedingt durch die Problemkomplexität wird er dabei schnell an die Grenzen seiner Informationsverarbeitungskapazität gelangen.[3)] Unter Anwendung heuristischer Prinzipien,[4)] wie Abstraktion oder Selektion, wird er daher versuchen, das Problem zu vereinfachen, um die Problemanforderungen seinen Fähigkeiten anzunähern.[5)] Eine unvollständige und/oder verzerrte Problemsicht ist oft das Ergebnis dieses intuitiven Vorgehens. Die Konsequenzen einer derartigen Problemhandhabung können weitreichend und folgenschwer sein.

---

1) Vgl. Warfield/Probing/1-1.
2) Vgl. Hawthorne/Application/200 ff. sowie Warfield/Learning/71.
3) Die Informationsverarbeitung des Menschen findet im Kurzzeitgedächtnis statt. Dessen Fähigkeit, Elemente (oder Elemente und Beziehungen) in einem Zustand kristalliner Kognizenz (sofortige Erinnerung) zu halten und logisch zu manipulieren (absolutes Urteil), ist stark eingeschränkt. Miller spricht hierbei von 7 ± 2 Informationsblöcken. Vgl. Miller/Number/81 ff. Simon hält 2 Informationsblöcke für eine realistischere Größenordnung. Vgl. Simon/Chunk/482 ff. Vgl. auch Waller/Modeling/786; Warfield/Designs/77 sowie Warfield/Interpretation/406. Zu dieser wichtigen kognitiven Einschränkung, die in der ISM-Technik Berücksichtigung findet, siehe Punkt E.I.3.1.2.1.
4) Siehe Punkt C.II.3.
5) Vgl. Warfield/Probing/1-1.

Statt eines intuitiven erscheint ein methodisches Vorgehen angemessen. Benötigt wird eine Technik, die es dem Menschen ermöglicht, sein individuelles Problemverständnis auf heuristischer Basis einzubringen, die aber darüber hinaus in der Lage ist, durch algorithmische Prozesse eine Vielzahl von Informationen aufzunehmen, zu verarbeiten und in organisierter Form zu präsentieren.[1] Für den letzten, algorithmischen Teil der Methode würde sich Computerunterstützung anbieten. Die Methodenklasse, die die Strukturierung komplexer Probleme instrumentell unterstützt, wird als Strukturmodellierung bezeichnet.[2]

---

1) Vgl. Warfield/Ideas/3-2.
2) Zu dieser Methodenklasse siehe Punkt C.

I. EINFÜHRUNG IN DIE INTERPRETATIVE STRUKTURMODELLIERUNGS-TECHNIK (ISM)

Die ISM-Technik kann als eine der bekanntesten und am häufigsten angewendeten Strukturmodellierungs-Techniken bezeichnet werden.[1] Sie ist die einzige Methode, die die hierarchische Strukturierung großer Elementmengen instrumentell unterstützt.

Die wohl umfassendste Definition der ISM-Technik findet sich bei ihrem Begründer John Nelson WARFIELD:

ISM ist ein computergestützter Lernprozeß, der Gruppen bei der Strukturierung ihrer Kenntnisse hilft. Seine Entwicklung wurde durch den Wunsch motiviert, den effektiven Gebrauch von Kenntnissen in solchen Situationen zu verbessern, bei denen Expertengruppen in einen interaktiven Lern- und Entscheidungsfindungsprozeß, dem ein komplexes Problem zugrunde liegt, involviert sind.[2]

---

1) Zu den bekannteren Strukturmodellierungs-Techniken zählen z.B. ELECTRE, Roy 1971, Frankreich; IMPACT, O'Leary 1974, Amerika; KSIM, Kane 1972, Canada; QSIM, Wakeland 1976, Amerika; SPIN, McLean 1976, England und XIMP, Moll, Woodside 1976, Canada. Linstone hat ISM und diese 6 Techniken bezüglich ihrer Eignung für Technologiefolgenabschätzungs-Probleme untersucht. Vgl. Linstone/Use 1; Linstone/Modeling sowie Linstone u.a./Use. Siehe auch zur Klasse der Strukturmodellierungs-Techniken Kapitel C.

2) Vgl. Warfield/Extending/1163. Andere, zumeist engere ISM-Definitionen finden sich u.a. bei Battelle/Technology/39 f.; Christakis, Kawamura/Role/209; Farris/System/75; Farris, Blandford/Aids/1184; Farris, Sage/Use/153; Fitz/Technology/110; Fitz, Troha/Experiment/36; Geiger, Fitz/Modeling/660; Jacob/ISM/1; Jedlicka/Transfer/20; Kawamura, Malone/Complexity/349; Langhorst/Computer/28; Malone/Applications/146; Malone/Overview/767; Sage/Methodology/92; Sage, Smith/Group/185; Scott, John/System/VI und 1-1; Warfield/Principles/317 f. sowie Watson/Modeling/167.

Die ISM-Technik ist aus der langjährigen Tätigkeit von WARFIELD am Battelle Memorial Institute, Columbus, Ohio im Fachbereich "Systems Engineering" hervorgegangen.[1] 1968 wurde WARFIELD mit der Leitung eines Projektes zur Untersuchung systemorientierter Methoden für die Entwicklung und Kommunikation komplexer Problemstrukturen betraut. Da WARFIELD zu diesem Zeitpunkt jedoch noch keine derartigen umfassenden Techniken auffinden konnte, wandelte sich die Intention des Projektbereiches von der passiven Methodenidentifikation und -beurteilung hin zur aktiven Methodenentwicklung. Im Jahr 1973 erschienen nach zahlreichen Vorarbeiten die ersten Veröffentlichungen zu ISM.[2] 1974 war die erste ISM-Software-Generation verfügbar.[3] Im Jahr 1976 bezog WARFIELD neben der Strukturierungs- auch die zeitlich vorgelagerte Generierungsphase in die ISM-Technik mit ein.[4]

ISM wurde bislang in über 300 Fällen[5] von den unterschiedlichsten Anwendern benutzt. Hierzu zählen etwa: Bürgergruppen, Stadträte, Küstenwacht-Offiziere, High School-Studenten, Dozenten, Unternehmungsplaner, Bildungsplaner, Sonderpädagogen, Farmer, Manager eines Verkehrsverbund-

---

1) Zur ISM-Chronologie vgl. Warfield/Designs/64 ff.; Warfield/Extending/1163 ff.; Warfield/Modeling/A-7 sowie Warfield/Relations/286.
2) Die drei grundlegenden ISM-Veröffentlichungen erschienen in den Jahren 1973, 1974 und 1976: Warfield/Assault; Warfield/Complex sowie Warfield/Systems.
3) Diese Software-Generation wurde von G. Clendenning am Battelle Memorial Institute, Columbus, Ohio entwickelt. Die erste Anwendung erfolgte durch R. Fitz in der Kettering Foundation, Dayton, Ohio über eine Wahlleitung zum Battelle Memorial Institute. Siehe Punkt E.IV.2.2.1.
4) Vgl. Warfield/Planning/66.
5) Diese Größenordnung äußerte Warfield anläßlich eines kurzen Deutschlandaufenthaltes im Mai 1985 in einem Gespräch mit der Verfasserin dieser Untersuchung. Dokumentiert ist jedoch nur der Teil der ISM-Anwendungen, der in unmittelbarem Kontakt mit dem Battelle Memorial Institute oder der University of Dayton, die eine 2. ISM-Software-Generation entwickelt hat, durchgeführt wurde.

unternehmens, Umweltschutzbehörden, Soziologieprofessoren sowie Entwicklungsplaner für die Dritte Welt. Die meisten Anwendungsfälle stammen aus den Vereinigten Staaten, aber es existieren auch zahlreiche Anwendungen in Mexiko, Australien sowie in jüngster Zeit insbesondere in Brasilien und Japan.[1)]

WARFIELD hat 43 ISM-Anwendungen aufgelistet. Er beschränkt sich dabei auf die Nennung der mit ISM am häufigsten erstellten Strukturmodell-Typen: Zielstrukturen, Beeinflussungsstrukturen und Prioritätsstrukturen (vgl. Abb. 1).[2)]

Anwender	Strukturmodell-Typ			
	Ziel-struk-turen	Beein-flus-sungs-strukt.	Priori-ritäts-struk-turen	Summe
Government, Federal	7	3	2	12
Government, Regional	0	1	1	2
Government, State	5	0	4	9
Government, County	0	0	1	1
Government, Municipale	0	1	3	4
University	5	1	1	7
Research Institute	1	0	1	2
Citizen Group	0	0	1	1
Individual	0	0	1	1
Corporation	1	1	1	3
High School Class	0	1	0	1
Summe	19	8	16	43

Abb. 1: ISM-Anwender und Strukturmodell-Typen

1) Vgl. etwa Jedlicka/Transfer; Jedlicka, Meyer/Modeling; Carss/Example; Carss, Logan/Example; House/Application; Haruna, Komoda/Algorithm; Nishikawa, Udo/Methods; Sugiyama, Tagawa, Toda/Representions; Tamura, Narai/Application.

2) Abb. 1 ist ein Auszug von Warfield/Modeling/A-9. - Der Gebrauch der ISM-Technik ist jedoch nicht auf diese 3 Strukturmodell-Typen beschränkt. Als einzige Anwendungsrestriktion muß die Transitivität der Beziehung gewährleistet sein. Hierauf gehen die Punkte D.II.3 sowie E.II.2 ausführlich ein.

Im Rahmen von B e e i n f l u s s u n g s s t r u k t u r e n kommen als Elemente Objekte jeder Art in Betracht. Es kann sich etwa um Ziele, Hindernisse, Maßnahmen, Projekte usw. handeln, die durch eine Beeinflussungsbeziehung miteinander verknüpft sind. Z i e l s t r u k t u r e n sind eine Teilmenge der Beeinflussungsstrukturen. Als Elemente sind ausschließlich Ziele zugelassen, die über eine Unterstützungsbeziehung verbunden sind. P r i o r i t ä t s s t r u k t u r e n ordnen Objekte aller Art entsprechend ihrer Vorziehenswürdigkeit.[1)]

Eine detaillierte Auflistung WARFIELDS zeigt die bearbeiteten Themen (vgl. Abb. 2, 3 und 4).[2)] So heterogen wie die Anwendergruppen gestalten sich auch die behandelten Probleme:[3)]

- Welche Ziele sollte die "Ohio Environmental Protection Agency" verfolgen (vgl. Abb. 5)?[4)]

---

1) Zu diesen drei Strukturmodell-Typen vgl. ausführlich Warfield/Systems/Kapitel 15 und 16 sowie Szyperski, Eul-Bischoff/ISM/Kapitel 8.
2) Vgl. Warfield/Modeling/A-10 bis A-13.
3) Weitere, hier nicht aufgeführte ISM-Anwendungen finden sich in Battelle/Technology; Braud u.a./Implementation; Christakis/Appreciation; Christakis, Kawamura/Role; Crim/Modeling; Crim/Use; Farris/System; Fitz/Policy; Fitz, Hornbach/Method; Fitz, Troha/Experiment; Fitz, Yingling, Troha, Crim/Computer; Hawthorne/Application; Hawthorne, Sage/Modeling; Kawamura/Conducting; Kawamura, Christakis/Modeling; Kawamura, Malone/Complexity; Kawamura, Malone/Objectives; Kawamura, Sherrill/Modeling; Langhorst/Computer; Linstone/Use 1; Linstone u.a./Use; Malone/Applications; Malone/Overview; Sage/Methodology; Sage, Rajala/Relationship; Sage, Smith/Group; Scott, John/Systems; Sheehan, Kawamura/Use; Thissen, Sage, Warfield/Users; Warfield/Extending; Warfield/Interface; Warfield/Planning; Warfield/Principles; Warfield/Relations; Warfield/Role; Warfield/Structures; Warfield/Systems; Warfield/Theory; Watson/Modeling sowie Zamierowski, Hornbach, Fitz/Components. Die meisten dieser Quellen sind mit einer Inhaltsskizze ausgewiesen in der ISM-Bibliographie Eul-Bischoff, Esser, Bierdümpel/Bibliographie.
4) Abb. entnommen aus Hart, Malone/Goal/93. Vgl. auch Abb. 2, Nr. 9.

1. A Board of the National Research Council. To organize the objectives of a study of engineering manpower and education policy.

2. Office of Environmental Education. To organize the objectives of environmental education into a structure that would reflect the mission of environmental education.

3. Department of the Interior. To organize objectives for energy planning.

4. U. S. Forest Service. To organize objectives for using forest and grasslands wisely during a period of several decades into the future.

5. U. S. Fish and Wildlife Service. To organize ecological objectives for injection into mineral and energy development processes.

6. U. S. Forest Service. To develop regional resource intent structures compatible with federal law.

7. Urban Roundtable. To organize thoughts about a possible national urban policy.

8. Louisiana Areawide Planning Districts. To organize development goals as a means of qualifying for federal assistance.

9. Ohio Environmental Protection Agency. To organize objectives of the Agency as represented in various legislative acts.

10. Utah Division of State Lands and Forestry. To organize forest planning objectives for compatibility with regional and federal plans.

11. Central Ohio Transportation Authority. To organize transportation management goals.

12. Rapides Area Planning Commission, Louisiana. To organize transportation goals.

13. Franklin University, Columbus. To organize university goals, missions, and policies.

14. Department of Humanities, University of Virginia. To clarify department missions.

15. Department of Engineering-Economic Systems, Stanford University. To clarify program purpose.

---

16. <u>University of Alabama, Huntsville</u>. To organize university goals.

17. <u>Sociology</u>. To organize the goals of sociology, as a means of sharpening the definition of the discipline.

18. <u>Research Institute</u>. To organize objectives of staff development.

19. <u>Corporation</u>. To organize customer needs and wishes, as a means of showing the customer how the company's computers could be used to meet customer requirements.

<u>Abb. 2:</u> Mit der ISM-Technik entwickelte Zielstrukturen

---

1. <u>National Science Foundation</u>. To assess how components of methodology could reinforce one another in carrying out technology assessments.

2. <u>Interagency Futures Research Committee</u>. To explore societal trends affecting the future of American governance.

3. <u>U. S. Coast Guard</u>. To explore how various policies could be developed that would improve personnel retention.

4. <u>Environmental Protection Agency</u>. To explore regional issues related to the use of coal in the Rocky Mountain area.

5. <u>Several Municipal Study Groups</u>. To study the mutual influence of a set of factors relating to inner-city investment.

6. <u>University of Dayton</u>. To explore means of restoring the Sahel region of Africa, overcoming the effects of ill-conceived intervention that did not take account of ecological factors.

7. <u>Corporation</u>. To explore interactions in product development programs.

8. <u>High School</u>. To carry out a classroom learning exercise about factors in developing nations.

<u>Abb. 3:</u> Mit der ISM-Technik entwickelte Beeinflussungsstrukturen

1. U. S. Fish and Wildlife Service. To prioritize objectives contained in the Intent Structure, as a means of focusing future effort.

2. Brazilian PLANALSUCAR Agency. To prioritize agency efforts in advancing Brazil's alcohol fuel program.

3. Mexican Farmers. To prioritize possible obstacles to transfer of methane generator technology to Mexican farms.

4. Queensland, Australia. To prioritize activities in in-service teacher training through formal policy development.

5. State of Louisiana Planning Office. To prioritize developmental constraints relative to coastal zone management.

6. Louisiana Office of Science, Technology, and Environmental Policy. To prioritize obstacles to investment in a LANDSAT (satellite) Access System.

7. Louisiana Urban Studies Institute. To prioritize energy resources.

8. Genesee County, Michigan. To prioritize budget line items.

9. City Council, Kent, Ohio. To prioritize budget line items, in preparation for a budget reduction.

10. Planning Commission, Dayton, Ohio. To prioritize factors in the improvement of the city.

11. City Council, Cedar Falls, Iowa. To put priorities on planned future municipal projects.

12. University of Virginia Committee. To prioritize moving arrangements in transferring several departments to a vacant building.

13. Research Institute. To prioritize transportation projects.

14. Citizen Group, Dayton, Ohio. To prioritize factors that would increase neighborhood safety and improve neighborhood vitality.

15. Individual. To profile the individual in terms of priorities on learning disabilities, as a way to help plan an educational program for the learning disabled persons.

16. Corporation. To prioritize factors related to future markets.

Abb. 4: Mit der ISM-Technik entwickelte Prioritätsstrukturen

- Wie sollte die Zielstruktur der "Central Ohio Transportation Authority" aussehen?[1)]

- Welche Ziele sollte die "Franklin University Columbus, Ohio" verfolgen (vgl. Abb. 6)?[2)]

- Welche Zielstruktur weist die Wissenschaftsdisziplin Soziologie auf?[3)]

- Welche Faktoren behindern die Investitionstätigkeit im Zentrum einer Großstadt (vgl. Abb. 7)?[4)]

- Wie sieht ein ökologischen Erfordernissen entsprechendes autonomes Ernährungssystem für die Sahelzone aus (vgl. Abb. 8)?[5)]

- Wie sollten die Maßnahmen der "Brazilian PLANALSUGAR Agency" zur Einführung von "Gasohol" in Brasilien in einer Prioritätsstruktur angeordnet sein?[6)]

- Welche Prioritätsstruktur sehen mexikanische Bauern für Hindernisse bei der Einführung neuer landwirtschaftlicher Techniken in ihrem Gebiet?[7)]

- Wie sollte die Prioritätsstruktur von 31 Stadtentwicklungsprojekten aussehen (vgl. Abb. 9)?[8)]

---

1) Vgl. Warfield/Systems/377. Vgl. auch Abb. 2, Nr. 11.
2) Abb. entnommen aus Warfield/Systems/375 f. Vgl. auch Abb. 2, Nr. 13.
3) Vgl. Franklin/Intent. Vgl. auch Abb. 2, Nr. 17.
4) Abb. entnommen aus Malone/Introduction/125. Vgl. auch Abb. 3, Nr. 5.
5) Abb. entnommen aus Geiger, Fitz/Design/27. Abb. 8 stellt nur einen Teil der Gesamtstruktur aus 56 Elementen dar. Vgl. auch Abb. 3, Nr. 6.
6) Vgl. House/Application. Vgl. auch Abb. 4, Nr. 2.
7) Vgl. Jedlicka/Transfer sowie Jedlicka, Meyer/Modeling. Vgl. auch Abb. 4, Nr. 3.
8) Abb. entnommen aus Waller/Application/107. Vgl. auch Abb. 4, Nr. 11.

- Wie beeinflussen sich die Probleme, die wachsende Kriminalität in einem bestimmten Stadtteil einer Großstadt verursachen? Welche Sicherheitsziele lassen sich hieraus ableiten und struktieren? Wie sieht die Prioritätsordnung entsprechender Gegenmaßnahmen aus (vgl. Abb. 10)?[1]

- Wie sieht die individuelle Prioritätsstruktur der Lernbehinderungsfaktoren von 16 Schülern aus?[2]

Die ISM-Technik zielt nicht auf eine Quantifizierung des zu behandelnden Problems ab. Dem Charakter schlecht-strukturierter, komplexer Probleme entsprechend versucht sie lediglich eine (grobe) q u a l i t a t i v e Annäherung an das Problem. Dem Menschen in seiner Funktion als Problemexperte[3] soll ermöglicht werden, expliziter und bewußter, systematisch und kreativ über schlecht-strukturierte, komplexe Probleme nachzudenken.[4] Hierzu soll er sich einer einfach zu handhabenden Technik bedienen, die ihn kognitiv nicht überfordert und daher kaum zu Akzeptanzproblemen führen dürfte.

Der Anwendungsbereich von ISM unterliegt praktisch keinen Beschränkungen, sofern das zu behandelnde Problem als hierarchische Struktur interpretierbar ist. Dennoch ist die Technik so konzipiert, daß sie ohne spezielle Anpassung an das jeweilige Problem sofort einsetzbar ist.[5]

---

1) Abb. entnommen aus Fitz/Technology/114. Abb. 10 bzw. Abb. 4, Nr. 14 beziehen sich lediglich auf die im Rahmen dieses Projektes entwickelten Zielstrukturen.
2) Vgl. Waller/Management. Vgl. auch Abb. 4, Nr. 15.
3) Als Problemexperte sollen hier das Individuum bzw. das ISM-Team, deren Problemsicht modelliert wird, bezeichnet werden. Punkt E.I behandelt den Problemexperten ausführlich. Vgl. Szyperski, Müller-Silva, Eul-Bischoff/Strukturmodellierung/10.
4) Vgl. Eden, Jones, Sims/Problems/IX.
5) Vgl. Warfield/Designs/65.

Erläuterungen zu den Abb. 5 bis 10:

(1) Die Richtung der Beziehung ist von unten nach oben zu interpretieren. So unterstützen etwa Ziele auf untergeordneten Ebenen Ziele auf übergeordneten Ebenen.
(2) Elemente, die in einem Rechteck zusammengefaßt wurden, sind interdependent, d.h. sie befinden sich in einem Zyklus.

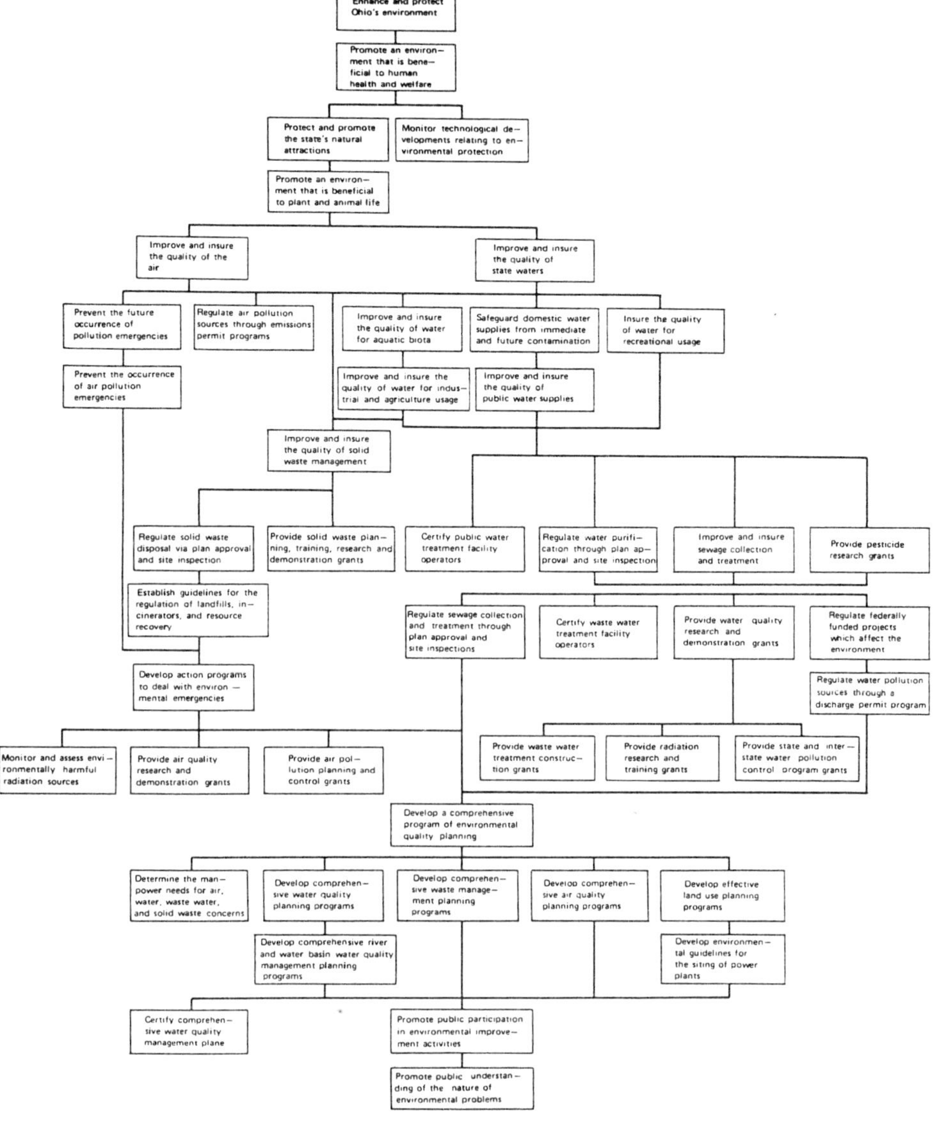

Abb. 5: Mit der ISM-Technik entwickelte Zielstruktur der "Ohio Environmental Protection Agency"

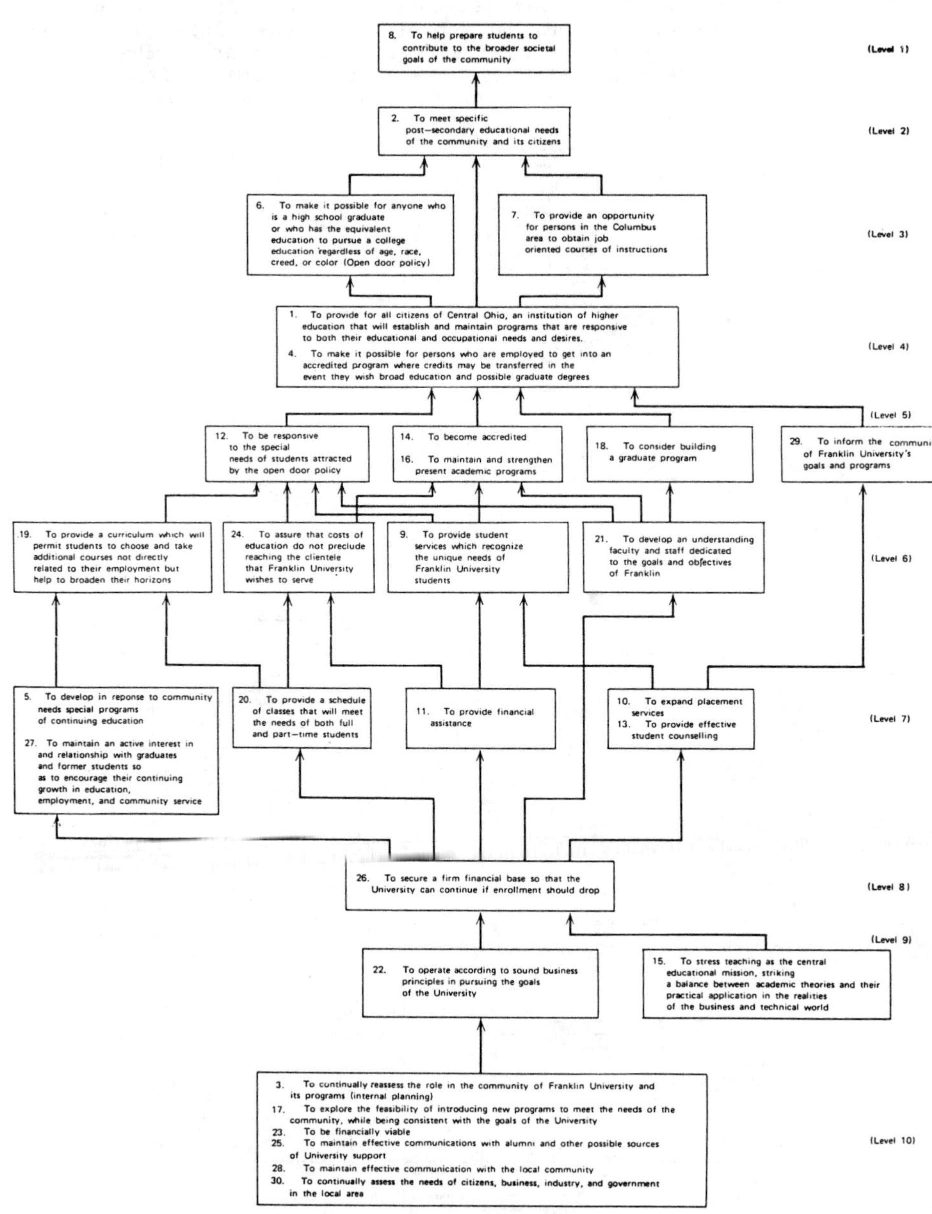

Abb. 6: Mit der ISM-Technik entwickelte Zielstruktur der "Franklin University, Columbus, Ohio"

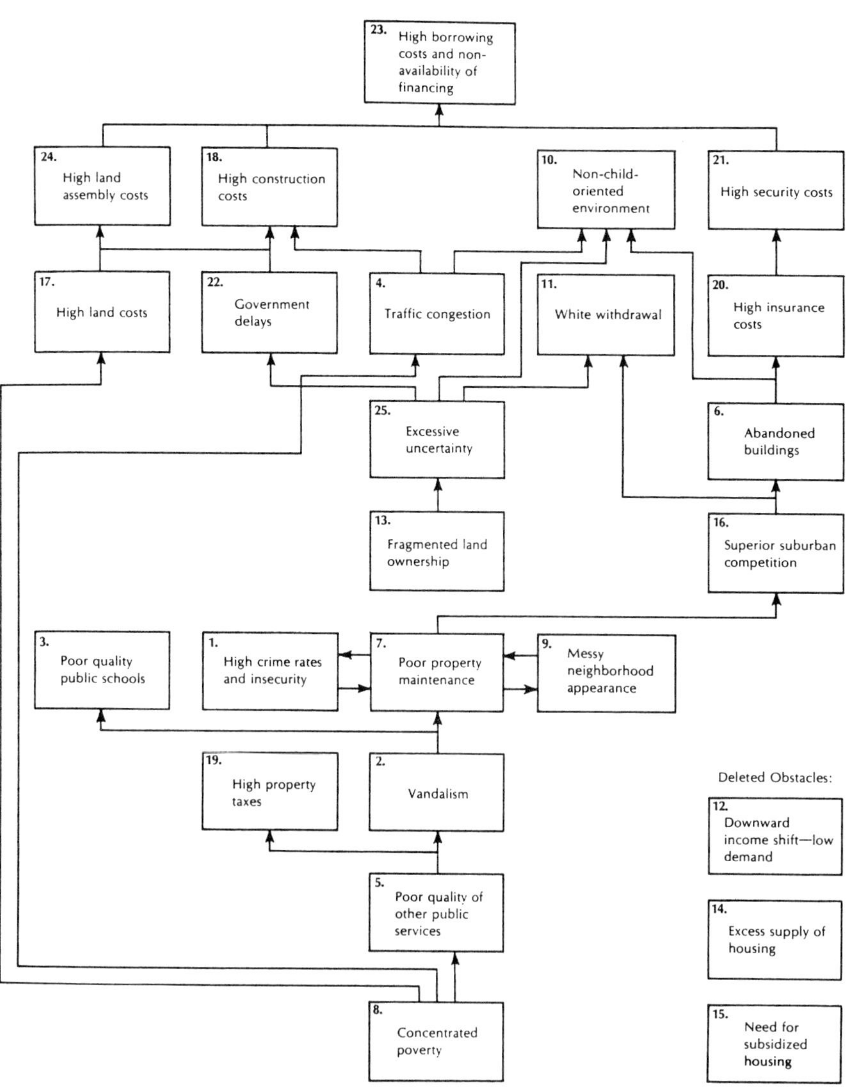

Abb. 7: Mit der ISM-Technik entwickelte Struktur der Investitionshindernisse in "Columbus, Ohio, Central Business District"

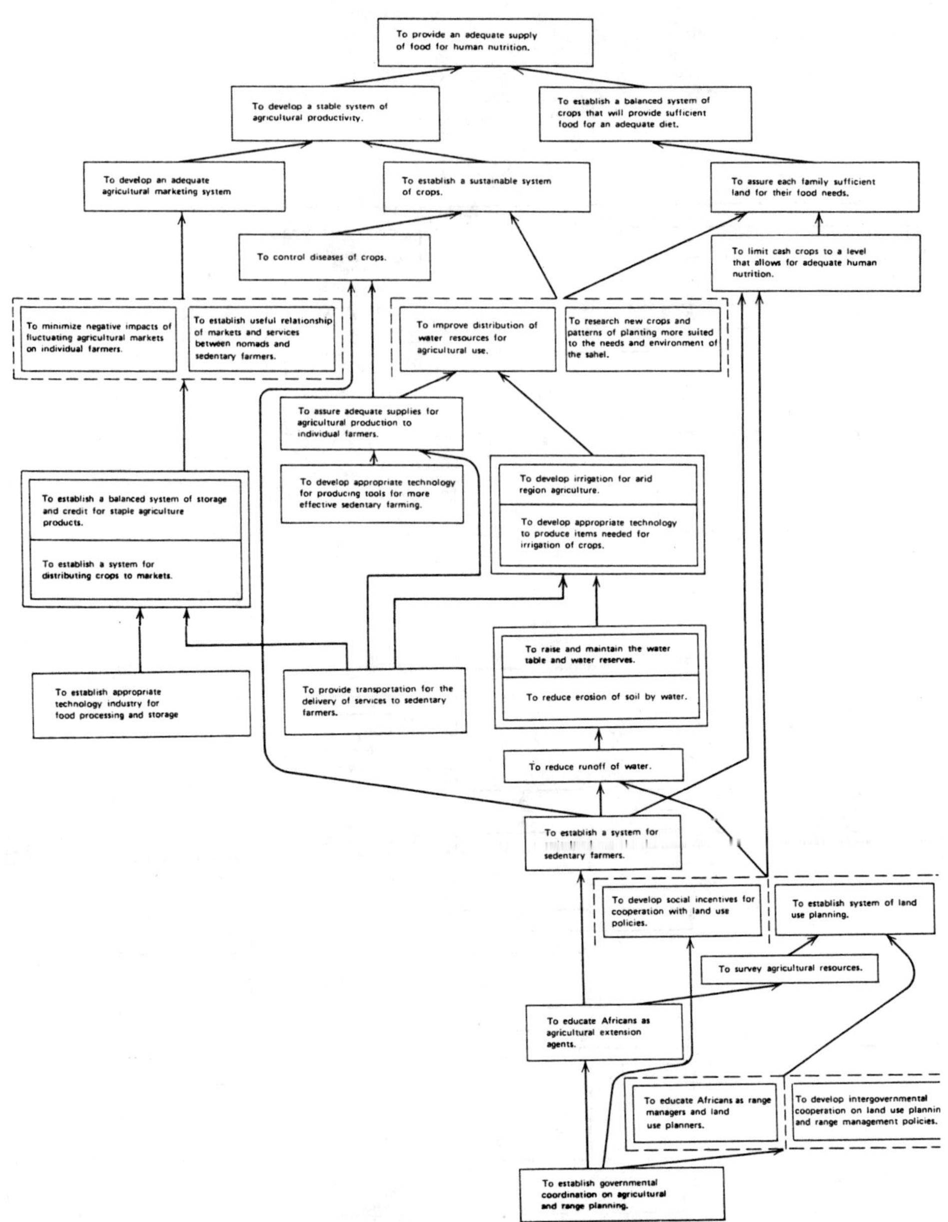

Abb. 8: Mit der ISM-Technik entwickelte Beeinflussungsstruktur der Ziele für eine ökologische Landwirtschaft in der Sahelzone

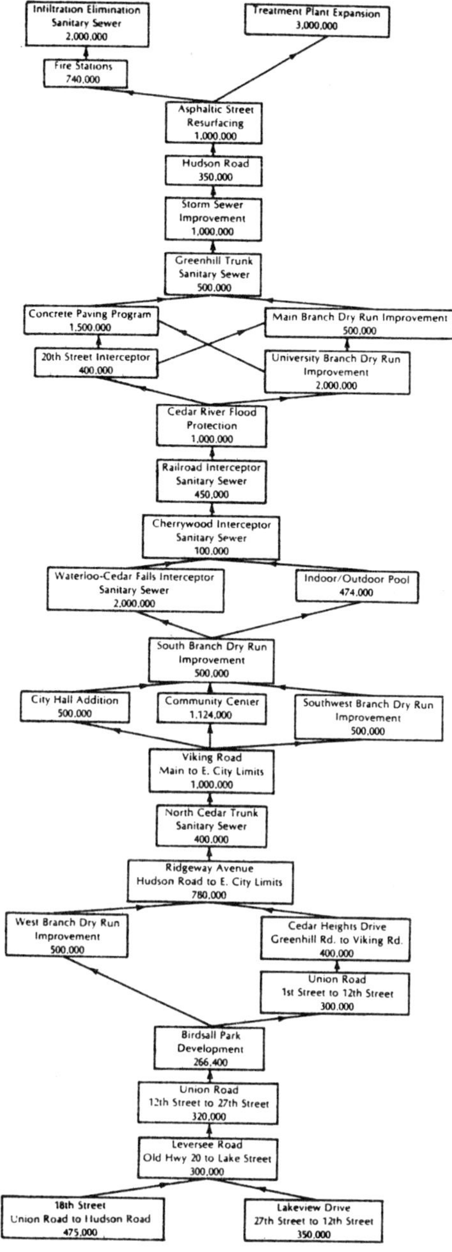

Abb. 9: Mit der ISM-Technik entwickelte Prioritätsstruktur von 31 Stadtentwicklungsprojekten in "Cedar Falls, Iowa"

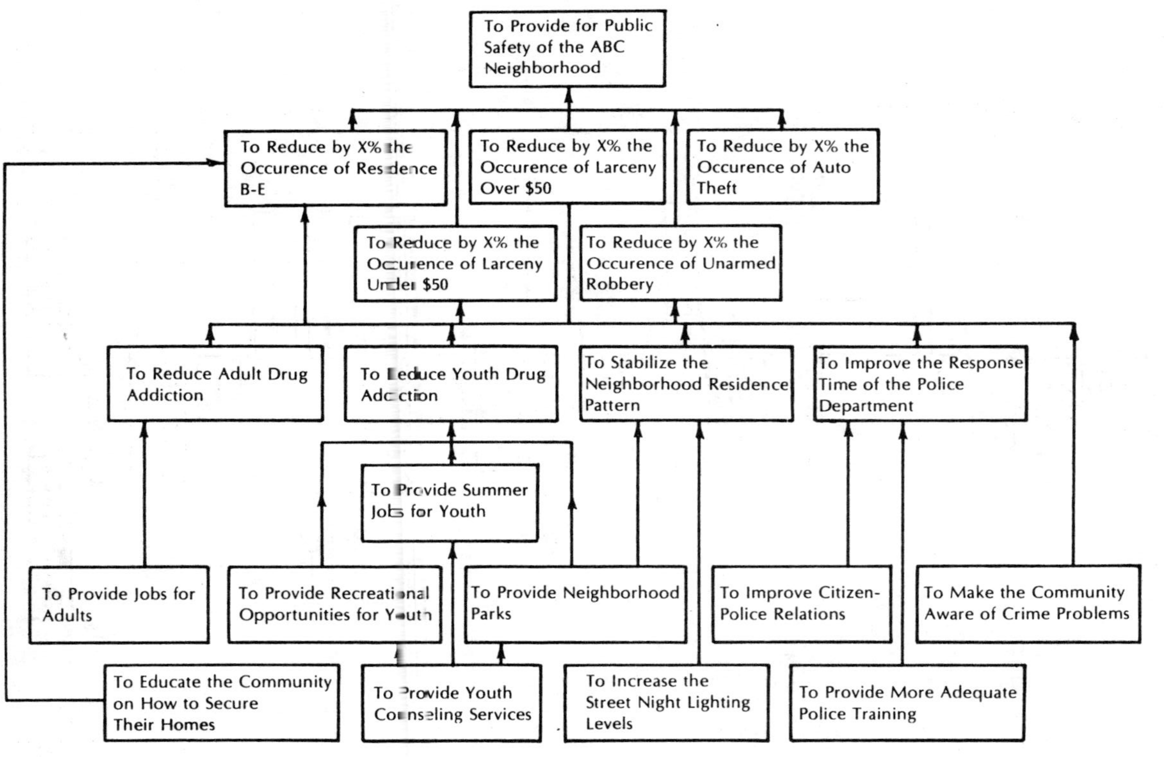

Abb. 10: Mit der ISM-Technik entwickelte Zielstruktur für die öffentliche Sicherheit im Stadtteil ABC

Die ISM-Technik zielt darauf ab, die quantitative und qualitative Problemkomplexität zu berücksichtigen, ohne hierbei jedoch den Problemexperten kognitiv zu überfordern: Der quantitativ limitierten Informationsverarbeitungsfähigkeit des Problemexperten wird durch die Beschränkung auf paarweise Beziehungen entsprochen.[1] Der ungenügenden Einbeziehung verschiedener Kontexte als qualitative Problemkomplexität durch einen einzelnen Problemexperten begegnet ISM durch seine Ausrichtung als Gruppentechnik.[2]

Um die Diskussion der verschiedenen Problemsichten zu ermöglichen, bedient sich ISM eines Formalismus, eines gesteuerten Argumentationsprozesses.[3] Er soll die Verständigung in multidisziplinären Gruppen verbessern und den Ablauf systematisieren.[4] Das auf diese Weise zustande kommende Gruppenurteil soll weitestgehend frei sein von den Nachteilen ungesteuerter Gruppendiskussion, wie Dominanz, Konformitätsdruck und irrelevanter Kommunikation.[5]

Wie bereits erwähnt, läßt sich der ISM-Prozeß grob in zwei Teilphasen gliedern: die Generierungs- und die Strukturierungsphase.[6] In der Generierungsphase wird das aus Elementen und Beziehungen des komplexen Problems bestehende mentale Modell des bzw. der Problemexperten mit Hilfe des Computers durch paarweise Beziehungen in ein explizites Matrixmodell überführt. In der Strukturierungsphase wird diese Matrix ausschließlich durch den Computer, ohne Intervention des Problemexperten, so umgeformt, daß als Resultat ein gerichteter

---

1) Siehe Punkt D.II.2.1.
2) Siehe Punkt E.I.4.
3) Zur Notwendigkeit einer gesteuerten Gruppendiskussion vgl. Thissen, Sage, Warfield/Users/139. Siehe Punkt E.I.4.2.2.2.
4) Vgl. Dinkelbach/Informationstechnik/70.
5) Vgl. Busch/Delphi/144 f. Zur Begründung siehe Punkt E.I.4.2.
6) Siehe hierzu Punkt C.II.3.1.

Graph des komplexen Problems entsteht. Mit Hilfe des Mediums Mathematik wird es Problemexperten aus unterschiedlichen Fachgebieten und dementsprechend unterschiedlichen Fachsprachen ermöglicht, ihre mentalen Modelle zu explizieren und miteinander zu kommunizieren,[1] um dabei in einem iterativen Lernprozeß zu einem umfassenderen und differenzierteren Problemverständnis zu gelangen.[2]

Anhand der letztgenannten Ausführungen wird deutlich, daß die ISM-Technik die idiosynkratischen Aspekte des konstruierten Strukturmodells betont. Dieses Modell bildet nicht eine objektive Realität ab, sondern ist die Repräsentation eines Teils der Welt, wie der bzw. die Problemexperte(n) sie sehen. Entsprechend gibt es keine optimale, einzige "Lösung", sondern zahlreiche, wesentlich unpräzisere Ergebnisse, die nicht als richtig oder falsch im objektiven Sinne beurteilt werden können.[3]

---

1) Vgl. Warfield/Probing/1-2. Siehe Punkt E.I.3.1 sowie E.I.3.2.
2) Vgl. Langhorst/Computer/26.
3) Vgl. Eden, Jones, Sims/Problems/44 sowie Adam/Planungsüberlegungen/382.

II. ZIELSETZUNG DER UNTERSUCHUNG

Für den recht jungen Gegenstandsbereich der Strukturmodellierung liegt bisher keine geschlossene Theorie vor.[1] Diese Lücke erscheint jedoch erklärlich, da bei der Auseinandersetzung mit der Strukturmodellierung Ansätze unterschiedlicher wissenschaftlicher Disziplinen heranzuziehen sind, wodurch ein einheitlicher terminologischer Bezugsrahmen nicht gegeben ist. Vor diesem Hintergrund ist es zunächst außerordentlich schwierig, sich intensiv mit einer spezifischen Technik aus dieser Methodenklasse, nämlich mit ISM, auseinanderzusetzen.

Andererseits bietet diese Voraussetzung die Chance, über die "Umwegproduktion" ISM einen Beitrag zur Entwicklung einer Strukturmodellierungstheorie zu leisten: Eine Vielzahl der nachfolgenden Ausführungen, insbesondere in den Punkten B und E, hat nicht nur ISM-spezifischen, sondern allgemeingültigen Charakter bezüglich der Strukturmodellierung und kann so als Ansatzpunkt für eine Strukturmodellierungs-Theorie interpretiert werden.

Die vorangegangenen Ausführungen sollten die übergreifende Zielsetzung dieser Untersuchung verdeutlichen. Die spezifische Zielsetzung dieser Arbeit steht jedoch in direktem Zusammenhang mit der ISM-Technik.

ISM soll dem Menschen kognitive Unterstützung bei der Handhabung schlecht-strukturierter, komplexer Probleme bieten.

---

1) Als Versuch in diese Richtung ist der Beitrag Szyperski, Müller-Silva, Eul-Bischoff/Strukturmodellierung zu werten.

Es übt somit eine Schnittstellenfunktion zwischen dem Problemexperten und dem Problem aus (vgl. Abb. 11).[1]

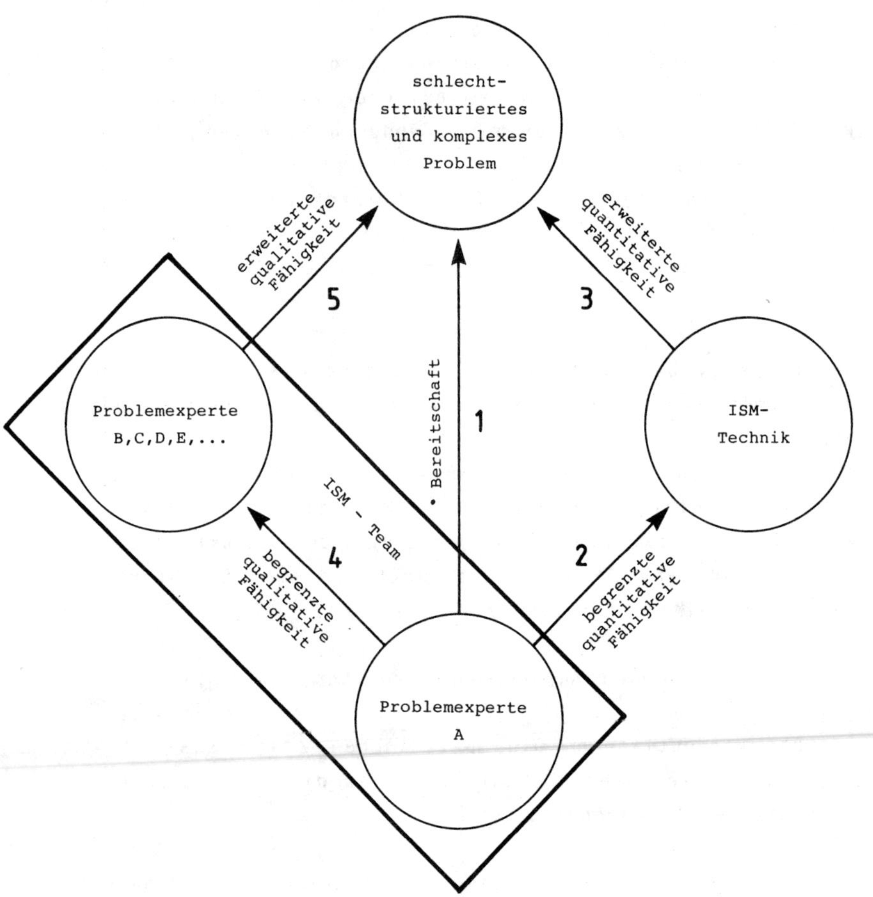

Abb. 11: Die ISM-Technik als Interface zwischen dem Problemexperten und dem schlecht-strukturierten, komplexen Problem

1) Vgl. Szyperski, Eul-Bischoff/ISM/9.

Wird der Mensch mit einem komplexen Problem konfrontiert, so sind für dessen adäquate Handhabung zwei Voraussetzungen notwendig. Zunächst muß der Mensch als Problemexperte die Bereitschaft [1] mitbringen, sich mit dem Problem auseinanderzusetzen, um es einer "Lösung", der Strukturierung, zuzuführen (Pfeil 1).

Diese Prämisse bleibt jedoch unbeachtlich, wenn zur Leistungsbereitschaft nicht eine ausreichende Leistungsfähigkeit des Problemexperten hinzutritt. Hiermit ist der Mensch jedoch in zweifacher Hinsicht überfordert: Zunächst sieht er sich mit der begrenzten quantitativen Informationsverarbeitungskapazität seines Kurzzeitgedächtnisses[2] konfrontiert (Pfeil 2). Seine Fähigkeit, lediglich sieben, allenfalls neun Informationsblöcke aktiviert zu halten und zu verarbeiten,[3] ist der Problemkomplexität mit einer weitaus größeren Anzahl von Elementen und Beziehungen nicht angemessen.

Aber auch im qualitativen Bereich [4] entsprechen die Fähigkeiten des Problemexperten nicht den Problemanforderungen (Pfeil 4). Bei derartigen, sich in mehreren Kontexten bewegenden Problemen ist der einzelne Experte aufgrund seines beschränkten Fachwissens nicht in der Lage, das Problem inhaltlich umfassend und detailliert zu behandeln. Es ist ihm lediglich möglich, partiell zur Problemstrukturierung beizutragen.[5] Will man der Komplexität des Problems gerecht werden, so müssen die Kenntnisse des Experten um weiteres Wissen aus den anderen betroffenen Kontexten ergänzt werden. Dies geschieht am einfachsten, indem der Experte A gemeinsam mit anderen Exper-

---

1) Vgl. Warfield/Complexity/1-1.
2) Vgl. Waller/Modeling/785.
3) Vgl. hierzu Simon/Chunk sowie Miller/Number.
4) Vgl. Warfield/Systems/194; Szyperski/Handhabung/28 sowie Jacob/ISM/4.
5) Vgl. Szyperski, Eul-Bischoff/ISM/8.

ten B, C, D, E, usw. als ISM-Team das Problem strukturiert. Auf diese Weise wird die begrenzte qualitative Leistungsfähigkeit des Menschen zwar nicht aufgehoben, jedoch erweitert und so dem komplexen Problem angenähert (Pfeil 5).

Der Gedanke, die Strukturmodellierung als Gruppentechnik zu konzipieren, ist elementarer Bestandteil von ISM. Dennoch wird er hier separat behandelt und in Abb. 11 gesondert ausgewiesen, um zu verdeutlichen, worin seine Unterstützungsfunktion für den Experten besteht.

Die ISM-Technik im engeren Sinne ermöglicht eine verbesserte quantitative Leistungsfähigkeit: Die Beschränkung auf paarweise Beziehungen sowie die Möglichkeit des Computers, große Mengen von Informatationen zu speichern und mit Hilfe logischer Schlüsse zu vervollständigen, entlasten den Experten in erheblichem Umfang und ermöglichen ihm damit die adäquate Handhabung komplexer Probleme (Pfeil 3).

Betrachtet man die ISM-Technik differenzierter, so lassen sich drei Komponenten unterscheiden:[1)]

Die mathematische Komponente besteht im wesentlichen aus der Theorie binärer Digraphen und der ihnen entsprechenden Matrizen. Diese Komponente wurde von WARFIELD in seinen Monographien[2)] ausführlich behandelt.[3)]

Die Computerkomponente von ISM setzt sich aus zwei Teilkomponenten zusammen: aus einem ISM-Software-Paket und einer Hardware-Konfiguration, die die

---

1) Vgl. Fitz/Technology/110 f.
2) Gemeint sind die beiden Veröffentlichungen Warfield/Assault sowie Warfield/Complex.
3) Siehe Punkt D.

Interaktion zwischen dem Experten und dem Computer erleichtern soll.[1)]

Die soziale Komponente beinhaltet das Entwickeln eines geeigneten Umfeldes für effektive Gruppenarbeit. Dies bedeutet insbesondere eine Auseinandersetzung mit der Rolle des ISM-Problemexperten als Individuum und Gruppe sowie die Diskussion der weiteren Aktionsträger ISM-Manager, ISM-Moderator und ISM-Computer und das Zusammenwirken aller Aktionsträger im ISM-Prozeß.[2)]

Bedingt durch die ISM-Chronologie, bei der die mathematische Komponente die Basis für die Entwicklung der beiden anderen Komponenten bildete, wurde sie bislang in der ISM-Literatur am extensivsten und intensivsten diskutiert. Der hohe Ausgereiftheitsgrad dieser Komponente erscheint darüber hinaus verständlich, wenn man bedenkt, daß sie dem Bereich der Formalwissenschaften zuzuordnen ist und "lediglich" das Entwickeln spezifischer Algorithmen erforderlich gemacht hat.

Bei weitem nicht so unproblematisch gestaltet sich die Computerkomponente. So wurden etwa verfügbare effizientere und/oder effektivere Algorithmen noch nicht in die ISM-Software einbezogen.[3)] Auch die Frage nach der Zusammenstellung einer optimalen Hardware-Konfiguration sowie das hiermit eng zusammenhängende Problem der Ausstattung des ISM-Arbeitsraumes wurden bislang nicht ausreichend diskutiert.

---

1) Siehe Punkt E.VI.
2) Siehe Punkt E.
3) Diese Kritik richtet sich insbesondere an die ersten beiden ISM-Software-Generationen des Battelle Memorial Institute bzw. der University of Dayton. Einen wesentlichen Fortschritt bedeutet hingegen die neue Software, die im Februar 1986 von der SERPRO in Kooperation mit IBM Brasilien fertiggestellt wurde. Dieses Programmpaket bietet erstmals die Möglichkeit einer automatischen Ausgabe des ISM-Strukturmodells als Digraph. Bislang mußte der Digraph manuell aus den zur Verfügung gestellten Informationen entwickelt werden. Siehe Punkt E.IV.2.2.

Das weitaus größte Potential offener Fragen ergibt sich jedoch im Rahmen der sozialen Komponente, die einen nicht unwesentlichen Bezug zur Computerkomponente aufweist. Erst wenn Klarheit darüber besteht, auf welche Weise der Problemexperte als Individuum[1] oder Gruppe seine Generierungs- und Strukturierungstätigkeit ausübt, wird es möglich sein, die mathematische und die Computerkomponente auf seine Belange hin zu überprüfen und gegebenenfalls zu modifizieren. Interpretiert man ISM als Technik des sozialen Lernens, so wird die Nützlichkeit und Dauerhaftigkeit von ISM langfristig von der Entwicklung der sozialen Komponente abhängen.

Setzt man die drei ISM-Komponenten in Bezug zu Abb. 11, so findet sich die soziale Komponente unter dem Terminus ISM-Team. Die beiden anderen Komponenten sind in den Begriff ISM-Technik inkorporiert. Eine umfassende Behandlung des Gegenstandsbereichs der ISM-Technik muß jedoch neben dem Subjekt auch das Objekt der Strukturierungstätigkeit, das schlecht-strukturierte, komplexe Problem, in die Betrachtung mit einbeziehen. Es soll verdeutlicht werden, auf welche Problemklasse ISM Anwendung finden kann.

Erst eine intensive Behandlung aller vier Aspekte kann als Gesamtkonzeption der ISM-Technik angesehen werden. Dieses Versäumnis aufzuarbeiten, hat sich die vorliegende Untersuchung zum Ziel gesetzt.

Die ISM-Technik schafft ein Potential günstiger Denk- und Kommunikationsbedingungen. Ob diese Bedingungen tatsächlich eine Verbesserung der Handhabung komplexer Probleme

---

1) ISM bzw. die Strukturmodellierung allgemein heben die Bedeutung des Problemexperten und seine Subjektivität besonders hervor. Trotz dieser zentralen Position sind die kognitiven Grundlagen der Strukturmodellierung bislang, mit Ausnahme der begrenzten Informationsverarbeitungskapazität, unbeachtet geblieben. Auch zur Aufarbeitung dieses Aspektes soll die vorliegende Untersuchung einen Beitrag leisten.

bewirken, läßt sich nur unter Diskussion der Grundannahmen und der Funktionsprinzipien der Technik ermitteln. Erst auf dieser Basis kann eine differenzierte und realistische Einschätzung der Möglichkeiten und Grenzen der ISM-Technik einschließlich der Verbesserung konzeptioneller und/oder situativer Anwendungsbedingungen erreicht werden.[1]

---

1) Vgl. VanGundy/Techniques/9 f.

III. AUFBAU DER UNTERSUCHUNG

Das nachfolgende Kapitel B behandelt zunächst das Objekt der Problemhandhabung mit ISM, das schlecht-strukturierte, komplexe Problem.

Die betriebswirtschaftliche Literatur zeigt ein deutliches Überwiegen der Lösungsorientierung, d.h. des Lösens gegebener Probleme, gegenüber einer Problemorientierung im Sinne einer Problemerkennung, -beurteilung, -strukturierung und -definition als der Lösung vorgelagerte Problemformulierungsphase.[1] Erst in jüngster Zeit gewinnt der Gedanke an Bedeutung, daß zahlreiche, für die Unternehmung wichtige Probleme, insbesondere aus dem strategischen Bereich, nicht a priori diesen Strukturiertheitsgrad aufweisen, sondern daß die Problemstruktur zunächst erarbeitet werden muß, will man nicht Gefahr laufen, einen Fehler dritter Art[2] zu begehen, d.h. das falsche Problem zu behandeln.[3] Diesem Gedanken widmet sich Punkt I des Kapitels.

---

1) Aus der Gegenüberstellung von Lösungs- und Problemorientierung leitet sich auch die Verwendung des Begriffes Problemhandhabung ab. In Anlehnung an Kirsch soll damit zunächst zum Ausdruck gebracht werden, daß bei der hier behandelten Problemklasse nicht von einer Lösung im herkömmlichen Sinne gesprochen werden kann. Wichtiger erscheint jedoch der Aspekt, daß die "Problematik" derartiger Probleme in der Erarbeitung einer adäquaten Problemdefinition liegt. Ab diesem Zeitpunkt verliert das Problem seinen Problemcharakter und es verbleibt lediglich das "Lösen" einer gegebenen Aufgabe.

2) Vgl. Mitroff, Betz/Decision/11 ff.; Linstone/Use 1/135 sowie Lendaris/Tools/A-2.

3) So zeichnet sich etwa ein neuer Typ des Operations Research ab, das sogenannte "problemorientierte OR". Diese Richtung versteht Operations Research im Gegensatz zum mathematisch orientierten OR nicht als Untermenge der Mathematik, sondern als modellgestützte Vorbereitung von Entscheidungen zur Gestaltung und Lenkung von Mensch-Maschine-Systemen. Vgl. Müller-Merbach/Operations Research/292 ff. Schon einige Zeit früher fand die Hinwendung zur Problemorientierung ihren Ausdruck im Bereich der entscheidungsorientierten Betriebswirtschaftslehre auf der Basis einer deskriptiven Theorie des menschlichen Entscheidungsverhaltens. Dieses Paradigma bildet auch den Hintergrund der vorliegenden Untersuchung.

Zunächst soll geklärt werden, was unter einem Problem zu verstehen ist und welche eindimensionalen formalen Problemtypologien es gibt, denen sich die mit ISM zu behandelnden Probleme zuordnen lassen. Die Definition des Problems und das umfassende Konzept der Definition der Situation ermöglichen das Herausarbeiten der Problemklasse schlecht-strukturierter, komplexer Probleme, auf die ISM angewendet werden kann. Der letzte Unterabschnitt in Punkt I behandelt die, bereits erwähnten, sachlogischen Teilphasen der Problemformulierung.

Punkt II beschäftigt sich mit der Systemorientierung der ISM-Technik bei der Handhabung schlecht-strukturierter, komplexer Probleme.

K a p i t e l C ordnet die ISM-Technik in das Paradigma der Strukturmodellierung als Instrument zur Handhabung schlecht-strukturierter, komplexer Probleme ein. In Punkt I werden zunächst die Grundlagen der Modellierung, d.h. Zweck der Modellierung, Merkmale und Typologien von Modellen behandelt.

In Punkt II wird auf ISM als exemplarische Technik des Strukturmodellierungs-Konzeptes näher eingegangen. Begriff und Intention der Strukturmodellierung werden diskutiert. Die bereits erwähnten Komponenten des Strukturmodellierungskonzeptes, das schlecht-strukturierte, komplexe Problem, der Problemexperte als Individuum oder Gruppe und die Strukturmodellierungs-Technik werden behandelt. Der dritte Unterpunkt befaßt sich mit den heuristischen und algorithmischen Aspekten von ISM in den beiden Teilphasen der Strukturmodellierung, der Generierungs- und der Strukturierungsphase.

Während Kapitel B das für eine umfassende Behandlung der ISM-Technik wichtige schlecht-strukturierte, komplexe Problem untersucht, hat Kapitel C eine überleitende Funktion zur instrumentellen Unterstützung des Experten durch ISM bei der Problemstrukturierung. Die Kapitel D und E beschäftigen sich mit den drei ISM-Komponenten.

K a p i t e l D hat die mathematische Komponente von ISM zum Inhalt. Punkt I beschreibt zunächst über die Zwischenschritte Netze und Relationen die relevanten Aspekte aus der Digraphentheorie und zeigt dann die Verknüpfungsmöglichkeiten zwischen Digraphen und Matrizen auf. Punkt II untersucht die für das Beurteilen der ISM-Anwendungsmöglichkeiten und -grenzen wichtigen Grundannahmen der Statik, Linearität und Transitivität.

In Punkt III werden die Inhalte aus I und II im Modell-Austausch-Isomorphismus (MAI) zusammengeführt. Der MAI besteht aus fünf Schritten, in denen das mentale Modell des Experten über eine Erreichbarkeits-Matrix in ein Interpretatives Strukturmodell, d.h. einen Digraphen überführt wird.

Wie bereits erwähnt, wurden die Computer- und die soziale Komponente bislang in der Literatur trotz ihrer Bedeutung nicht ausreichend gewürdigt. Dieses Versäumnis will die vorliegende Untersuchung durch eine umfangreiche Gestaltung des K a p i t e l s E aufarbeiten. Zu Beginn wird ein detailliertes Ablaufschema des ISM-Prozesses mit einer Zuordnung von Aktivitäten zu den einzelnen Aktionsträgern präsentiert, das in den nachfolgenden Punkten ausführlich behandelt wird.

Punkt I befaßt sich zunächst mit der Rolle und den Tätigkeiten des ISM-Problemexperten. Interpretiert man den Experten als Individuum, so interessiert weiterhin aus der psychologischen Forschung, welche Einflußfaktoren der Bildung mentaler Modelle zugrunde liegen. Hier sind das Gedächtnis, insbesondere das Kurzzeitgedächtnis, die gespeicherten Informationen, kognitive Prozesse und Stile,

Motive und Bedürfnisse sowie demographische Merkmale des Experten zu nennen. Als letztes wird das Überführen mentaler Modelle in explizite Modelle behandelt.

Fungiert, wie in ISM beabsichtigt, eine Gruppe als Problemexperte, so treten weitere Aspekte aus der soziologischen Kleingruppenforschung hinzu.

Nach den Grundlagen der Gruppenmodellierung werden ausführlich die gruppendynamischen Aspekte des ISM-Teams behandelt. Zunächst werden die aufgabenorientierten und sozial-psychologischen Funktionalitäten und Dysfunktionalitäten der Gruppeninteraktion skizziert. Im Anschluß werden Gestaltungsmöglichkeiten dieser Funktionalitäten und Dysfunktionalitäten aufgezeigt. Hierbei können der Aufbau des ISM-Teams und der Ablauf der ISM-Team-Interaktion unterschieden werden.

Punkt II behandelt Rolle und Tätigkeiten des ISM-Moderators bei der Durchführung des ISM-Prozesses.

Punkt III beschäftigt sich mit der Rolle des ISM-Managers sowie mit seinen Tätigkeiten zur Vorbereitung des ISM-Prozesses und zur Kontrolle des ISM-Ergebnisses.

Als letzter Aktionsträger wird in Punkt IV der ISM-Computer untersucht. Zunächst wird die Rolle des ISM-Computers bei der Durchführung des ISM-Prozesses herausgearbeitet. Im Anschluß werden die ISM-Programmklassen und die verfügbaren drei Programmpaket-Generationen beschrieben. Der letzte Unterpunkt beschäftigt sich mit den einzelnen ISM-Hardware-Modulen und ihrer Zusammenstellung.

K a p i t e l F versucht auf der Basis der gewonnenen Erkenntnisse eine Beurteilung der ISM-Technik. Hierdurch sollen die Anwendungsmöglichkeiten und -grenzen der ISM-Technik deutlich herausgearbeitet werden. Als Beurteilungskriterien werden die Effektivität (Wirksamkeit) und Effizient (Wirtschaftlichkeit) der ISM-Technik herangezogen und weiter untergliedert. Die Effektivität im Sinne einer Problem- und/oder Benutzer-Adäquanz wird in Punkt I zunächst aus konzeptioneller Sicht untersucht. Hierbei werden Charakteristika der ISM-Technik behandelt, die nicht dem Einfluß des Benutzers unterliegen. Beeinflussungsmöglichkeiten bieten sich dem Benutzer jedoch im Rahmen einer anwendungsorientierten Effektivitätsbeurteilung.

In Punkt II wird der Versuch unternommen, die Effizienz von ISM anhand des Vergleiches mit einer nicht methodengestützten Vorgehensweise zu beurteilen.

Sowohl im Rahmen der Effektivitäts- als auch der Effizienzüberlegungen werden auf der Basis festgestellter Unzulänglichkeiten Entwicklungspotentiale der ISM-Technik aufgezeigt. Hierbei wird zunächst die Notwendigkeit des Erstellens von ISM-Handbüchern für die verschiedenen Benutzergruppen (Manager, Moderator, Problemexperte) betont. Ergänzend werden konzeptionelle Verbesserungen der ISM-Software insbesondere bei der Digraphenausgabe und -korrektur diskutiert.

Im letzten Kapitel G werden die gewonnenen Erkenntnisse zunächst kurz zusammengefaßt. Verknüpft mit den Entwicklungspotentialen von ISM werden im Anschluß Maßnahmen skizziert, die zu einer Anwendung der ISM-Technik auf breiterer Ebene beitragen könnten. Hierbei wird insbesondere an eine verstärkte Nutzung bei der Problemstrukturierung in Unternehmungen gedacht.

Als Abschluß zum Aufbau der Arbeit sei auf geringfügige Redundanzen in den Ausführungen hingewiesen. Diese erscheinen aus zwei Gründen unvermeidbar: Zum einen lassen sich bestimmte Bereiche des Themas nicht klar trennen, sie überschneiden sich. Hierbei ist insbesondere das Objekt der Problemhandhabung mit ISM, das schlecht-strukturierte, komplexe Problem hervorzuheben, das nicht ohne Einbeziehung des Subjektes, des Problemexperten, untersucht werden kann. Entsprechende Redundanzen finden sich daher in den Kapiteln B und E.I.3.

Zum anderen erscheint es notwendig, bestimmte Bereiche des Themas aus der Sicht verschiedener Paradigmen zu untersuchen. Hiermit sind insbesondere die Kapitel D.III und E angesprochen, bei denen zunächst aus Gründen der Verständlichkeit die mathematische Komponente des ISM-Prozesses, der Modell-Austausch-Isomorphismus, behandelt wird, bevor dieser dann in das umfassendere sozial-psychologisch orientierte Konzept des ISM-Prozesses integriert wird.

B. SCHLECHT-STRUKTURIERTE, KOMPLEXE PROBLEME ALS OBJEKTE DER ISM-TECHNIK

Die ISM-Technik zielt nicht auf die Lösung gegebener *wohl-strukturierter* Probleme ab. Sie bietet dem Problemexperten vielmehr eine Unterstützungsfunktion bei der Handhabung *schlecht-strukturierter, komplexer* Probleme. Charakteristikum der ISM-Technik ist daher weniger die Lösungsorientierung als vielmehr die *Problemorientierung*.

I. PROBLEMORIENTIERUNG DER ISM-TECHNIK

In der Literatur befaßt man sich schon seit langem und sehr ausführlich mit dem Prozeßcharakter der Problemlösung bzw. der Entscheidung.[1)] Die zahlreichen Vorschläge zur

---

1) Vgl. Pfohl/Entscheidungsfindung/24. - Der Gleichsetzung von Problemlösungsprozeß und Entscheidungsprozeß liegt das Paradigma einer *entscheidungsorientierten Betriebswirtschaftslehre* zugrunde, die versucht, betriebswirtschaftliche Probleme als Entscheidungsprobleme darzustellen und zu handhaben. Die Interpretation der Betriebswirtschaftslehre als Entscheidungstheorie wurde von HEINEN begründet. Obwohl in die entscheidungsorientierte Betriebswirtschaftslehre auch der Ansatz der *Entscheidungslogik* inkorporiert ist, dominiert die *empirisch-kognitive Entscheidungstheorie*: Die entscheidungsorientierte Betriebswirtschaftslehre versucht auf der Basis einer deskriptiven Theorie des menschlichen Entscheidungsverhaltens, den Ablauf von Entscheidungsprozessen in Unternehmungen zu erklären und Verhaltensempfehlungen für die Entscheidungsträger zu geben. Die Überlegungen und Modellentwürfe der Entscheidungslogik werden eingebettet in reale Entscheidungssituationen. Im Gegensatz zur Entscheidungslogik unternimmt die Theorie des Entscheidungsverhaltens den Versuch, anhand eines *offenen* Prozeßmodells - es sind nicht alle benötigten Entscheidungsprämissen bekannt - alle Wahrnehmungsvorgänge, die zur Definition eines Entscheidungsproblems führen, sowie die internen Prozesse, die die Problemhandhabung bestimmen, und schließlich die Beziehungen des Entscheidungsträgers zu (Fortsetzung S. 35)

Aufliederung des Problemlösungsprozesses lassen sich auf folgende fünf Phasen reduzieren:[1)]

- Problemformulierung
- Informationelle Fundierung
- Alternativengenerierung
- Alternativenbewertung
- Alternativenauswahl.

Obwohl die Problemformulierung mit den Teilphasen Problemerkennung, Problembeurteilung, Problemanalyse und Problemdefinition integraler Bestandteil des Problemlösungsprozesses und somit Voraussetzung für jeden Versuch einer Problemlösung ist, wird ihr bislang in der Literatur vergleichsweise wenig Beachtung geschenkt.[2)]

Die Bedeutung der Problemformulierung für den Problemhandhabungsprozeß ist auch empirisch nachgewiesen. So wurde in

---

(Fortsetzung FN 1 von S. 34)
seiner Umwelt während und nach der Entscheidung zu erklären und zu prognostizieren. Die hierbei aus Ergebnissen (u.a.) der Wahrnehmungs-, Denk- und Lernpsychologie gewonnenen Aussagen-Bausteine konnten bislang noch nicht zu einer geschlossenen Theorie des Entscheidungsverhaltens integriert werden. Vgl. Szyperski, Winand/Entscheidungstheorie/29 f. - Zur entscheidungsorientierten Betriebswirtschaftslehre siehe Heinen/Wissenschaftsprogramm; Heinen/Ansatz; Heinen/Denkansätze; Heinen/Grundfragen sowie Heinen/Einführung. Heinen selbst verweist auf eine Vielzahl weiterer Autoren (z.B. Albach, Bidlingmaier, Gäfgen, Hahn, H. Hax, Kirsch, Meffert, Schmidt-Sudhoff, H. Ulrich und Witte), die diesen Ansatz behandelt haben. Vgl. Heinen/Ansatz/430. Besondere Bedeutung kommt hierbei dem wohl umfassendsten Beitrag zur entscheidungsorientierten Betriebswirtschaftslehre zu, der von Kirsch entwickelt wurde. Vgl. Kirsch/Einführung. - Die hier vorliegende Untersuchung basiert, wie bereits erwähnt, auf dem Paradigma einer Theorie des Entscheidungsverhaltens, und hat daher nicht die Möglichkeit, auf ein geschlossenes Theoriegebäude Bezug zu nehmen.

1) Dieses Phasenschema und insbesondere die Subphasen der Problemformulierung werden ausführlich in Punkt B.I.5 behandelt.
2) Vgl. Eden, Jones, Sims/Problems/X.

einer empirischen Untersuchung die Hypothese bestätigt, daß eine *problemorientierte* Bearbeitung eines Entscheidungsproblems, bei der zunächst der Problemformulierung große Aufmerksamkeit gewidmet wird, im allgemeinen zu besseren Lösungen führt als eine *lösungsorientierte* Vorgehensweise, bei der sofort intensiv nach einer Lösung gesucht wird.[1)]

Die Wichtigkeit der Problemformulierungsphase wird zudem durch die Tatsache unterstrichen, daß ein Entscheidungsproblem aufgrund objektiv gleicher Daten *subjektiv* völlig unterschiedlich definiert wird: Ein Ereignis, das Person A aus einem spezifischen Grund als eine große Krise interpretiert, mag Person B aus vollkommen anderen Gründen als großes Problem ansehen. Person C betrachtet es als geringfügige Schwierigkeit und Person D hat es überhaupt nicht bemerkt.[2)] Die subjektive Art der Problemdefinition determiniert damit den weiteren Ablauf des Entscheidungsprozesses.

Obwohl die Entscheidungsorientierung der Betriebswirtschaftslehre sowohl Problem- als auch Lösungsorientierung bedeutet,[3)] hat erst die Erkenntnis, daß eine Vielzahl praktischer Probleme, insbesondere die noch zu behandelnden *innovativen Probleme*,[4)] nicht in der für eine Lösungsorientierung erforderlichen wohl-strukturierten Form "gegeben" ist,[5)] zu einer Perspektivener-

---

1) Vgl. Pfohl/Entscheidungsfindung/39.
2) Auf die Subjektivität der Problemwahrnehmung und -bearbeitung gehen ausführlich die Punkte B.I.1 sowie E.I.3 ein.
3) Die Oberbetonung der Lösungsorientierung gegenüber der Problemorientierung ist allgemein in der Wissenschaft weit verbreitet. Dies wird nicht zuletzt dadurch deutlich, daß wissenschaftliche Ehren nur für Problemlösungen und nicht für Problemformulierungen verliehen werden.
4) Siehe Punkt B.I.4.1.
5) Vgl. Witte/Planen/1 ff. sowie Adam/Problematik/53.

weiterung in Richtung der Problemorientierung geführt.[1] Dem Interesse am Erkenntnisobjekt schlecht-strukturierter, komplexer Probleme ist auch die Entstehung der ISM-Technik zuzurechnen.[2]

Die ISM-Technik soll den Problemexperten bei der Definition seines schlecht-stukturierten, komplexen Problems unterstützen. Zur Präzisierung dieser Aussage soll in den nachfolgenden Unterpunkten zunächst der Problembegriff der ISM-Technik behandelt werden, bevor die Teilmenge schlecht-strukturierter Probleme näher betrachtet wird und diese wiederum auf komplexe Probleme eingeschränkt wird.

1. Problembegriff der ISM-Technik

Will man untersuchen, welcher Problembegriff der ISM-Technik zugrunde liegt, so finden sich relevante Erkenntnisse zum einen in der Entscheidungslogik und zum anderen in der Problemtheorie.

---

1) Vgl. Abel/Informationsverhalten/11. "Daß sich die meisten betriebswirtschaftlichen Forscher dennoch ausschließlich mit der Lösung solcher Probleme beschäftigen, die als wohl-strukturiert zu bezeichnen sind ..., mag mehrere Gründe haben. Zum einen stößt die verstärkte interdisziplinäre Orientierung der Betriebswirtschaftslehre, d.h. die Integrierung von Erkenntnissen der sozialwissenschaftlichen Nachbardisziplinen in betriebswirtschaftliche Aussagensysteme, immer noch auf Vorbehalte, vor allem dann, wenn eine spezifische Art von Forschungsästhetik zugrunde gelegt wird, die der Eleganz eines algorithmischen Problemlösungsprogramms den Vorzug gibt gegenüber den Heuristiken der 'inexakten' Wissenschaften. Zum anderen liegt es sicher daran, daß selbst die Individual- und Sozialpsychologie als relevante Nachbardisziplinen noch keineswegs gesicherte Erkenntnisse ..." über das Phänomen der Handhabung schlecht-strukturierter, komplexer Probleme aufzuweisen haben. Heinen/Problemlösungsprozesse/13.

2) Obwohl die ISM-Technik, wie eingangs erwähnt, nicht aus der wissenschaftlichen Disziplin der Betriebswirtschaftslehre, sondern aus dem "Systems Engineering" hervorgegangen ist.

Die Entscheidungslogik vermittelt den Eindruck, daß sich praktische Probleme dem vorurteilsfreien Betrachter stets in der Gestalt eines Entscheidungsfeldes präsentieren.[1] Da Probleme jedoch in den seltensten Fällen a priori einen derart hohen Strukturiertheitsgrad aufweisen, ist dieser Problembegriff für eine Vielzahl praktischer Probleme nicht angemessen.

Der Rückgriff auf Denkansätze der Problemtheorie erscheint hier weitaus adäquater. Die Problemtheorie hat sich überwiegend im Bereich von Psychologie und Philosophie und dabei weitgehend unabhängig vom Denkmodell der Entscheidungslogik entwickelt.[2] Die Problemtheorie geht davon aus, daß Problem sich weniger präzise definiert zunächst in einer nicht klar erkennbaren und abgrenzbaren Form nur als Gefühl der Irritation, als hinter Symptomen verborgenes Problem darstellen.[3] Der Mensch befindet sich in einem Zustand der Desorientierung, Spannung, Dissonanz,[4] oder, wie DEWEY es formuliert, des Unbehagens oder des gestörten Gleichgewichts.[5] DAVIS definiert ein Problem vor dem Hintergrund des SOR-Paradigmas[6] als Stimulussituation, für die der Organismus keine fertige Antwort zur Verfügung hat.[7]

Einen höheren Präzisionsgrad liefert der Problembegriff von NEWELL, SHAW, SIMON: Ein Problem existiert, wenn der Problemhandhaber ein Ergebnis oder einen Zustand wünscht, von dem er zunächst nicht weiß, wie er ihn erreichen soll.

---

1) Vgl. etwa Szyperski, Winand/Entscheidungstheorie.
2) Vgl. Bretzke/Formulierung/140.
3) Vgl. Gomez/Modelle/178.
4) Vgl. Bretzke/Problembezug/33.
5) Vgl. Davis/Psychology/13.
6) Zur Bildung mentaler Modelle des schlecht-strukturierten, komplexen Problems im Rahmen des SOR-Paradigmas verbunden mit dem erweiterten Informationsverarbeitungsansatz siehe Punkt E.I.3.1.
7) Vgl. Davis/Psychology/13.

Das unvollständige Wissen[1] über die Vorgehensweise ist der Kern der Problematik.[2] Der Problembegriff wird demnach mit einer Differenz, einem Widerspruch, einem Konflikt oder einer Spannung zwischen zwei Zuständen des Problemgegenstandes verbunden, wobei diese Abweichung keineswegs genau bestimmt ist.[3] Das Problem manifestiert sich in einer subjektiv wahrgenommenen Abweichung zwischen einem erreichten und einem erwünschten Zustand verbunden mit einem Wissensmangel über Möglichkeiten, diese Lücke zu schließen.[4]

"Aus dieser Definition folgt zunächst, daß der empirische Ort, an dem ein Problem zu lokalisieren ist, das Bewußtsein irgendeines Subjektes ist. Probleme sind (ähnlich wie auch Werte) nur als Subjekt-Objekt-Relationen begreifbar. Diese Eigenschaft ist eine der Ursachen für die Schwierigkeiten, in die ein am Abbildbegriff festgemachter, streng empirischer Modellbegriff führen muß: Das Objekt der 'Abbildung' ist nicht außerhalb irgendeines Bewußtseins in der Welt der Erfahrungsgegenstände angesiedelt, sondern kann nur als Spannungsverhältnis zwischen einem mit bestimmten Zielen, Wahrnehmungsgewohnheiten, Deutungsmustern, Informationen und kognitiven Fähigkeiten ausgestatteten Subjekt und einem bestimmten Gegenstandsbereich in Erfahrung gebracht werden."[5] Diesem idiosynkra-

---

1) Die Entstehung eines Problems setzt nicht nur ein bestimmtes Maß an Unwissen, sondern auch ein bestimmtes Maß an Wissen voraus. Der Begriff "Wissen" umfaßt hierbei faktische, wertende und methodische Informationen, über die der Mensch verfügt. In dieser Untersuchung wird jedoch mit dem Begriff "Kenntnisse" operiert, der durch Ausbildung angehäuftes Wissen und in praktischen Tätigkeiten gesammelte Erfahrungen beinhaltet. Wertende Informationen werden gesondert betrachtet. Siehe Punkt E.I.3.1.2.2

2) Vgl. Newell, Shaw, Simon/Report/257.

3) Vgl. Pfohl/Entscheidungsfindung/22 f.

4) Vgl. Bretzke/Problembezug/34. Zur Präzisierung dieses Problemverständnisses siehe Punkt B.I.3.

5) Bretzke/Problembezug/34.

tischen Charakter des Problems wird in der vorliegenden Arbeit durch die eingehende Untersuchung des *mentalen Modells* des Problems entsprochen.[1)]

In engem Zusammenhang mit dem idiosynkratischen Problemcharakter lassen sich aus dem oben behandelten Problembegriff zwei für das Verständnis der Problemhandhabung wichtige Bedingungen ableiten:[2)]

- die Abhängigkeit des Problems vom jeweiligen Wissenszustand eines Menschen und
- die Abhängigkeit des Problems von der jeweiligen Bedürfnislage eines Menschen.

Der *Wissenszustand* eines Menschen als Voraussetzung für die Entstehung von Problemen beinhaltet zwei Dimensionen: eine "objektive" (das objektiv feststellbare Wissen) und eine "subjektive" (das vom Menschen erlebte Wissen). Aufgrund seines objektiven Wissens mag das Lösen eines Gleichungssystems mit drei Unbekannten für einen Fünftklässler eine Wissenslücke offenbaren, d.h. ein Problem sein, nicht jedoch für einen Abiturienten.[3)] Das subjektive Wissen entspricht der Einschätzung, ob sich der Mensch für fähig oder für unfähig hält, mit dem Problem fertigzuwerden. Die subjektive Dimension steht in Beziehung zur Motivation, sie beeinflußt die Bereitschaft zur Problemhandhabung.

Auch in der *Bedürfnislage*, aus der die Diskrepanz zwischen erreichtem und erwünschtem Zustand resultiert, offenbart sich die Subjektbezogenheit des Problems.[4)] Hat

---

1) Siehe Punkt E.I.3.1. Vgl. auch Franke/Lösen/25 sowie Eden, Jones, Sims/Problems/X.
2) Zu den nachfolgenden Ausführungen vgl. Franke/Lösen/24 f.
3) Vgl. Davis/Psychology/13.
4) Vgl. VanGundy/Techniques/3.

z.B. eine dreiköpfige Familie ein Nettojahreseinkommen von 30.000 DM, ist aufgrund ihrer Bedürfnislage jedoch der Ansicht, daß sie 50.000 DM benötigt, um ihren gewünschten Lebensstandard zu erreichen, so hat diese Familie ein Problem. Ihre Nachbarn hingegen sind aufgrund ihrer Bedürfnislage der Ansicht, daß ihr Nettojahreseinkommen von 30.000 DM all ihre Bedürfnisse befriedigt, und haben daher kein Problem.

Die Konstatierung eines Problems in Form einer, zunächst recht vagen, W i s s e n s l ü c k e allein reicht jedoch nicht aus, um das Problem einer Handhabung zuzuführen. Vier weitere Bedingungen sind erforderlich:[1]

(1) Zunächst muß sich der Mensch über die Diskrepanz zwischen erreichtem und erwünschtem Zustand b e w u ß t sein.[2] Ohne diese Erkenntnis existiert kein Problem. Obwohl diese Voraussetzung zunächst selbstverständlich erscheint, ist sie dennoch sehr bedeutsam. So existiert etwa für einen Produktmanager, der sich nicht bewußt ist, daß die Produktivität unter ein gewünschtes Niveau gesunken ist, kein Problem.

(2) Auch wenn das Problem bewußt geworden ist, bedeutet dies nicht zwangsläufig, daß auch der W i l l e zur Handhabung existiert. Er wird durch den subjektiven Wissenszustand stark gefördert. Dieser Wille ist vorhanden, wenn der Mensch bereit ist, die Wissenslücke durch Strukturierung des Problemgegenstandes zu schließen. Er wird versuchen, die Natur der Schwierigkeit aufzudecken und den besonderen Charakter des Problems klar herauszustellen. Dies geschieht im Sinne eines kritisch überlegenden Denkaktes.[3] Diese überwiegende Leistung des Denkens gegenüber einer Gedächtnis-

---

1) Zu den nachfolgenden Ausführungen vgl. VanGundy/Techniques/3 f.
2) Vgl. Davis/Psychology/15.
3) Vgl. Dewey/Analyse/120.

leistung macht den Unterschied zwischen der Handhabung eines "echten" schlecht-strukturierten Problems und der Handhabung eines "unechten" wohl-strukturierten Problems ohne Wissenslücke aus.[1] Wohl-strukturierte Probleme genügen den Anforderungen der Entscheidungslogik. Ihnen kommt kein echter Problemcharakter, sondern lediglich der des Lösens einer gegebenen Aufgabe zu. Das "Wesen" eines wirklichen Problems besteht in einem Mangel an Struktur.[2]

Die nähere Behandlung des Strukturierungsvorganges geht von der Erkenntnis aus, daß die Gegebenheiten des Problems zunächst nicht zueinander passen, daß störende und beunruhigende Spannungen bestehen, wodurch die gesamte Situation den Charakter des Unentschlossenen und Unausgeglichenen erhält. Aus dieser Voraussetzung resultiert das Bedürfnis zur Herstellung einer ausgeglichenen Struktur. Dieser befriedigende Zustand wird über gewisse Umformungsoperationen, sogenannte Umstrukturierungen, erreicht. Die Möglichkeit solcher Umstrukturierungen liegt in der Tatsache begründet, daß es zu derselben Gegebenheit verschiedene Bedeutungsperspektiven gibt. Unter dem Druck des Problems werden an bestimmten Elementen Eigenschaften entdeckt, die dem Menschen bisher verborgen geblieben sind oder nur als peripher erachtet wurden. Solche Änderungen ermöglichen neue, problemadäquate Strukturierungen.[3] Dieser Problemstrukturierungsprozeß führt jedoch nicht zwangsläufig zu einem bestimmten Ergebnis. Kenntnisse, Psyche und Werte der beteiligten Menschen beeinflussen den Strukturierungsvorgang.[4] Das heißt, sowohl das Problem als auch der Problemstrukturierungsprozeß weisen eine starke idiosynkratische Komponente auf.

---

1) Vgl. Franke/Lösen/23.
2) Vgl. Bretzke/Problembezug/34.
3) Vgl. Süllwold/Bedingungen/279.
4) Vgl. Adam/Problematik/75.

(3) Das Ausmaß der Differenz zwischen dem erreichten und erwünschten Zustand sollte *meßbar* sein. Obwohl es zweckmäßig erscheint, den Unterschied zu quantifizieren, ist dies nicht immer möglich. Bei einer Vielzahl von Problemen kann lediglich auf qualitative Maßgrößen zurückgegriffen werden. Aber auch auf diesem Skalenniveau läßt sich überprüfen, ob der erwünschte Zustand erreicht wurde.[1)]

(4) Als letztes muß der Mensch über die zeitlichen, informationellen, monetären und personellen *Ressourcen* verfügen, die zur Problemhandhabung notwendig erscheinen.

Sind alle fünf Bedingungen für die Problemhandhabung gegeben, so ermöglicht es die ISM-Technik dem Experten, seine Fähigkeiten im Sinne seines Wissenszustandes sowohl quantitativ als auch qualitativ zu erweitern und hierdurch der Problemkomplexität anzunähern.

2. Problemtypologien der ISM-Technik

Die in Unternehmungen auftretenden Probleme[2)] sind sachinhaltlich von außerordentlicher Vielfalt. Um diese Unterschiedlichkeit möglicher Erscheinungsformen verstehen und bewältigen zu können, ist es zweckmäßig, formale Gemeinsamkeiten bzw. Unterschiede der Problemkonfigurationen herauszustellen.[3)]

In der Literatur werden die unterschiedlichsten Merkmale zur Bildung von Problemtypen herangezogen. Diese Merkmale

---

1) Vgl. VanGundy/Techniques/18 ff.
2) Mit Bezug auf Abb. 12 soll hier der Problembegriff zunächst sehr weit gefaßt werden und auch die sog. unechten Probleme beinhalten. Nachfolgend wird der Problembegriff mit Hilfe der Typologisierung jedoch auf die spezifische Problemklasse eingegrenzt, für die ISM konzipiert wurde.
3) Vgl. Schlicksupp/Ideenfindung/33.

lassen sich jedoch keineswegs immer eindeutig gegeneinander abgrenzen. Die Typenbildung selbst hat vorwiegend dichotomischen Charakter, ist also durch Gegensatzpaare gekennzeichnet.

PFOHL hat ein *eindimensionales*[1] *Merkmalssystem der gängigsten*, in der Literatur vertretenen *Problemtypen* zusammengestellt (vgl. Abb. 12).[2]

Reale Probleme setzen sich aus einer Kombination dieser Merkmale bzw. Typen zusammen. Dabei kann einzelnen Merkmalen keine bzw. eine untergeordnete Bedeutung zukommen. Andere Merkmale hingegen zeichnen sich durch größere Wichtigkeit aus und bestimmen so den spezifischen Charakter des jeweiligen Problems.

Zur Problemklasse, für deren Handhabung ISM entwickelt wurde, sollen nun die wichtigsten Merkmale kurz skizziert werden:[3]

- Die Handhabung derartiger Probleme sollte durch eine Gruppe, ein Team, von PFOHL als "Kollektiv" bezeichnet, erfolgen.

- Diese Probleme sind auf der politischen oder strategischen Planungsebene angesiedelt.

- Es handelt sich um einmalige Probleme mit großer Bedeutung und langfristiger Wirkung.

---

1) Zu einer anderen, ähnlichen, jedoch weniger umfassenden eindimensionalen Typologie sowie der Möglichkeit zwei- und dreidimensionaler Problemtypenbildung vgl. Brauchlin/Problemlösungsmethodik/99 ff.
2) Abb. entnommen aus Pfohl/Entscheidungsfindung/231. Statt des in dieser Arbeit verwendeten Problembegriffs benutzt Pfohl synonym den Begriff der Entscheidung.
3) Sie wurden in Abb. 12 entsprechend markiert.

Merkmalsbereiche:

Entscheidungssubjekt

Merkmal	Typenbeispiel
Anzahl der Entscheidungssubjekte	Individual- u. Kollektiventscheidung
Verteilung der Entscheidungsbefugnis auf Entscheidungssubjekte	Zentrale oder dezentrale Entscheidung
Delegierbarkeit an Entscheidungssubjekte	Delegierbare u. nicht delegierbare Entscheidung
Hierarchische Ebene der Entscheidungssubjekte	Führungs- u. Ressortentscheidung
Beziehung des Entscheidungssubjektes zu Entscheidung u. Ausführung	Selbst- u. Fremdentscheidung
Präferenzordnung der an der Entscheidung beteiligten Entscheidungssubjekte	Kampf-, Schlichtungs-, Team-, Koalitions- u. Gemeinschaftsentscheidung

Entscheidungsobjekt

Merkmal	Typenbeispiel
Rang der Entscheidung	Meta- u. Objektentsch.*
Rang der Entscheidung in Ziel-Mittel-Kette	Ziel- u. Mittelentscheidung
Stellung der Entscheidung in Handlungsebene	Planungs-, Ausführungs- u. Kontrollentscheidung
Stellung der Entscheidung in Planungsebene	Politische, strategische u. taktische Entscheidung
Stellung der Entscheidung im Entscheidungsprozeß	Teil- u. Hauptentscheidung
Geltungsbereich der Entscheidung	Total- u. Partialentscheidung
Wiederholungshäufigkeit der Entscheidung	Einmalige (oder seltene) u. repetitive Entscheidung
Bedeutung der Entscheidung für die Organisation	Hochwertige u. geringwertige Entscheidung
Gültigkeit der Entscheidung	Generelle u. fallweise Entscheidung
Fristigkeit der Entscheidung	Kurz-, mittel- u. langfristige Entscheidung

Merkmal	Typenbeispiel
Dringlichkeit der Entscheidung	Sofort- u. Zeitentscheidung
Reversibilität der Entscheidung	Reversible und nicht reversible Entscheidung

* Metaentscheidung = Entscheidung über Objektentscheidung

Entscheidungsstruktur

Merkmal	Typenbeispiel
Anzahl der Elemente u. Beziehungen	Einfache u. komplexe Entscheidung
Zeitabhängigkeit der Entscheidungsstruktur	Statische u. dynamische Entscheidung
Sicherheitsgrad der Erwartungen über die Ergebnisse	Entscheidung bei Sicherheit, Risiko u. Unsicherheit
Strukturierungsgrad der Entscheidung	Wohl u. schlecht strukturierte Entscheidung
Eindeutigkeit der Zieldefinition	Wohl u. schlecht definierte Entscheidung
Anzahl der verfolgten Ziele	Entscheidung mit mono- u. multivariabler Zielfunktion

Entscheidungsprozeß

Merkmal	Typenbeispiel
Programmierbarkeit des Entscheidungsprozesses	Programmierbare u. nicht programmierbare Entscheidung
Ablauf der Prozesse interdependenter Entscheidungen	Simultan- u. Sukzessiventscheidung
Vorherrschende Denkart im Entscheidungsprozeß	Vorwiegend diskursive u. vorwiegend intuitive Entscheidung
Kosten des Entscheidungsprozesses	Hohe u. niedrige Kosten verursachende Entscheidung
(Re-)Aktionsart des Entscheidungsprozesses (Art des Entscheidungsverhaltens)	Routineentscheidung, adaptive u. innovative Entscheidung

Entscheidungsanregung

Merkmal	Typenbeispiel
Art der Entscheidungsanregung	Entscheidungsproblem mit Störungs- und Chancencharakter

Lösungscharakter

Merkmal	Typenbeispiel
Angestrebtes Ausmaß des Ziels (Lösungskriterium)	Entscheidung mit optimaler (extremaler) u. befriedigender Lösung
Exaktheit der Lösungsmethode	Entscheidung mit exakter u. inexakter Lösung
Art der durch die Lösung zu erfolgenden Transformation	Entscheidung bei einem Analyse-, Such-, Gestaltungs-, Auswahl- u. Konsequenzproblem
Art des zur Abbildung des Problems benutzten u. zu lösenden Entscheidungsmodells	Entscheidung bei einem Wartschlangen-, Lagerhaltungs-, Allokations-, Einsatz- u. Routenplan-, Instandhaltungs- u. Ersatz-, Such-, Wettbewerbsproblem

Abb. 12: Typologie von Entsc-eidungsproblemen nach formalen Kriterien

- Besondere Geltung kommt den schlecht-strukturierten, komplexen[1] Problemen zu, die demzufolge lediglich statisch betrachtet werden.

- Eine Schwerpunktbildung bezüglich der Denkart liegt nicht vor, sowohl diskursives als auch intuitives Denken sind gefordert.

- Das Problem hat innovativen Charakter.

- Es wird eine inexakte, qualitative Lösung angestrebt.

Der allgemeine Hinweis auf eine Reihe von Überschneidungen zwischen den Merkmalen und die Beschreibung der ISM-Problemklasse haben deutlich gemacht, daß zwischen verschiedenen Merkmalen sowohl innerhalb der Merkmalsbereiche als auch zwischen diesen zahlreiche Interdependenzen bestehen, so etwa zwischen innovativen, strategischen, einmaligen, hochwertigen und langfristigen Problemen. Aus diesem Grund erscheint es gerechtfertigt, zur Vereinfachung ISM-Probleme lediglich als s c h l e c h t - s t r u k t u r i e r t und k o m p l e x zu bezeichnen, da diese beiden Typen alle anderen relevanten Merkmalsausprägungen umfassen. Inhalt und Zusammenhang der beiden Merkmalsausprägungen "schlecht-strukturiert" und "komplex" sollen in Punkt 4 dieses Kapitels behandelt werden.

---

1) In der hier vorliegenden Untersuchung wird der Komplexitätsbegriff nicht nur quantitativ, sondern auch qualitativ interpretiert. Siehe Punkt B.I.4.

3. Definition des ISM-Problems

Wie in Punkt 1 deutlich wurde, zeichnen sich ISM-Probleme im Gegensatz zu Aufgaben durch die Vagheit der Beschreibung aus: Das Dissonanzempfinden aufgrund der spezifischen Bedürfnislage[1] gestattet es dem Menschen zumeist lediglich, zwischen einem unbefriedigenden erreichten[2] und einem befriedigenden erwünschten Zustand[3] zu unterscheiden. Die Wissenslücke verhindert jedoch das Überführen des anfänglichen Zustandes in den angestrebten Zustand und konstatiert so den "Problemcharakter" des Problems.[4]

In Punkt 2 wurden die beiden für die ISM-Anwendung bedeutsamsten Merkmalsausprägungen zur formalen Problemtypologie - schlecht-strukturierte und komplexe Probleme - herausgestellt.

In diesem und dem nachfolgenden Punkt wird durch zunehmende Präzisierung und Eingrenzung auf den hier relevanten ISM-Problemtyp eine Verknüpfung zwischen den Punkten 1 und 2 vorgenommen.

---

1) Der angestrebte Zustand kann zum einen durch ein existentielles Bedürfnis des Individuums angeregt werden, also freiwillig bestimmt werden, er kann aber auch unfreiwillig durch einen von Dritten ausgeübten Zwang hervorgerufen werden. Vgl. Schlicksupp/Ideenfindung/33 ff.
2) Hierbei kann es sich auch um einen als unbefriedigend empfundenen prognostizierten Zustand handeln. Vgl. Pfohl/Entscheidungsfindung/21 f.
3) Auch die Erhaltung eines gefährdeten erreichten Zustandes kann als angestrebter Zustand gelten. Vgl. Pfohl/Entscheidungsfindung/23.
4) Zum Wesen der Problemhandhabung gehört es, die Diskrepanz zwischen dem unbefriedigenden erreichten und dem befriedigenden angestrebten Zustand durch Istanpassung, d.h. durch Annäherung des erreichten an den erwünschten Zustand, und nicht umgekehrt durch Zielanpassung, z.B. durch Anspruchsniveausenkung zu nivellieren. Vgl. Franke/Lösen/27.

Die Problemhandhabung kann nur gelingen, wenn es möglich ist, das Problem präzise zu beschreiben. Dies kann erreicht werden mit Hilfe des dreielementigen REITMANSCHEN Problemvektors[1] (vgl. Abb. 13).[2]

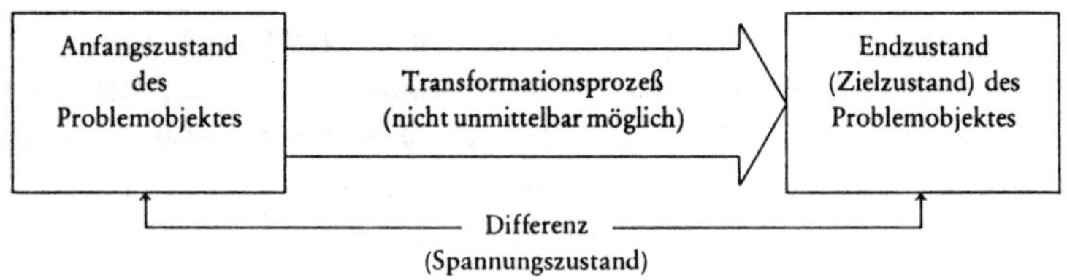

Abb. 13: Reitmanscher Problemvektor

In Anlehnung an das noch recht vage Dissonanzempfinden zwischen einem erreichten und einem angestrebten Zustand unterscheidet REITMAN präziser folgende Komponenten der Problemdefinition:

- Beschreibung eines (unerwünschten) Anfangszustandes A des Problems,
- Beschreibung eines (erwünschten) Endzustandes E des Problems und
- Beschreibung eines Transformationsprozesses T, durch den A in E überführt wird. Dies geschieht durch Operatoren, deren Operationen zu bestimmten Zwischenzuständen Z führen.[3]

---

1) Vgl. Reitman/Decision/284 ff. und Reitman/Cognition/133.
2) Abb. entnommen aus Pfohl/Entscheidungsfindung/22.
3) Vgl. etwa Kirsch/Einführung/II 145 f.; Marr/Innovation/59; Witte/Planen/38; Kirsch/Entscheidungslogik/23 sowie Sims/Problem/1.2. Zur Umwandlung von Sachverhalten, d.h. Zuständen mit Hilfe von Operatoren und zum Suchraum für Operatoren vgl. Dörner/Problemlösen/15 ff. und 77 ff. So sind etwa die möglichen Hantierungen, die den Zustand eines Autos verändern, die Operatoren des Problems "Autoreparatur", während die möglichen Zustände eines in Reparatur befindlichen Autos die verschiedenen Sachverhalte darstellen.

Wären nun alle diese Komponenten vollständig beschrieben, so läge kein Problem vor, denn ein Problem zeichnet sich durch einen Informationsmangel aus, der das Überführen von A in E verhindert.

Es sei nochmals betont, daß die Existenz und Beschaffenheit eines Problems keinesfalls als unabhängige Eigenschaft dieses Objektes (ähnlich etwa wie die Weißheit eine empirische Eigenschaft von Schnee ist) zu interpretieren ist.[1] Sie entspricht vielmehr der individuellen, idiosynkratischen, persönlichen[2] Interpretation des Experten, seiner Problemsicht, seinem mentalen Modell des Problems.[3] Der problematische Sachverhalt wird durch Denkprozesse nicht verändert, während die Problemsicht durch ISM einem Strukturierungsprozeß unterworfen wird.[4] Probleme sind also nicht von Natur aus vorhanden, sondern werden vom Menschen aufgeworfen.[5] Sie besitzen keine wahre Identität, sondern nur eine gewählte Konstruktion:[6] Z. B. ist für den Chemiker die Herstellung von Ammoniak aus Luft kein Problem, sondern lediglich eine Aufgabe. Für den Laien im Bereich der Chemie ist die Ammoniaksynthese ein äußerst schwieriges Problem.[7]

Gerade bei den hier diskutierten komplexen Problemen, die sich in verschiedenen Kontexten bewegen, hat diese Idiosynkrasie zur Folge, daß der einzelne bestenfalls in der Lage ist, eine partielle Problemdefinition auf der Grundlage seines spezifischen Kontextes beizutragen.[8] Da diese eingeschränkte Interpretation der Komplexität des Problems nicht gerecht wird,

---

1) Vgl. Bretzke/Problembezug/35.
2) Vgl. Sims/Problem/3.5.
3) Zum mentalen Modell siehe ausführlich Punkt E.I.3.1.
4) Vgl. Witte/Planen/83.
5) Vgl. Ulrich/Unternehmung/138, oder wie Eden u.a. es formulieren: Probleme werden gemacht, nicht geboren. Vgl. Eden, Jones, Sims/Problems/14.
6) Vgl. Sims/Problem/3.3.
7) Zu dieser Unterscheidung vgl. Punkt B.I.4.3.
8) Vgl. Punkt B.I.4.3 sowie Sims/Problem/1.6.

versucht man, durch die Umgestaltung von ISM als Gruppenprozeß mit einem fachlich heterogen zusammengesetzten Team eine umfassendere Sicht des Problems zu erreichen.[1)]

Kehrt man zu den REITMANSCHEN Problemkomponenten zurück, so ergibt sich die Vagheit des Problems aus der ungenügenden Präzision der Beschreibung der Komponenten.[2)] Dies betrifft insbesondere den Anfangs- und den Endzustand.[3)] Diese Zustände sind durch M e r k m a l e mit bestimmten Veränderbarkeitseigenschaften sowie die R e l a t i o n e n zwischen den Merkmalen gekennzeichnet.[4)]

Liegt ein Problem vor, so können ex definitione nicht alle Informationen über A und E sowie den Transformationsprozeß des Problemobjektes, d. h. die P r o b l e m s t r u k t u r, vorliegen.[5)] Darüber hinaus muß davon ausgegangen werden, daß die vorhandenen Angaben in aller Regel relativ inexakt und nicht operational sind.[6)]

Ein Beispiel soll dies verdeutlichen:[7)] Zu entwickeln ist ein Spender, der für verschiedene Produkte (z. B. Klebstoff, Nagellack) verwendet werden könnte. Dieser Spender sollte lediglich aus einem Teil bestehen, ohne Kopfteil, das entfernt und wieder aufgesteckt werden müßte. Die Öffnung müßte so entworfen sein, daß sie sich für den Gebrauch öffnet und nach dem Gebrauch wieder fest verschließt.

1) Vgl. Punkt E.I.4.
2) Vgl. Witte/Planen/45.
3) Solange Anfangs- und Endzustand nicht präzise definiert sind, sind Überlegungen zum Transformationsprozeß und den diesbezüglichen Zwischenzuständen wenig hilfreich.
4) Vgl. Pfohl/Entscheidungsfindung/22 und 75; Marr/Innovation/59 sowie Sims/Problem/4.23. Zustände bestehen i. d. R. nicht aus Anhäufungen unverbundener Einzelelemente, sondern weisen eine Struktur auf. Vgl. Dörner/Problemlösen/17.
5) Vgl. Pfohl/Entscheidungsfindung/23.
6) Vgl. Kirsch/Entscheidungslogik/23. Zu diesbezüglichen Barrieretypen vgl. Punkt B.I.4.3.2.
7) Vgl. Gordon/Synectics/41.

Die Definition dieses Konstruktionsproblems spezifiziert lediglich höchst unvollständig den Endzustand. Sie enthält weder Hinweise auf den Anfangszustand (z. B. Einsatz welcher Werkstoffe) noch Aussagen über den Transformationsprozeß.

Die jeweilige Ausprägung des Informationsmangels führt demnach zu einer recht heterogenen Menge möglicher Problemtypen, die sich auf einem Kontinuum abbilden läßt. REITMAN[1)] hat den Versuch unternommen, diese Pallette auf eine d i c h o t o m i s c h e G e g e n ü b e r s t e l l u n g zu reduzieren. Er interpretiert die Merkmalsausprägungen einer Problemdefinition als B e s c h r ä n k u n g e n, denen die Problemlösung[2)] genügen muß.[3)] Das Individuum sucht solange nach Lösungsmöglichkeiten, bis es eine Lösung gefunden hat, welche die Beschränkungen einhält.

Sind alle Beschränkungen eindeutig, ist also die Problemstruktur klar, so handelt es sich um eine o p e r a t i o n a l e P r o b l e m d e f i n i t i o n.[4)] Nach dem MINSKY Kriterium bedeutet dies, daß "die Feststellung, ob eine hypothetische Problemlösung ein Element der die Ex-

---

1) Vgl. Reitman/Decision/291 ff. sowie Reitman/Cognition/ 142 ff.

2) Aus rein sprachlichen Gründen soll an dieser Stelle ausnahmsweise der Begriff Problemlösung statt Problemhandhabung verwendet werden.

3) Vgl. z. B. Meyer zur Heyde/Problemlösungsprozesse sowie Kirsch/Handhabung/32. Zur Funktion der Beschränkungen als Lösungsgeneratoren, -deskriptoren sowie -verifikatoren vgl. etwa Kirsch/Einführung/II 148 f.

4) Vgl. z.B. Kirsch/Entscheidungslogik/27. Reitman spricht nicht von operationalen, sondern von wohl-definierten Problemen. Vgl. Reitman/Decision sowie Reitman/Cognition. Um zu dieser Begriffsverwirrung, die leider in großem Maße besteht, nicht auch noch beizutragen, wird in der vorliegenden Untersuchung, in Anlehnung an Kirsch, der Begriff "wohl-definiert" nur im Zusammenhang mit der Definition der Situation Verwendung finden (siehe Punkt B.I.4). Für den Aspekt der Problemdefinition bleibt der Begriff "operational" vorbehalten. Vgl. Kirsch/Einführung/II 147.

tension der Problemdefinition bildenden Menge von Elementen ist, keine Schwierigkeiten bereitet."[1]

Ist jedoch mindestens eine Beschränkung nicht eindeutig, also die Problemstruktur unvollkommen, so liegt eine nicht-operationale Problemdefinition vor. REITMAN bezeichnet solche Beschränkungen als "offen" (open constraints).[2]

Es stellt sich die Frage, wie das Individuum mit derartigen offenen Beschränkungen umgeht.[3] Es könnte sie als irrelevant erklären und aus der Problemdefinition entfernen. Dies würde jedoch einer unzureichenden Problemhandhabung, einer Problemverfälschung entsprechen. Das Individuum könnte jedoch auch versuchen, die offenen Beschränkungen zu schließen, d. h. unklare, unvollständige Teile im Rahmen eines umfangreichen Informationsverarbeitungsprozesses zu ergänzen und zu strukturieren.[4] Bei dieser Tätigkeit kann es sich der ISM-Technik bedienen. Im Laufe dieses Strukturierungsprozesses wird das Problemverständnis des Individuums zunehmend wachsen. Das Individuum wird über das Problem lernen und letztendlich eine operationale Problemdefinition entwikkeln, das Problem also gelöst haben.[5]

---

1) Kirsch/Handhabung/31. Minsky bezieht sich in seinen Ausführungen auf McCarthy. Vgl. Minsky/Steps/408 sowie McCarthy/Inversion/177 ff.
2) Vgl. Reitman/Cognition/144 f., aber auch Konietzka/Entscheiden/49; Meyer zur Heyde/Problemlösungsprozesse/178 sowie Eul-Bischoff/Planungsproblem.
3) Vgl. Kirsch/Handhabung/33 f.
4) Vgl. Süllwold/Bedingungen/279; Schlicksupp/Ideenfindung/195; Konietzka/Entscheiden/103 sowie Witte/Planen/45.
5) Vgl. Meyer zur Heyde/Problemlösungsprozesse/177; Eul-Bischoff/Planungsproblem; Sims/Problem/4.24; Grün/Lernverhalten/6 sowie Leavitt/Psychology/85.

Während eine Vielzahl von Problemen in der Unternehmung dieses Strukturierungsprozesses nicht bedarf, da sie über eine operationale Problemdefinition[1] verfügen, verbleibt eine nicht unbeachtliche Anzahl von Problemen, die diesen präzisen Informationsgrad zunächst nicht aufweisen.[2] Tendenziell scheint die Operationalität mit der Bedeutung des Problems abzunehmen. So sind etwa strategische Probleme im allgemeinen nicht als operational zu bezeichnen.[3]

Aber auch in einigen Funktionsbereichen sind operationale Probleme tendenziell seltener anzutreffen, etwa im Bereich des Marketing und der Personalplanung.[4] Dennoch beschäftigt sich die Betriebswirtschaftslehre nur sehr am Rande mit nichtoperationalen Problemen und der instrumentellen Unterstützung ihrer Handhabung.[5] Als Ansatz zur Aufarbeitung dieses Versäumnisses ist die vorliegende Untersuchung zu werten.

---

1) Auch das Gebiet der künstlichen Intelligenz und der darin entwickelte "General Problem Solver" legen operationale Probleme zugrunde. Vgl. etwa Newell, Simon/Problem sowie Newell, Shaw, Simon/Report. Zur Begründung vgl. Dörner/Heuristics/91.
2) Vgl. z. B. Adam/Problematik/[illegible] sowie Dörner/Heuristics/92.
3) Vgl. in Punkt B.I.2 Abb. 12 und die diesbezüglichen Ausführungen.
4) Zum Marketing vgl. etwa Bednar, Hasenauer/Projekterfahrungen; Böcker/Akzeptanzprobleme; Freter/Aussagewert; Meyer zu Selhausen/Möglichkeiten sowie Zentes/Stand; zur Personalplanung vgl. etwa Berg/Ansätze; Domsch/Personalplanung sowie Kossbiel/Möglichkeiten. Die Bereiche Beschaffung, Lagerhaltung, Fertigung, Transportwesen u. a. zeichnen sich hingegen durch einen wesentlich höheren Operationalitätsgrad aus. Zu diesbezüglichen empirischen Erhebungen vgl. etwa Börsig/Implementierung; Gößler/Einsatzformen sowie Steinecke, Seifert, Ohse/Planungsmodelle.
5) Vgl. Meyer zur Heyde/Problemlösungsprozesse/177.

4. Definition der ISM-Situation

Die Definition des ISM-Problems soll nun in das umfassendere Konzept der Definition der ISM-Situation eingebracht werden, um zum einen die Klasse der schlecht-strukturierten, komplexen Probleme zu beschreiben; zum anderen ermöglicht es dieses Konzept, auf die Funktion von ISM als Verknüpfung heuristischen und algorithmischen Vorgehens hinzuarbeiten.[1)]

4.1 Komponenten der Definition der Situation

KIRSCH beschreibt die Definition der Situation "... als Inbegriff der als Entscheidungsprämissen akzeptierten Informationen ...".[2)] Zum Bestimmen der Komponenten der Definition der Situation kann man sich der Klassifikation kognitiver Informationen bedienen. Hiernach lassen sich w e r t e n d e, f a k t i s c h e und p r ä s k r i p t i v e I n f o r m a t i o n e n unterscheiden.[3)] Aus Sicht der Entscheidungslogik entspricht das Modell des Entscheidungsfeldes den faktischen, das Modell des Entscheidungsträgers den wertenden Entscheidungsprämissen.[4)] Aus der hier vertretenen Sicht des Entscheidungsverhaltens[5)] entsprechen diese beiden Modelle der Definition des Problems, wenn auch in anderer Ausgestaltung der Komponenten.

---

1) Vertieft wird dieser Aspekt in Punkt C.II.3.
2) Kirsch/Einführung/II 136.
3) Vgl. Kirsch/Einführung/II 137; Heinen/Grundlagen/50 f.; Szyperski/Vorgehensweise/40 sowie Szyperski/Stand/474. Präskriptive Informationen werden vielfach auch als methodische Informationen bezeichnet. Auch in dieser Untersuchung werden beide Begriffe synonym verwendet. Zu den Informationsklassen siehe auch Punkt E.I.3.1.2.2.
4) Diese Definition der Situation entspricht der der traditionellen Entscheidungslogik, die Problem und Situation gleichstellt. Vgl. Gäfgen/Theorie/95 ff. Szyperski, Winand legen ihren Ausführungen die auch hier vertretene, umfassendere Definition der empirisch-kognitiven Entscheidungstheorie zugrunde. Vgl. Szyperski, Winand/Entscheidungstheorie/40.
5) Siehe Punkt A.III.

Zur Definition des Problems treten *kognitive Programme*[1] als präskriptive Entscheidungsprämissen hinzu. Sie lassen sich unterscheiden in *Problemhandhabungs-* und *Ausführungsprogramme*.[2] Die zuletzt genannten steuern die motorischen Reaktionen der Sinnesorgane und Muskeln auf die das Problem auslösenden Stimuli.[3] Von größerem Interesse sind hier Problemhandhabungsprogramme, mit denen die Informationsverarbeitung zur Ermittlung der Reaktionen gesteuert wird.[4] Dichotomisch lassen sich hierbei *algorithmische* und *heuristische Programme* unterscheiden. (Zu den Komponenten der Definition der Situation vgl. Abb. 14.)[5]

Unter einem *Algorithmus* versteht man eine Methode, die "... die exakte Lösung eines Problems in einer endlichen, überschaubaren Anzahl von Schritten garantiert, wenn für dieses Problem überhaupt eine Lösung existiert ...".[6] *Heuristiken* sind "... bestimmte Vorgehensregeln zur Lösungsfindung, die hinsichtlich des angestrebten Zieles und unter Berücksichtigung der Problemstruktur als sinnvoll und erfolgversprechend erscheinen, aber nicht immer die optimale Lösung hervorbringen."[7]

---

1) Zum Programmbegriff, insbesondere zur Unterscheidung von Konditional- und Zweckprogramm sowie von instrumentalen und kognitiven Programmen vgl. etwa Hill, Fehlbaum, Ulrich/Organisationslehre/I 267 ff.; Luhmann/Zweckbegriffe/66 ff. sowie Szyperski, Winand/Entscheidungstheorie/2 f. Siehe auch Punkt E.I.3.1.2.2.
2) Vgl. Kirsch/Einführung/II 141 ff.
3) Dieser Definition liegt das SOR-Paradigma (Stimulus, Organismus, Reaktion) zugrunde, das in Punkt E.I.3.1.2 im Rahmen des Bildens mentaler Modelle des schlechtstrukturierten, komplexen Problems näher ausgeführt wird.
4) Vgl. Pfohl/Entscheidungsfindung/261.
5) Abb. 14 in Anlehnung an Kirsch/Einführung/II 141.
6) Marr/Innovation/64. Zu ausführlicheren Definitionen vgl. etwa Brauchlin/Problemlösungsmethodik/103; Schmitz, Seibt/Einführung/15 f.; Kirsch/Einführung/II 154 f. sowie Blank/Organisation/63.
7) Müller-Merbach/OR/290.

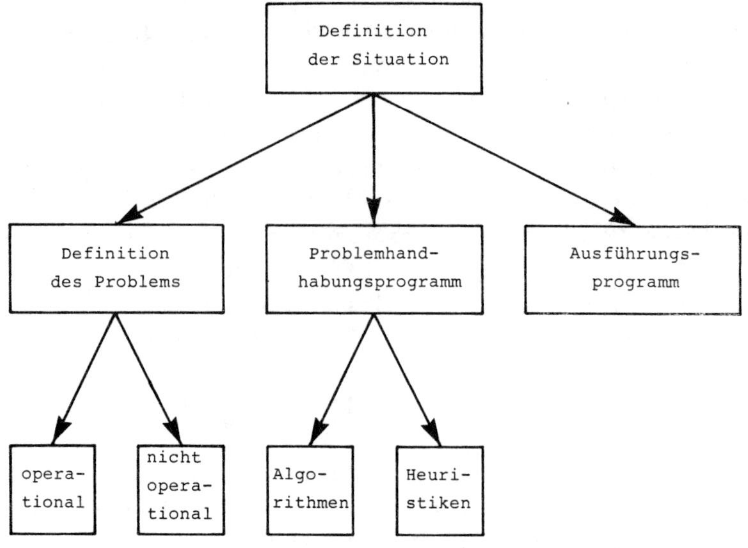

Abb. 14: Komponenten der Definition der Situation

Die Anwendung heuristischer Prinzipien führt zu einer Reduzierung des Problemlösungsaufwandes, indem das Feld wahrscheinlich unzureichender Lösungen eliminiert und stattdessen ein Feld wahrscheinlich brauchbarer Alternativen angesteuert wird.[1)]

Aus diesen Definitionen wird bereits erkennbar, daß sich Methoden zur Handhabung von Problemen eines bestimmten Typs anhand verschiedener Kriterien unterscheiden lassen. Der Ansatz von NEWELL nennt die beiden Charakteristika "Grad der Allgemeinheit" und "Mächtigkeit" der Methode.[2)]

---

1) Vgl. Schlicksupp/Ideenfindung/15.
2) Vgl. Newell/Programming/371 ff. Zur Aufgliederung der Kriterien vgl. Gabele/Entwicklung/64 ff.; Kirsch u. a./ Logistik/455 ff. sowie auch Michael/Produktideen/77 ff.

Der Grad der A l l g e m e i n h e i t leitet sich aus dem Umfang des durch die Problemdefinition umrissenen Anwendungsbereichs ab.[1] Hierunter fallen die Weite, die formalen und die inhaltlichen Eigenschaften des Anwendungsbereiches.[2]

Während die Allgemeinheit sich als Kriterium der Elastizität einer Methode interpretieren läßt, ist die M ä c h t i g k e i t ein Charakteristikum ihrer Kapazität. Sie kann durch die beiden Dimensionen der Lösungsmächtigkeit und der Ressourcenmächtigkeit gekennzeichnet werden.[3] Die L ö s u n g s m ä c h t i g k e i t bezieht sich auf die Lösungswahrscheinlichkeit und -qualität. Die L ö s u n g s w a h r s c h e i n l i c h k e i t gibt die Wahrscheinlichkeit an, mit der eine Methode zur Lösung bei den Problemen führt, auf die sie anwendbar ist. Ist diese Wahrscheinlichkeit gleich 1, so besteht Lösungsgarantie. Unter L ö s u n g s q u a l i t ä t versteht man die Güte der gefundenen Lösung im Vergleich zur bestmöglichen Lösung.

Die R e s s o u r c e n m ä c h t i g k e i t umfaßt den gesamten Input, der zur Anwendung der Methode benötigt wird. Im wesentlichen sind dies der i n f o r m a t o r i s c h e, p e r s o n e l l e, o r g a n i s a t o r i s c h e, t e c h n o l o g i s c h e und z e i t l i c h e Input.

Geht man bei der Beurteilung von Methoden davon aus, daß sie der Effizienz- und/oder Effektivitätssteigerung der Problemhandhabung dienen sollen, so lassen sich die genannten Charakteristika auf die beiden grundlegenden Beurteilungskriterien der L e i s t u n g s e i g e n s c h a f t e n und der K o s t e n für die Erzeugung dieser Leistungseigenschaften zurückführen: Die Ressourcenmächtigkeit würde dem Kostenkriterium entsprechen, während

---

1) Vgl. Frese/Entscheidungsstrategien/285.
2) Vgl. Brauchlin/Problemlösungsmethodik/102 ff.
3) Vgl. Pfohl/Entscheidungsfindung/275.

die Lösungsmächtigkeit und die Allgemeinheit den Leistungseigenschaften zuzurechnen sind.[1)]

Allgemeinheit und Mächtigkeit von Methoden stehen in inverser Relation zueinander, d. h. eine Methode mit sehr eng begrenztem Anwendungsbereich ist i. d. R. sehr mächtig et vice versa.[2)] Unter diesem Aspekt lassen sich, wie bereits erwähnt, zwei Endpunkte eines K o n t i n u u m s gegenüberstellen: Algorithmen verfügen über eine geringe Allgemeinheit, aber eine hohe Mächtigkeit, während Heuristiken zwar eine hohe Allgemeinheit, aber nur eine geringe Mächtigkeit aufweisen.[3)] Das Fehlen der Lösungsgarantie scheint der Preis zu sein, der für den stark reduzierten Suchaufwand (geringe Ressourcenmächtigkeit) bei Heuristiken in Kauf genommen werden muß. Die Rechtfertigung für den Einsatz einer Heuristik liegt also primär darin, daß sie im Durchschnitt schneller als ein Algorithmus (sofern dieser überhaupt existiert) zu Lösungen kommt, die in aller Regel hinreichend gut sind.[4)] Die ISM-Technik weist sowohl algorithmische als auch heuristische Eigenschaften auf. In Punkt C.II.3 wird hierauf näher eingegangen.

Die Komponenten der Definition der Situation sind in aller Regel - dies wurde bereits bei der Definition des Problems deutlich - keine gegebenen Größen. Sie werden im Laufe der Problemhandhabung durch Denkprozesse aufgebaut, ergänzt und verändert. Nimmt man das Vorhandensein bzw. die Be-

---

1) Vgl. zu diesen Ausführungen Pfohl/Entscheidungsfindung/274 ff. Dort findet sich neben den Überlegungen von Newell eine Reihe weiterer Ansätze. Zu einem umfassenderen und differenzierteren Ansatz neueren Datums vgl. Szyperski, Winand/Grundbegriffe/132 ff.
2) Vgl. Newell/Programmierung/372.
3) Vgl. etwa Konietzka/Entscheiden/153 f. sowie Schlicksupp/Ideenfindung/28.
4) Vgl. Kirsch/Einführung/II 156.

schaffenheit der drei Komponenten zum Ausgangspunkt, so lassen sich die beiden Typen der w o h l - und der s c h l e c h t - d e f i n i e r t e n S i t u a t i o n unterscheiden (vgl. Abb. 15).[1]

4.2 Wohl-definierte Situation

In beiden Ausprägungsformen wohl-definierter Situationen sieht sich das Individuum einer operationalen Problemdefinition gegenüber. Am "unproblematischsten" ist die R o u t i n e s i t u a t i o n.[2] In diesem Falle rufen die in einer konkreten Situation vom Individuum wahrgenommenen Stimuli eine Definition der Situation hervor, die das Individuum bereits in ähnlichen Situationen erarbeitet hat. Der Mensch reagiert routinemäßig auf die Stimuli, ohne daß sich zwischen Stimulus und Reaktion ein umfangreicher Prozeß der Informationsverarbeitung vollzieht.[3] Allenfalls testet das Individuum, ob die hervorgerufene Definition der Situation mit seinen Wahrnehmungen übereinstimmt.[4]

Auch im Falle einer a d a p t i v e n Situation rufen die vom Individuum wahrgenommenen Stimuli eine fertige Definition der Situation hervor. Im Gegensatz zur routine-

---

1) Vgl. Kirsch/Einführung/II 142. Die Unterscheidung in innovative, adaptive und Routinesituationen geht auf Gore zurück. Vgl. Gore/Decision/55 f. sowie Gore/Making/136 f. March, Simon/Organizations/139 f. sowie Simon/Perspektiven/74 bezeichnen routinemäßige und adaptive Situationen als programmiert, innovative Situationen hingegen als nicht-programmiert. Auch Kosiol unterscheidet dichotomisch in usuale und novative Situationen. Vgl. Kosiol/Organisation/102. Bleicher differenziert in regressive und progressive Situationen. Vgl. Bleicher/Organisation/60. Zu anderen Typologien, in denen die obengenannten teilweise auch enthalten sind, vgl. Kahle/Problemlösungsverhalten/ 96 ff. sowie Naschold/Organisation/59 ff.
2) Vgl. Marr/Innovation/68.
3) Zum SOR-Paradigma (Stimulus - Organismus - Reaktion) sei nochmals auf Punkt E.I.3.1.2 hingewiesen.
4) Vgl. Kirsch/Einführung/II 143.

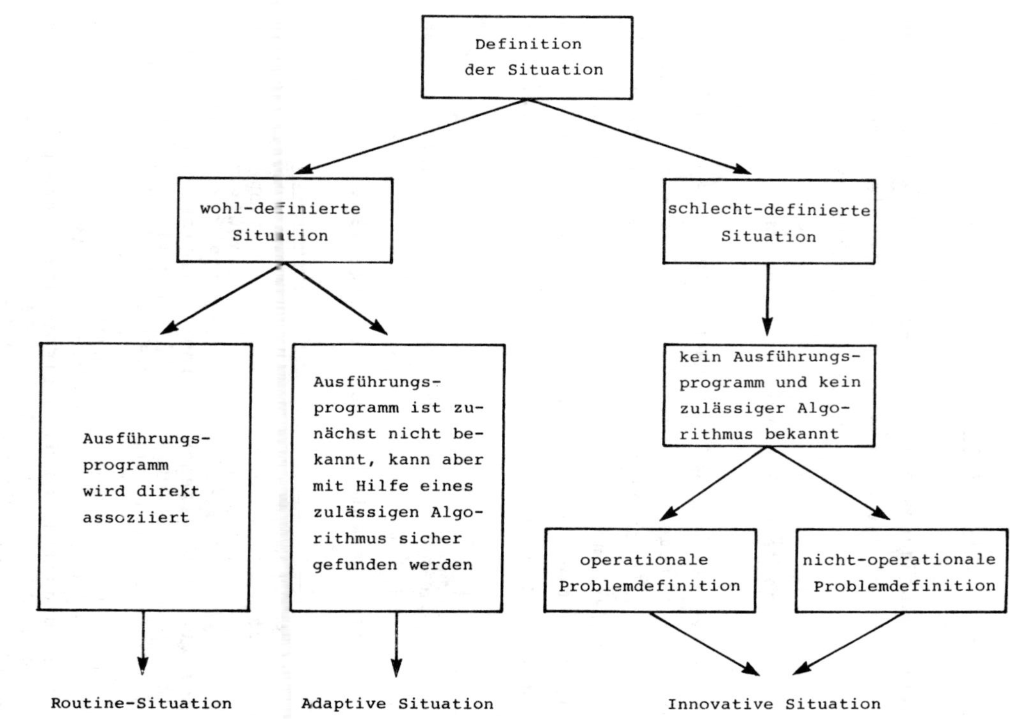

Abb. 15: Wohl- und schlecht-definierte Situation

mäßigen Situation umfaßt sie jedoch mehrere mögliche Reaktionen. Das Individuum ist gezwungen, anhand der Merkmale der konkreten Situation mit Hilfe eines Algorithmus eine Reaktion auszuwählen.[1)]

Wohl-definierte Situationen sind im Rahmen dieser Untersuchung nicht von Interesse, da der Problemtyp schlecht-strukturierter, komplexer Probleme, auf den die ISM-Technik ausgerichtet ist, den schlecht-definierten Situationen zuzuordnen ist.

4.3 Schlecht-definierte Situation

Verglichen mit einer Routine- und einer adaptiven Situation werden im Falle einer *innovativen Situation*[2)] die größten Anforderungen an das Individuum gestellt, denn der auslösende Stimulus ruft keine wohl-definierte Situation hervor.[3)] Die Definition ist fragmentarisch und vage. Es fehlen zumindest ein Ausführungsprogramm und ein zulässiger Algorithmus. Das Individuum verspürt ein Gefühl der Ratlosigkeit. Es sieht sich gezwungen, eine Definition der Situation zu erarbeiten.

Die Situation kann aus zwei Gründen als schlecht-definiert gelten:[4)]

(1) Die Problemdefinition ist zwar operational, es ist jedoch kein zulässiger Algorithmus zur Reaktionsauswahl bekannt. Zum Schließen dieser Lücke wird sich das Individuum heuristischer Programme bedienen müssen.

(2) Noch fragmentarischer sind die Informationen, wenn die Definitionsmerkmale nicht einmal für eine operationale Problemdefinition ausreichen. In diesem Falle muß das

---

1) Vgl. Kirsch/Einführung/II 143 f.
2) Vgl. Simon/Decision/66 ff.
3) Vgl. Marr/Innovation/68.
4) Vgl. Kirsch/Einführung/II 144 f.

Individuum zunächst die offenen Beschränkungen schließen. Auch hierbei wird es auf heuristische Programme zurückgreifen. Wie noch zu zeigen sein wird, ermöglicht die ISM-Technik jedoch neben der heuristischen auch eine algorithmische Unterstützung bei der Problemdefinition.[1)]

Für den Anwendungsbereich der ISM-Technik erscheint diese Zweiteilung schlecht-definierter Situationen jedoch noch zu undifferenziert. KIRSCH, MAYER unterscheiden vier verschiedene Typen schlecht-definierter Situationen. Ihr Ansatz soll nachfolgend behandelt werden.[2)]

4.3.1 Schlecht-strukturierte Probleme

Nach KIRSCH ist ein Problem wohl-strukturiert, wenn ihm eine wohl-definierte Situation zugrunde liegt. Die Situation ist wohl-definiert im Falle einer routinemäßigen oder adaptiven Entscheidung. Handelt es sich hingegen um eine innovative Situation, so sieht sich das Individuum mit einem schlecht-strukturierten Problem konfrontiert.[3)] Mit Hilfe des Kontextbegriffes wird es nun möglich, zwischen schlecht-strukturierten, komplexen und schlecht-strukturierten, simplexen Problemen zu unterscheiden.

Die Funktion eines Kontextes besteht darin, eine Synthese für eine Menge von Wissensfragmenten zu schaffen.[4)] Ohne synthetisierenden Kontext besteht das Wissen aus singulären Aussagen ohne Zusammenhang. Erst die Existenz eines Kontextes ermöglicht es, die einzelnen Wissensfragmente einzuordnen und zueinander in Beziehung zu setzen.

---

1) Siehe Punkt C.II.3.
2) Vgl. hierzu Kirsch, Mayer/Probleme/101 ff.
3) Vgl. Kirsch/Entscheidungslogik/32.
4) Vgl. Etzioni/Society.

Der Grad an S y n t h e s e, den ein Kontext erreicht, ist von den Ausprägungen dreier Merkmale abhängig:[1]

(1) Reichweite des Kontextes
Die Reichweite bringt zum Ausdruck, wie umfassend der Kontext ist, d. h. welche Wissensfragmente von ihm erfaßt bzw. in ihn eingeordnet werden können.

(2) Reichhaltigkeit des Kontextes
Mit Hilfe der Reichhaltigkeit läßt sich erfassen, wie detailliert der Kontext die Wissensfragmente abbildet.

(3) Strukturierungsgrad des Kontextes
Der Strukturierungsgrad kann durch ein Kontinuum beschrieben werden, das von wohl-strukturiert bis schlecht-strukturiert reicht. Es läßt sich etwa durch die Abstufungen "Theorie", "Bezugsrahmen", "Taxonomie" und "einheitliche Sprache" charakterisieren.[2]

Die Synthese eines Kontextes ist um so höher, je größer die Reichweite, die Reichhaltigkeit und der Strukturierungsgrad des Kontextes sind.[3]

Liegen einem Problem mehrere Kontexte mit unterschiedlicher Reichweite, Reichhaltigkeit und Strukturierung zugrunde, so wird es zunächst nicht möglich sein, diese zu einer einzigen Problemdefinition zusammenzufassen. Es han-

---

1) Vgl. Konietzka/Entscheiden/70.
2) Anhand des Kriteriums "Strukturierungsgrad des Kontextes", das als das wichtigste der drei Merkmale anzusehen ist, wird auch die nachfolgende Differenzierung simplexer und komplexer Probleme in vier Problemtypen vorgenommen.
3) An dieser Stelle soll nicht unerwähnt bleiben, daß der Kontext der hier vorliegenden Untersuchung keinen sehr hohen Synthesegrad aufweist. Zwar sind die Reichweite und die Rückhaltigkeit recht groß, jedoch ist dieser Kontext - nicht zuletzt aus diesem Grunde - nicht als wohl-strukturiert anzusehen. Er erreicht "lediglich" den Strukturierungsgrad eines begrifflich-theoretischen Bezugsrahmens. Vgl. Grochla/Einführung/62 f.

delt sich stattdessen um mehr oder minder vollständige, partielle Problemdefinitionen als spezifische Interpretationen des Problems, die jede für sich nicht das gesamte Problem abdecken.[1] Derartige *Multikontext-Probleme* bezeichnen KIRSCH, MAYER als *komplexe Probleme*.[2]

Diese Sichtweise korrespondiert mit dem in der Einleitung gegebenen Hinweis, daß der einzelne bei der Behandlung komplexer Probleme allenfalls in der Lage ist, einen Beitrag zur Handhabung des Problems zu leisten. Es wird ihm jedoch nicht möglich sein, das Problem in seiner ganzen Mannigfaltigkeit allein zu bewältigen.[3]

Im Gegensatz hierzu bezeichnen KIRSCH, MAYER Probleme, die nur auf einem Kontext basieren, als *simplexe Probleme*.[4]

4.3.1.1 Schlecht-strukturierte, simplexe Probleme

Sowohl simplexe als auch komplexe Probleme lassen sich anhand der Ausprägung dreier Kriterien differenzieren (vgl. Abb. 16):[5]

---

1) Vgl. Konietzka/Entscheiden/69 f. Diese partielle Problemdefinition entspricht dem mentalen Modell des Individuums. Siehe Punkt E.I.3.1.
2) Vgl. Kirsch, Mayer/Probleme/101 ff. Der Komplexitätsbegriff wird in der Literatur sehr uneinheitlich verwendet. Vgl. hierzu u. a. Beer/Kybernetik/27; Pfohl/Entscheidungsfindung/254 f.; Duncan/Characteristics/315 f. sowie Müller/Grundlagen/61 f. Vielfach wird er rein quantitativ als Anzahl der involvierten Elemente und Beziehungen definiert. In der hier vorliegenden Untersuchung wird der Komplexitätsbegriff um die qualitative Dimension verschiedener Kontexte ergänzt.
3) Vgl. Warfield/Systems/194.
4) Vgl. Kirsch, Mayer/Probleme/110.
5) In Anlehnung an Kirsch, Mayer/Probleme/110. Es wurden jedoch Fehler korrigiert und die Abbildung vervollständigt.

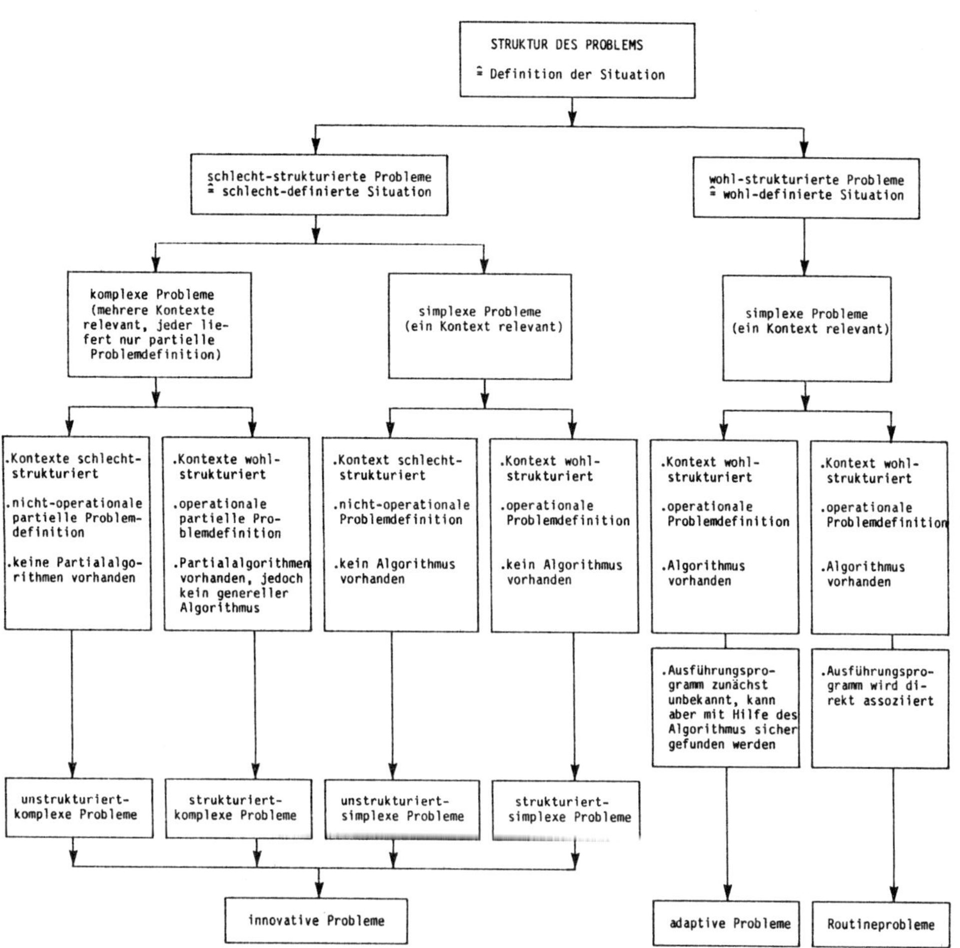

Abb. 16: Struktur des Problems

- Kontext(e) wohl- bzw. schlecht-strukturiert
- operationale oder nicht-operationale (partielle) Problemdefinition(en)
- Vorhandensein oder Nichtvorhandensein eines (Partial-) Algorithmus.

Im Rahmen simplexer Probleme ist nur ein Kontext relevant. Dieser kann wohl- oder schlecht-strukturiert sein. Im einfachsten Fall ist der Kontext wohl-strukturiert, die Problemdefinition operational und es fehlt lediglich ein Algorithmus. Hierbei handelt es sich um sogenannte strukturiert-simplexe Probleme.[1)]

Ist der Kontext hingegen schlecht-strukturiert, liegt eine nicht-operationale Problemdefinition vor und fehlt ein Algorithmus, so wird dieser Problemtyp als unstrukturiert-simplex bezeichnet.

Der Vollständigkeit halber und mit Bezug auf Abb. 16 sei auch auf wohl-strukturierte, simplexe Probleme hingewiesen, obwohl diese für die ISM-Technik ohne Bedeutung sind. In beiden Ausprägungsformen sind der Kontext wohl-strukturiert, die Problemdefinition operational und ein Algorithmus vorhanden. Kann das Ausführungsprogramm per Algorithmus gefunden werden, so spricht man von einem adaptiven Problem. Den Endpunkt dieser Typologie bildet das Routineproblem, bei dem das Ausführungsprogramm direkt assoziiert wird.[2)]

---

1) Kirsch bezeichnet derartige Probleme als beinahe wohlstrukturiert. Vgl. Kirsch/Entscheidungslogik/33 sowie Kirsch/Handhabung/38. In Abb. 15 werden sie im Rahmen innovativer Situationen unter dem Begriff "operationale Problemdefinition" geführt. Die zweite Ausprägungsform schlecht-strukturierter, simplexer Probleme und die beiden Arten schlecht-strukturierter, komplexer Probleme entsprechen hierbei einer "nicht-operationalen Problemdefinition". Aus Gründen der Übersichtlichkeit wurden die Abb. 15 und 16 jedoch nicht zusammengefaßt.
2) Siehe Ausführungen in Punkt B.I.4.1 sowie Abb. 15.

4.3.1.2 Schlecht-strukturierte, komplexe Probleme

Im Gegensatz zu simplexen Problemen sind bei komplexen Problemen mehrere Kontexte relevant. Jeder liefert nur eine partielle Problemdefinition. S t r u k t u r i e r t - k o m p l e x ist ein Problem, wenn die Mannigfaltigkeit sich in wohl-strukturierten Kontexten ausdrückt, wobei für die operationalen partiellen Problemdefinitionen sogar Partialalgorithmen vorliegen, jedoch kein Gesamtalgorithmus existiert. Der höchste Schwierigkeitsgrad liegt im Falle u n s t r u k t u r i e r t - k o m p l e x e r P r o b l e m e vor: Die Kontexte sind schlecht-strukturiert, die partiellen Problemdefinitionen nicht-operational und daher nicht einmal Partialalgorithmen vorhanden.

Zum Relevanzgrad dieser sechs Problemtypen für die hier vorliegende Untersuchung sei folgendes angeführt: Wie bereits erwähnt, sind die beiden Typen wohl-strukturierter, simplexer Probleme hier ohne Bedeutung, da bei ihnen keine Notwendigkeit zur Entwicklung einer operationalen Problemdefinition mit ISM mehr besteht. Das gleiche gilt für strukturiert-simplexe Probleme. Unstrukturiert-simplexe Probleme interessieren nur am Rande. Ihre Handhabung ist auch ohne ISM-Einsatz denkbar. Die ISM-Technik ist konzipiert für die Handhabung s t r u k t u r i e r t - und u n s t r u k t u r i e r t - k o m p l e x e r P r o - b l e m e. [1]

Da die Mehrzahl wichtiger realer Probleme in sozialen Systemen nicht nach akademischen Disziplinen oder ihren Teilbereichen sortiert ist,[2] sind bei praktischen Proble-

---

1) Der Modell-Austausch-Isomorphismus in Punkt D.III legt in den Phasen 1 und 2 operationale partielle Problemdefinitionen zugrunde. Im Falle nicht-operationaler partieller Problemdefinitionen würden diese Phasen dann nicht mehr einer isomorphen, sondern lediglich einer homomorphen Abbildung des mentalen Modells entsprechen. Für die nachfolgenden Phasen ist diese Unterscheidung jedoch ohne Belang.

2) Vgl. McLean/Problem/146.

men mehrere partielle Problemdefinitionen aus unterschiedlichen Kontexten zu berücksichtigen, sofern man der Mannigfaltigkeit des Problems gerecht werden möchte. Diese partiellen Problemdefinitionen spiegeln sich in einem - dem Problem angemessen - fachlich heterogen zusammengesetzten ISM-Team wider, in dem jeder Experte seinen spezifischen disziplinären Kontext zur Problemhandhabung beiträgt.[1)]

Unternehmungen als sozio-ökonomisch-technische Systeme haben Zwecke zu erfüllen, die über die Leistungsmöglichkeiten eines einzelnen weit hinausgehen. Die bei der Problembewältigung in Betracht zu ziehende Komplexität übersteigt das Informationsverarbeitungsvermögen des Individuums bei weitem.[2)] Neben diese q u a n t i t a t i v e Beschränkung tritt eine q u a l i t a t i v e, nämlich die unüberwindbare Limitierung menschlichen Wissens. Es ist unmöglich, über komplexe Probleme ebensoviel zu wissen wie über simplexe. Dies ist nicht etwa ein vorübergehender Umstand, sondern eine absolute Grenze, die nicht beseitigt werden kann.[3)] Der Mangel an konkretem Wissen im Zusammenhang mit komplexen Problemen bedeutet unweigerlich auch einen Mangel an konkreten Inhalten, so daß der Problemhandhabungsprozeß gerade darauf gerichtet sein muß, jene Konkretheit zu produzieren, die man im Bereich der simplexen Probleme bereits als gegeben voraussetzen kann und die dort als Ausgangspunkt für alle weiteren Problemhandhabungsaktivitäten dient.[4)] Mit Hilfe der ISM-Technik wird es nun möglich, Generieren und Kommunizieren von Wissen bzw. Kenntnissen bei der Bewältigung schlecht-strukturier-

---

1) Vgl. Kirsch, Mayer/Probleme/108. Denkbar wäre auch der (unwahrscheinliche) Fall, daß e i n Individuum den Versuch unternimmt, das Problem in m e h r e r e n Kontexten zu erfassen.
2) Vgl. Malik/Strategie/178.
3) Vgl. Malik/Strategie/198.
4) Vgl. Malik/Strategie/263.

ter, komplexer Probleme im Rahmen eines gesteuerten Argumentationsprozesses zu vereinfachen und zu verbessern.

4.3.2 Barrieren schlecht-strukturierter Probleme

In den vorangegangenen Ausführungen wurden schlecht-strukturierte Probleme auf genereller Ebene untersucht. Betrachtet man nun die Informationen, die im konkreten Problemfall zu den drei Komponenten des REITMANSCHEN Problemvektors vorliegen, so lassen sich verschiedene Barrieren unterscheiden,[1] die das Überführen vom Anfangszustand (A) in den Endzustand (E) behindern, und die zu den vier Typen schlecht-strukturierter Probleme in Bezug gesetzt werden können.

(1) Interpolationsbarriere

Sind Anfangs- und Endzustand bekannt, und gibt es eine bekannte Anzahl von Operationen, mit deren Hilfe sich die Transformation von A in E bewerkstelligen läßt, so besteht die Barriere lediglich in dem Unvermögen, alle Operationenfolgen bezüglich ihrer Geeignetheit zu überprüfen. Dieser Fall tritt ein, wenn die Anzahl der Operationsketten sehr groß oder unendlich ist, so etwa bei Schachproblemen.[2]

(2) Synthesebarriere

Bei zahlreichen Problemen sind zwar A und E bekannt, jedoch ist das Wissen über die Operationen von T unvollständig. In diesem Fall ist es notwendig, die richtigen Operationen zu finden, nicht nur - wie bei

---

1) Osterloh/Begriff/297-299 unterscheidet fünf verschiedene Barriere-Typen. Andere Autoren nehmen in Anlehnung an Kirsch/Einführung/II 145 ff. bzw. Reitman/Decision/284 ff. und Reitman/Cognition/133 ff. eine Dreiteilung vor. Vgl. etwa Marr/Innovation/59 f.; Franke/Lösen/29 ff. sowie Klix/Information/641. Diese Differenzierung läßt jedoch die Interpolationsbarriere außer Betracht. Zu den hier verwendeten Barrieretypen vgl. Dörner/Problemlösen/11 ff.

2) Vgl. Dörner/Problemlösen/11 f.

der Interpolationsbarriere - die bekannten zu kombinieren. Viele Denksportaufgaben enthalten Synthesebarrieren, so etwa das häufig genannte Missionars-Kannibalen-Problem.[1] Auch das betriebswirtschaftliche Problem des Überführens eines bisher als Familienbetrieb konzipierten kleinen Gemischtwarenladens in ein Selbstbedienungsgeschäft zählt zu dieser Kategorie, sofern die Informationen zu A vollständig sind und die relevanten Daten zu E, etwa bezüglich Größe der Verkaufsfläche, Stärke des Verkaufspersonals, Warensortimentstiefe und -breite etc. über Marktanalysen, Branchenkennzahlen usw. erhoben worden sind.[2]

Sowohl im Falle der Interpolations- als auch der Synthesebarriere handelt es sich gemäß den Ausführungen in Punkt B.I.3 um operationale Problemdefinitionen. Sie entsprechen damit dem Typ strukturiert-simplexer Probleme und sind in den weiteren Ausführungen nicht von Interesse.

(3) <u>Dialektische Barriere</u>

In den beiden vorangegangenen Fällen waren sowohl A als auch E bekannt. Eine große Anzahl von Problemen ist jedoch dadurch gekennzeichnet, daß die Informationen zu einer dieser beiden Komponenten fehlen. Es handelt sich um nicht-operationale Problemdefinitionen. Die Handhabung derartiger Probleme erfolgt mit Hilfe eines dialektischen Argumentationsprozesses.[3]

---

1) Drei Missionare und drei Kannibalen sollen mit einem lediglich zwei Personen fassenden Kahn einen Fluß überqueren, wobei darauf zu achten ist, daß sich weder an den Ufern noch im Kahn mehr Kannibalen als Missionare befinden dürfen. Vgl. Simon, Newell/Simulation/98 f. Dieses Problem ist auch bekannt unter der Bezeichnung Kohlkopf-Wolf-Problem.
2) Vgl. Franke/Lösen/30.
3) Vgl. Dörner/Problemlösen/13.

(a) Anfangszustand offen

Es sei auf das Beispiel in Punkt B.I.3 verwiesen, bei dem zwar relativ konkrete Vorstellungen bezüglich des neuen Produktes "Universalspender" vorliegen, der Anfangszustand und damit T jedoch noch unbekannt sind.[1)]

(b) Endzustand offen

Denkbar ist auch der entgegengesetzte Fall eines F & E-Problems, bei dem an bereits existierende Produkte angeknüpft werden soll, etwa die Weiterentwicklung in Richtung eines "besseren" Autotypes X des Herstellers Y.[2)] Auch Probleme, die in nachgelagerten Phasen programmierbar sind, wie etwa das Entwickeln eines Systems für die Lagerbestandsüberwachung, das überhöhte Lagerbestände ausweist oder eines Fertigungssteuerungssystems, das die Einhaltung der Lieferfristen garantiert, sind hier zu nennen.[3)] Auch die strategischen Probleme einer Gewinnsteigerung durch Hereinnahme besonders erlöskräftiger Produkte in das Produktionsprogramm, einer Marktanteilserhöhung durch Produktverbesserung oder einer Lohnkostenanteilsminderung durch maschinenintensivere Fertigung fallen in diese Kategorie.[4)] Als letztes Beispiel sei das rein qualitative Problem einer Betriebsklimaverbesserung angeführt.[5)]

Dieser Problemtyp zeichnet sich durch Komparativkriterien wie "besser", "niedriger", "höher" aus, wobei die entsprechenden Kriterien und der Grad ihrer Veränderung noch recht vage gehalten sind.[6)]

---

1) Vgl. auch Marr/Innovation/60.
2) Vgl. Marr/Innovation/60.
3) Vgl. Marr/Innovation/61.
4) Vgl. Konietzka/Entscheiden/149.
5) Vgl. Witte/Planen/51.
6) Vgl. Dörner/Problemlösen/13.

Unstrukturiert-simplexe sowie die hier besonders relevanten strukturiert- und unstrukturiert-komplexen Probleme sind durch dialektische Barrieren gekennzeichnet. Mit Hilfe der ISM-Technik ist es möglich, diese Barrieren über einen gesteuerten, dialektischen Argumentationsprozeß im ISM-Team zu beseitigen.[1]

5. ISM-Problemformulierungsphase

Aus den bisherigen Überlegungen wurde bereits deutlich, daß es sich bei der Problemhandhabung mit ISM nicht um ein punktuelles Ereignis handelt, sondern vielmehr um einen P r o z e ß. Die Literatur befaßt sich schon seit langem mit dem Prozeßcharakter des Problems bzw. der Entscheidung[2] und dem Versuch, diesen Prozeß in unterscheidbare Phasen zu gliedern. Für derartige sachlogische[3] Aufteilungen gibt es eine Fülle von Systematisierungsvorschlägen,[4] die sich im wesentlichen auf dasselbe Grundschema zurückführen lassen. Danach kann der Entscheidungsprozeß in drei Phasen bzw. bei Einbeziehung der Durchsetzung in vier Phasen unterteilt werden.[5]

---

1) Siehe Punkt E.I.4.2.2.2.
2) Vgl. beispielsweise die Literaturangaben bei Pfohl/ Problematik/313. Die Literatur geht überwiegend von einer Identität des Problemlösungsprozesses (Problemhandhabungsprozesses) und des Entscheidungsprozesses aus. Vgl. z.B. Kirsch/Einführung/I 70 ff. und Szyperski, Winand/Entscheidungstheorie/6 ff.
3) In einer umfangreichen empirischen Untersuchung weist Witte nach, daß das Phasenschema unter temporalen Gesichtspunkten - zumindest für den Bereich komplexer multipersonaler Managemententscheidungen und auch für Teilentscheidungen dieser Prozesse - keine Gültigkeit besitzt. Vgl. Witte/Organisation/581 ff. sowie Witte/ Phasen-Theorem/644.
4) Einen Überblick geben z. B. Budäus/Entscheidungsprozeß/ 33 ff.; Franke/Lösen/46 f.; Griem/Prozeß/17 ff. sowie Neuberger/Aspekte/123 ff.
5) Zum Vierphasenschema vgl. etwa Heinen/Grundlagen/20 ff. sowie Kirsch/Einführung/I 73 f. Zur Durchsetzungsproblematik vgl. Szyperski/Aspekte.

So unterscheidet etwa PFOHL die Phasen "Problemstellung", "Lösungsfindung", "Optimierung" und "Implementierung".[1] SIMON berücksichtigt nur die ersten drei Phasen und benennt sie als "Intelligence", "Design" und "Choice".[2] SZYPERSKI bezeichnet die erste als "kognitive" Phase, faßt die Lösungsfindung und Optimierung zur "konzeptionellen" Phase zusammen und schließt das Schema mit der Implementierung als "realer" Phase ab.[3]

Die nachfolgenden Überlegungen basieren auf dem Phasenschema von SZYPERSKI. Bei der Behandlung schlecht-strukturierter, komplexer Probleme mit ISM interessiert zunächst nur die kognitive Phase. SZYPERSKI nennt folgende Subphasen dieser auch als Phase der Problemformulierung bezeichneten Aktivität:[4]

- Problemerkennung
- Problembeurteilung
- Problemanalyse
- Problemdefinition.

Im Verlauf der Problemformulierungsphase soll eine zunehmende Präzisierung des Problems erfolgen, beginnend mit einem vagen Dissonanzgefühl bis hin zu einer operationalen Problemdefinition. Der Aspekt der Problemdefinition wurde bereits eingehend behandelt.[5] Im Rahmen der Problemanalyse, die hier als Problemstruktu-

---

1) Vgl. Pfohl/Entscheidungsfindung/24 f. sowie 69 ff.
2) Vgl. Simon/Science/1 ff. sowie Simon/Perspektiven/69 ff. Zu Einsatzmöglichkeiten von ISM in den verschiedenen Phasen vgl. Warfield/Modeling/ZO-1.
3) Vgl. Szyperski/Vorgehensweise/42 f.
4) Szyperski, Winand interpretieren in ihrer Einführung in die Planungslehre den Planungsprozeß als gedankliche Handhabung von Problemen, so daß die dort behandelten Subphasen im Rahmen der hier diskutierten Thematik anwendbar sind. Vgl. Szyperski, Winand/Planungslehre/97.
5) Siehe Punkt B.I.3 und B.I.4.

r i e r u n g interpretiert wird,[1] sind die Möglichkeiten und Grenzen der methodischen Unterstützung,[2] die die ISM-Technik liefern kann, von Interesse. Hierzu wird ausführlich in den nachfolgenden Kapiteln Stellung genommen. Das Schwergewicht der Ausführungen in diesem Punkt liegt auf den ersten beiden Phasen: P r o b l e m e r k e n n u n g und P r o b l e m b e u r t e i l u n g. Sie bilden die Voraussetzung einer Problemhandhabung mit ISM.

Untersucht man zunächst die Phase der P r o b l e m e r k e n n u n g, so wird sie initiiert durch eine sogenannte A n r e g u n g s i n f o r m a t i o n, den S t i m u l u s, der aus der Umwelt oder aus dem Gedächtnis auf das Individuum einwirkt.[3] Dieser Stimulus mag zwar auf eine tatsächliche oder potentielle Soll-Ist-Abweichung hindeuten und auch mit einer Wissenslücke von seiten des Individuums einhergehen, doch erst wenn dieser Sachverhalt bewußt wird, wenn das Individuum ihn wahrgenommen hat, sieht es sich vor ein Problem gestellt.[4]

Die Fähigkeit eines Menschen, Probleme wahrzunehmen, hängt stark von seiner P r o b l e m e m p f i n d l i c h k e i t ab.[5] Welche und wieviele Probleme das Individuum

---

1) Vgl. Szyperski, Winand/Grundbegriffe/103.
2) Bislang hat sich die Literatur einer Methodik der Problemhandhabung vornehmlich mit den Methoden zur Problemlösung beschäftigt. Vergleichsweise wenig befaßte man sich hingegen mit der Problemformulierungsphase. Pfohl fordert daher eine verstärkte instrumentelle Unterstützung der Problemstrukturierungsphase. In Anlehnung an Hartmann unterscheidet er dabei phänomenologische und aporetische Methoden. Bei der Phänomenologie geht es um die Beschreibung des Sachinhalts, der einem Problem zugrunde liegt. Die Aporetik hingegen bemüht sich um die Feststellung der Schwierigkeit des Problems, die eine unmittelbare Transformation von A nach E verhindert. Vgl. Pfohl/Entscheidungsfindung/72 f. sowie Hartmann/Grundzüge/38.
3) Vgl. Pfohl/Entscheidungsfindung/91. Siehe zu diesen Ausführungen auch Punkt E.I.3.1.2.
4) Dieser Aspekt wurde bereits in Punkt B.I.1 behandelt.
5) Vgl. Guilford/Creativity/156 ff. sowie Emory, Niland/Making/45 f.

wahrnimmt, wird zum einen vom Persönlichkeitstyp bestimmt, d. h. von der Differenziertheit und Intensität der Orientierung, mit der der Mensch zu seiner Umwelt in Wechselwirkung tritt, und ist zum anderen situativ bedingt.[1]) Problemempfindliche Menschen nehmen mehr Probleme wahr und erkennen sie schneller. Übersteigerte Problemempfindlichkeit wirkt sich gleichermaßen negativ aus wie zu geringe, da erstere den Menschen überfordert und - ähnlich wie letztere - dazu führt, daß wichtige Probleme unbehandelt bleiben. Das Wahrnehmen von Problemen mit Störungscharakter setzt im allgemeinen eine geringere Problemempfindlichkeit voraus als das Wahrnehmen von Problemen mit Chancencharakter.[2])

Effiziente Problemhandhabung, und dies bedeutet nicht zuletzt frühzeitige Problemerkennung, sollte auf einer Systematisierung von P r o b l e m e n t s t e h u n g s - b e r e i c h e n basieren, die als Grundlage für die Orientierung der Suche nach Problemen dienen könnten. In Anlehnung an GREVE und an zahlreiche empirische Untersuchungen zu Struktur und Verhalten sozio-technischer Systeme unterscheidet PFOHL die beiden folgenden Bereiche:[3])

- den exogenen Problembereich S y s t e m u m w e l t sowie
- den endogenen Problembereich I n n e n s y s t e m, der sich aus der T e c h n o l o g i e (Maschine) und den O r g a n i s a t i o n s m i t g l i e d e r n (Mensch) zusammensetzt.

---

1) Zu einer ausführlichen Behandlung unterschiedlicher Persönlichkeitstypologien als Einflußfaktoren der Bildung mentaler Modelle siehe Punkt E.I.3.1.2.3. Zur situativen Ausprägung im Sinne einer momentanen Einstellung siehe Punkt E.I.3.1.2.1.
2) Zu diesen Ausführungen vgl. Pfohl/Entscheidungsfindung/94 f.
3) Vgl. Greve/Störungen/63 sowie Pfohl/Entscheidungsfindung/100 ff. Pfohl nennt als dritten Bereich die Systemfunktion, die hier jedoch vernachlässigt werden kann, da sie durch die beiden anderen Bereiche abgedeckt wird.

Die Umwelt der Unternehmung besteht zum einen aus Systemen, auf die die einzelne Unternehmung günstigstenfalls mittelbar einwirken kann, und zum anderen aus Systemen, auf die sie mehr oder weniger stark unmittelbaren Einfluß ausüben kann.[1)]

Zur ersten Gruppe zählen die wirtschaftliche, technologische, rechtliche und politische, sozialpsychologische, kulturelle sowie natürliche Umwelt.[2)] Als Beispiel für ein hieraus resultierendes Problem wäre etwa eine geplante Änderung des Betriebsverfassungsgesetzes zu nennen, die eine Anpassung der Entscheidungsprozesse erforderlich macht.

Die zweite Gruppe umfaßt die Märkte, auf denen die Unternehmung als Anbieter oder Nachfrager tätig ist. Auf dem Beschaffungsmarkt fragt sie folgende Güter nach:[3)] Kapital, Sachgüter, unselbständige Arbeitsleistung, Information, Energie, selbständige Dienstleistung, Rechte sowie Umweltgüter.[4)] Als Probleme könnten sich aus diesem Bereich z. B. ergeben:

- Der Ankauf eines Konkurrenten macht eine neue Aufbauorganisation erforderlich.
- Die EDV-Industrie bringt neue Peripheriegeräte heraus, die auf Kompatibilitätsprobleme mit der vorhandenen Anlage stoßen.
- Es häufen sich Kundenbeschwerden über schleppende Auftragsbearbeitung.

---

1) Vgl. u. a. Marr/Innovation/142 ff.
2) Vgl. Staehle/Anpassung/287 ff. zuzüglich der natürlichen Umwelt. Da weder der exogene noch der endogene Problembereich noch die einzelnen Teilbereiche isoliert auf die Unternehmung einwirken, wird an dieser Auflistung die Komplexität der resultierenden Probleme, d. h. die Vielzahl der involvierten Kontexte, deutlich.
3) Analog ließe sich auch der Absatzmarkt aufgliedern.
4) Vgl. Pfohl/Entscheidungsfindung/104; er betont die wachsende Bedeutung der Umweltgüter, die bislang trotz ihrer Knappheit ohne Gegenleistung in Anspruch genommen werden.

Die Klassifikation der Problementstehungsbereiche des I n n e n s y s t e m s ergibt sich aus der Charakterisierung der Unternehmung als sozio-technisches System. Bezüglich der O r g a n i s a t i o n s m i t g l i e d e r können aus ihren Merkmalen Kapazität ("Können"), Rolle ("Dürfen") sowie Motivation ("Wollen),[1] aus ihren Beziehungen untereinander und aus ihrem Kontakt mit den Sachmitteln Probleme resultieren. Im Bereich der T e c h n o l o g i e sind die Produktionstechnologie als qualitative Transformation, die Logistiktechnologie als raum-zeitliche Transformation sowie die Informationstechnologie zu nennen.[2] Beispiele:

- Mitarbeiter klagen über unzureichende Informationen.
- Es ist zu befürchten, daß die Vertriebsorganisation der zukünftigen Absatzstrategie nicht gewachsen sein wird.
- Die Umstellung eines Arbeitsablaufs auf EDV dauert länger als geplant.

Bereits anhand der aufgezählten Beispiele wird deutlich, daß Probleme nicht nur innerhalb eines Entscheidungsbereiches bzw. eines Teilbereiches auftreten, sondern bevorzugt an Schnittstellen, die daher für die Suche nach Problemen besonders relevant sind.[3]

Die Orientierung an den aufgezeigten Problementstehungsbereichen kann als erster Schritt zu einer systematischen Suche nach Problemen angesehen werden. MILLER, STARR nennen vier Strategien, die der P r o b l e m s u c h e i. w. S. zuzurechnen sind:[4]

---

1) Vgl. Klein, Wahl/Logik/152 ff.
2) Zur Unterscheidung in Produktions- und Informationstechnologie vgl. Grochla/Unternehmungsorganisation/150 f. Zu allen drei Komponenten vgl. Pfohl/Logistik/70 ff.
3) Vgl. Pfohl/Entscheidungsfindung/101. Auch hieran verdeutlicht sich der Multikontextcharakter von Problemen.
4) Zu diesen Strategien vgl. Miller, Starr/Decisions/501 ff. sowie Miller, Starr/Structure/151 ff.

(1) "Head-On Confrontation"
Das Individuum wartet, bis sich Probleme aufdrängen. Diese Strategie kann sich als nachteilig erweisen, wenn hierdurch der Zeitpunkt für eine Problemhandhabung versäumt wird oder die Problembewältigung allenfalls noch unter großem Zeitdruck, jedoch nicht mehr problemangemessen möglich ist.

(2) "Precautionary Monitoring"
Das Individuum sucht anhand vergangenheitsorientierter Informationen, etwa aus dem Rechnungswesen, nach Problemen. Dieses Vorgehen hat jedoch nur begrenzten Aussagewert für die gegenwärtige und insbesondere zukünftige Entwicklung der Unternehmung.

(3) "External Perturbation"
Das Individuum versucht, durch externe Hilfe, wie etwa die Beschäftigung mit wissenschaftlichen Publikationen oder das Hinzuziehen eines Unternehmungsberaters, Probleme zu erkennen. Diese Strategie dient jedoch selten präventiven Zwecken, sondern zumeist der Handhabung bereits manifestierter Probleme.

(4) "Random Searching"
Es werden spezielle Teams zusammengestellt, die sich der Suche und Handhabung vorhandener oder potentieller Probleme widmen. Auf diese Weise werden die Nachteile der ersten beiden Strategien vermieden und es wird im Gegensatz zur Strategie drei das eigene Expertenpotential genutzt. Diese gruppen- und zukunftsorientierte Strategie hat in den vergangenen Jahren stark an Bedeutung gewonnen. Gerade für die hier diskutierten schlecht-strukturierten, komplexen Probleme erscheint sie als die zweckmäßigste Vorgehensweise. Auch die ISM-Technik basiert auf diesem Konzept. Punkt E.I.4 geht hierauf detailliert ein.

Obwohl die Problemerkennung, wie erwähnt, stark von der Sensibilität des Individuums abhängt, und damit teilweise in die Sphäre der Intuition hineinragt, gibt es neben bzw. in Verknüpfung mit den Suchstrategien einige methodische Hilfen, die unterstützend herangezogen werden können. Für Probleme mit Störungscharakter, die vornehmlich aus dem Innensystem der Unternehmung resultieren, lassen sich etwa Schwachstellenkataloge, Checklisten sowie schriftliche Meldungen, wie das betriebliche Vorschlagswesen, nennen.[1] Für den Bereich von Problemen mit Chancencharakter, die überwiegend der Unternehmungsumwelt entstammen, haben sich Kreativitätstechniken besonders bewährt.[2] Diese Methoden, die vor allem im Rahmen der vierten Strategie zur Anwendung gelangen, sind auch Bestandteil der ISM-Technik. Hierauf wird in Punkt C.II.3 näher eingegangen.

An die Phase der Problemerkennung schließt sich die Problembeurteilung an. Sie dient zur Entscheidung über die Handhabungsbedürftigkeit erkannter Probleme, denn es wird nicht in jedem Fall sinnvoll oder möglich sein, einen unbefriedigenden Zustand zu ändern.[3]

Die Problemhandhabung kostet Zeit und bindet knappe personelle und finanzielle Ressourcen. Es ist daher unabdingbar, nur solche Probleme weiter zu bearbeiten, für die sich "der Aufwand lohnt". Die wirklich wichtigen Probleme sind aus der Fülle aller Probleme herauszufiltern. Der größte Prozentsatz von Problemen ist vergleichsweise unbedeutend, während die wichtigen Probleme nur einen geringen

---

1) Vgl. Krüger/Grundlagen/70 f. Diese Methoden eignen sich vornehmlich zum Einsatz in den ersten drei Problemsuchstrategien.
2) Vgl. Pfohl/Entscheidungsfindung/120 ff. sowie Krüger/Grundlagen/71 f.
3) Vgl. Krüger/Grundlagen/74.

Prozentsatz umfassen.[1)]

Grundlage der Problembeurteilung ist die Formulierung von *Beurteilungskriterien*.[2)] PFOHL führt hierzu fünf Kriterien an:[3)] Als Nebenbedingung gilt zunächst, daß absolut und relativ zur Bedeutung des Problems genügend Ressourcen für die Handhabung zur Verfügung stehen müssen.[4)] Die Wichtigkeit des Problems läßt sich qualitativ an seinem Inhalt und quantitativ an seinem Ausmaß beurteilen. Als viertes Kriterium, das in engem Bezug zur Bedeutung steht, ist die Dringlichkeit des Problems zu nennen. Durch dieses Kriterium soll berücksichtigt werden, wieviel Zeit für die Handhabung zur Verfügung steht. Das letzte Kriterium erfaßt die Durchsetzbarkeit der Problemlösung, um zu verhindern, daß knappe Ressourcen für Problemlösungen eingesetzt werden, die nicht realisierbar sind.

Besonders bei dem hier behandelten Teilbereich der innovativen bzw. schlecht-strukturierten, komplexen Probleme wird die Beurteilung anhand der genannten Kriterien aufgrund der Problembeschaffenheit mit großer Unsicherheit behaftet sein und sich einer Quantifizierung weitestgehend entziehen. Dennoch wird gerade dieser Problemtyp den

---

1) Dieser Zusammenhang zwischen Quantität und Bedeutung von Objekten ist auch in anderen betriebswirtschaftlichen Kontexten bekannt, so etwa bei Kosten-, Umsatz- oder Deckungsbeitragszielen. Dieses Prinzip wurde ursprünglich von dem italienischen Ökonomen und Soziologen Pareto formuliert, der es allerdings auf die Verteilung von Einkommen bzw. Reichtum in einer Gesellschaft bezogen hatte. Vgl. Szyperski, Winand/Grundbegriffe/137 f., Juran/Führungstaktik/70 ff. sowie Bittel/Master/29 ff.
2) Zu verschiedenen Klassifikationen vgl. etwa Emory, Niland/Making/48 ff., Kepner, Tregoe/Management/82 f.; Ansoff/Problem/121 ff. sowie Pfohl/Problemstellungsphase/192 ff.
3) Vgl. Pfohl/Entscheidungsfindung/130 ff.
4) Auf die Notwendigkeit verfügbarer Ressourcen zur Problemhandhabung wurde bereits in Punkt B.I.1 eingegangen.

für die Unternehmungsentwicklung sehr bedeutsamen Problemen zuzuordnen sein.[1)]

Wurde ein schlecht-strukturiertes, komplexes Problem als wichtig für die zukünftige Unternehmungsentwicklung eingestuft, so muß das bloße E r k e n n e n eines Problems in das V e r s t e h e n des Problems überführt werden.[2)] Der Sachzusammenhang des Problems soll deutlich werden.[3)] Dies kann durch die P r o b l e m a n a l y s e im Sinne einer P r o b l e m s t r u k t u r i e r u n g gewährleistet werden.[4)] Basierend auf dem Ergebnis der Problemerkennung liefert sie die für eine Problemdefinition benötigten Informationen. Verfügt das Individuum über eine operationale Problemdefinition des zuvor schlecht-strukturierten, komplexen Problems, so gilt das Problem im hier verstandenen Sinne als "gelöst", da es seinen "Problemcharakter" eingebüßt hat.[5)]

Die Literatur nennt eine Vielzahl spezifischer Methoden zur Unterstützung der Problemanalyse.[6)] Erscheint es möglich und zweckmäßig, das Problem in Form einer h i e r a r c h i s c h e n S y s t e m s t r u k t u r abzubilden, so ist die erste Voraussetzung für einen ISM-Einsatz gegeben.[7)]

---

1) Zur Bedeutung des Problems siehe Punkt B.I.2.
2) Vgl. Pfohl/Entscheidungsfindung/136.
3) Neben der inhaltlichen Durchdringung des Problems umfaßt diese Phase auch eine Kosten- und Zeitanalyse der Problemhandhabung. Für die ISM-Technik ist die Zeitanalyse in den ISM-Prozeß als eigenständige Teilphase integriert, so daß ihre Behandlung in diesem Zusammenhang erfolgen wird. Bei der ISM-Beurteilung wird die Kosten- und Zeitanalyse ebenfalls Berücksichtigung finden. Siehe Punkte E.II.2 sowie F.II. Zur Kosten- und Zeitanalyse allgemein vgl. etwa Pfohl/Entscheidungsfindung/144 ff. sowie Abel/Informationsverhalten/106 ff.
4) Vgl. Krüger/Grundlagen/78 ff.
5) Siehe Punkt B.I.1.
6) Vgl. u. a. Pfohl/Entscheidungsfindung/138 ff.
7) Auf die Bedeutung und Konsequenzen hierarchischer Strukturierung wird im nächsten Punkt (B.II) sowie im Rahmen der mathematischen ISM-Grundlagen in Punkt D.I und D.II näher eingegangen.

II. SYSTEMORIENTIERUNG DER ISM-TECHNIK

In Punkt I dieses Kapitels wurde gemäß der Problemorientierung der ISM-Technik das schlecht-stukturierte, komplexe Problem als Objekt der ISM-Technik herausgearbeitet. Hier soll nun hinterfragt werden, wie dieser Problemtyp von der ISM-Technik interpretiert wird. Gemäß der Wissenschaftsdisziplin, der WARFIELD als Begründer von ISM zuzuordnen ist, betrachtet die ISM-Technik schlecht-strukturierte, komplexe Probleme aus systemtheoretischer Sicht. Die Konsequenzen dieser Interpretation für die Problemmodellierung werden in Kapitel C ausgeführt.

Das Konzept der ISM-Technik basiert auf dem Systemgedanken: Eine Vielzahl schlecht-strukturierter, komplexer Probleme in sozialen Einheiten, wie etwa der Unternehmung, läßt sich als (hierarchisches)[1] System interpretieren und dementsprechend abbilden.[2] Diese Sichtweise impliziert zunächst die Frage nach dem Systembegriff.

Etymologisch leitet sich der Systembegriff aus dem griechischen Wort "Systema" ab: das aus mehreren Teilen zusammengesetzte strukturierte Ganze.[3] Diese Begriffsbestimmung hat auch noch heute Gültigkeit.[4]

---

1) Zu dieser Einschränkung siehe Punkt B.II.4.
2) Zur Frage, ob es sich hierbei um eine Strukturnachzeichnung und/oder eine Strukturgebung durch das Individuum handelt, siehe Punkt B.II.4.
3) Vgl. Duden/Etymologie/697. Der Begriff hat seinen frühgeschichtlichen Ursprung in der Idee des "holon" (des Ganzen) bei Plato und Aristoteles. Vgl. Grochla, Lehmann/Systemtheorie/2206. Zur Gegenüberstellung von holistischer und reduktionistischer Betrachtungsweise siehe Punkt B.II.2.
4) Vgl. etwa Ulrich/Methoden/403 f. sowie Konietzka/Entscheiden/180.

Der Systembegriff verfügt über drei konstitutive Merkmale:[1]

(1) Teile, auch Komponenten oder E l e m e n t e genannt. Es handelt sich um gedankliche oder materielle, gegeneinander abgrenzbare Objekte mit bestimmten Eigenschaften, bei denen zunächst nicht ihre innere Beschaffenheit, sondern nur ihre Beziehung zu anderen Objekten interessiert.

(2) R e l a t i o n e n, die einzelne Elemente miteinander verbinden.

(3) Ganzheit oder Gesamtheit, die sich aus der durch die Relationen geordneten Elementmenge ergibt. Sie entspricht der S y s t e m s t r u k t u r.[2]

---

1) Vgl. hierzu etwa Kosiol, Szyperski, Chmielewicz/Standort/338 f.; Brauchlin/Problemlösungsmethodik/119; Konietzka/Entscheiden/181 sowie Kawamura, Malone/Complexity/347 f.

2) Diese Begriffsumschreibung ähnelt dem mathematischen Begriff der Menge als Zusammenfassung von bestimmten wohlunterschiedenen Objekten unserer Anschauung oder unseres Denkens zu einem Ganzen. Vgl. Meschkowski/Einführung/23. Es erscheint daher nicht verwunderlich, daß die mathematische Komponente der ISM-Technik ihren Ursprung in mengentheoretischen Überlegungen findet. Siehe hierzu ausführlich Punkt D.I.

1. Bedeutung der Systemorientierung

Die Interpretation eines Problems oder Tatbestandes als System setzt - neben anderem - eine spezifische Weltsicht voraus.[1] Diese sehr umfassende, rein formale Betrachtungsweise ist aufgrund ihres wenig restriktiven Charakters äußerst zweckmäßig: Weder im realen noch im gedanklichen Bereich herrscht das Prinzip einzelner unverbundener Elemente vor. In der Realität weist praktisch jeder Tatbestand eine Struktur auf und kann folglich als System interpretiert werden.[2] Hinsichtlich des Objektbereichs ergibt sich daher keine Einschränkung.[3] Aus diesem Grunde wird in der Literatur eine Vielzahl recht heterogener Beispiele für Systeme genannt:[4] Zahlensysteme und Gleichungssysteme; Theorien allgemein; Nahrungssysteme, wie etwa Raupen, die Pflanzen fressen und von Vögeln gefressen werden;[5] der Mensch, oder einzelne Organe des Menschen; Maschinen, wie etwa ein Kraftfahrzeug oder ein Computer; Mensch-Maschine-Systeme, wie die Unternehmung mit ihrer Organisationsstruktur, ihren Zielstrukturen oder ihren Prioritätsstrukturen.[6]

---

1) Vgl. Brauchlin/Problemlösungsmethodik/121.
2) Vgl. Kosiol, Szyperski, Chmielewicz/Standort/338 f.
3) Auch die ISM-Technik unterliegt diesbezüglich keiner Restriktion und ist auf jeden (systemischen) Problembereich anwendbar.
4) Die Beispiele entstammen zum Großteil der Übersicht bei Kosiol, Szyperski, Chmielewicz/Standort/339. Vgl. die dort angegebene Literatur.
5) Ein derartiges Nahrungssystem wurde von Schülern einer High School im Rahmen des Biologieunterrichts mit Hilfe der ISM-Technik erstellt. Vgl. hierzu Crim/Modeling sowie Crim/Use.
6) Zu den beiden letztgenannten Strukturmodell-Typen siehe Punkt A.I.

2. Holistische Betrachtungsweise des ISM-Problems

Der holistischen Sichtweise[1] der ISM-Technik entspricht als Gegenposition ein reduktionistischer Standpunkt.[2] Aus dieser Perspektive erscheint es jedoch nicht möglich, die zunehmende Komplexität realer Probleme adäquat zu bewältigen.

Nach holistischer Interpretation ist jedes System, strukturell betrachtet, in Elemente zerlegbar. Diese Sichtweise geht konform mit dem o.a. Systembegriff. Untersucht man ein System jedoch zusätzlich funktionell, d. h. inhaltlich, so handelt es sich um ein unteilbares Ganzes, das seine spezifischen Eigenschaften einbüßt, wenn man es separiert bzw. partiell interpretiert.[3] Aus funktioneller Sicht läßt sich ein komplexes Problem nicht in vollständig isolierbare Elemente aufgliedern; es ist günstigstenfalls annähern zerlegbar.[4] Ein System ist daher nicht identisch mit der Summe seiner Elemente.

Diese Perspektive spiegelt sich im Aufbau der ISM-Technik wider: In einer Generierungsphase werden zunächst aus struktureller Sicht die Systemelemente bestimmt, während in der nachgelagerten Strukturierungsphase das System bzw. Problem in seiner Gesamtheit strukturiert und interpretiert wird.[5]

---

1) Zu den Einsatzbereichen des Systemgedankens, wie "Operations Research", "Management Science", "Systems Engineering", "Systems Analysis" oder "Applied Economics", mit denen in England und Amerika nicht dieselben Inhalte assoziiert werden, vgl. Wright/Systems/67 f.
2) Zum Reduktionismus-Konzept vgl. etwa Kirsch/Einführung/III 95 ff.; Franke/Interaktion/56 ff.; Burns, Marcy/Causality/387 f.
3) Zur strukturellen und funktionellen Betrachtung von Systemen vgl. Ackoff/Systems/3 sowie Ulrich/Kreativitätsförderung/64.
4) Die Merkmale "completely decomposable" und "nearly decomposable" im Sinne von Simon, Ando/Aggregation/114 f. werden in Punkt D.III.2.5 näher behandelt.
5) Siehe Punkt C.II.3 sowie E.

Demgegenüber basiert der *reduktionistische* Ansatz auf dem Gedanken, daß jeder Sachverhalt in der Welt auf letztlich simple Elemente reduziert und dekompositioniert werden kann.[1] Das System erklärt sich aus der Summe seiner Elemente.[2] So unterscheiden sich aus reduktionistischer Sicht Gruppen- von individuellen Problemhandhabungsprozessen lediglich durch einen Kapazitätserweiterungseffekt. Andere Dimensionen, etwa gruppendynamischer Art, bleiben unbeachtlich.[3]

In der holistischen Betrachtungsweise erfolgt die Elementauswahl nach den Kriterien "notwendig" und "hinreichend". Entsprechend der Problemkomplexität wird kein vollständiges, sondern ein hinreichendes Problemverständnis angestrebt.[4] Die Beziehungen zwischen den Elementen basieren auf dem Prinzip der Multikausalität.[5]

Demgegenüber betrachten die Vertreter des Reduktionismus alle Beziehungen als unikausal. Ein Element ist notwendige und gleichzeitig hinreichende Bedingung zur Erklärung des beeinflußten Elementes. Dieser Ansatz findet sich etwa bei laborexperimentellen Untersuchungen oder auch in der "ceteris-paribus-Klausel" wieder.[6]

Während eine derartige Vorgehensweise in der Vergangenheit und im Rahmen einfacher technischer Probleme durchaus berechtigt war, scheint sie inzwischen vor dem Hintergrund zunehmender Problemkomplexität von einer fragwürdigen

---

1) Vgl. Ackoff/Systems/2.
2) Vgl. Wright/Systems/19.
3) Vgl. Wagner/Problemlösungsbarrieren/15.
4) Vgl. Wright/Systems/21.
5) Vgl. Wright/Systems/19. Der Begriff "Kausalität" ist in einem weiten Sinne zu interpretieren. Hierunter sollen nicht nur Beeinflussungs-, sondern auch komparative und neutrale Beziehungen subsumiert werden. Siehe Punkt E.II.2.
6) Vgl. Wright/Systems/19.

"Komplexitätsvergewaltigung" beherrscht zu sein.[1] Sie kann keine adäquate Komplexitätshandhabung gewährleisten und erfüllt damit nicht die notwendigen Anforderungen an eine derartige Methodik.

3. Statische Betrachtungsweise des ISM-Problems

Während im vorangegangenen Punkt die Gegenposition zum Systemansatz skizziert wurde, soll nun der Teilbereich der Systemtheorie eingegrenzt werden, dem die ISM-Technik bei der Handhabung schlecht-strukturierter, komplexer Probleme zuzuordnen ist.

Es existieren unterschiedliche Versuche zur Positionierung von Systemtheorie und Kybernetik. Hier soll in Anlehnung an BAETGE dem Ansatz von BRAUCHLIN gefolgt werden (vgl. Abb. 17).[2]

Diese Differenzierung nimmt Bezug auf die B e t r a c h - t u n g s w e i s e des jeweiligen Systems. Systeme selbst können im Zeitablauf ein konstantes Verhalten aufweisen. Es handelt sich dann um stationäre Systeme. Sie können aber auch ihr Verhalten im Zeitablauf ändern und sind dann den evolutorischen Systemen zuzuordnen.[3] Nicht nur stationäre, sondern auch evolutorische Systeme lassen sich unter statischen Gesichtspunkten betrachten. Im letzteren Falle erfolgt die Analyse, im Gegensatz zur dynamischen Betrach-

---

1) Vgl. u. a. Sage/Methodology/XI; Kawamura, Malone/Complexity/347; Watson/Modeling/165; Thissen, Sage, Warfield/Users/1 ff. sowie Zahn/Planung/201.
2) Vgl. Baetge/Systemtheorie/11 sowie Brauchlin/Problemlösungsmethodik/117. Als Begründer der Kybernetik ist N. Wiener anzusehen. Vgl. Wiener/Kybernetik. Die Entwicklung der Systemtheorie geht auf den Biologen L. von Bertalanffy zurück. Vgl. Bertalanffy/Systems.
3) Zu stationären bzw. evolutorischen Systemen vgl. Szyperski, Winand/Grundbegriffe/58 und 53.

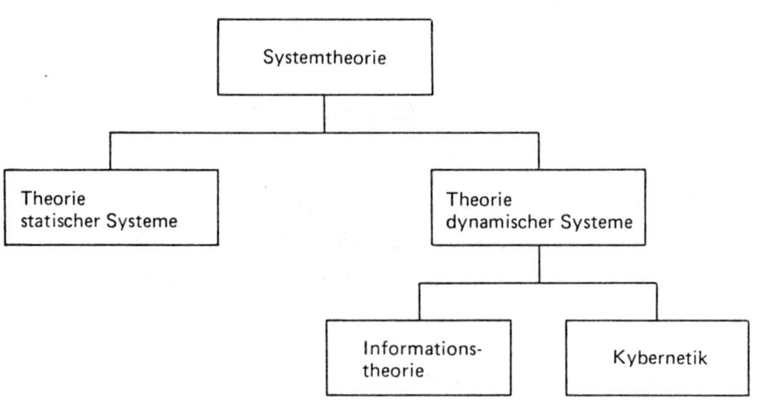

Abb. 17: Teilbereiche der Systemtheorie

tung,[1] losgelöst von möglichen Entwicklungen des Systems in der Zeit. Diese Vernächlässigung der Systementwicklung ist gleichbedeutend mit der Reduktion von Systemen in der Zeit auf einen Zeitpunkt, wobei i. d. R. unterstellt wird, daß die Zeitpunkt-Betrachtung dem Zweck der Systemanalyse genügt.[2]

Die Art der Betrachtungsweise orientiert sich u. a. an den verfügbaren Informationen und ihrem Strukturiertheitsgrad. Im Falle schlecht-strukturierter, komplexer Probleme ist das Informationsniveau zunächst so gering, daß es weder möglich noch zweckmäßig erscheint, d y n a m i s c h -

1) Eine Zwischenposition nimmt die komparativ-statische Betrachtungsweise ein, bei der das System zu verschiedenen Zeitpunkten untersucht wird und die Ergebnisse verglichen werden, um eine Entwicklung zu erkennen.
2) Vgl. Szyperski, Winand/Grundbegriffe/58 f.

verhaltensbezogene Erkenntnisse zu gewinnen, bevor das Problem nicht einer statisch-strukturbezogenen Betrachtung unterworfen wurde. Derartige Probleme, etwa im strategischen Bereich, rechtfertigen zumindest zu Beginn nicht den Anspruch einer quantitativen, d. h. dynamischen Analyse, denn ihre Problematik ist eine viel grundsätzlichere: Sie besteht in der Unkenntnis über die Problemstruktur. Diesen Informationsmangel zu beseitigen, ist daher als das Grundanliegen der ISM-Technik bei der Handhabung schlecht-strukturierter, komplexer Probleme anzusehen.

4. Entwickeln einer hierarchischen Systemstruktur des ISM-Problems

Wie im vorangegangenen Punkt bildet auch hier die Systemstruktur Grundlage der Betrachtungen. Der Bezug der Systemstruktur zur Person des Problemexperten, des Individuums, soll herausgestellt werden. Es wird untersucht, ob es sich beim Strukturierungsprozeß um einen Akt der Strukturnachzeichnung und/oder um einen Art der Strukturgebung handelt. Weiterhin soll der Aspekt der Systemstruktur auf die Behandlung hierarchischer Strukturen eingegrenzt werden.

In den bisherigen Überlegungen zum Systemgedanken blieb die Position und damit der Einfluß des Problemexperten auf den Prozeß der Systementwicklung und -interpretation außer Betracht.[1] Dies würde bedeuten, daß

1) Dies ist nur bedingt richtig. Auch den Ausführungen in Punkt B.I lag (implizit) die nachfolgend behandelte konstruktivistische Position des Problems als Subjekt-Objekt-Relation zugrunde. Nun soll sie expliziert und einem rekonstruktivistischen Ansatz gegenübergestellt werden. Vgl. hierzu ausführlich Bretzke/Problembezug/28 ff.

das als System zu handhabende Problem in keinerlei Beziehung zur Person des Problemexperten stünde, sondern sich objektiv und unbeeinflußt von seinen Kenntnissen, Empfindungen oder Werthaltungen behandeln ließe.[1] Dieser Ansatz vernachlässigt jedoch eine wichtige Eigentümlichkeit praktischer Problemgenese: Systeme liegen nicht in irgendeiner "natürlichen" Form vor, sondern sind - auch - das Resultat der Bestimmungsleistung des Problemexperten.[2] Problemstrukturen werden immer von bestimmten Interpretationsmustern des Individuums mitbestimmt. Sie ermöglichen erst die Wahrnehmung von Problemstrukturen, lassen sich jedoch empirisch weder bestätigen noch widerlegen. Probleme können nicht vorurteilsfrei wahrgenommen werden, wie sie "an sich" sind; sie müssen im Licht der jeweiligen "Weltanschauung"[3] des Problemexperten gedeutet werden.[4]

Der Prozeß der Modellierung schlecht-strukturierter, komplexer Probleme entspricht nicht der bloßen Rezeption vorstrukturierter empirischer Gegebenheiten; er ist vielmehr als kreativer Akt zu betrachten, der neben dem Aspekt des Nachzeichnens vorgegebener Strukturen stets auch einen Aspekt der Strukturgebung enthält.[5] Die Strukturmodellierung auf der Basis einer bestimmten Weltanschauung, hier als "mentales Modell" bezeichnet, wird in Punkt E.I.3.1 ausführlich behandelt.

Betrachtet man die Problemstrukturierung jedoch nicht nur als individuellen sondern als Gruppenprozeß, so wird deutlich, daß Kommunikationsschwierigkeiten vielfach auf die unterschiedlichen Perspektiven der Problembe-

---

1) Dies ist ebenfalls ein Charakteristikum der reduktionistischen Sichtweise. Vgl. Gomez/Modelle/18.
2) Vgl. Gomez/Modelle/20, 40 und 48 sowie Konietzka/Entscheiden/180.
3) Zur Bedeutung der "Weltanschauung" vgl. Churchman/Role.
4) Vgl. Bretzke/Formulierung/138.
5) Vgl. Gomez/Modelle/20; Brauchlin/Problemlösungsmethodik/121 sowie Bretzke/Formulierung/138.

trachtung zurückzuführen sind.[1] Verschiedene Interpretationsmuster resultieren aus unterschiedlichen Werthaltungen, unterschiedlichen psychischen Konstellationen, aber insbesondere auch aus unterschiedlichen fachlichen Kenntnissen.[2] Da die Problemkomplexität die Zusammenstellung fachlich heterogener Gruppen notwendig macht, kommt dem letztgenannten Aspekt große Bedeutung zu. Mit Hilfe der Systembetrachtung und ihrer Terminologie wird es jedoch möglich, einen allgemeinen und umfassenden Bezugsrahmen zur Verfügung zu stellen, der die Grenzen traditioneller Disziplinen überschreitet und Kommunikationsschwierigkeiten reduzieren hilft.[3] Auf die konkrete Ausgestaltung dieses Potentials in ISM wird in Punkt E.I.4 detailliert eingegangen.

Die Beschreibung eines komplexen Problems durch seine Struktur läßt zunächst offen, welcher Art diese Struktur bzw. die zugrundeliegende Relation ist. Hierbei lassen sich die beiden Extrema hierarchischer Strukturen und Rückkopplungsstrukturen unterscheiden. H i e r a r c h i s c h e S t r u k t u r e n sind gekennzeichnet durch klare Über- bzw. Unterordnungsbeziehungen. Besondere Bedeutung kommt den einzelnen Ebenen der Hierarchie zu. Es sind keine Beziehungen von übergeordneten zu untergeord-

---

1) Vgl. Gomez/Modelle/20 f. Mason leitet aus der Einsicht in die praktische Bedeutung derartiger konzeptioneller Vororientierungen die Forderung ab, vor strategischen Entscheidungen stets alternative mentale Modelle im Rahmen einer dialektischen Debatte miteinander konkurrieren zu lassen, um auf diese Weise der Gefahr einer zu engen Problemsicht entgegenzuwirken. Dieser Gedanke der Diskussion unterschiedlicher partieller Problemdefinitionen in einem argumentativen Prozeß liegt auch der ISM-Technik zugrunde und wird in Punkt E.I.4.2.2.2 näher beleuchtet.

2) Siehe Punkt E.I.3.1.2.

3) Vgl. Gomez/Modelle/21.

neten Elementen zugelassen.[1] Gerade dieser Aspekt des "Feedback" ist das Charakteristikum von R ü c k k o p p l u n g s s t r u k t u r e n, bei denen daher die Anordnung der Elemente auf den einzelnen Ebenen nicht den o. a. Stellenwert einnimmt.

Da sich soziale Systeme i. d. R. durch eine hierarchische Aufbauorganisationsstruktur auszeichnen[2] und - nicht zuletzt aus diesem Grunde - eine Vielzahl komplexer Probleme hierarchisch abbildbar ist, grenzt die ISM-Technik ihre Anwendungsmöglichkeiten auf die hierarchische Strukturierung ein. Diese Restriktion wird durch die Überlegung gestützt, daß komplexe Probleme einer inhaltlichen Durchdringung bedürfen und weniger einer zeitlichen Abfolgebestimmung, die vielfach Rückkopplungscharakter aufweist.

Ergänzend bleibt anzuführen, daß hierarchische Strukturen mittels relativ simpler Algorithmen generiert sowie bearbeitet werden können und daher einer Computerunterstützung zugänglich sind. Dieser Aspekt wird in Punkt D vertieft.

---

1) Im Rahmen der ISM-Technik wird der Hierarchiebegriff umfassender interpretiert, jedoch ohne sein Prinzip grundsätzlich in Frage zu stellen: Es sind auch Beziehungen zwischen Elementen derselben Ebene erlaubt. Diese Zyklen werden innerhalb der mathematischen Grundlagen in Punkt D.I.1.3.3 näher betrachtet.

2) Vgl. z. B. Zahn/Planung/205.

C. DIE ISM-TECHNIK IM RAHMEN DER METHODENKLASSE STRUKTUR-MODELLIERUNG

Es schien zunächst notwendig, sich in den vorangegangenen Ausführungen eingehend mit dem Objekt der Problemhandhabung durch ISM zu befassen. Nun soll sukzessive die bisherige "Black Box" der instrumentellen Unterstützung zur Problemhandhabung, nämlich die ISM-Technik i. e. S., "erhellt" werden.

Wie aus dem Begriff bereits hervorgeht, ist ISM der Methodenklasse der Strukturmodellierungs-Techniken zuzuordnen. Dies läßt zunächst eine Behandlung der Grundlagen der Modellierung zweckmäßig erscheinen, bevor ISM als e i n e Strukturmodellierungs-Technik diskutiert wird.

I. GRUNDLAGEN DER MODELLIERUNG

Akzeptiert man die These, daß menschliche Problemhandhabung sich auf der mehr oder minder bewußt erarbeiteten Basis von Modellen dieser Probleme vollzieht, so rückt der Modellbegriff in den Mittelpunkt der Diskussion.[1] Im folgenden soll daher auf einige Aspekte der Modelltheorie[2] näher eingegangen werden.

---

1) Vgl. Szyperski, Winand/Grundbegriffe/131 sowie Szyperski, Winand/Entscheidungstheorie/18. Diese These wird in Punkt E.I.3 ausführlich behandelt.

2) Nach Ansicht Müller-Merbachs ist die Modellierung (auf der Objektebene) als Kunst und nicht als Wissenschaft zu interpretieren. Kein Bereich der Kunst kann jedoch ohne Theorien, Prinzipien, Konzepte, Methoden, Regeln, Gesetze etc. existieren. Dies alles ist zu entwickeln und macht einen wissenschaftlichen Forschungsprozeß erforderlich. Die entsprechenden Aktivitäten (auf der Wissenschaftsebene) können als "Wissenschaft der Modellierung" bezeichnet werden. Vgl. Müller-Merbach/Modeling/58. Die letztgenannte Ebene wird in diesem Punkt behandelt. Der "Kunst des Modellierens" widmet sich vorrangig Punkt E.

1. Zweck der Modellierung

Der allgemeine Zweck der Modellierung besteht darin, einen Originalsachverhalt, insbesondere ein Originalsystem, in Form eines Modells so darzustellen, daß sich über den "Umweg" einer Modellbildung Erkenntnisse gewinnen lassen, die auf das Original übertragbar sind.[1] Die Modellierung entspricht einem Lernprozeß, der auf ein besseres Verstehen und daher besseres Beherrschen der Realität ausgerichtet ist.[2] Auf welche Weise dieses Ziel erreicht wird, läßt sich an den Merkmalen von Modellen verdeutlichen.

2. Merkmale von Modellen

In Anlehnung an STACHOWIAK[3] wird unter einem M o d e l l eine subjektiv eingefärbte, i. d. R. verkürzende oder abstrahierende, zeitlich beschränkt akzeptierte Abbildung[4] eines Originals verstanden, die darauf abzielt, dieses Original intelligibel und beherrschbar zu machen.

Diese Definition entspricht einer dreistelligen Relation zwischen Original, Modell und Modellierer (Problemexper-

---

1) Vgl. Witte/Planen/24.
2) Vgl. Szyperski, Winand/Grundbegriffe/101, Warfield/Probing/1-4 sowie Linstone/Use 1/4.
3) Vgl. Stachowiak/Gedanken/458 ff. sowie Stachowiak/Modelltheorie/14. Zu weiteren Definitionen eines Modells vgl. die Auflistung bei Dinkelbach/Modell/154. Vgl. auch Heinen/Einführung/15.
4) Nach Kosiol entspricht das Abbildungsmerkmal der Isomorphie zwischen Original und Modell. Vgl. Kosiol/Unternehmung/209. Aus den bereits dargelegten Gründen wird dieser Auffassung hier nicht gefolgt, sondern eine konstruktivistische Position vertreten, die das Homomorphiemerkmal betont. Vgl. Klein/Entscheidungsmodelle/37. Der Homomorphieaspekt ist im Sinne der Strukturgebung um das Hinzufügen von Elementen und Beziehungen zu ergänzen. Vgl. Brauchlin/Problemlösungsmethodik/143 f. Auf die Isomorphie-Homomorphie-Diskussion wird im Rahmen des Modell-Austausch-Isomorphismus in Punkt D.III näher eingegangen.

te).[1] Die Einbeziehung des Individuums in die Betrachtung geschieht nicht nur, um die verhaltenssteuernde Wirkung zu verdeutlichen, die das Modell auf den Problemexperten ausüben kann; sie geschieht vielmehr, um hervorzuheben, daß - wie bereits dargelegt - subjektspezifische Sichtweisen des Problems in die Modellierung einfließen.[2]

Die einzelnen Merkmale des Modellbegriffs sollen kurz skizziert werden:

Abbildungsmerkmal:
"Modelle sind stets Modelle von etwas, nämlich Abbildungen, Repräsentationen natürlicher oder künstlicher Originale, die selbst wieder Modelle sein können."[3]

Verkürzungsmerkmal:
Verkürzung oder Abstraktion bedeutet, daß nicht alle Elemente und Beziehungen des jeweils abzubildenden Objektes erfaßt werden, sondern daß eine Auswahl von besonders relevanten Aspekten erfolgt. Auf diese Weise ermöglicht die Modellbildung eine Durchdringung der komplexen Realität.[4] Das Verkürzungsmerkmal impliziert ein weiteres Merkmal, das auf den Zweck der Modellbildung ausgerichtet ist.[5]

Pragmatisches Merkmal:
"Modelle sind ihren Originalen nicht per se eindeutig zugeordnet. Sie erfüllen ihre Ersetzungsfunktion

a) für bestimmte - erkennende und/oder handelnde, modellbenutzende - Subjekte,

---

1) Vgl. Szyperski, Winand/Entscheidungstheorie/20 sowie Brauchlin/Problemlösungsmethodik/141 f.
2) Vgl. Köhler/Modelle/2702.
3) Stachowiak/Modelltheorie/131. Ist das Original selbst ein Modell, wie in den Modell-Austausch-Isomorphismusphasen 3, 4 und 5 der ISM-Technik, so ist in diesem Falle die Isomorphieeigenschaft erfüllt.
4) Vgl. Grochla/Planung/41 sowie Niemeyer/Anwendungen/640 f.
5) Vgl. Pfohl/Planung/147.

b) innerhalb bestimmter Zeitintervalle und
c) unter Einschränkung auf bestimmte gedankliche oder tatsächliche Operationen."[1]

Dieses Merkmal bringt zum Ausdruck, daß Modelle für einen spezifischen Zweck gebildet und benutzt werden.[2] Sie besitzen nur eine raum-zeitlich begrenzte Gültigkeit, die zudem subjektiv begründet ist. Insbesondere diese Subjektivität der Modellbildung, der gerade bei der Handhabung schlecht-strukturierter, komplexer Probleme wesentliche Bedeutung zukommt,[3] versucht die ISM-Technik angemessen zu berücksichtigen. Dieses Anliegen dokumentiert sich in der Wichtigkeit, die der Bildung mentaler Modelle und ihrer Umsetzung in explizite Modelle beigemessen wird.[4]

1) Stachowiak/Modelltheorie/132 f.
2) Vgl. Niemeyer/Anwendungen/641 sowie Gaitanides/Planungsmethodologie/16.
3) Es sei an das Entwickeln einer lediglich partiellen Problemdefinition durch den einzelnen erinnert.
4) Siehe Punkt E.I.3.

3. Modelltypologie

Zur Typologisierung von Modellen existiert eine umfangreiche Literatur.[1] Die einzelnen Modelle können unter den verschiedensten Aspekten betrachet werden. In dieser Untersuchung sollen fünf unterschiedliche Betrachtungsweisen herausgestellt und die jeweilige Einordnung der ISM-Modelle vorgenommen werden.[2]

(1) Sicherheit der Elemente und Beziehungen

In Anlehnung an die Terminologie der Entscheidungslogik, jedoch auf einem niedrigeren Informationsniveau, befindet sich der ISM-Problemexperte nicht in einer stochastischen, sondern in einer d e t e r m i n i s t i s c h e n Situation.[3] Er hat nicht die Möglichkeit, Wahrscheinlichkeitswerte anzugeben. Ihm verbleibt lediglich die Alternative, die Berücksichtigung jedes Elementes und jeder Beziehung zu bejahen oder zu verneinen.[4]

(2) Wissenschaftlicher Aussagetyp

Nach dem Zweck der Modellierung bzw. dem inkorporierten Aussagetyp lassen sich Beschreibungs-, Erklärungs-

---

1) Vgl. u. a. Kürpick/Unternehmenswachstum/137 ff.; Köhler/Modelle/2710; Brauchlin/Problemlösungsmethodik/145 ff.; Heinen/Einführung/157 ff. sowie 223 ff.; Churchman, Ackoff, Arnoff/Research/151 ff.; Grochla/Planung/41 ff.; Witte/Forschung/1267 ff. sowie Pfohl, Braun/Entscheidungstheorie/146 ff.

2) Auf die Charakterisierung von ISM-Modellen als statische Modelle wurde bereits eingegangen. Sie soll daher an dieser Stelle nicht erneut aufgegriffen werden. Siehe Punkt B.II.3.

3) Zur deterministischen und stochastischen Entscheidungssituation im Rahmen der Entscheidungslogik vgl. z. B. Kürpick/Unternehmenswachstum/141.

4) Nur bei der Zyklenbearbeitung ist die Möglichkeit gegeben, die Stärke der Beziehungen zu gewichten. Siehe Punkt D.I.2.4.2.

und Entscheidungsmodelle[1] gegeneinander abgrenzen.[2]

Beschreibungsmodelle (deskriptive Aussagensysteme) sind auf das Erfassen, Ordnen und Aufbereiten von Eingangsinformationen angelegt.[3] Werden zusätzlich Hypothesen über Regelmäßigkeiten bestimmter Zusammenhänge aufgestellt, so handelt es sich um Erklärungsmodelle (empirisch-kognitive Aussagensysteme).[4] Entscheidungsmodelle (praxeologische Aussagensysteme) verknüpfen Erklärungsaussagen mit den Zielen des Problemexperten und sind auf Handlungen ausgerichtet.[5]

Modelle, die sich mit Hilfe der ISM-Technik entwickeln lassen, sind der Klasse der Beschreibungsmodelle zuzuordnen. Sie entsprechen systemtheoretischen Formalmodellen[6] und besitzen nur klärenden Charakter für den kognitiven Erfassungsprozeß der realen Phänomene.[7]

(3) Realitätsbezug

Je nach Abbildungsgehalt läßt sich zwischen Real- und Idealmodellen unterscheiden. Während Realmodelle die Abbildung realer Probleme zum Inhalt haben, sind Idealmodelle auf realmöglich gedachte Probleme ausgerichtet.[8] Mit Hilfe der ISM-Technik ist es denkbar, beide Modelltypen zu entwickeln. In Punkt E.II.2 wird dieser Gedanke vertieft.

---

1) Zu dieser Typisierung vgl. u. a. Grochla/Planung/41 f.; Witte/Forschung/1267 f. sowie Köhler/Modelle/2710.
2) Zu einer differenzierteren Betrachtung in sechs Typen vgl. etwa Pfohl, Braun/Entscheidungstheorie/147 ff.
3) Vgl. Szyperski, Winand/Grundbegriffe/124.
4) Vgl. Grochla/Planung/41 sowie Witte/Forschung/1268.
5) Vgl. Köhler/Modelle/2712.
6) Siehe hierzu das fünfte Modelltypologie-Kriterium "Darstellungsform".
7) Vgl. Witte/Forschung/1268.
8) Vgl. Szyperski, Winand/Entscheidungstheorie/18 f. sowie Szyperski, Winand/Grundbegriffe/121.

(4) Problemexperte-Objekt-Beziehung

Nach diesem Kriterium läßt sich zwischen mentalen[1] und expliziten Modellen differenzieren. Alle kognitiven Prozesse des Menschen finden in einem seiner Subsysteme, dem Gehirn, statt.[2] Soweit sich die Modellbildung ausschließlich durch die Verknüpfung von Informationseinheiten in der Problemexperten-Innensphäre vollzieht, spricht man von mentalen Modellen.[3] Da diese jedoch weder die Eigenschaft der Kommunizierbarkeit noch der Diskutierbarkeit aufweisen, besteht die Notwendigkeit ihrer Explikation. Die Berücksichtigung mentaler Modelle entspricht der Bedeutung des Subjektivitätsmerkmals von Modellen, auf das in Punkt C.I.2 eingegangen wurde.

Die Überführung mentaler Modelle in explizite Modelle sowie die Transformation zwischen verschiedenen isomorphen Arten expliziter Modelle bilden die Grundlage der mathematischen ISM-Komponente, des Modell-Austausch-Isomorphismus in Punkt D.III.

(5) Darstellungsform

Nach der Darstellungsform oder dem Abbildungsmedium läßt sich eine weitere Unterteilung expliziter Modelle vornehmen, die für die Einordnung der ISM-Modelle von großer Bedeutung ist (vgl. Abb. 18).[4]

---

1) Die Begriffsbildung ist nicht einheitlich. So findet man in der Literatur für das mentale Modell auch die Termini konzeptionelles, inneres, internes oder implizites Modell. Vgl. etwa Sagasti, Mitroff/Research; Köhler/Modelle; Brauchlin/Problemlösungsmethodik sowie Müller-Merbach/Modelldenken.
2) Siehe Punkt E.I.3.1.2.1.
3) Vgl. Köhler/Modelle/2703.
4) In Anlehung an Brauchlin/Problemlösungsmethodik/145 f. sowie Pfohl, Braun/Entscheidungstheorie/146 f.

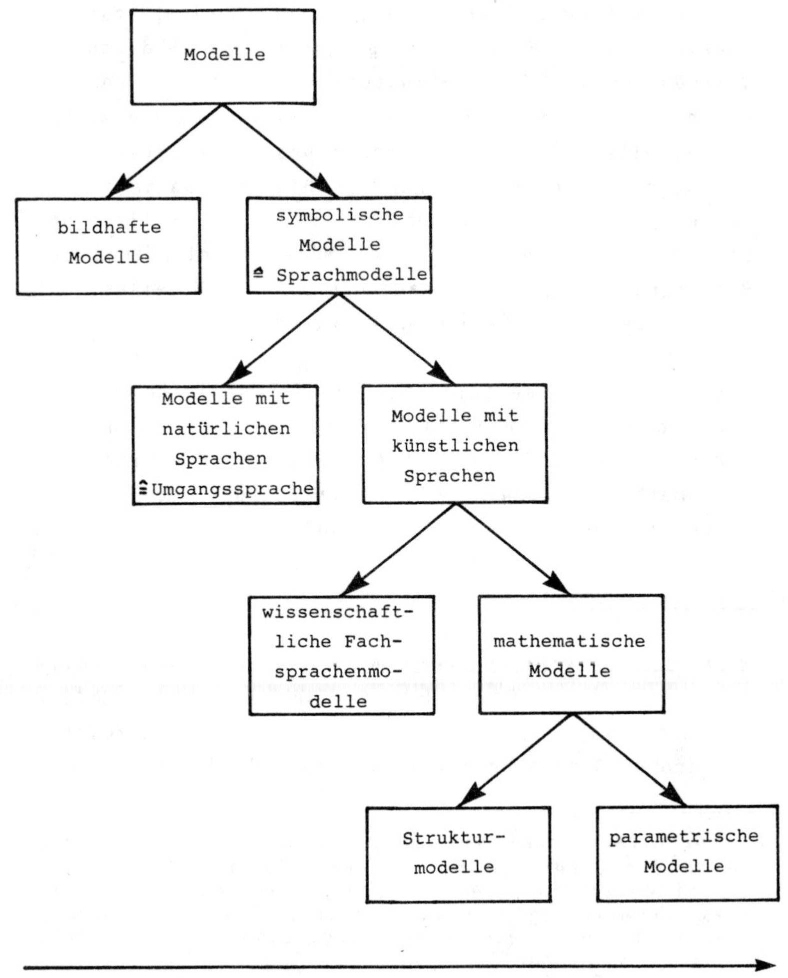

Abb. 18: Modelltypologie nach der Darstellungsform

In Abhängigkeit davon, ob der Realitätsausschnitt durch anschaulich-materielle oder abstrakt-symbolische Mittel wiedergegeben wird, lassen sich auf der ersten Ebene bildhafte und symbolische Modelle unterscheiden.[1] In den Naturwissenschaften und der Technik haben bildhafte Modelle große Bedeutung erlangt.[2] So sind etwa Gebirgsreliefs, Skelette und Baumodelle der Architekten dieser Klasse zuzuordnen.

Die Betriebswirtschaftslehre als Geisteswissenschaft bedient sich der abstrakteren symbolischen Modelle.[3] Hierbei wird eine natürliche oder künstliche Sprache zur Darstellung der Realität verwendet. Mit steigender Problemkomplexität ist der Experte gezwungen, auf künstliche Sprachmodelle zurückzugreifen. Neben der Fachsprache der Betriebswirtschaftslehre ist dies vor allem die formalisierte Sprache der Mathematik. Während in dieser Klasse Strukturmodelle lediglich qualitative Angaben über die Struktur des modellierten Problems liefern,[4] sind parametrische Modelle darüber

---

1) Vgl. Pfohl, Braun/Entscheidungstheorie/146 f.
2) Vgl. Kürpick/Unternehmenswachstum/137.
3) Vgl. Kürpick/Unternehmenswachstum/137.
4) Der Betonung der eigenständigen Klasse der Strukturmodelle im Rahmen mathematischer Symbolmodelle liegt die Vermutung zugrunde, daß die Explizierung von Problemstrukturen weder durch den Ausdrucksreichtum der natürlichen Sprache noch durch die präzisen Anforderungen parametrischer Modelle adäquat zu bewältigen ist. Erst die auf einem mittleren Abstraktionsgrad einzuordnenden Strukturmodelle bieten diese Möglichkeit. Es soll jedoch betont werden, daß Strukturmodelle nur ein formales, "inhaltsleeres Gerippe" darstellen, wenn ihre Knoten und Kanten nicht mit Bedeutungen aus der jeweiligen wissenschaftlichen Fachsprache belegt werden. Dieser Gedanke wird bei der ISM-Technik im Rahmen des Modell-Austausch-Isomorphismus berücksichtigt: In den Phasen 3 und 4 erfolgt zunächst die entgegengesetzte Vorgehensweise, d. h. eine Abstraktion vom Inhalt, bevor das Strukturmodell in Phase 5 wiederum mit Inhalt angereichert wird.

hinaus mit quantitativen Informationen angereichert.[1)]

Die auf das Verstehen (Beschreibungsmodell) schlecht-strukturierter, komplexer Probleme ausgerichteten Strukturmodelle arbeiten mit sogenannten "s o f t d a t a",[2)] d. h. sie stellen geringere Anforderungen an den Informationsinput als die parametrischen Modelle.[3)] Die auf Erklärung oder Prognose intendierten parametrischen Modelle zur Behandlung wohl-strukturierter Probleme arbeiten demgegenüber auf der Basis sogenannter "h a r d d a t a".

---

1) Vgl. Brauchlin/Problemlösungsmethodik/146. Statt der Unterscheidung in Struktur- und parametrische Modelle finden sich im amerikanischen Sprachgebrauch vielfach die Begriffspaare: subjektive versus objektive Modelle, geometrische versus arithmetische Modelle oder Strukturmodelle versus dynamische Modelle. Vgl. etwa Watson/Modeling/166; Kane, Vertinsky/Arithmetic/115; Waller/Modeling/786; Linstone u. a./Use/291 sowie Kawamura, Malone/Complexity/349.
2) Zu "soft data" und "hard data" vgl. Cearlock/Properties/9.
3) Entsprechend unterscheidet sich auch der Informationsoutput.

II. ISM ALS EINE STRUKTURMODELLIERUNGSTECHNIK

Die Beziehung zwischen Problem und Methode ist typischerweise durch die Tatbestände der "Problemhomogenität der Methoden" sowie der "Methodenhomogenität der Probleme" gekennzeichnet.[1] Ersteres bedeutet, daß sich für ein Probelm im allgemeinen verschiedene Methoden alternativ einsetzen lassen. Dementsprechend besagt letzteres, daß sich die meisten Methoden für verschiedene Probleme eignen. Die Annahme, daß sich jedem realen Problem anhand seiner spezifischen Merkmale ganz bestimmte Methoden der Problemhandhabung quasi "automatisch" zuordnen lassen, erscheint unrealistisch.[2] Ein fruchtbarer Mittelweg kann darin gesehen werden, die Beziehungen zwischen Methodenklassen und Problemtypen zu untersuchen. Dieser Ansatz, der in Kapitel B zur Herausarbeitung des Problemtyps schlecht-strukturierter, komplexer Probleme geführt hat, soll nun um die entsprechende Methodenklasse der Strukturmodellierungs-Techniken vervollständigt werden.

Obwohl die ersten Veröffentlichungen zur Strukturmodellierung (SM) bereits über zehn Jahre zurückliegen,[3] existiert bis heute keine einheitliche Terminologie dieses Bereichs.[4] So besteht auch Unklarheit darüber, wie weit der Begriff der Strukturmodellierung gefaßt werden soll: Auf der Inputseite ist die Abgrenzung gegenüber den Kreativitätstechniken, auf der Outputseite gegenüber der quantitativen Modellierung nicht einheitlich.[5] Unter dieser Voraussetzung wird die Positionierung der SM in den Kontext anderer Methodenklas-

---

1) Vgl. Müller-Merbach/OR/6 sowie Pfohl/Entscheidungsfindung/74.
2) Vgl. Müller-Merbach/OR/20 f. sowie Pfohl/Entscheidungsfindung/74.
3) Vgl. Lady/Organizing/13.
4) Vgl. Linstone/Use 1/18.
5) Vgl. Szyperski, Müller-Silva, Eul-Bischoff/Strukturmodellierung/9.

sen, etwa im Rahmen eines Methodenverbundes[1)], stark erschwert.

In der hier vorliegenden Untersuchung wird die Inputseite (Elementgenerierungsphase[2)]) als integraler Bestandteil der SM behandelt, während gegenüber der quantitativen Modellierung eine klare Abgrenzung erfolgt.[3)] Diese Betrachtungsweise entspricht den jüngeren SM-Entwicklungen, die der Generierungsphase verstärkte Aufmerksamkeit widmen.[4)]

Diese Begriffsfassung ist nicht als Konkurrenz zwischen SM und quantitativer Modellierung zu verstehen. Der Einsatz beider Methodenklassen sollte komplementär ausgerichtet sein.[5)] Für diejenigen Phänomene, insbesondere aus dem Bereich komplexer Probleme, die einer quantitativen Behandlung (zunächst) nicht zugänglich sind, soll durch die Strukturmodellierung dennoch eine methodische Unterstützung ermöglicht werden.[6)]

Zu den Vertretern eines zur Outputseite hin offeneren Strukturmodellierungs-Begriffes ist LINSTONE zu zählen. In einer umfangreichen Untersuchung[7)] hat er von den zunächst gefundenen 41 SM-Techniken neben ISM sechs[8)] weitere einer

---

1) Dieser Aspekt wird im Rahmen der Entwicklungspotentiale der ISM-Technik in Punkt F.I.1.2.2.3 wieder aufgegriffen.
2) Zum Phasenschema der SM (Generierungs- und eine Strukturierungsphase) siehe Punkt C.II.3.
3) Diese Interpretation steht nicht in Widerspruch zu den Ausführungen von McLean, Shepherd/Importance sowie Fitz, Hornbach/Methodology, die eine Überführung von Strukturmodellen in dynamische Modelle diskutieren.
4) Vgl. u. a. Warfield/Systems/Kapitel 2.
5) Vgl. Roberts/Analysis/84.
6) Vgl. Kilmann, Mitroff/Analysis/18.
7) Vgl. Linstone/Use 1; Linstone/Modeling; Linstone u. a./ Use sowie Lendaris/Modeling.
8) Diese sechs Techniken werden ausführlich dargestellt in:
   (1) ELECTRE (Frankreich): Roy/ELECTRE II sowie Roy, Bertier/ELECTRE II.
   (Fortsetzung FN 8 S. 105)

detaillierten Analyse unterzogen. Die Annahmen der Methoden, die Aktivitäten der Experten, die Algorithmen, die Zustände der Modelle sowie den jeweiligen Output der Methoden hat er in einem Prozeßmodell, das in seiner Terminologie ein Strukturmodell darstellt, miteinander verknüpft (vgl. Abb. 19).[1] Des weiteren hat er einen Ablaufplan zur adäquaten Methodenauswahl in Abhängigkeit von der Problembeschaffenheit entwickelt (vgl. Abb. 20).[2] Aus dieser Abbildung werden die hier vertretene engere Begriffsfassung der Strukturmodellierung, die lediglich Struktur- und keine Verhaltensaspekte des zugrundeliegenden Systems behandelt, sowie die Einordnung der ISM-Technik deutlich.

(Fortsetzung FN 8 von S. 104)
(2) IMPACT (Amerika): O'Leary/Forecasting.
(3) SPIN (England): McLean, Shepherd, Curnow/Techniques sowie Shepherd, McLean/SPIN.
(4) KSIM (Canada): Kane/KSIM sowie Kruzic/Cross.
(5) XIMP (Canada): Moll, Woodside/Argumentation.
(6) QSIM (Amerika): Wakeland/QSIM 2; Wakeland/ASSESS sowie Wakeland, Solley/QSIM 2.
Neben diesen sechs von Linstone behandelten Techniken sei auf eine weitere, in England entwickelte, sehr gut dokumentierte und vielfach angewendete Methode hingewiesen: C o g n i t i v e M a p p i n g. Vgl. u. a. Eden, Jones, Sims/Problems; Sims/Problem; Sims, Eden, Jones/Problem sowie Müller-Merbach/Modelldenken/481. Die Cognitive Mapping-Software war bislang lediglich auf das Entwickeln des Strukturmodells eines einzelnen Individuums ausgerichtet. Im Rahmen des von Prof. Dr. N. Szyperski geleiteten Forschungsprojektes "Interpretative Strukturmodellierung" am Planungsseminar der Universität zu Köln, an dem die Autorin dieser Untersuchung mitgearbeitet hat, wurde eine neue, umfassendere Software entwickelt, die eine gruppengestützte Problemstrukturierung ermöglicht. Vgl. Szyperski, Müller-Silva, Eul-Bischoff/Strukturmodellierung sowie Szyperski, Müller-Silva, von Bechtolsheim, Eul-Bischoff/Mapping.

1) Abb. entnommen aus Linstone/Use 1/46.
2) Vgl. Linstone/Use 1/146.

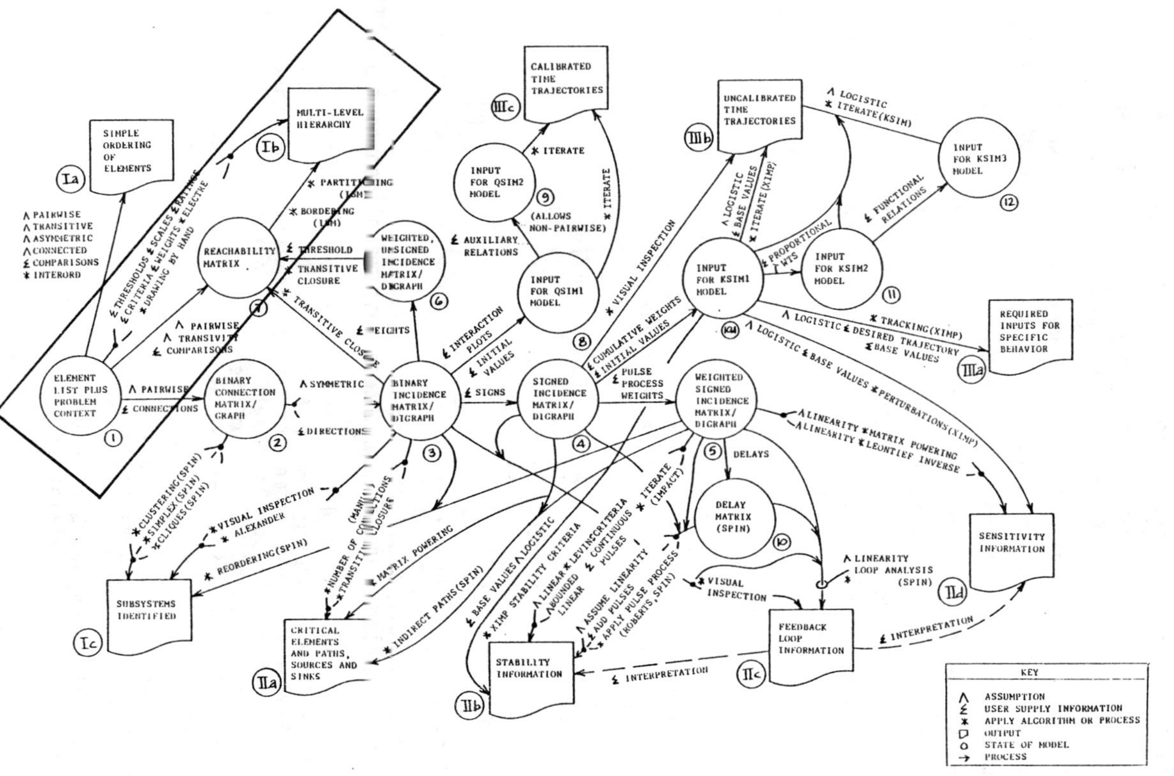

Abb. 19: Strukturmodell ausgewählter SM-Techniken

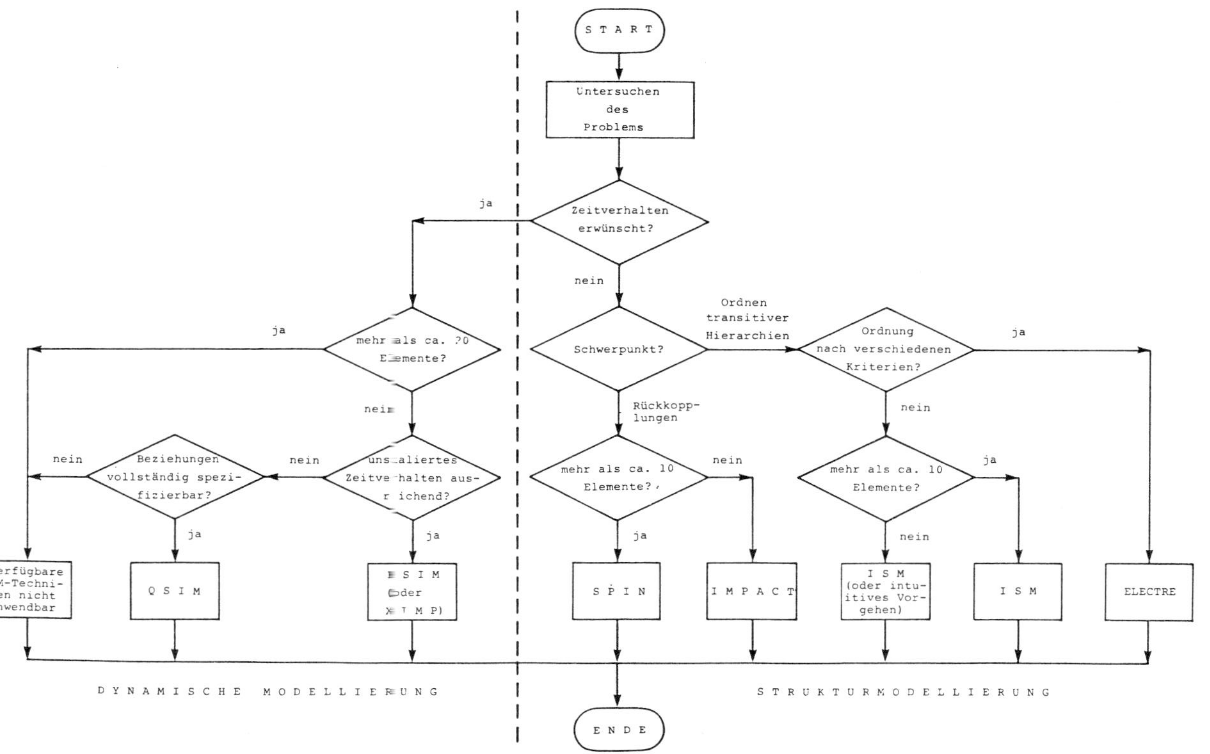

Abb. 20: Auswahl von SM-Techniken

1. Begriff und Intention der Strukturmodellierung

Die Klasse der SM-Techniken umfaßt alle nicht-quantitativen, auf der Graphentheorie basierenden Methoden, die dem Problemexperten als Individuum oder Team ermöglichen, aus der einem schlecht-strukturierten Problem zugrundeliegenden Elementmenge und den paarweisen Beziehungen zwischen diesen Elementen auf systematische Art eine Struktur zu entwickeln. Die hierdurch gewonnenen Beschreibungsmodelle sind gleichbedeutend mit linearisierten dynamischen Modellen.[1)]

Im Einzelfall der spezifischen Technik wird diese Definition durch weitere Grundannahmen eingeschränkt. So basiert die ISM-Technik neben der bereits behandelten statischen Betrachtungsweise und der Linearität auf der Transitivitätsbedingung. Zur Bedeutung dieser Grundannahmen sei auf Punkt D.II verwiesen.

Die Methodenklasse der Strukturmodellierung zielt darauf ab, die kognitiven Grenzen des Menschen bei der Behandlung komplexer Probleme "hinauszuschieben", d. h. ihm einen effizienteren und effektiveren Umgang mit derartigen Problemen zu ermöglichen:

Sieht sich der Problemexperte einem schlecht-strukturierten, komplexen Problem gegenüber, so ist er ad hoc aufgrund der Problembeschaffenheit außerstande, das Problem zu verstehen. Wäre ihm die Problemstruktur bekannt, so wäre dies gleichbedeutend mit dem Problemverständnis.

---

1) Vgl. Gerardin/Model/302; Harary/Graph/32; Linstone/Use 1/6; Linstone u. a./Use/292; Greenberg, Maybee/Analysis/27; Lendaris/Modeling/807; Linstone/Use 1/9; Bretzke/Problembezug/15 f. sowie Szyperski, Müller-Silva, Eul-Bischoff/Strukturmodellierung/6. Die verfahrenstechnische Ausgestaltung der SM-Methoden als manuelle oder computergestützte Techniken bleibt hier noch außer Betracht.

Das Ermitteln der Problemstruktur ist für den Experten sehr schwierig.[1] Er fühlt sich kognitiv überfordert,[2] und wird daher zu intuitiven Vereinfachungen greifen, die zwar seine Hilflosigkeit dem Problem gegenüber reduzieren, ihm jedoch kein umfassendes und systematisches Problemverständnis ermöglichen.[3] In dieser Situation bietet die SM dem Menschen ein methodisches Unterstützungsinstrument, das ihn in die Lage versetzt, innerhalb seiner kognitiven Grenzen zu operieren - er muß lediglich auf systematische Weise paarweise Beziehungen diskutieren - und dennoch die Problemkomplexität adäquat zu berücksichtigen.[4]

---

1) Vgl. Gerardin/Model/302.
2) Vgl. Warfield/Systems/166.
3) Vgl. Langhorst/Computer/2 sowie Warfield/Learning/70.
4) Vgl. Warfield/Systems/167 und 194 f.; Roberts/Analysis/86 sowie Gerardin/Complex/62.

2. Komponenten des Strukturmodellierungs-Konzeptes

Obwohl sich auch bei der hier vertretenen engen Begriffsfassung der SM die einzelnen Methoden bezüglich ihrer Zielsetzung und damit ihres Vorgehens erheblich unterscheiden, ist es dennoch möglich, auf dem Weg zu einer SM-Theorie Gemeinsamkeiten der Techniken herauszuarbeiten, die sie damit gleichzeitig gegenüber der quantitativen Modellierung abgrenzen. Diese Gemeinsamkeiten lassen sich auf die drei Komponenten des *schlecht-strukturierten, komplexen Problems*, des *Problemexperten* und der *SM-Technik* zurückführen.[1]

2.1 Schlecht-strukturiertes, komplexes Problem

Wie bereits dargelegt, versucht die SM-Konzeption, das Problem auf systemtheoretische Weise durch Strukturierung der Problemelemente und der Beziehungen zwischen diesen Elementen zu handhaben.[2] Präzisere Aussagen zur Beschaffenheit der zu entwickelnden Problemstruktur sind nicht möglich. Erst aus den Prämissen der einzelnen Techniken läßt sich dies ermitteln.

Die in der SM verwendete *Relation* ist *zweistellig*. Sie weist zudem i. d. R. die logischen Eigenschaften der *Irreflexivität*, *Mesosymmetrie* und Mesotransitivität auf.[3] Bei der ISM-Technik, die der Beschaffenheit der Relation besondere

---

1) Zu einer umfassenderen Sichtweise der Charakteristika der SM vgl. Szyperski, Müller-Silva, Eul-Bischoff/Strukturmodellierung/8 ff.
2) Siehe Punkt B.II.
3) Vgl. Szyperski, Müller-Silva, Eul-Bischoff/Strukturmodellierung/26 f.

Bedeutung beimißt,[1] sind ausschließlich transitive Relationen zulässig. Dies führt zu einem hierarchischen Strukturmodell im Gegensatz zu anderen SM-Techniken, wie etwa IMPACT oder SPIN, die auf die Entwicklung von Rückkopplungsstrukturen ausgerichtet sind.[2]

Die Elementmenge unterliegt lediglich einer formalen Restriktion bezüglich ihrer Größe. Sie reicht von etwa 10 Elementen bei IMPACT über ca. 120 Elemente für ISM bis zu annähernd 600 Elementen bei Cognitive Mapping.[3] Die konkrete Elementanzahl ist im Einzelfall abhängig von den verfügbaren Rechnermöglichkeiten und dem Modellzweck.

Das Ermitteln der Elementmenge und das darauf aufbauende Bestimmen der Relationen zwischen den Elementen findet in einem zweistufigen Prozeß statt: einer Generierungs- und einer Strukturierungsphase. Punkt C.II.3 behandelt diesen Aspekt näher.

2.2 Problemexperte

Aus den vorangegangenen Ausführungen wurde bereits deutlich, daß dem Problemexperten bezüglich der drei SM-Komponenten die zentrale Position zukommt. Eindeutiger als in anderen Modellierungsklassen wird bei der SM die jeder Modellierung immanente Subjektivität betont.[4] Die individuelle (partielle) Problemsicht des Experten, sein Orientierungsschema zur Kommunikation, soll expliziert werden. Modellierungsstrategien auf der Basis einer präzi-

---

1) In dieser Untersuchung wird jedoch ergänzend die Bedeutung des Generierens der Elementmenge für den weiteren Strukturierungsvorgang betont.
2) Siehe Abb. 20.
3) Vgl. Szyperski, Müller-Silva, Eul-Bischoff/Strukturmodellierung/23.
4) Vgl. Szyperski, Müller-Silva, Eul-Bischoff/Strukturmodellierung/12.

sen Problemdefinition, wie etwa die Auftragsmodellierung,[1) die für die Behandlung wohl-strukturierter Probleme durchaus von Nutzen sein kann, erscheinen im Kontext der SM nicht anwendbar. Es ist vielmehr von Beginn der Modellierung an eine maßgebliche Partizipation des Experten erforderlich.[2)

SM-Techniken können zum ersten für die Modellbildung durch e i n e n e i n z e l n e n E x p e r t e n konzipiert sein. Dies ist etwa bei Cognitive Mapping (CM) in seiner ursprünglichen Version der Fall.[3) CM verfügt jedoch - soweit bekannt - als einzige Methode über die Softwaremöglichkeit der parallelen Modellierung unterschiedlicher Strukturmodelle und der a posteriori Zusammenfassung zu einem gemeinsamen Strukturmodell unter Hervorhebung von Konflikten. Diese Vorgehensweise wurde von der CM-Gruppe unter der Leitung von C. Eden an der University of Bath, England, z. B. bei der Problemstrukturierung durch eine Arbeitgeber- bzw. Gewerkschaftsgruppe gewählt.[4)

Neben der a posteriori Zusammenfassung von Strukturmodellen einzelner Experten bzw. von Expertengruppen zielen die SM-Techniken, so auch ISM, vornehmlich auf das a priori Entwickeln der gemeinsamen Struktur einer E x p e r t e n - g r u p p e ab. Im Anschluß an einen argumentativen Diskussionsprozeß wird durch Mehrheitsentscheid die Existenz oder Nichtexistenz der jeweiligen Beziehung ermittelt. Die gruppengestützte Problemstrukturierung durch ISM findet sich in Punkt E.I.4 wieder.

---

1) Vgl. Szyperski, Winand/Grundbegriffe/121.
2) Die Betonung der Position des Experten entspricht im psychologischen Bereich der Ergänzung eines behavioristischen Paradigmas durch ein kognitivistisches im Sinne eines aktiveren, bestimmenderen Menschenbildes. Auf die Bedeutung der Zusammenführung beider Perspektiven zum Informationsverarbeitungs-Ansatz und seine Fortführung zur Psycho-Logik der Problemhandhabung für die ISM-Technik geht Punkt E.I.3.1.2 umfassend ein.
3) Vgl. Eden, Jones, Sims/Problems sowie Eden, Jones, Sims/Thinking.
4) Vgl. Szyperski, Müller-Silva, Eul-Bischoff/Strukturmodellierung/19.

2.3 Strukturmodellierungs-Technik

Die Notwendigkeit einer instrumentellen Unterstützung des Experten bei der Strukturmodellierung läßt sich sowohl auf der Ebene eines einzelnen Experten als auch für eine Expertengruppe begründen.[1)]

Schlecht-strukturierte, komplexe Probleme sind - wie bereits erwähnt - durch ihre Vielschichtigkeit und vielfältigen Interdependenzen zwischen den Elementen gekennzeichnet. Dieser Komplexität ist das Individuum mit seiner zwar höchst effizient selektierenden, aber letztlich begrenzten Informationsverarbeitungskapazität nicht gewachsen. Intuitive Vereinfachungsmechanismen werden dieser Situation nicht gerecht. Der Experte bedarf einer instrumentellen Unterstützung, die ihm über ihre Systematik Anhaltspunkte zum weiteren Vorgehen bietet und ihn kognitiv entlastet.

Wird die Problemstrukturierung von einer fachlich heterogen zusammengesetzten Expertengruppe durchgeführt, so soll zunächst über die gemeinsame Sprache der SM-Technik das Sprachproblem ausgeschaltet werden, um die verschiedenen Problemsichten, die auf unterschiedlichen Kenntnissen, psychischen Dispositionen und Werten basieren, diskussionsfähig zu machen.

---

1) Vgl. Szyperski, Müller-Silva, Eul-Bischoff/Strukturmodellierung/18 f. und 28 f.

3. Heuristische und algorithmische Aspekte der ISM-Technik

Im vorangegangenen Punkt 2 wurden die allen SM-Techniken - und damit auch ISM - immanenten *Gemeinsamkeiten* herausgestellt. Betrachtet man jedoch die konkreten methodischen Hilfen, die die einzelnen Techniken bieten, so ergeben sich deutliche *Divergenzen*. Die verschiedenartige Einbeziehung heuristischer und algorithmischer Aspekte basiert auf unterschiedlichen Phasenschemata der SM-Aktivitäten. Während etwa bei der ISM-Technik zunächst alle Elemente generiert werden, bevor die Strukturierung beginnt, ist bei CM das Strukturieren integraler Bestandteil der Generierung: Jedes für relevant erachtete Element wird sofort in der Struktur positioniert.[1)]

In Punkt B.I.4.1 wurde die besondere Bedeutung *heuristischer Problemhandhabungsprogramme* für die Behandlung schlecht-strukturierter, komplexer Probleme betont. Mit der ISM-Technik wird es darüber hinaus möglich, eine - zumindest partielle - *algorithmische Unterstützung* zu gewährleisten, die den Experten kognitiv entlastet und Fehlern bei der Problembearbeitung, wie etwa Unvollständigkeiten oder Inkonsistenzen, entgegenwirkt.

Eine algorithmische Unterstützung ist jedoch nur für einen Teilbereich der Strukturierungsphase realisierbar. Die vorgelagerte Generierungsphase[2)] muß weiterhin vollständig auf der Basis heuristischer Problemhandhabungsprogramme erfolgen.

---

1) Vgl. Eden, Jones, Sims/Thinking.
2) Der Terminologie von Warfield folgend wird in dieser Untersuchung von einer Generierungs- und einer Strukturierungsphase gesprochen. Vgl. Warfield/Systems/54 ff. Taylor verwendet synonym die Begriffe "Scanning" und "Patterning". Vgl. Taylor/Building. Szyperski spricht von "Setting" und "Structuring". Vgl. Szyperski/Handhabung/23 ff.

3.1 Phasenschema der ISM-Technik

Zur Untersuchung der heuristischen und algorithmischen Aspekte der ISM-Technik ist das hier vorgestellte, grobe, lediglich zweigliedrige Phasenschema notwendige, aber auch hinreichende Voraussetzung. Eine detaillierte Behandlung der Strukturierungsphase und hierbei insbesondere der algorithmischen Komponente ist Punkt D.III vorbehalten. Der gesamte Prozeß in seiner Differenziertheit einschließlich vor- und nachbereitender Aktivitäten wird in Punkt E diskutiert.

Wie jedes Phasenschema beruht auch dieses auf dem Gedanken, daß eine größere intellektuelle Kapazität und damit eine angemessene Problemhandhabung sowohl in Gruppen als auch bei Individuen durch bewußte Trennung mentaler Aktivitäten in unterschiedliche Tätigkeiten erreicht werden kann. Die einzelnen Aktivitäten sollen mit speziell geeigneten (Teil-)Methoden durchgeführt werden.[1] Diese Unterstützung beim "Informationsmanagement"[2] umfaßt zum einen das Steuern funktionaler und dysfunktionaler gruppendynamischer Effekte durch den Aufbau des ISM-Teams und den Ablauf der Team-Interaktion.[3] Zum anderen wird eine möglichst umfassende Computerunterstützung angestrebt. Durch diese vorgegebene, computergesteuerte Prozeßstruktur ist es dem Problemexperten nicht möglich, dem Phasenschema auszuweichen.[4]

Eng verknüpft mit dem Phasenschema ist die Frage, ob mit den verschiedenen Aktivitäten auch unterschiedliche Personen betraut werden sollen. Die Kontinuität in der inhaltlichen Interpretation der Elemente stützt die These einer Personalunion. Als Gegenargument läßt sich anführen, daß

---

1) Vgl. Warfield/Modeling/P-17.
2) Vgl. Warfield/Modeling/C-17 sowie Warfield/Systems/54 ff.
3) Siehe Punkt E.I.4.2.
4) Zu diesen beiden Aspekten vgl. Warfield/Systems/X.

in beiden Aktivitäten unterschiedliche kognitive Fähigkeiten gefordert sind, die sich grob als intuitives Denken in der Generierungsphase sowie diskursives Denken in der Strukturierungsphase umreißen lassen.[1] Die ISM-Technik strebt durch ihre Ausrichtung als Gruppentechnik eine Synthese aus beiden Argumenten an: Ein ISM-Team, das nicht nur fachlich heterogen, d. h. multidisziplinär, zusammengesetzt ist, sondern auch verschiedene kognitive Stile ("Rechtshälfter versus Linkshälfter") einbezieht, wird dieser Anforderung gerecht. Punkt E.I.3.1.2.3 bzw. E.I. 4.2.2.1.2 nimmt hierzu ausführlich Stellung.

3.1.1 Generierungsphase

Die Generierungsphase dient der Identifikation der problemrelevanten Elemente, auf denen die nachfolgende Strukturierungsphase basiert. Die Qualität der Generierungsphase bzw. ihres Outputs sind damit grundlegend für die Qualität des ISM-Ergebnisses.[2] Erfolgt keine umfassende Einbeziehung[3] aller problemrelevanten Elemente, so wird auch das Strukturmodell unvollständig sein und das Problem nicht adäquat abbilden. Trotz ihrer Bedeutung wird dieser Phase auch im Rahmen der ISM-Technik und der Dokumentation realisierter ISM-Anwendungen nicht das notwendige Gewicht

---

1) Zu analogen Überlegungen bezüglich des OR-Prozesses vgl. Sagasti, Mitroff/Research/706.
2) Vgl. Lendaris/Modeling/808.
3) Kritische Instanz für die Elementgenerierung ist nicht die Frage, wie relevant einzelne Elemente sind, sondern wie vermieden werden kann, daß relevante Elemente unberücksichtigt bleiben. Dies impliziert die Forderung nach der vollständigen Erfassung hinlänglich relevanter Elemente. Vgl. Szyperski/Handhabung/23. Nicht zuletzt aufgrund des Problemtyps existiert jedoch keine Möglichkeit der a priori Oberprüfung (an der Empirie), ob die Vollständigkeit der Elementmenge gegeben ist. Vgl. Linstone/Use 1/9 sowie Lendaris/Tools/A-2. Erst a posteriori in der Kontrollphase kann geprüft werden, ob Abweichungen auf eine unvollständige Erfassung relevanter Elemente zurückzuführen sind.

beigemessen.[1] Dies erscheint unverständlich, da aus dem Bereich der Kreativitätsforschung eine Vielzahl wichtiger Ergebnisse vorliegt, die insbesondere in der Entwicklung von Kreativitätstechniken ihren Ausdruck findet. Welche dieser Methoden sich für den ISM-Einsatz eignen, soll in Punkt C.II.3.2 behandelt werden.

Wie bereits erwähnt, intendiert die ISM-Technik keine quantitativen, sondern ausschließlich qualitative Ergebnisse der Problembehandlung. Setzt man den Informationsgehalt qualitativer ISM-Ergebnisse in bezug zum Skalenniveau, so entspricht dies einer Nominal- oder Ordinalskala.[2] Nominalskalen geben nur Auskunft über die Identität oder Nichtidentität von Elementen. Diese Informationen werden im Rahmen der Generierungsphase geliefert, in der eine Menge wohlunterscheidbarer, problemrelevanter Elemente zusammengestellt wird. Läßt sich eine Ordnung zwischen den Elementen bilden, ohne die Größenordnung der Unterschiede zwischen den Elementen zu ermitteln, so handelt es sich um eine Ordinalskala. Diese Funktion erfüllt die Strukturierungsphase.

3.1.2 Strukturierungsphase

Im Rahmen der Strukturierungsphase werden binäre Beziehungen zwischen Elementpaaren identifiziert.[3] Dies erfolgt auf systematische Art in einer spezifischen Reihenfolge, bei der alle möglichen Paarbeziehungen untersucht werden. Durch die Berücksichtigung aller denkbaren Elementpaare wird die Gefahr des Übersehens wichtiger Relationen ausge-

---

1) Vgl. Roberts/Analysis/85.
2) Vgl. Witte/Forschung/1271 f. Quantitative Ergebnisse entsprechen einer Kardinalskala, die in Form einer Intervall- oder einer Verhältnisskala vorliegen kann.
3) Vgl. Roberts/Analysis/85 f.

schlossen.[1] Auf die Bedeutung der Transitivitätsbedingung, die den Experten bei diesem umfangreichen Vorgehen wesentlich entlastet, so daß er nur etwa 20-50 % aller Paarvergleiche durchführen muß, wird in Punkt D.II im Rahmen der mathematischen Grundannahmen der ISM-Technik eingegangen.

Die durch Experten und Computer ermittelten und in eine Matrix eingebrachten Informationen werden im Anschluß durch den Computer algorithmisch aufbereitet, so daß der Experte am Ende des ISM-Prozesses über einen gerichteten Graphen des Problems bzw. seines Problemmodells verfügt. Dieser Transformationsprozeß ist Inhalt von Punkt D.III.

3.2 Anwendung heuristischer Methoden in der Generierungsphase

Will man eine Zuordnung spezifischer Problemhandhabungsprogramme bzw. -methoden zu den beiden Phasen des ISM-Prozesses vornehmen, so setzt dies eine differenziertere Betrachtung des Kontinuums von algorithmischen bis zu heuristischen Methoden voraus.

Auf ULRICH geht ein Systematisierungsversuch für eine allgemeine Methodik des Problemlösens zurück (vgl. Abb. 21).[2] Der Begriff "Problemlösung" entspricht dem in dieser Untersuchung verwendeten Begriff der "Problemhandhabung", umfaßt also auch Aktivitäten zur Präzisierung der nichtoperationalen Problemdefinition.[3]

---

1) Axelrod belegt an einer Vielzahl von Beispielen, daß ein unsystematisches Vorgehen zu diesem Versäumnis führt. Vgl. Axelrod/Psycho.
2) Vgl. Ulrich/Einführung/253. Zu einer anderen Systematisierung vgl. Konietzka/Entscheiden/50.
3) Vgl. Pfohl/Problemlösungstechniken/1917 f.

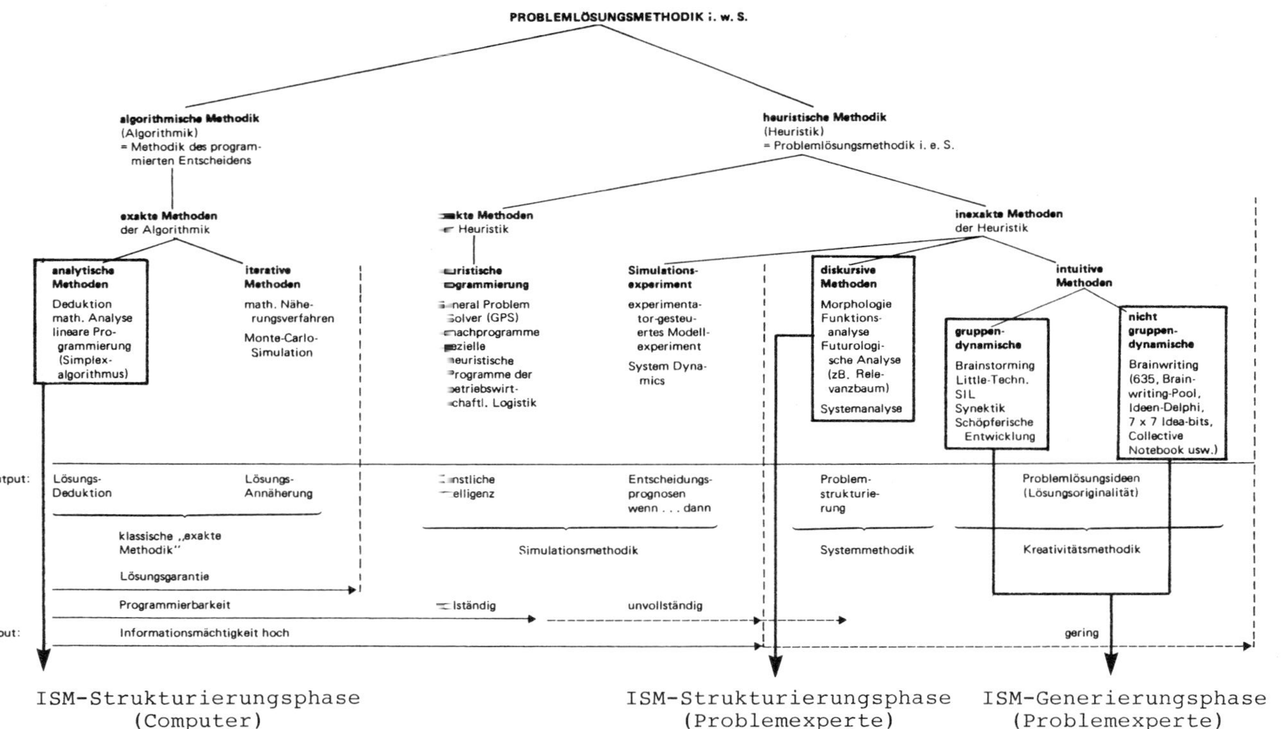

Abb. 21: Allgemeine Methodik des Problemlösens

ULRICH verwendet auf der - wie er es nennt - "Inputseite" als Unterscheidungskriterium den Grad der Exaktheit der einzelnen Methodenklassen, den er als Lösungsgarantie, Programmierbarkeit und Informationsmächtigkeit operationalisiert.[1] Auf der "Outputseite" ergibt sich nach dem Leistungsvermögen die jeweilige Benennung der Methodenklasse.

Im Bereich der *Algorithmik* lassen sich *analytische und iterative Methoden* unterscheiden. Die erste Gruppe besteht aus Methoden, bei denen sich nachweisen läßt, daß die gefundene Lösung die Optimallösung ist, während sich innerhalb der zweiten Gruppe die sukzessive zu findende Lösung beliebig an die Optimallösung annähern läßt.[2] Der zweite Block ist für diese Untersuchung ohne Belang. Dem ersten Block sind die algorithmischen Aspekte der ISM-Technik zuzuordnen. Dieser Gedanke wird in Punkt C.II.3.3 vertieft.

Neben den Algorithmen sind als einzige Methodenklasse aus dem Bereich der Heuristiken die *exakten Methoden der Heuristik* programmierbar. Derartige Probleme zeichnen sich durch einen überaus großen, aber gegebenen Suchraum aus und sind ebenfalls operational definiert. Aufgrund der Vielzahl von Kombinationsmöglichkeiten verbleibt nur der Rückgriff auf heuristische Prinzipien, da ein Durchmustern aller Kombinationen nicht möglich oder zweckmäßig ist.[3] Zur Simulationsmethodik zählt ULRICH weiterhin *Simulationsexperimente*, die sich vornehmlich mit dem dynamischen Aspekt operational definierter Probleme befassen.[4] Auch der Bereich der Simulationsmethodik ist in diesem Kontext irrelevant. Das vornehmliche Interesse gilt den intuitiven und dis-

---

1) Siehe Punkt B.I.4.1.
2) Vgl. Pfohl/Problemlösungstechnik/1921.
3) Vgl. Pfohl/Problemlösungstechnik/1921. Zum GPS vgl. etwa Newell/Programming; Newell, Shaw, Simon/Report sowie Newell, Simon/Problem.
4) Zu System Dynamics vgl. Forrester/Grundzüge.

kursiven inexakten Heuristiken, die - zusammen mit den programmierbaren analytischen Methoden - der Generierungs- bzw. Strukturierungsphase des ISM-Prozesses zuzuordnen sind.

Heuristische Methoden setzen sich i. d. R. aus mehreren heuristischen Prinzipien[1)] zusammen.[2)] Ein großer Teil dieser Prinzipien kann als angeboren (Instinkt, Reflex) oder passiv erworben (Nachahmung) betrachtet werden.[3)] Zu den bekanntesten Prinzipien gehören die Auflistung, die häufig auch als Dekompositionsprinzip bezeichnet wird,[4)] die Kombination, die Abstraktion und die freie Assoziation.[5)] Auf die ersten drei Prinzipien greift auch die ISM-Technik zurück.

Die Unterscheidung intuitiver sowie diskursiver inexakter Heuristiken geht auf KANT zurück und basiert auf verschiedenen kognitiven Aktivitäten.[6)] Als diskursives Denken bezeichnet KANT das begriffliche, "rationale" Denken, das von einem Gedanken zum anderen systematisch fortschreitet. Hiervon grenzt er das anschaulich-intuitive Denken ab.[7)] Die dis-

---

1) Feigenbaum, Feldman unterscheiden zwischen "spezial-purpose" bzw. "general-purpose heuristics" in Abhängigkeit davon, ob ihre Anwendung einer bestimmten Problemklasse zuzuordnen ist oder nicht. Im konkreten Fall werden beide zumeist in Kombination angewendet. Vgl. Feigenbaum, Feldman/Computers/6.
2) Vgl. Pfohl/Entscheidungsfindung/203. Zu unterschiedlichen Definitionsversuchen heuristischer Methoden bzw. Prinzipien vgl. etwa Miller, Starr/Structure/52; Feigenbaum, Feldman/Computers/6; Cyert, Welsch/Management/199; Kühn, Hamburger/Program/229; Newell, Shaw, Simon/Process/78; Gore/Making/28 sowie Berg/Entscheidungsprozesse/123.
3) Vgl. Franke/Lösen/41.
4) Vgl. Pfohl/Entscheidungsfindung/203 sowie Zahn/Planung/193.
5) Vgl. Pfohl/Entscheidungsfindung/207 f. sowie Schlicksupp/Ideenfindung/17.
6) Vgl. Kant/Kritik.
7) Siehe hierzu die verschiedenen kognitiven Stile in Punkt E.I.3.1.2.3.

kursiven Methoden sind erst bei der Behandlung der Strukturierungsphase im nächsten Punkt von Interesse.

Liegt ein schlecht-strukturiertes, komplexes Problem vor, so gilt es, die Problemdefinition zu vervollständigen. Hierbei müssen zunächst die fehlenden Informationen zusammengetragen werden. Dies entspricht einem k r e a t i v e n D e n k a k t.[1] Handelt es sich demgegenüber um ein wohl-strukturiertes Problem, so überwiegt der Anteil diskursiven Denkens gegenüber kreativen (intuitiven) kognitiven Prozessen.[2]

Der K r e a t i v i t ä t s b e g r i f f läßt sich zum einen als i n d i v i d u e l l e E i g e n s c h a f t, neue Ideen zu generieren, und zum anderen, in enger Verknüpfung hierzu, als P r o d u k t k r e a t i v e r P r o z e s s e [3] interpretieren.[4]

Die gestaltpsychologie Forschung[5] führte zu dem Ergebnis, daß jedes Individuum über angeborene kreative Fähigkeiten verfügt, die jedoch durch Erziehung und/oder Aus-

---

1) Vgl. Schlicksupp/Ideenfindung/20 f.
2) Vgl. Schlicksupp/Ideenfindung/140 ff. Dies entspricht dem situativen Ansatz, wonach kreative Fähigkeiten nicht bei allen Problemtypen in gleichem Maße beansprucht werden.
3) Zu verschiedenen Phasenschemata des Prozesses kreativen Denkens vgl. etwa Marr/Innovation/73 ff., Warfield/Systems/64 f.; VanGundy/Techniques/5 ff. sowie Pfeiffer, Staudt/Element/862 ff.
4) Zu anderen Begriffsbestimmungen vgl. Szyperski, Winand/Grundbegriffe/64. Zu einer Auflistung verschiedener Definitionen der Kreativität vgl. Schlicksupp/Ideenfindung/138 ff.
5) Erste Ansatzpunkte einer Beschäftigung mit dem Phänomen der individuellen Kreativität weisen die Arbeiten der Gestaltpsychologen, vor allem von M. Wertheimer, auf. Aber erst die Untersuchungen Guilfords brachten neue Erkenntnisse über Charakteristika kreativer Individuen. Er isolierte zwei Dimensionen intellektueller Begabung: konvergentes (diskursives) und divergentes (kreatives) Denken. Vgl. Marr/Innovation/81 sowie Guilford/Persönlichkeit/354. Im Rahmen des kognititiven Stils als Einflußfaktor bei der Bildung mentaler Modelle geht Punkt B.I.3.1.2.3 auf diese beiden Denkprinzipien näher ein.

bildung entwickelt oder blockiert werden können.[1] Kreative Leistungen setzen die (Re-)Aktivierung dieser kreativen Potentiale voraus.

I n d i v i d u e l l e K r e a t i v i t ä t[2] wird zum einen durch p e r s ö n l i c h e M e r k m a l e des Individuum bestimmt, zum anderen durch s i t u a t i o n s a b h ä n g i g e E i n f l u ß f a k t o r e n.[3] Zur ersten Gruppe zählen etwa die Wahrnehmungsfähigkeit für Probleme, die Spontaneität der Ideenbildung sowie die Beweglichkeit und Originalität des Denkens. Gegenüber diesen endogenen, relativ stabilen Merkmalen lassen sich die exogenen, starken Schwankungen unterworfenen, intellektbezogenen und motivationsbezogenen situativen Bestimmungsgrößen abgrenzen.[4] Intellektuelle Faktoren beziehen sich auf Umfang, Art und Reihenfolge der aufgenommenen Informationen, motivationale Einflußgrößen auf Ausmaß und Richtung der motivierenden Faktoren.[5]

Möglichkeiten zur (Re)Aktivierung kreativer Potentiale orientieren sich zweckmäßgerweise an den situativen Bestimmungsgrößen. Unterschiedliche Bedingungen bzw. Kombinationen von Bedingungen werden dabei zu sogenannten "Kreativitätstechniken" zusammengestellt.[6] Derartige k r e a t i v i t ä t s f ö r d e r n d e B e d i n g u n g e n

---

1) Vgl. Heinen/Problemlösungsprozesse/12 f. sowie Schlicksupp/Ideenfindung/142.
2) Kreativität ist keine punktuelle Eigenschaft im Sinne einer Ja/Nein-Zuordnung, sondern unterliegt graduellen Abstufungen. Diese reichen von Adaption (Neues sehen) als "subjektiver" Kreativität bis zur Kreativität i. e. S. (Neues entdecken) als "objektiver" Kreativität. Vgl. etwa Brauchlin/Problemlösungsmethodik/285.
3) Zu diesen beiden Gruppen vgl. Marr/Innovation/81 ff.
4) Vgl. Marr/Innovation/82 ff. sowie Brauchlin/Problemlösungsmethodik/287.
5) Vgl. Marr/Innovation/89 ff.
6) Zur Behandlung einer Vielzahl von Kreativitätstechniken vgl. etwa Franke/Lösen/125 ff.; Meyer zur Heyde/Problemlösungsprozesse/185 ff.; Pfohl/Entscheidungsfindung/120 ff.; Schlicksupp/Ideenfindung/67 ff. sowie Zwicky/Denken.

sind etwa das Ausschalten von Autoritätsfurcht, Konformitätsdruck und Informationssperren.[1] Diese aus der Gestaltpsychologie stammenden Überlegungen wurden von der Assoziationspsychologie um zwei weitere Aspekte ergänzt: Zum einen haben sich verschiedene Formen von Analogiebildung als kreativitätsfördernd erwiesen; zum anderen trägt eine Gruppenorientierung zur Steigerung kreativer Elemente bei.[2]

Dem letzten Merkmal entsprechend sind alle Kreativitätstechniken - tendenziell - als Gruppentechniken konzipiert. Hierbei gilt es jedoch zu unterscheiden, ob sie sich bei der Ideengenerierung der Nutzung gruppendynamischer Funktionalitäten - und damit auch der Einbeziehung gruppendynamischer Dysfunktionalitäten - bedienen oder nicht.[3] Aus dem Bereich der ersten Gruppe kommt das "Brainstorming" [4] in der ISM-Generierungsphase zur Anwendung. Durch die Forderung nach Kritikverbot sollen Autoritätsfurcht, Konformitätsdruck und Informationssperren bei der Ideengenerierung ausgeschaltet werden. Auch das Überarbeiten der generierten Elementmenge, d.h. inhaltliche Interpretation unklarer Elemente, Eliminieren einzelner oder doppelter Elemente sowie Zusammenfassen von Elementen, geschieht durch die Gruppe.

Anders ist die Vorgehensweise bei den nicht gruppendynamisch orientierten Kreativitätstechniken. ISM bedient sich hierbei der Techniken "Brainwriting"[5] sowie

---

1) Siehe hierzu auch Punkt E.I.4.2.2.
2) Vgl. Pfeiffer, Staudt/Element/85 ff. sowie Schlicksupp/Ideenfindung/144.
3) Vgl. Ulrich/Einführung/252. Auf gruppendynamische Funktionalitäten und Dysfunktionalitäten im Rahmen der ISM-Technik geht Punkt E.I.4.2 ein.
4) Bereits im Jahr 1939 arbeitete Osborn an den Grundlagen dieser Technik. Vgl. Osborn/Imagination; Osborn/Think; Osborn/Mind; Lendaris/Tools/A-8 f.; Thissen, Sage, Warfield/Users/23 ff. sowie Pfohl/Entscheidungsfindung/252.
5) Vgl. Warfield/Modeling/I-5a; Lendaris/Tools/A-11 f. sowie Thissen, Sage, Warfield/Users/14 ff.

"N o m i n a l G r o u p T e c h n i q u e"[1]. Im Gegensatz zum Brainstorming erfolgt das Ideengenerieren bei diesen Techniken nicht mündlich, sondern schriftlich. Hierdurch soll einer ungleichen verbalen Partizipation der Gruppenmitglieder entgegengewirkt werden.[2] Als Spezialformen des Brainwriting finden sich in der Literatur vielfach die "M e t h o d e 6 3 5"[3] sowie der "B r a i n - w r i t i n g P o o l"[4]. Während im ersten Fall die systematische Weitergabe der produzierten Ideen an den linken Nachbarn erfolgt, werden die schriftlich fixierten Gedanken im zweiten Fall jeweils wieder in der Tischmitte gesammelt, von wo sich jeder Teilnehmer willkürlich, d. h. zufallsgesteuert bedient. Das Überarbeiten der Elementmenge erfolgt durch die Gruppe.

Wird im Rahmen von ISM die Nominal Group Technique verwendet, so kommt im Namen der Methode bereits zum Ausdruck, daß es sich bei der Ideengenerierung nicht um einen Gruppenprozeß im eigentlichen Sinne handelt. Alle Teilnehmer stellen parallel und unabhängig voneinander ihre Ideen zusammen, die im Anschluß reihum editiert werden. An die gruppengestützte inhaltliche Interpretation kann sich eine Elementreduzierung durch individuelle Bildung von Rangordnungen und deren Kombination anschließen.

Alle anderen intuitiven Methoden lassen sich aufgrund des spezifischen Problemtyps im Rahmen der ISM-Generierungsphase nicht anwenden und sollen daher unberücksichtigt bleiben.

Der Vollständigkeit halber sei erwähnt, daß neben der Anwendung inuitiver inexakter Heuristiken die Elementgene-

---

1) Vgl. Thissen, Sage, Warfield/Users/41 ff.; Lendaris/Tools/A-9 ff.; Delbecq, van de Ven, Gustafson/Group sowie Warfield/Modeling/I-5a.
2) Vgl. Warfield/Systems/75 f.
3) Diese Methode geht auf Rohrbach zurück. Vgl. Rohrbach/Regeln; Lendaris/Tools/A-11; Brauchlin/Problemlösungsmethodik/312 sowie Pfohl/Entscheidungsfindung/252.
4) Vgl. Lendaris/Tools/A-11 f.

rierung auch durch entsprechende L i t e r a t u r a u s - w e r t u n g erfolgen kann. Da diese Alternative wenig effizient, nicht auf die spezifischen Belange des jeweiligen Problems zugeschnitten erscheint und entsprechend selten eingesetzt wird, soll sie nicht weiter behandelt werden.

3.3 Anwendung heuristischer und algorithmischer Methoden in der Strukturierungsphase

Die Elementgenerierung bildet lediglich die Vorstufe zur Strukturierung der Elementmenge. Während ISM innerhalb der Generierungsphase auf die oben beschriebenen Kreativitätstechniken Bezug nimmt, wurde für die Strukturierungsphase ein eigener Prozeß entwickelt, den man als ISM-Technik i. e. S. bezeichnen kann.[1)]

Die algorithmische Komponente, die zum einen aus den Implikationen der Transitivitätsbedingung und zum anderen aus dem Modell-Austausch-Isomorphismus des Umformens einer Matrix in einen Digraphen besteht, ermöglicht eine Computerunterstützung im Sinne einer a n a l y t i s c h e n M e t h o d e. Der Problemexperte erfährt hierdurch bei der d i s k u r s i v e n[2)] P r o b l e m s t r u k t u r i e r u n g eine wesentliche Entlastung. Die Problematik eines systematischen, konsistenten Vorgehens wird dem Computer übertragen. Der Mensch kann sich auf die inhaltlichen Problemaspekte konzentrieren. Die Bedeutung des Problemexperten in der Strukturierungsphase behandelt Punkt E.I. Auf die algorithmischen Aspekte geht der nächste Punkt ein.

---

1) Damit enthält die ISM-Technik sowohl das intuitive als auch das komplementäre diskursive Element. Vgl. Pfohl/Entscheidungsfindung/42 f.
2) Zu diskursiven Methoden vgl. u. a. Schlicksupp/Ideenfindung/17 ff. sowie Pfeiffer, Staudt/Element/857 ff.

D. MATHEMATISCHE KOMPONENTE DER ISM-TECHNIK

Es wurde bereits angedeutet, daß der mathematischen Komponente der ISM-Technik in der Literatur überdurchschnittliche Aufmerksamkeit zukommt. Dies ist zum einen durch die chronologische Entwicklung von ISM bedingt, die in der mathematischen Komponente ihren Anfang nahm. Die umfassende Erörterung der ISM-Algorithmen ist jedoch auch der Auffassung zuzuschreiben, daß es wesentlich unproblematischer erscheint, sich im "wohl-strukturierten" Kontext der Mathematik zu bewegen, als im "schlecht-strukturierten" Kontext der computertechnischen und insbesondere der sozialpsychologischen Komponente von ISM. Dieser Reduzierung der ISM-Technik auf den algorithmischen Aspekt möchte die hier vorliegende Untersuchung durch die Entwicklung einer Gesamtkonzeption der ISM-Technik begegnen: Ihrer Bedeutung entsprechend werden auch die beiden anderen Komponenten sowie das Objekt der ISM-Technik, das schlecht-strukturierte Problem, umfassend behandelt.

Kapitel D setzt einige - wenige - allgemeine mathematische Grundkenntnisse voraus. In Punkt D.I werden jedoch aus Gründen der Verständlichkeit alle ISM-spezifischen mathematischen Grundlagen, die zum Interpretieren der ISM-Grundannahmen (Punkt D.II) und zum Verstehen des Modell-Austausch-Isomorphismus (MAI) der ISM-Technik (Punkt D.III) notwendig erscheinen, behandelt.

Der Intention dieser Arbeit entsprechend wird auf eine ausführliche formal-mathematische Darstellung der MAI-Algorithmen verzichtet. Sie werden stattdessen verbal beschrieben. Diese Vorgehensweise erscheint auch unter dem Aspekt der Verständlichkeit keineswegs unangemessen, da es mit Hilfe einer verbalen Präsentation auf einfachere Weise möglich ist, den Zweck und Zusammenhang der einzelnen MAI-Phasen bzw. -Subphasen zu verdeutlichen. Formal-mathematisch orientierte Leser seien auf die Publikationen Warfield/ Systems; Harary, Norman, Cartwright/Models sowie Szyperski, Eul-Bischoff/ISM hingewiesen, die die entsprechenden Algorithmen ausführlichst behandeln.

I. MATHEMATISCHE GRUNDLAGEN DER ISM-TECHNIK

Die ISM-Technik dient zum Entwickeln hierarchischer Strukturen schlecht-strukturierter, komplexer Probleme. Das Visualisieren derartiger Strukturen geschieht mit Hilfe gerichteter Graphen oder Digraphen.[1] Neben dem Vorteil der Anschaulichkeit[2] verfügen Digraphen bzw. die Digraphentheorie über weitere positive Effekte:

(1) Die präzise Bedeutung der formalen Terminologie der Digraphentheorie erleichtert eine angemessene Abbildung empirischer Strukturen.[3]

(2) Zur Entwicklung eines Digraphen werden nur geringe Ansprüche an den Exaktheitsgrad der Inputinformationen gestellt. Durch diese Prämisse wird die Vagheit des zu behandelnden Problems angemessen berücksichtigt.[4]

(3) Aufgrund der Axiome der Digraphentheorie ist es zum einen möglich, den Experten über die Transitivitätsbedingung kognitiv zu entlasten. Zum anderen implizieren diese Axiome die Äquivalenz von Digraphen und (spezifischen) Matrizen. Dieses Gedankens bedient sich

---

1) Das Kürzel "Digraph" wurde aus dem angloamerikanischen Sprachraum (digraph ≘ directed graph) in die deutsche Terminologie übernommen. Daß dieser Begriff hier in einem weiteren Sinne verstanden wird, soll Punkt D.I.1.3 verdeutlichen.
2) Vgl. Szyperski, Müller-Silva, Eul-Bischoff/Strukturmodellierung/38.
3) Vgl. Harary, Norman, Cartwright/Models/3 sowie Norberg, Johnson/Structure/282.
4) Vgl. Szyperski, Müller-Silva, Eul-Bischoff/Strukturmodellierung/38 f. Zu diesen "soft data" siehe auch Punkt C.I.3. Der geringere Informationsgrad der Theorie ungerichteter Graphen, bei der lediglich die Existenz einer Beziehung zwischen zwei Elementen von Interesse ist, nicht jedoch ihre Richtung, ist für die ISM-Technik, die auf das Entwickeln hierarchischer, d. h. gerichteter Strukturmodelle abzielt, nicht ausreichend. Zu dieser Unterscheidung siehe auch Punkt D.I.1.

der MAI, indem er über die computergestützte "Umwegproduktion" einer wenig anschaulichen Matrix zum für den Experten verständlicheren Digraphenmodell gelangt.[1)]

Die ISM-Technik inkorporiert bei der Erstellung von Digraphen nicht nur Teilbereiche der Matrizentheorie, sondern auch der Mengenlehre, der Kombinatorik, der mathematischen Logik und der modernen Algebra.[2)] Die nachfolgenden Ausführungen werden das Zusammenwirken dieser Gebiete verdeutlichen.

---

1) Vgl. Harary, Norman, Cartwright/Models/3 f.; Norberg, Johnson/Structure/282 f. sowie Warfield/Probing/1-4 f.
2) Vgl. Warfield/Probing/1-5. Zu einer Chronologie aller Paradigmen, die die ISM-Technik maßgeblich beeinflußt haben, vgl. Warfield/Modeling/I-5c.

1. Digraphen als irreflexive Relationen

Will man sich dem Konzept des Digraphen nähern, so geschieht dies zweckmäßigerweise über eine Herleitung aus den umfassenderen Konzepten "N e t z e" und "R e l a t i o n e n".

1.1 Netze

Basis der Netz-, Relationen- und Digraphentheorie bilden vier grundlegende Bausteine:[1)]

(1) Eine Menge[2)] M von Elementen genannt "Knoten" p_i
(2) Eine Menge R von Elementen genannt "Kanten" r_i
(3) Eine Funktion f mit dem Definitionsbereich R und dem Wertebereich M
(4) Eine Funktion s mit dem Definitionsbereich R und dem Wertebereich M.

Die Elementmenge M enthält die P r o b l e m e l e m e n t e, die generiert worden sind und nun einer Strukturie-

---

1) Vgl. Harary, Norman, Cartwright/Models/4 ff.; Farris/System/76 ff. sowie Sage/Methodology/93 ff.

2) Bei den hier zugrunde gelegten sog. "w o h l - d e f i n i e r t e n" Mengen läßt sich eindeutig ermitteln, ob ein spezielles Element Bestandteil oder nicht Bestandteil diese Menge ist. (Dieser mathematische Begriff der Wohl-Definiertheit ist nicht zu verwechseln mit dem der wohl-definierten Probleme bzw. Situationen). Wohl-defininierten Mengen lassen sich die sog. " f u z z y s e t s" gegenüberstellen, bei denen graduelle Unterschiede der Zugehörigkeit der Elemente zur Menge existieren. Der Zugehörigkeitsgrad läßt sich über eine Skala von 0 bis 1 quantifizieren. Wohl-definierten Mengen entsprechen ausschließlich Elemente mit dem Gewicht 1. Zur Theorie unscharfer Mengen, die auf Zadek zurückgeht, vgl. etwa Zimmermann/Entscheidungen; Zimmermann/Sets sowie Ragade/Fuzzy. ISM basiert auf der Theorie wohl-definierter Mengen. Lediglich im Rahmen der Zyklenbearbeituhng ist es möglich, den Relationen, nicht den Elementen, Gewichte zuzuordnen. Siehe Punkt D.I.2.4.2.

rung bedürfen. Die Elementmenge R umfaßt die gerichteten Linien oder K a n t e n, die die Struktur implizieren.[1)]

Die Funktionen f und s dienen, da es sich um g e r i c h t e t e Beziehungen zwischen den Problemelementen handelt, zur Identifikation des "ersten" und "zweiten" Knotens jeder Kante. Es werden also ausschließlich Paarbeziehungen ermittelt.[2)]

Ein einfaches Netz zeigt Abb. 22. Die Kante r_1 führt vom Knoten p_1 zum Knoten p_2.

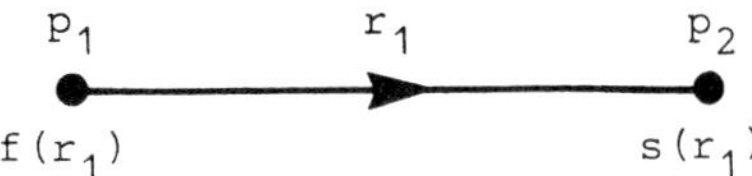

Abb. 22: Einfaches Netz

Diese vier Bausteine werden im Rahmen der Netztheorie um zwei wenig restriktive, grundlegende Annahmen ergänzt:[3)]

(1) Die Menge aller Knoten M ist endlich und nicht leer.
(2) Die Menge aller Kanten R ist endlich.

Gemäß dieser Annahmen kann ein Netz auch aus isolierten Knoten ohne Kanten bestehen.[4)]

---

1) Es sei darauf hingewiesen, daß die in den vorangegangenen und nachfolgenden Kapiteln diskutierte "Elementgenerierung" sich stets auf die Menge M bezog, nicht auf die Menge R.
2) Zur Bedeutung dieser Restriktion nimmt Punkt D.II.2.1 Stellung.
3) Vgl. Harary, Norman, Cartwright/Models/5; Farris/System/77 sowie Sage/Methodology/93.
4) Siehe Punkt D.I.1.3.1.

Zwei spezifische Kantentypen sind von besonderem Interesse (vgl. Abb. 23):

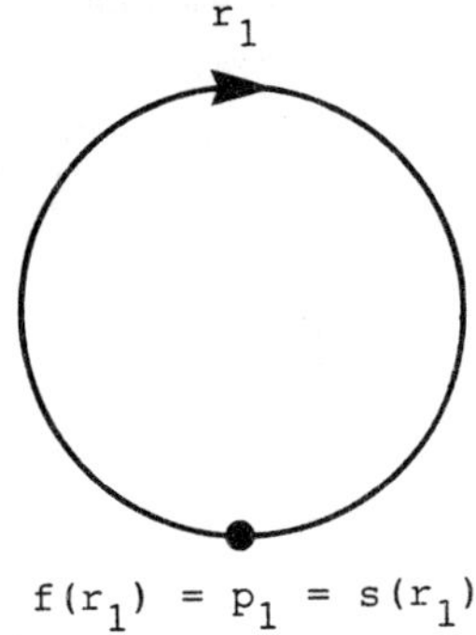

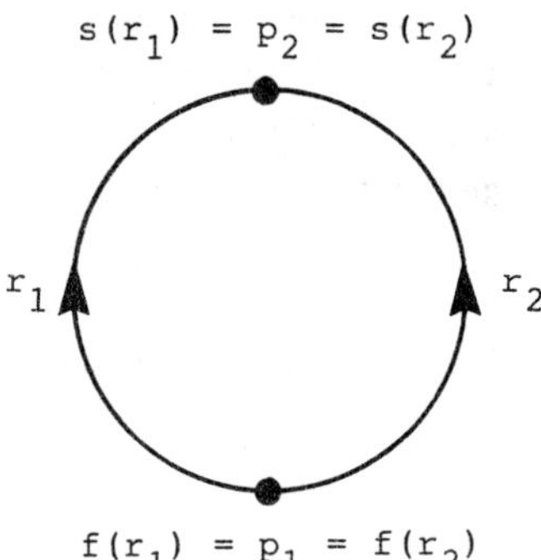

Abb. 23: a) Schleife b) parallele Kanten

(a) Eine Kante r_i wird S c h l e i f e (loop)[1] genannt, wenn ihr erster und ihr zweiter Knoten identisch sind: $f(r_i) = s(r_i)$.

(b) Zwei Kanten werden als p a r a l l e l bezeichnet, wenn ihre ersten und zweiten Knoten sich jeweils entsprechen: $f(r_i) = f(r_j)$ und $s(r_i) = s(r_j)$.

---

1) Nicht allen anglo-amerikanischen mathematischen Termini läßt sich eindeutig ein entsprechender deutscher Begriff zuordnen. (In diesen Fällen wird die Originalbezeichnung in Klammern hinzugefügt). Dies erscheint nicht verwunderlich, da bereits im anglo-amerikanischen Sprachraum im Bereich der SM ein "heilloses Terminologiedurcheinander" (sowohl Synonyme als auch Äquivokationen) herrscht. Besonders deutlich wird dieses Defizit beim Gebrauch der Begriffe "loop" und "cycle", die zudem oft undefiniert verwendet werden. Vgl. etwa Harary, Norman, Cartwright/Models/9; Linstone/Use 1/8 sowie Roberts/Mathematical/26. Dieser Arbeit liegt die Terminologie von Warfield, der sich auf Harary, Norman, Cartwright bezieht, zugrunde. Die Mehrzahl der ISM-Autoren hat diese Terminologie übernommen.

Das Beispiel eines komplizierten Netzes gibt Abb. 24:

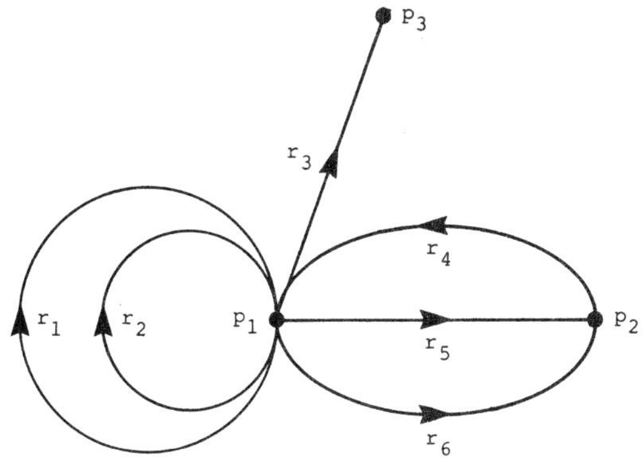

Abb. 24: Netz mit Schleifen und Parallelen

r_1 und r_2 sind Schleifen; darüber hinaus sind r_1 und r_2 parallel zueinander. r_5 und r_6 sind ebenfalls parallele Kanten.

1.2 Relationen

Fügt man den beiden Annahmen der Netztheorie eine dritte hinzu, so gelangt man zum Begriff der Relation:[1)]

(3) Es existieren keine parallelen Kanten.

Gemäß dieser Annahme entspricht eine Relation einem Netz ohne Parallelen.[2)] Jede Relation ist daher gleichzeitig auch ein Netz; nicht jedes Netz ist jedoch eine Relation.

---

1) Vgl. Harary, Norman, Cartwright/Models/6; Farris/System/80 sowie Sage/Methodology/94.

2) Entsprechend der Terminologie von Sage/Methodology/94 ff. wird der Begriff "Relation" hier sowohl für den Spezialfall eines Netzes ohne Parallelen als auch für den Aspekt der Struktur, der durch jede Kante zum Ausdruck gebracht wird, verwendet.

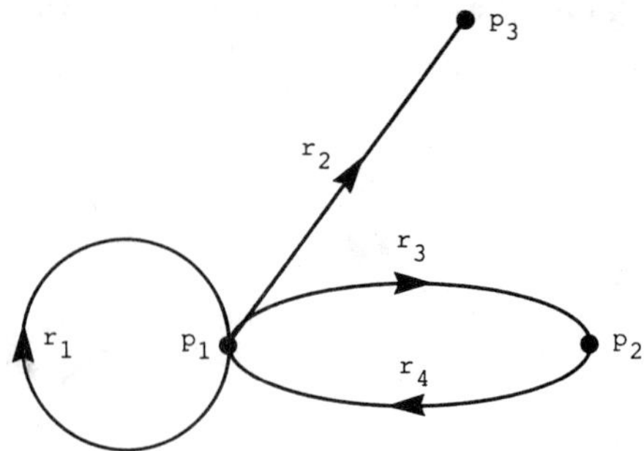

Abb. 25: Relation

Abb. 24 zeigt ein Netz, das keine Relation ist. Abb. 25 stellt ein Netz dar, dem gleichzeitig die Eigenschaft der Relation zukommt.

Aus den vier Bausteinen der Netztheorie wurde deutlich, daß sich Netze aus geordneten, d. h. mit einer Richtung versehenen Paarbeziehungen zusammensetzen. Schließt man nun, gemäß der Relationseigenschaft, parallele Kanten aus der Betrachtung aus, so wird es möglich, Relationen in das umfassendere Konzept des *kartesischen Produktes* einzuordnen.[1)] "Die Menge aller geordneten Paare (a, b) von Elementen zweier Mengen A und B ($a \in A$, $b \in B$) heißt das kartesische Produkt A x B der beiden Mengen A und B: $A \times B = \{(a, b) \mid a \in A, b \in B\}$."[2)]

Im Falle der ISM-Anwendung sind beide Mengen identisch[3)] und entsprechen der Menge M der Knoten.

Dieses kartesische Produkt läßt sich auch auf nichtmathematische Weise in der natürlichen Sprache zum Ausdruck bringen, z. B. durch den Teilsatz: "wichtiger als". WALLER spricht von einer "*Kontext-Relation*".[4)]

---

1) Vgl. Warfield/Systems/214 sowie Waller/Management/100.
2) Meschkowski/Einführung/48.
3) Dies wird durch die Definition nicht ausgeschlossen.
4) Waller/Relations/143 ff. sowie Fertig, Warfield/Relations.

Im Verlauf des ISM-Prozesses interpretiert der Experte mit Hilfe des Computers diese Kontext-Relation als *mathematische Relation*, d. h. er selektiert aus der Menge *aller* geordneten Paare der Problemelemente *diejenigen* Kombinationen, die die Kontext-Relation erfüllen: Der Experte bestimmt in einem binären Abfrageprozeß (entlastet durch die computergestützt realisierte Transitivitätsbedingung) für jedes Elementpaar, im Sinne einer Ja(1)- oder Nein(0)-Antwort, ob es die Kontext-Relation erfüllt oder nicht. Die (mathematische) Relation entspricht daher einer Teilmenge des kartesischen Produktes.[1]

Für die Diskussion von Digraphen ist es notwendig, die Eigenschaften von Kontext-Relationen[2] zu definieren. Hierbei bringt die Bezeichnung $p_i R p_j$ zum Ausdruck, daß der Knoten p_i durch die Relation R mit dem Knoten p_j verbunden ist; $p_i \bar{R} p_j$ bedeutet, daß p_i nicht durch R mit p_j verbunden ist.[3]

Die Eigenschaften von Kontext-Relationen lassen sich drei Klassen zuordnen. Eine Relation ist durch die spezifische Ausprägung jeder der drei Klassen gekennzeichnet:[4]

---

1) Vgl. Waller/Relations/143 sowie Warfield/Systems/216.
2) Zum Auftreten von Unstimmigkeiten beim Gebrauch von ISM, wobei die aus der Syntax der Kontext-Relation deduzierten logischen Eigenschaften nicht mit denen der mathematischen Relation übereinstimmen, sowie zu einem diesbezüglichen Lösungsvorschlag vgl. Waller/Relations.
3) Vgl. Harary, Norman, Cartwright/Models/7.
4) Vgl. zu den nachfolgenden Ausführungen Waller/Relations/143 f. Gilt für die Kontext-Relation die Ausprägung (c), d. h. die Meso-Eigenschaft, so kann die mathematische Relation im Einzelfall neben der Ausprägung (c) auch entweder die Ausprägung (a) oder (b) annehmen.

(1) Reflexivitätseigenschaft

(a) Eine Relation R heißt r e f l e x i v, wenn sich jeder Knoten p_i auf einer Schleife befindet:

$$\forall_{p_i \in M} \quad (p_i R p_i).$$

(b) Eine Relation R heißt i r r e f l e x i v, wenn sich kein Knoten p_i auf einer Schleife befindet:

$$\forall_{p_i \in M} \quad (p_i \bar{R} p_i).$$

(c) Eine Relation R heißt m e s o r e f l e x i v,[1] wenn sich ein Knoten p_i entweder auf einer Schleife oder nicht auf einer Schleife befindet.

(2) Symmetrieeigenschaft

(a) Eine Relation R heißt s y m m e t r i s c h, wenn $p_i R p_j$ impliziert $p_j R p_i$:

$$\forall_{p_i, p_j \in M} \quad (p_i R p_j \Rightarrow p_j R p_i).$$

(b) Eine Relation R heißt a s y m e t r i s c h, wenn $p_i R p_j$ impliziert $p_j \bar{R} p_i$:

$$\forall_{\substack{p_i, p_j \in M \\ p_i \neq p_j}} \quad (p_i R p_j \Rightarrow p_j \bar{R} p_i).$$

(c) Eine Relation R heißt m e s o s y m m e t r i s c h, wenn $p_i R p_j$ entweder impliziert $p_j R p_i$ oder $p_j \bar{R} p_i$.

---

1) Die bisweilen in der Literatur benutzte Vorsilbe "non" statt "meso" wird als irreführend betrachtet und hier nicht verwendet. Eine Reihe von Autoren bezieht die Ausprägungsform "meso" gar nicht in ihre Überlegungen ein, nennt also in jeder Klasse nur zwei Möglichkeiten von Eigenschaften. So etwa Warfield/Systems/216; Harary, Norman, Cartwright/Models/7 f.; Farris/System/79 sowie Sage/Methodology/94 f.

(3) Transitivitätseigenschaft

(a) Eine Relation R heißt t r a n s i t i v, wenn p_iRp_j und p_jRp_k impliziert p_iRp_k:

$$\forall_{p_i, p_j, p_k \in M} (p_iRp_j \wedge p_jRp_k \Rightarrow p_iRp_k).$$

(b) Eine Relation R heißt i n t r a n s i t i v, wenn p_iRp_j und p_jRp_k impliziert $p_i\bar{R}p_k$:

$$\forall_{\substack{p_i, p_j, p_k \in M \\ p_i \neq p_j \neq p_k}} (p_iRp_j \wedge p_jRp_k \Rightarrow p_i\bar{R}p_k).$$

(c) Eine Relation R heißt m e s o t r a n s i t i v, wenn p_iRp_j und p_jRp_k entweder impliziert p_iRp_k oder $p_i\bar{R}p_k$.

1.3 Digraphen

Ergänzt man die bislang genannten drei Annahmen um eine vierte, so gelangt man zur Definition eines D i g r a - p h e n:[1)]

(4) Es existieren keine Schleifen.

Ein Digraph ist ein N e t z o h n e P a r a l l e l e n u n d S c h l e i f e n, bzw. eine R e l a t i o n o h - n e S c h l e i f e n.

Betrachtet man die drei Klassen der Eigenschaften von Relationen, so ist ein Digraph bezüglich der ersten Gruppe eindeutig definiert: Er ist die (geometrische) Darstellung einer i r r e f l e x i v e n Relation.[2)]

---

1) Vgl. Harary, Norman, Cartwright/Models/9; Sage/Methodology/95; Farris/System/80 sowie Warfield/Matrices/444 f.
2) Vgl. Waller/Synthesis/660.

Im Rahmen der zweiten Eigenschaftsgruppe sind die Prämissen der ISM-Technik weniger restriktiv. Handelt es sich um eine a s y m m e t r i s c h e Relation, so entspricht dies der Definition einer Hierarchie i. e. S.: Es existieren keine Relationen von Elementen übergeordneter Ebenen zu Elementen untergeordneter Ebenen.[1] ISM akzeptiert jedoch auch m e s o s y m m e t r i s c h e Relationen, wodurch der Gedanke des hierarchischen Gefüges partiell erweitert wird: Symmetrische Beziehungen zwischen Elementen d e r s e l b e n Hierarchieebene sind zulässig. Durch diese Interpretation wird die Über-/Unterordnungsbeziehung in der Hierarchie nicht gefährdet.[2] Der in der hier vorliegenden Arbeit verwendete Begriff hierarchischer Strukturen entspricht dieser umfassenderen Begriffsauslegung des Hierarchiekonzeptes.

Der dritten Eigenschaftsklasse, der Transitivitätsbedingungen, kommt in der ISM-Technik eine besondere Bedeutung zu: Durch die Prämisse t r a n s i t i v e r Relationen läßt sich der Abfrageaufwand für den Experten um 50 % bis 80 % reduzieren.[3] Auf die Bedeutung der Transitivitätsbedingunge wird im Rahmen der Grundannahmen der ISM-Technik in Punkt D.II.3 eingegangen. Sie findet darüber hinaus auch im nachfolgenden Punkt Berücksichtigung.

---

1) Vgl. Warfield/Arranging.
2) Vgl. Warfield/Matrices/444 ff. Warfield verwendet für derartige symmetrische Beziehungen den Begriff "f e e d - b a c k". Diese Bezeichnung erscheint wenig zweckmäßig, da sie keine Konformität mit dem Hierarchiekonzept nahelegt, obwohl sie inhaltlich diesem entspricht. In späteren Veröffentlichungen entscheidet sich Warfield (und mit ihm viele seiner Schüler) für den adäquateren Begriff "c y c l e" (Zyklus).
3) Vgl. Watson/Modeling/170.

1.3.1 Ordnungsrelationen

ISM-Digraphen lassen sich unterschiedlichen Typen zuordnen. Um diese zu erläutern, ist es notwendig, neben den bislang genannten drei Klassen eine weitere Eigenschaft von Relationen zu definieren:[1)]

(4) Ordnungseigenschaft

(a) Eine transitive Relation R heißt eine vollständige Ordnung, wenn für alle Paare p_i und p_j entweder p_iRp_j oder p_jRp_i oder beides gilt.

(b) Eine transitive Relation R heißt eine partielle Ordnung, wenn es Paare geben kann, die bezüglich der in (a) angeführten Ordnungsrelation unvergleichbar sind.

Digraphen sind per definitionem irreflexive Relationen. Weiterhin setzt ISM die Transitivitätseigenschaft voraus. Durch ISM entwickelte Digraphen lassen sich daher anhand der spezifischen Ausprägung der Symmetrieeigenschaft und der Ordnungseigenschaft unterscheiden.

WARFIELD beschreibt eine "Hierarchie verschiedener digraphenbasierter Strukturen" (vgl. Abb. 26 sowie Abb. 27 bis 30).[2)]

---

1) Zur Ordnungsrelation vgl. etwa Meschkowski/Begriffswörterbuch/98 und 144; Harary, Norman, Cartwright/Models/8 f.; Farris/System/104 ff.; Warfield/Systems/216 f.; Sage/Methodology/131 f.; Waller/Management/100 f. sowie Jain/Analyses/52 f.
2) Vgl. Warfield/Principles/320.

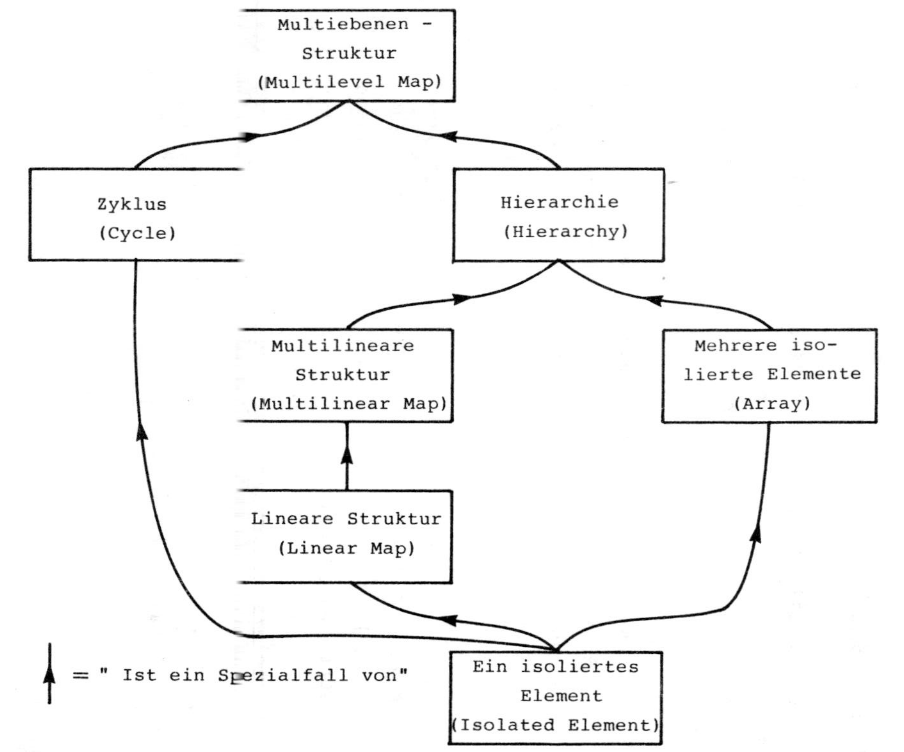

Abb. 26: Hierarchie verschiedener digraphenbasierter Strukturen

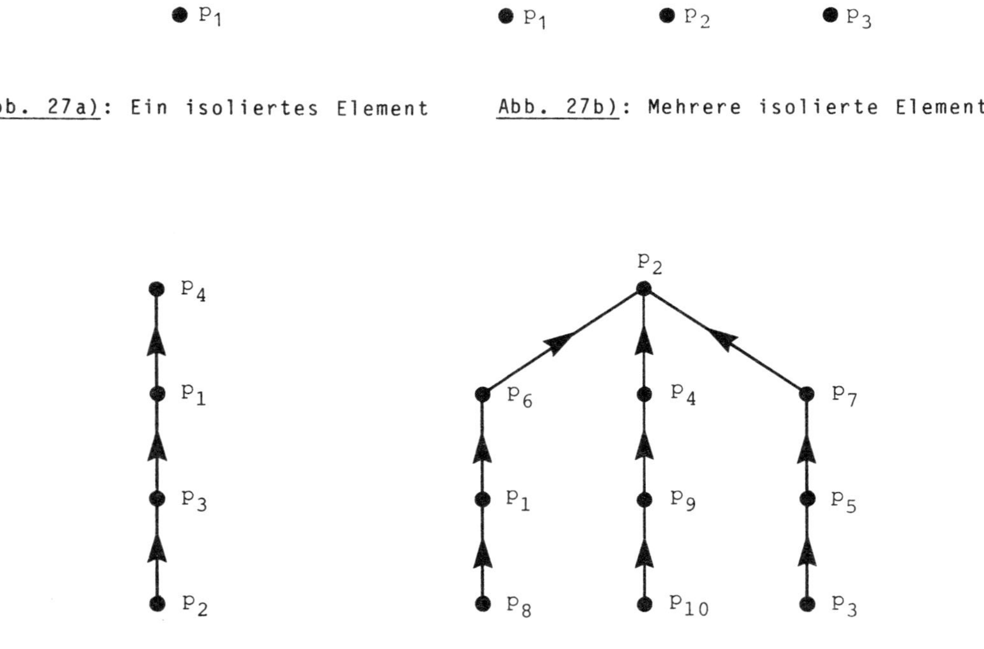

Abb. 27a): Ein isoliertes Element

Abb. 27b): Mehrere isolierte Elemente

Abb. 28a): Lineare Struktur

Abb. 28b): Multilineare Struktur

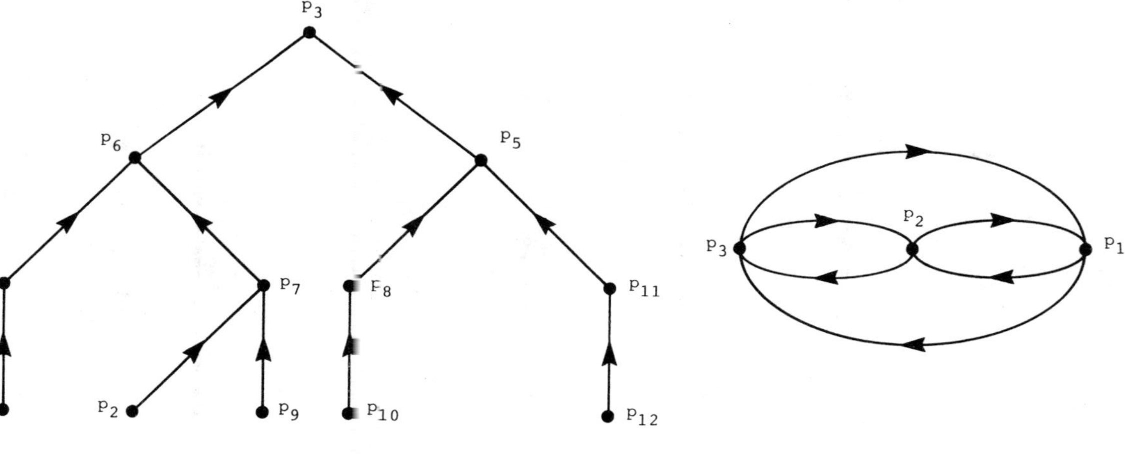

Abb. 29a): Hierarchie

Abb. 29b): Zyklus

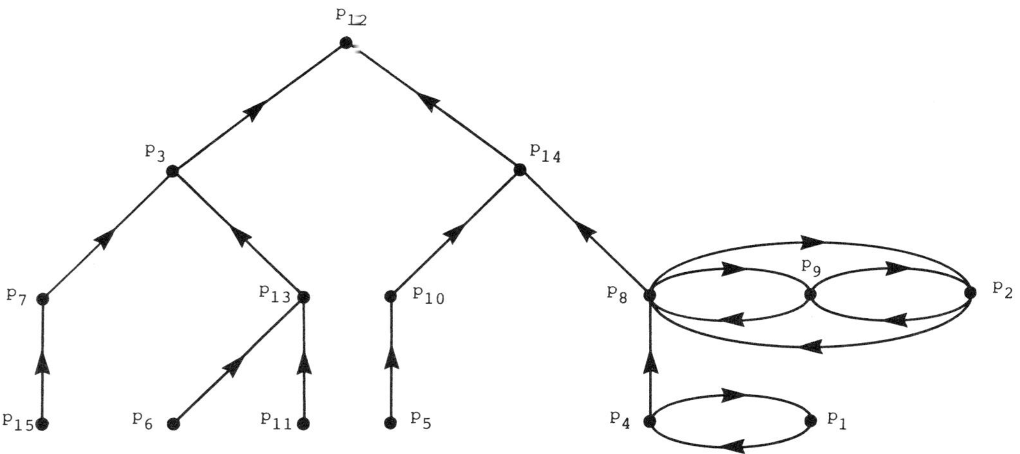

<u>Abb. 30</u>: Multiebenen-Struktur

Die Anforderungen an eine vollständige Ordnungsrelation erfüllen lediglich die lineare Struktur und der Zyklus.[1] Alle anderen Digraphen-Typen gehören der Klasse der partiellen Ordnungsrelationen an. Mit Ausnahme des Zyklus und der Multiebenen-Struktur handelt es sich stets um asymmetrische Relationen. Zyklen bilden symmetrische Beziehungen ab, während Multiebenen-Strukturen die Eigenschaft der Mesosymmetrie aufweisen.[2]

Die vier Digraphen-Typen, die als Spezialfall einer Hierarchie anzusehen sind (vgl. Abb. 27 und 28), haben im Rahmen der ISM-Technik nur untergeordnete Bedeutung. Sie sind der Komplexität des zu strukturierenden Problems nicht angemessen. Erst Hierarchien, zumeist in Verbindung mit Zyklen, bilden die Problemstruktur adäquat ab. Diese These wird durch fast alle dokumentierten ISM-Anwendungen bestätigt.[3]

Eine Teilmenge des Hierarchiekonzeptes sind B a u m s t r u k t u r e n. Will man vom Typ einer Hierarchie bzw. eines Baumes zum umfassendsten Digraphen-Typ, der Multiebenen-Struktur[4] gelangen, so setzt dies die Einbeziehung von Zyklen voraus. Diese Überlegungen werden in den nächsten beiden Punkten behandelt. Insbesondere die Auseinandersetzung mit Zyklen bildet die Überleitung zur Äquivalenz von Digraphen und Matrizen (Punkt D.I.2).

---

1) Vgl. Hawthorne/Application/190.
2) Vgl. auch Warfield/Priority/642 f.
3) Siehe zu realisierten ISM-Anwendungen Abb. 5 bis 10 in Punkt A.I.
4) Es sei nochmals darauf hingewiesen, daß außerhalb dieses Kapitels die Begriffe "hierarchische Struktur", "Hierarchie", "Digraph" und "Strukturmodell" synonym mit dem hier definierten Typ einer "Multiebenen-Struktur" verwendet werden. Diese weite Begriffsinterpretation inkorporiert somit alle anderen speziellen Strukturtypen.

1.3.2 Digraphen-Bäume

Lassen sich schlecht-strukturierte, komplexe Probleme als Hierarchie (hierarchy) abbilden, so nehmen diese Hierarchien vielfach die Form eines Digraphen-Baumes (digraph tree) an.[1]

Digraphen-Bäume sind durch folgende Annahmen gekennzeichnet.[2]

(1) Eine Menge M, die aus n Knoten p_i besteht.

(2) Eine Menge R, die aus n-1 Kanten r_i besteht.

(3) Es gibt nur einen möglichen Weg (path)[3] zwischen jeweils zwei Elementen, wobei dieser Weg, bedingt durch die Richtung der Kante, nicht notwendigerweise Erreichbarkeit involviert.[4]

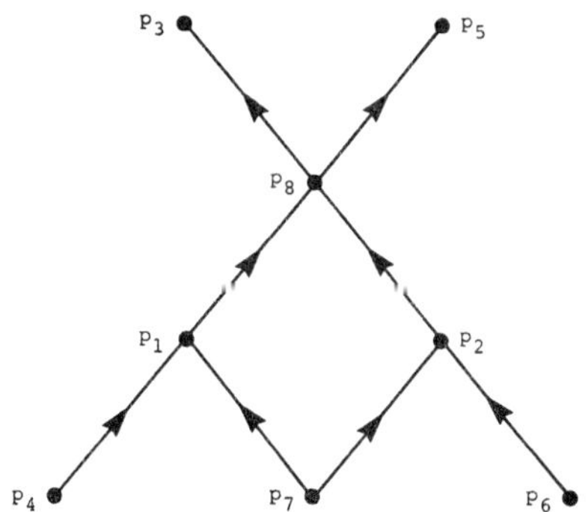

Abb. 31: Hierarchie, jedoch kein Digraphen-Baum

---

1) Vgl. Linstone u.a./Use/292.
2) Vgl. Sage/Methodology/132 ff. sowie Farris/System/107 ff.
3) Zum Begriff "path" vgl. etwa Waller/Synthesis/661 sowie Peay/Models/163.
4) Bedingung drei folgt unmittelbar aus Bedingung zwei.

Ein *Weg* entspricht der Verbindung von zwei Knoten p_i und p_j durch eine oder mehrere aneinander anschließende Kanten. Die Hierarchie in Abb. 31 ist demnach kein Digraphen-Baum, da der Weg von p_7 nach p_8 sowohl über p_1 als auch über p_2 führen kann.[1] Würden entweder p_7Rp_1 oder p_7Rp_2 aus dem Digraphen entfernt, so wären die Voraussetzungen für einen Baum erfüllt.

Die Hierarchie aus Abb. 29 a) entspricht demgegenüber einem Digraphen-Baum.

Der Gedanke der *Erreichbarkeit* (Reachability)[2] zwischen zwei Elementen spielt im Rahmen der Äquivalenz von Digraphen und Matrizen eine besondere Rolle und wird dort ausführlich behandelt. Hier mag eine kurze anschauliche Erläuterung genügen: Baumstrukturen legen die Analogie mit dem Einbahnstraßensystem einer Stadt nahe. Die Knoten entsprechen bestimmten Punkten innerhalb der Stadt, die Kanten der jeweiligen Richtung der Einbahnstraße. Zur Verdeutlichtung dient wiederum der Baum in Abb. 29 a).

Sucht man nach einem Weg von p_2 nach p_9, so ergeben sich zwei Alternativen: Als *Kraftfahrer* gelangt man zwar von p_2 nach p_7, aufgrund der Richtung der Einbahnstraße zwischen p_7 und p_9 ist es jedoch nicht möglich, p_9 zu erreichen. Für den Kraftfahrer ist, obwohl ein Weg zwischen p_2 und p_9 existiert, p_9 von p_2 aus *nicht erreichbar* (et vice versa). Der Kraftfahrer könnte sich von p_7 jedoch nach p_6 bewegen, ohne die Richtung zu verletzen, so daß p_6 für ihn von p_2 (über p_7) *erreichbar* ist. Für einen *Fußgänger* aber ist der Weg von p_2 nach p_9 unproblematisch, da dieser sich nicht an den Richtungen der Einbahnstraßen orientieren muß. Diese Interpretation entspricht jedoch nicht dem engeren Konzept

---

1) Bereits Bedingung zwei ist nicht erfüllt.
2) Vgl. etwa Waller/Synthesis/661.

eines Digraphen, sondern dem umfassenderen eines ungerichteten Graphen, das für ISM ohne Interesse ist.

Bei Digraphen-Bäumen lassen sich drei Typen unterscheiden:[1)]

- Bäume mit e i n e r S e n k e,
- Bäume mit e i n e r Q u e l l e[2)],
  sowie
- Bäume mit m e h r e r e n S e n k e n u n d Q u e l l e n.

In eine S e n k e ("Endpunkt" eines Baumes) münden alle Kanten (mittelbar bzw. unmittelbar). Von einer Q u e l l e ("Anfangspunkt" eines Baumes) nehmen alle Kanten (mittel-

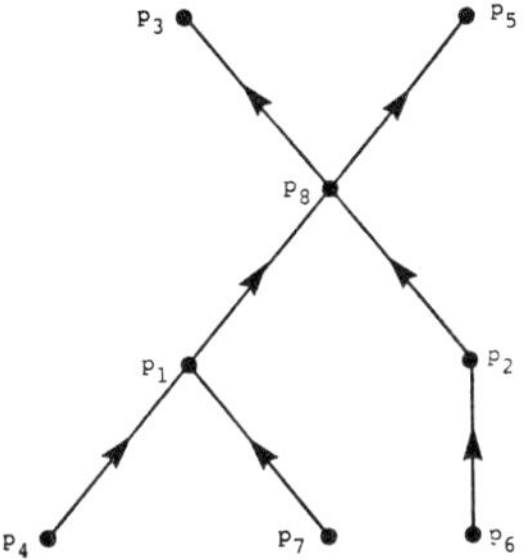

Abb. 32: Digraphen-Baum mit mehreren Senken und Quellen

1) Vgl. Farris/System/107 ff. sowie Sage/Methodology/132 ff.
2) Als Beispiel für einquellige Bäume lassen sich Entscheidungsbäume anführen. Diese mit ISM zu entwickeln ist jedoch nicht möglich, da ISM Strukturen, in denen einzelne Elemente mehrfach auftreten, nicht bewältigen kann. Auch die Differenzierung von Entscheidungs- und Ereignisknoten bzw. Entscheidungs- und Ereigniskanten läßt sich mit ISM nicht realisieren. Diese von der Autorin anhand einer praktischen ISM-Anwendung gemachten Erfahrungen (vgl. Carstens/Strukturmodellierung) stehen in Widerspruch zu den Ausführungen Warfields (vgl. Warfield/Systems/411 ff.). Da kein anderer ISM-Autor das Erstellen von Entscheidungsbäumen diskutiert und zudem keine diesbezügliche ISM-Anwendung dokumentiert ist, wird hierdurch die Argumentation der Autorin gestützt. Analog verhält es sich mit dem von Warfield entwickelten Konzept zeitlicher Problemstrukturierung durch sog. DELTA-Charts, das sich ebenfalls nicht mit Hilfe der ISM-Technik bewältigen läßt (vgl. Warfield/Systems/418 ff.).

bar oder unmittelbar) ihren Ausgang. Abb. 32 zeigt einen Baum mit mehreren Senken (p_3 und p_5) und mehreren Quellen (p_4, p_7 und p_6).

Abb. 29 a) entspricht einem Baum mit einer Senke. Durch Umkehrung der Kantenrichtung läßt er sich in einen einquelligen Baum transponieren.[1] Die Kontext-Relation wird hierbei ins Gegenteil umgekehrt, die Struktur und ihre inhaltliche Interpretation bleiben unverändert: So wird etwa aus "... weniger Bedeutung als ..." nun "... mehr Bedeutung als ...".

Baumstrukturen mit einer Quelle bzw. Senke sind für die ISM-Technik von besonderer Wichtigkeit,[2] da sie sich durch die Standardform einer Erreichbarkeitsmatrix repräsentieren lassen. Hierauf gehen die Punkte D.I.2 sowie D.III näher ein.

1.3.3 Zyklen

Digraphen-Bäume oder, allgemeiner formuliert, Hierarchien basieren auf der Annahme asymmetrischer Relationen.[3] Vielfach besitzen schlecht-strukturierte, komplexe Probleme jedoch nicht die Einfachheit einer hierarchischen Struktur.[4] Es treten interdependente Beziehungen hinzu. Das gesamte Strukturmodell weist dann die Eigenschaft der M e s o s y m m e t r i e auf.[5] Der interdependente Teil entspricht einem symmetrischen Beziehungsgefüge. Derartige s y m m e t r i s c h e Digraphen bzw. Digraphenteile werden Z y k l e n genannt. In ihnen kann jedes Element jedes andere Element erreichen und ist von jedem anderen Element aus erreichbar[6] (vgl. Abb. 29 b)).

---

1) Vgl. Farris/System/408.
2) Vgl. hierzu etwa die ISM-Anwendungen aus dem Bereich der Wertordnungen wie z.B. Sage, Smith/Group.
3) Siehe Punkt D.I.1.3.2.
4) Vgl. Gerardin/Complex/45 f.
5) In diesem Fall handelt es sich um eine Multiebenen-Struktur. Siehe Punkt D.I.1.3.1.
6) Vgl. Sage/Methodology/127.

Umfassen diese Zyklen eine Vielzahl von Elementen, so können sie die Lesbarkeit und Interpretation des Digraphen erschweren. Aus diesem Grunde beinhaltet die ISM-Technik zwei verschiedene Alternativen zur Handhabung, d. h. Vereinfachung von Zyklen. Ein möglicher Ansatz besteht darin, die Zugehörigkeit zu einem Zyklus, also die Symmetrie aller Elemente zueinander, als Äquivalenz dieser Elemente zu interpretieren. Der Zyklus wird durch lediglich ein Element, repräsentativ für alle anderen, dargestellt. Dieses Element bezeichnet man als P r o x y - E l e m e n t [1]. Alle drei bislang verfügbaren ISM-Programmpakete haben diese Alternative inkorporiert: Der Zyklus wird durch das Element mit der niedrigsten Elementzahl repräsentiert. Zusätzlich erfolgt der Hinweis, welche weiteren Elemente der Zyklus umfaßt.

Erscheint die Zyklen-Repräsentation durch ein Proxy-Element unangemessen, so ist es möglich, das differenziertere Verfahren einer G e w i c h t s - M a t r i x [2] anzuwenden. Mit Hilfe der Gewichts-Matrix kann der Problemexperte über die Existenz der Relation zwischen zwei Elementen hinaus die I n t e n s i t ä t der Relation zum Ausdruck bringen. Auf diese Weise erlaubt die ISM-Technik, zumindest im Rahmen der Zyklenbearbeitung, eine Quantifizierung der Relationen, die letztlich jedoch wieder in einer binären Matrix ihren Abschluß findet.

Beide Alternativen zur Handhabung von Zyklen werden im Rahmen der Äquivalenz von Digraphen und Matrizen in Punkt D.I.2.4 erörtert.

---

1) Vgl. etwa Farris/System/103 sowie Sage/Methodology/129.
2) Vgl. Hawthorne/Application/235 f.

2. Matrizen als Äquivalent von Digraphen[1)]

Umfaßt die Elementmenge M eine Vielzahl von Elementen, wie dies bei komplexen Problemen die Regel ist, so sind die bislang präsentierten mathematischen Grundlagen der Digraphentheorie alleine zur Bewältigung der Informationslogistik nicht ausreichend.[2)]

Der Aspekt der Erreichbarkeit bei Digraphen ist äquivalent zur Transitivitätsbedingung bei binären Relationen.[3)] Binäre Relationen lassen sich auf sehr effiziente, jedoch weniger anschauliche Weise durch binäre Matrizen[4)] darstellen. Das Bearbeiten derartiger Matrizen kann anhand algorithmischer Prozesse vom Computer übernommen werden.[5)] Der Problemexperte erhält als Ergebnis seiner Generierungs- und Strukturierungsaktivitäten einen aus der Matrix entwickelten Digraphen, der seiner Prämisse nach einer anschaulichen Problemdarstellung entspricht.[6)] In Punkt D.III wird dieser Modell-Austausch-Isomorphismus der ISM-Technik beschrieben.

Für die isomorphe Darstellung von Digraphen in Matrizenform sind vier verschiedene Matrixtypen von Bedeutung:

- Adjazenz-Matrix,
- Einheits-Matrix,
- Erreichbarkeits-Matrix sowie
- Universal-Matrix.[7)]

---

1) Vgl. Warfield/Interaction/10-2 sowie McLean, Shepherd/Importance/42 ff.
2) Vgl. Warfield/Systems/218.
3) Vgl. Warfield/Matrices/441.
4) Vgl. Warfield/Systems/224.
5) Vgl. Hawthorne/Application/194.
6) Vgl. McLean, Shepherd/Importance/42.
7) Die anglo-amerikanischen Begriffsäquivalente lauten: Adjacency, Identity, Reachability und Universal Matrices.

2.1 Adjazenz-Matrix

Betrachtet man in einem beliebigen Digraphen das geordnete Elementpaar (p_i, p_j), so gilt entweder p_iRp_j oder $p_i\bar{R}p_j$. Diese Eigenschaft der Relation bzw. Nicht-Relation zwischen zwei Elementen legt eine binäre Darstellung in Matrixform nahe.[1] Die Vorspalte bzw. Kopfzeile der Matrix A entspricht den Elementen p_i der Elementmenge M.[2] Ein Feldinhalt ist definiert als $a_{ij} = 1$, wenn p_iRp_j und als $a_{ij} = 0$, wenn $p_i\bar{R}p_j$. Diese Matrix A wird als *Adjazenz-Matrix* bezeichnet.[3]

Bedient man sich zu Illustration z. B. des Digraphen D aus Abb. 33 a), so läßt sich dieser leicht in eine isomorphe Adjazenz-Matrix A überführen (vgl. Abb. 33 b)).[4]

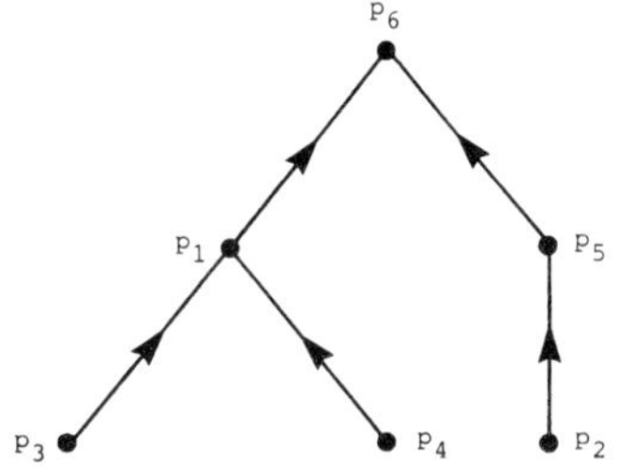

A =

p_i \ p_j	1	2	3	4	5	6
1	0	0	0	0	0	1
2	0	0	0	0	1	0
3	1	0	0	0	0	0
4	1	0	0	0	0	0
5	0	0	0	0	0	1
6	0	0	0	0	0	0

Abb. 33: a) Digraph D b) Adjazenz-Matrix A des Digraphen D

---

1) Vgl. Warfield/Matrices sowie Sage/Methodology/97.
2) Vgl. Warfield/Interaction/10-1 f. Es handelt sich demnach um eine *Selbst*-Interaktions-Matrix, im Gegensatz zu einer *Kreuz*-Interaktions-Matrix, die in Vorspalte und Kopfzeile unterschiedliche Elementmengen beinhaltet. Pfohl/Entscheidungsfindung/167 weist in diesem Zusammenhang auf die entsprechenden Beiträge in Warfield/Assault hin.
3) Vgl. etwa Szyperski, Eul-Bischoff/ISM/28 f.; Harary, Norman, Cartwright/Models/193 f.; Malone/Introduction/120 sowie Sage/Methodology/97.
4) Vgl. u. a. Jacob/ISM/14.

Ist p_3Rp_1, so ist $a_{31} = 1$; da aber $p_1\bar{R}p_3$, so ist $a_{13} = 0$.

Digraphen sind irreflexive Relationen, folglich ist im Falle $i = j$ $a_{ij} = 0$; d. h. alle Feldinhalte der Hauptdiagonalen sind 0.

Das Überführen von Digraphen in Matrizen ist einfach zu bewältigen. Die ISM-Technik geht jedoch den umgekehrten Weg: Aus einer Matrix wird der Digraph entwickelt. Hierzu ist das Konzept der Adjazenz-Matrix *alleine* nicht ausreichend.

2.2 Einheits-Matrix

Um aus den Informationen, die eine Matrix beinhaltet, einen transitiven Digraphen zu erstellen, benötigt man die sog. *Erreichbarkeits-Matrix*. Die Verknüpfung zwischen Adjazenz- und Erreichbarkeits-Matrix geschieht über die *Einheits-Matrix*. Alle drei Konzepte berücksichtigen die Länge eines Weges zwischen zwei Knoten in unterschiedlicher Art und Weise.

In Punkt D.I.1.3.2 wurde bereits der Aspekt der Erreichbarkeit in die Überlegungen einbezogen: Gibt es in einem Digraphen einen Weg von p_i nach p_j mit einheitlicher Richtung der Kanten, so ist p_j von p_i aus erreichbar (oder p_i erreicht p_j). Die Anzahl der Kanten, die dieser Weg von p_i nach p_j umfaßt, wird als *Länge* des Weges bezeichnet.[1] In Abb. 33 a) hat beispielsweise der Weg von p_3 nach p_1 die Länge 1, der Weg von p_3 nach p_6 die Länge 2.

Definiert man nun jeden Punkt als von sich selbst aus erreichbar durch einen Weg der Länge 0, so entspricht dies

---

1) Vgl. Sage/Methodology/97; Warfield/Relations/287 sowie Waller/Synthesis/661.

dem Konzept der E i n h e i t s - M a t r i x:[1] Jeder Feldinhalt a_{ij} mit i = j ist 1, alle anderen Feldinhalte sind 0 (vgl. Abb. 34).

I =

p_i \ p_j	1	2	3	4	5	6
1	1	0	0	0	0	0
2	0	1	0	0	0	0
3	0	0	1	0	0	0
4	0	0	0	1	0	0
5	0	0	0	0	1	0
6	0	0	0	0	0	1

Abb. 34: Einheits-Matrix I zur Adjazenz-Matrix A

2.3 Erreichbarkeits-Matrix

Das Konzept der E r r e i c h b a r k e i t s - M a t r i x [2] weist zwei grundlegende Vorteile auf. Zum ersten muß der Problemexperte lediglich eine Entscheidung darüber treffen, ob zwischen p_i und p_j überhaupt eine Relation existiert. Im Gegensatz zur Definition der Adjazenz-Matrix kann seine Entscheidung einen geringeren Präzisionsgrad enthalten: Er braucht nicht zu differenzieren, ob die jeweiligen Elemente unmittelbar oder nur mittelbar eine Relation zueinander aufweisen.[3]

---

1) Vgl. Harary, Norman, Cartwright/Models/114 sowie Warfield/Matrices/442.
2) Vgl. Szyperski, Eul-Bischoff/ISM/29 f.; El-Mokadem, Warfield, Pollick, Kawamura/Modularization/196; Farris, Sage/Use/157; Jacob/ISM/15; Malone/Introduction/120; Hawthorne/Application/117 ff. sowie Warfield/Systems/231 ff.
3) Vgl. Sage, Smith/Group/188. Mittelbare Relationen werden in der Adjazenz-Matrix als 0, in der Erreichbarkeits-Matrix als 1 dargestellt.

Zum zweiten entspricht dem Konzept der Erreichbarkeit die logische Eigenschaft einer transitiven Relation. [1] Diese Anwendungsvoraussetzung der ISM-Technik führt zu einer spürbaren kognitiven Entlastung des Problemexperten: Nicht alle geordneten Elementpaare müssen abgefragt werden. Eine Vielzahl von Antworten kann durch den sogenannten transitiven Schluß aus den bisherigen Antworten logisch abgeleitet werden. Diese Funktion übernimmt in der computergestützten ISM-Anwendung der Computer,[2] bei manuellem ISM-Einsatz wird mit dieser Tätigkeit der Moderator belastet.

Wie läßt sich nun die Erreichbarkeits-Matrix E mit Hilfe von A und I herleiten? Zur Veranschaulichung dient wiederum der Digraph D aus Abb. 33 a). Basierend auf den Regeln der Booleschen Algebra[3] addiert man zunächst die Einheits- und die Adjazenz-Matrix (vgl. Abb. 35).

A + I =

p_i \ p_j	1	2	3	4	5	6
1	1	0	0	0	0	1
2	0	1	0	0	1	0
3	1	0	1	0	0	0
4	1	0	0	1	0	0
5	0	0	0	0	1	1
6	0	0	0	0	0	1

Abb. 35: A + I

1) Vgl. Sage/Methodology/97; Farris/System/83 sowie Malone/Introduction/120.
2) Vgl. Hawthorne/Application/194.
3) Die Ergebnisse additiver und multiplikativer Operationen der Booleschen Algebra entsprechen bis auf eine Ausnahme denen der klassischen Algebra: Dieser Sonderfall betrifft 1 + 1 = 1. Vgl. Harary, Norman, Cartwright/Models/115; Sage/Methodology/97 f. sowie Warfield/Systems/225 f.

Diese Matrix repräsentiert alle Wege der Längen 0 und 1. Multipliziert man diese Matrix $(A + I)^1$ mit sich selbst, so erhält man die Matrix $(A + I)^2$, die alle Wege der Längen 0, 1 und 2 umfaßt (vgl. Abb. 36).

$(A + I)^2 =$

p_i \ p_j	1	2	3	4	5	6
1	1	0	0	0	0	1
2	0	1	0	0	1	1
3	1	0	1	0	0	1
4	1	0	0	1	0	1
5	0	0	0	0	1	1
6	0	0	0	0	0	1

Abb. 36: $(A + I)^2$

Diese Boolesche Matrizen-Multiplikation wird fortgesetzt, bis auch der längste Weg in die Matrix inkorporiert ist. In diesem Falle findet gegenüber der vorherigen Potenzierung keine Veränderung der Feldinhalte mehr statt. Im Beispiel ist dies bereits bei $(A + I)^3$ der Fall, denn der Digraph D weist keine Wege der Länge 3 auf; der längste Weg umfaßt 2 Kanten.

Verallgemeinert ergibt sich:[1]

$$(A + I)^1 = (A + I)^2 = \ldots = (A + I)^{r-1} = (A + I)^r = E.$$

Die Matrix E ist definiert als die Erreichbarkeits-Matrix. Sie beinhaltet (als Feldinhalt 1) alle Wege der Längen 0 bis r-1, wobei r kleiner oder gleich der Anzahl der Elemente p_i aus M ist, denn r Knoten lassen sich höchstens - nämlich im Falle einer linearen Struktur - durch die Weglänge r-1 verbinden.

---

1) Vgl. Szyperski, Eul-Bischoff/ISM/39 sowie Farris/System/84.

Die Erreichbarkeits-Matrix E beschreibt eine t r a n s i t i v e r e f l e x i v e R e l a t i o n.[1] Die Reflexivität in Form der Einheits-Matrix I wurde aus Gründen der logischen Vervollständigung für die Matrixoperationen hinzugefügt. Sie ist inhaltlich ohne Konsequenz und spiegelt sich nicht (als Schleife) im Digraphen wider.

Aus unterschiedlichen Digraphen, d. h. Adjazenz-Matrizen, kann die gleiche Erreichbarkeits-Matrix resultieren.[2] Setzt man jedoch, wie dies bei der ISM-Technik der Fall ist, Transitivität voraus, so läßt sich jede Erreichbarkeits-Matrix in eine eindeutige Adjazenz-Matrix überführen.[3] Auf diese mathematische Operation, die zur Ableitung des Digraphen aus der Matrix, d. h. der Veranschaulichung für den Experten, dient, geht Phase 4 des MAI in Punkt D.III.3 näher ein.

Um dem Problemexperten beim Paarvergleich keinen Präzisionsgrad der Antwort abzuverlangen, den er nicht zu leisten vermag, beschränkt sich die ISM-Technik auf das Erstellen von Erreichbarkeits- statt Adjazenz-Matrizen.[4] So umfaßt etwa die Kontext-Beziehung "... untergeordnet zu ..." als mathematische Relation sowohl unmittelbare Relationen (Länge 1) als auch mittelbare Relationen (Längen 2, ..., r-1).

2.4 Universal-Matrix

Der Digraph aus Abb. 33 entspricht einer Baumstruktur, also einer nicht vollständigen, a s y m m e t r i s c h e n, irreflexiven, transitiven Relation. Läßt man jedoch auch s y m m e t r i s c h e Relationen (Zyklen) zu, um damit letztlich das Entwickeln einer Multiebenen-Struktur zu ermöglichen, so erhält die Erreichbarkeits-Matrix ein anderes Aussehen.

---

1) Vgl. Harary, Norman, Cartwright/Models/118.
2) Vgl. Hawthorne/Application/197 f.; Warfield/Subsystem/74 sowie Watson/Modeling/169.
3) Vgl. Sage/Methodology/98 f.
4) Vgl. Warfield/Complex/III.

Betrachtet man den Zyklus in Abb. 37 a), so finden sich nebenstehend die entsprechenden Matrizen A und E (vgl. Abb. 37 b) und c)).

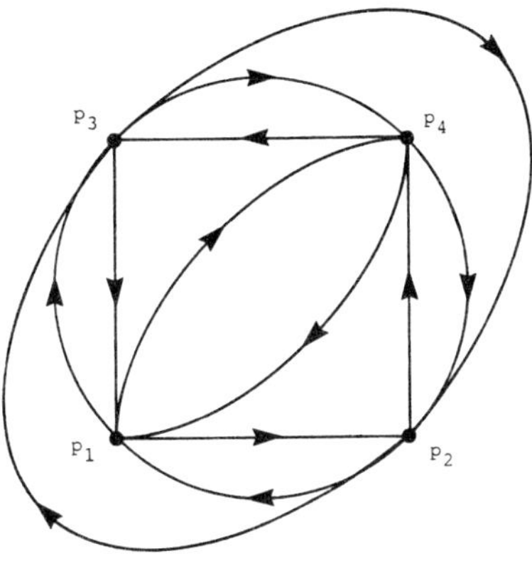

a) Zyklus Z

A =

p_i \ p_j	1	2	3	4
1	0	1	1	1
2	1	0	1	1
3	1	1	0	1
4	1	1	1	0

b) Adjazenz-Matrix A des Zyklus Z

$E = (A+I)^1 =$

p_i \ p_j	1	2	3	4
1	1	1	1	1
2	1	1	1	1
3	1	1	1	1
4	1	1	1	1

c) Erreichbarkeits-Matrix des Zyklus Z

Abb. 37:

Dieser symmetrischen Relation entspricht eine Erreichbarkeits-Matrix, bei der alle Feldinhalte 1 sind. Derartige Matrizen bezeichnet man als Universal-Matrizen. [1] Weist ein Digraph bzw. die Teilmenge eines Digraphen eine Universal-Matrix als Erreichbarkeits-Matrix auf, so nennt man diesen Digraphen oder die Teilmenge des

---

1) Vgl. Sage/Methodology/99.

Digraphen "s t a r k v e r b u n d e n". [1] Diese Bezeichnung wird synonym mit dem Begriff "Z y k l u s" [2] verwendet. MAI 3 in Punkt D.III.2.4 und 2.5 behandelt diesen Aspekt.

2.4.1 Kondensations-Matrix

Es wurde bereits erwähnt, daß die ISM-Technik zwei Möglichkeiten zur Behandlung von Zyklen bietet. Der ersten Möglichkeit, der Repräsentation des Zyklus durch ein Proxy-Element, kann sich der Benutzer nicht entziehen. Sie ist aus Gründen der Rechenzeitreduzierung in die ISM-Software integriert. In der Erreichbarkeits-Matrix bedeutet dies das Eliminieren der Zeilen- und Spaltenvektoren aller Elemente des Zyklus mit Ausnahme der Repräsentanten. Die unter Anwendung des Proxy-Element-Algorithmus "geschrumpfte" Erreichbarkeits-Matrix wird als K o n d e n s a t i o n s-M a t r i x [3] bezeichnet.

Komplizierter und nur mit Einbeziehung des Problemexperten durchführbar ist demgegenüber die zweite Alternative zur Zyklenbearbeitung.

2.4.2 Gewichts-Matrix

Als Ergebnis dieser Verfahrensweise wird nicht die Anzahl der Relationen innerhalb des Zyklus b e i b e h a l t e n und durch ein einziges Element und seine Relationen (zu den Elementen außerhalb des Zyklus) dargestellt. Mittels

---

1) Vgl. Farris/System/85; Hawthorne/Application/196; Warfield/Systems/267; Sage/Methodology/93 sowie Harary, Norman, Cartwright/Models/28.
2) Siehe Punkt D.I.1.3.3.
3) Vgl. Warfield/Systems/272; Hawthorne/Application/198 sowie Warfield/Relations/287.

eines Gewichtungsvorganges wird vielmehr die Anzahl der Relationen innerhalb des Zyklus reduziert.[1]

Die Vorspalte und die Kopfzeile der Gewichts-Matrix[2] beinhalten die Zykluselemente. Die Matrix hat jedoch keinen binären Charakter. Der Problemexperte bringt vielmehr anhand einer Skala, zumeist der natürlichen Zahlen von 1 bis 10, die Intensität der Relationen zum Ausdruck. Mit Hilfe dieser quantitativen Informationen[3] ist der Computer nun in der Lage, einen Schwellenwert s mit $1 \leq s \leq 10$ zu ermitteln, bei dem die Erreichbarkeits-Matrix der Universal-Matrix entspricht, also Transitivität gewährleistet bleibt.[4] Die Feldinhalte a_{ij} sind hierbei 1, wenn w_{ij} größer oder gleich dem Schwellenwert s ist. Im anderen Fall ist der Feldinhalt 0. Die Gewichts-Matrix wird somit wieder in eine binäre Form überführt und es bleiben nur diejenigen Relationen bestehen, die den ermittelten Schwellenwert zumindest erreichen.

Ein Beispiel mag dieses Vorgehen verdeutlichen. Der Zyklus soll 4 Elemente umfassen und beinhaltet demzufolge 12 irreflexive Relationen. Die Gewichts-Matrix soll folgende Werte aufweisen (vgl. Abb. 38):

W =

p_i \ p_j	1	2	3	4
1	-	1	10	3
2	9	-	9	4
3	2	8	-	7
4	10	7	6	-

Abb. 38: Gewichts-Matrix W

1) Vgl. Warfield/Modeling/I-41 bis 43.
2) Vgl. Warfield/Complex/III.
3) Vgl. Hawthorne/Application/236.
4) Vgl. Sage/Methodology/130 ff. sowie Hawthorne/Application/235.

Es ergibt sich folgender Prozeß zum Bestimmen des Schwellenwertes (vgl. Abb. 39):[1)]

s	A_s	E_s
10	0 0 1 0	1 0 1 0
	0 0 0 0	0 1 0 0
	0 0 0 0	0 0 1 0
	1 0 0 0	1 0 1 1
9	0 0 1 0	1 0 1 0
	1 0 1 0	1 1 1 0
	0 0 0 0	0 0 1 0
	1 0 0 0	1 0 1 1
8	0 0 1 0	1 1 1 0
	1 0 1 0	1 1 1 0
	0 1 0 0	1 1 1 0
	1 0 0 0	1 0 1 1
7	0 0 1 0	1 1 1 1
	1 0 1 0	1 1 1 1
	0 1 0 1	1 1 1 1
	1 1 0 0	1 1 1 1

Abb. 39: Schwellenwert-Bestimmung

Der Schwellenwert beträgt 7. Durch diese Vorgehensweise hat sich der ursprünglich 12 Relationen umfassende Zyklus (vgl. Abb. 40 a)) auf lediglich 7 für besonders intensiv erachtete Relationen reduziert (vgl. Abb. 40 b)). Diese Komplexitätsverringerung erleichtert die Interpretation der stark verbundenen Komponente. Dennoch nehmen fast alle ISM-Anwender auch bei sehr umfangreichen Zyklen lediglich die Kondensations-Prozedur in Anspruch.

Die bislang referierten mathematischen Grundlagen der ISM-Technik sind zunächst Voraussetzung für eine Diskussion der ISM-Grundannahmen (Punkt D.II). Ihr Zweck und ihre Verknüpfung verdeutlichen sich jedoch insbesondere bei ihrer Umsetzung im Rahmen des Modell-Austausch-Isomorphismus in Punkt D.III.

---

1) Aus Vereinfachungsgründen wurde auf die Vorspalte bzw. Kopfzeile verzichtet.

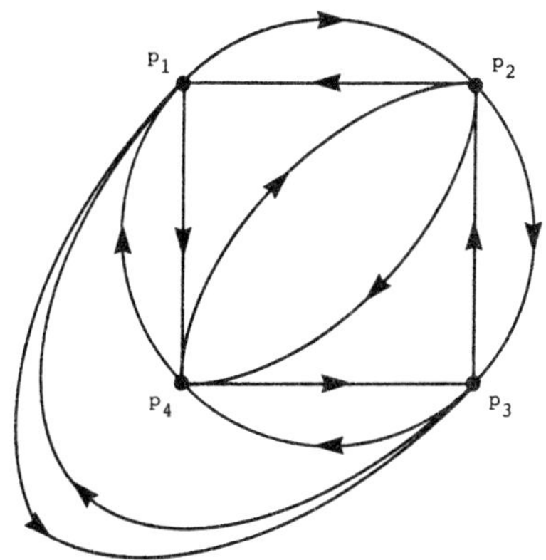

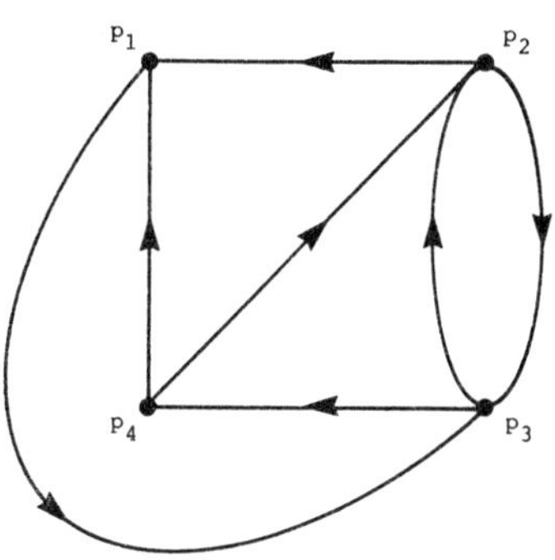

Abb. 40: a) Zyklus ohne Schwellenwert b) Zyklus mit Schwellenwert 7

II. GRUNDANNAHMEN DER ISM-TECHNIK

Das Konzept der ISM-Technik basiert auf einer Reihe mathematischer Grundannahmen. Erst eine systematische Zusammenstellung dieser Restriktionen macht es möglich, eine generelle Beurteilung der ISM-Technik unter diesem Aspekt vorzunehmen und im Einzelfall der spezifischen Anwendung zu prüfen, ob das Problem durch diese Beschränkungen zu sehr verfälscht wird, so daß ein ISM-Einsatz nicht zweckmäßig erscheint.

Alle nachfolgend aufgeführten Grundannahmen wurden in den vorangegangenen Ausführungen an unterschiedlichen Stellen bereits behandelt. Hier soll nun ihre systematische Zusammenstellung erfolgen. Weiterhin sollen Zusammenhänge zwischen den Grundannahmen verdeutlicht werden. Ihre Bewertung bleibt hingegen dem Kapitel F zur Beurteilung der ISM-Technik, Punkt I.1.1.2, überlassen.

Kenntnisse über die Grundannahmen bilden die Voraussetzung zum Verstehen des rein mathematischen Modell-Austausch-Isomorphismus in Punkt D.III bzw. des umfassenderen ISM-Prozesses in Punkt E, der das Zusammenwirken aller am ISM-Prozeß beteiligten Aktionsträger widerspiegelt.

1. Statische Betrachtung des ISM-Problems

Bei der Erörterung der Systemorientierung der ISM-Technik wurde in Punkt B.II.3 bereits deutlich, daß ISM sich auf eine s t a t i s c h e Betrachtung des schlecht-strukturierten, komplexen Problems beschränkt.[1] Entsprechend dem geringen Präzisionsgrad der verfügbaren Informationen über das Problem erscheint eine dynamische Behandlung we-

---

1) Vgl. etwa Linstone u. a./Use/293 f.; McLean/Problem/154; Linstone/Use 1/12 f. sowie Szyperski, Eul-Bischoff/ISM/23.

nig zweckmäßig, u. U. sogar unnötig, solange die Problemstruktur noch nicht bekannt ist.[1)]

2. Linearisierte Betrachtung des ISM-Problems

Die ISM-Technik geht von einer linearen, d. h. proportionalen Relation zwischen den Problemelementen aus.[2)] Diese Voraussetzung ist gleichbedeutend mit dem Erstellen "einfacher" Digraphen, die lediglich Relationen zwischen Elementen zum Ausdruck bringen. Mit ISM ist es nicht möglich, "gewichtete" Digraphen zu entwickeln, in denen die (nicht proportionale) Stärke der Relation zum Ausdruck kommt.[3)] Die Beschränkung auf lineare Relationen entspricht dem lediglich qualitativen Modellierungsanspruch der ISM-Technik.[4)]

Legt man die Linearitätsannahme zugrunde, so ergeben sich hieraus zwei, die Problembearbeitung wesentlich vereinfachende Konsequenzen: Zum einen ist es ausreichend, paarweise Beziehungen zwischen den Elementen zu betrachten. Zum anderen ist die Äquivalenz von Digraphen und Matrizen lediglich für lineare Relationen gegeben.[5)]

---

1) Eine statische Betrachtungsweise von Problemen wird vielfach als nicht adäquat kritisiert. Demgegenüber muß sich jedoch eine dynamische Interpretation den Vorwurf einer - vielfach unangemessenen - Invarianz der Problemstruktur gefallen lassen. Es seien etwa die "World Dynamics" Modelle von Forrester/World und Meadows, Meadows, Zahn, Milling/Limits erwähnt.
2) Vgl. Linstone u. a./Use/293 und 310 sowie Linstone/Use 1/12. Zu nicht linearen Beziehungen vgl. etwa Gomez/ Modelle/44 ff.
3) Vgl. Szyperski, Eul-Bischoff/ISM/25; Szyperski, Müller-Silva, Eul-Bischoff/Strukturmodellierung/39 ff. sowie Gerardin/Model/305 f.
4) Eine Ausnahme bildet hierbei die Zyklenauflösungsprozedur, bei der als Zwischenschritt eine Gewichts-Matrix erstellt wird.
5) Vgl. Linstone u. a./Use/293 sowie Linstone/Use 1/12.

2.1 Paarweise Relationen

Paarweise Relationen[1] sind nur eine kleine Teilmenge aller möglichen Beziehungen zwischen Elementen. Betrachtet man etwa eine Elementmenge M mit lediglich drei Elementen p_1, p_2 und p_3, so führt dies bereits zu einer Gesamtzahl von 49 Interaktionsmöglichkeiten.[2]

- 9 paarweise Relationen: p_1Rp_1; p_1Rp_2; p_1Rp_3; p_2Rp_1; p_2Rp_2; p_2Rp_3; p_3Rp_1; p_3Rp_2; p_3Rp_3 sowie

- 40 nicht-paarweise Relationen: z. B. $p_1 \wedge p_2Rp_1$; $p_1Rp_1 \wedge p_2$; $p_1 \wedge p_2Rp_1 \wedge p_2$; $p_1Rp_1 \wedge p_2 \wedge p_3$; $p_1 \wedge p_2 \wedge p_3Rp_1$; $p_1 \wedge p_2Rp_1 \wedge p_2 \wedge p_3$; $p_1 \wedge p_2 \wedge p_3Rp_1 \wedge p_2$; $p_1 \wedge p_2 \wedge p_3Rp_1 \wedge p_2 \wedge p_3$.

Auch unter Vernachlässigung reflexiver Relationen verbleiben 6 paarweise und 36 nicht-paarweise Relationen. Hierbei ist noch nicht die Reihenfolge der Elemente innerhalb der jeweiligen Vorgänger- bzw. Nachfolgergruppen bei nicht-paarweisen Relationen berücksichtigt. Als logische Verknüpfung bei nicht-paarweisen Relationen wurde lediglich die Konjunktion betrachtet. Die inklusive und exklusive Disjunktion wurden nicht in die Überlegungen einbezogen.[3]

Diese Überlegungen machen bereits deutlich, wie schnell sich der Problemexperte mit dem Anspruch einer systematischen, d. h. vollständigen Problembehandlung bei der Einbeziehung nicht-paarweiser Relationen trotz Computerunterstützung den Grenzen seiner kognitiven Fähigkeiten nähert.

---

1) Vgl. Szyperski, Eul-Bischoff/ISM/24; Linstone/Use 1/11; Lendaris/ISM/B-2 und B-7; Linstone u. a./Use/292 f.
2) Die Formel lautet $(2^n-1)^2$, wobei n der Anzahl der Elemente entspricht. Vgl. Kane, Vertinsky/Arithmetic/118 f.
3) Zur logischen Verknüpfung von Elementen vgl. etwa Matthes/Netzplantechnik/1336.

2.2 Äquivalenz von Digraphen und Matrizen

Diese Äquivalenz und ihre Nutzung für die Computerunterstützung von ISM ist nur bei linearisierter Problembetrachtung gegeben.[1] Auf die Äquivalenz von Digraphen zu Adjazenz-, Einheits-, Erreichbarkeits- und/oder Universal-Matrizen wurde in Punkt D.I.2 detailliert eingegangen. Bei der Behandlung der Transitivitätsbedingung im nächsten Punkt wird diese Äquivalenz nochmals aufgegriffen.

3. Transitive Betrachtung des ISM-Problems

Die wichtigste und zugleich kritischste Grundannahme der ISM-Technik ist die Transitivität.[2] Es wurde bereits mehrfach erwähnt, daß der Begriff der Erreichbarkeit in der Digraphentheorie bzw. der Matrizentheorie[3] mit dem Begriff der Transitivität bei binären Relationen korrespondiert: Ist die verwendete Relation transitiv, dann läßt sie sich in Form einer E r r e i c h b a r k e i t s - M a t r i x abbilden.[4] Aber nicht nur durch diese Äquivalenz, sondern insbesondere durch das computergestützte Entwickeln der in die Erreichbarkeits-Matrix inkorporierten t r a n s i t i v e n S c h l ü s s e zeichnet sich die ISM-Technik aus.

3.1 Erreichbarkeits-Matrix

Bei der Betrachtung des MAI in Punkt D.III wird deutlich werden, welche Vorteile für die Computerunterstützung aus dem Einbringen des mentalen Modells zunächst in eine Erreichbarkeits-Matrix, die dann in einen Digraphen trans-

---

1) Vgl. Linstone/Use 1/12 sowie McLean/Problem/152.
2) Vgl. Szyperski, Eul-Bischoff/ISM/24; Linstone u. a./ Use/293; Lendaris/ISM/B-2 und B-8 sowie Linstone/Use 1/ 11.
3) Zur Äquivalenz von Digraphen und Matrizen bei linearen Relationen siehe Punkte D.I.2 und D.II.2.2.
4) Vgl. Malone/Introduction/120 sowie Warfield/Learning/73.

formiert wird, erwachsen. Da die Erreichbarkeits-Matrix auf einer transitiven Relation basiert, läßt sich aus ihr eindeutig die korrespondierende Adjazenz-Matrix bzw. der Digraph ableiten.[1] An dieser Stelle wird der Bezug der Transitivitätsbedingung zur Linearitätsannahme, speziell der Äquivalenz von Digraphen und Matrizen, deutlich.

Über die bloße Verwendung der Erreichbarkeits-Matrix hinaus ist von besonderem Interesse, auf welche Art und Weise die Matrixfelder gefüllt werden können.

3.2 Transitiver Schluß[2]

Das Füllen der Erreichbarkeits-Matrix geschieht durch Paarvergleich.[3] Zur Antwort auf diese Paarvergleiche wird zunächst der P r o b l e m e x p e r t e herangezogen. Gilt jedoch die Transitivitätsbedingung, so ist es möglich, eine Vielzahl von Feldinhalten ohne den Experten über den vom C o m p u t e r durchgeführten transitiven Schluß zu gewinnen.[4] Die Abfrageersparnis bewegt sich dabei in einer Größenordnung von 5 0 - 8 0 %.[5] Beinhaltet der Digraph viele Relationen, so sind zusätzliche transitive Schlüsse möglich und die Einsparung kann noch höher liegen.[6]

---

1) Das Entwickeln des Digraphen aus der Standardform-Erreichbarkeits-Matrix ist mit oder ohne Berücksichtigung der Adjazenz-Matrix möglich. Siehe Punkt D.III.3.
2) Zumindest nach eigenem Bekunden hat Aristoteles sich als erster mit dem Konzept des logischen Schließens befaßt. Sein Beitrag bestand in der Formulierung des Syllogismus-Prinzips, das aus zwei Prämissen und einer Schlußfolgerung besteht. Vgl. Johnson-Laird/Models/150.
3) Hier wird der Bezug der Transitivitätsannahme zur paarweisen Relation linearisierter Betrachtungsweisen deutlich.
4) Vgl. Watson/Modeling/170.
5) Vgl. etwa Waller/Synthesis/662 f.
6) Vgl. Lendaris/ISM/B-3.

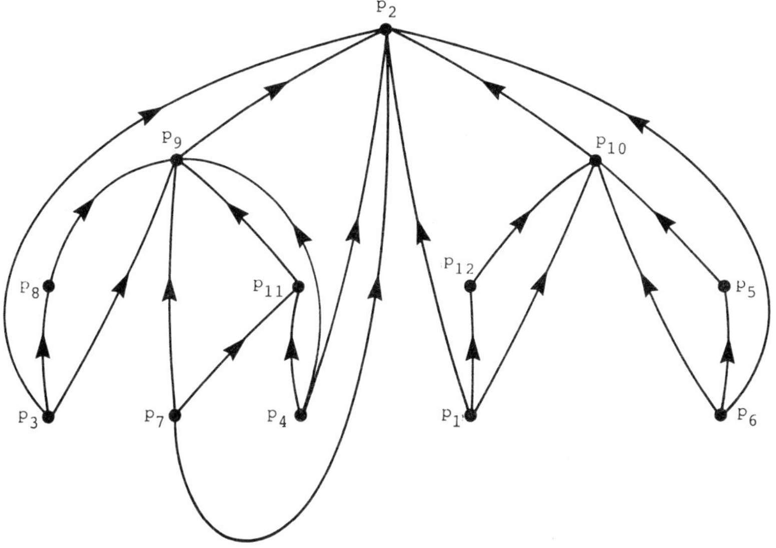

Abb. 41a): Transitiver Digraph (auf Basis der Erreichbarkeits-Matrix)

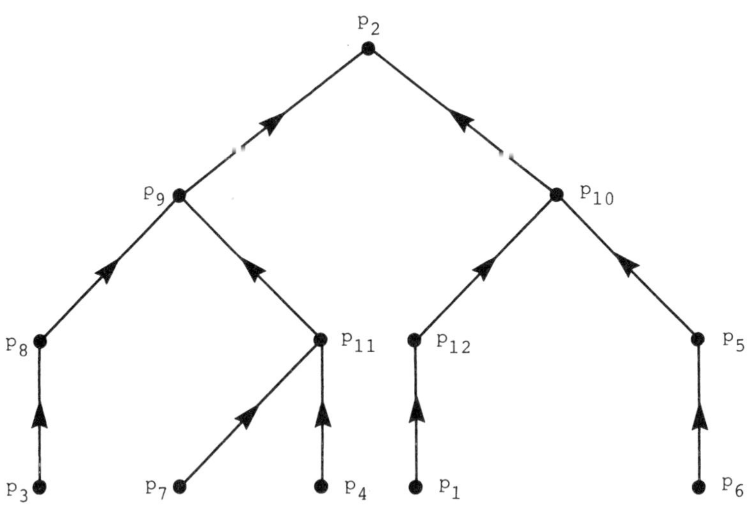

Abb. 41b): Minimalspannende Darstellung eines transitiven Digraphen (auf Basis der Adjazenz-Matrix)

Die Möglichkeit computergestützter transitiver Schlüsse bedeutet für den Problemexperten eine starke kognitive Entlastung.[1] Neben diesem Aspekt weist der transitive Schluß jedoch noch einen weiteren Vorteil auf: Während ISM nicht in der Lage ist, *inhaltliche Fehlurteile* des Experten zu erkennen und zu korrigieren, kann es jedoch dafür Sorge tragen, daß die abgegebenen Urteile *konsistent* weiterverarbeitet werden.[2] Da der Computer das transitive Schließen übernimmt, wird dem Problemexperten keine Möglichkeit gegeben, inkonsistente, d. h. intransitive Urteile abzugeben.

Ist die Erreichbarkeits-Matrix durch Abfrage und transitive Schlüsse gefüllt, so läßt sie sich, nach einigen Zwischenschritten, in einen Digraphen überführen.[3] Übernimmt man alle in der Erreichbarkeits-Matrix enthaltenen Relationen - mit Ausnahme der reflexiven Relationen aus der Einheits-Matrix - in den Digraphen, so weist dieser Digraph zahlreiche *Redundanzen* in den Relationen auf (vgl. Abb. 41 a)). Da die Erreichbarkeits-Matrix auf einer transitiven Relation basiert, ist es möglich, diese Matrix auf eine Adjazenz-Matrix zurückzuführen, die sich als *minimal-spannender Digraph* abbilden läßt (vgl. Abb. 41 b)).[4] Diese Verfahrensweise, die zu einer deutlichen Vereinfachung des Digraphen führt, ist in allen ISM-Software-Paketen enthalten.

---

1) Vgl. Lendaris/ISM/B-8 sowie Roberts/Models/61. Neben der Transitivitätsbedingung kann auch die Voraussetzung asymmetrischer Relationen zu einer Reduzierung des Abfrageaufwandes beitragen. Diese Nichtberücksichtigung von Zyklen ist in der ISM-Software des Battelle Memorial Instituts fakultativ zur Mesosymmetrie realisiert. Siehe Punkt E.IV.2.2.1.
2) Vgl. Warfield/Matrices/448.
3) Auch hier wird die Verknüpfung der Transitivitäts- zur Linearitätsbedingung deutlich.
4) Vgl. Hawthorne/Application/190 f.

III. MODELL-AUSTAUSCH-ISOMORPHISMUS (MAI) DER ISM-TECHNIK

Wie bereits erwähnt, existiert eine Vielzahl von ISM-Beiträgen, die sich ausführlichst mit der mathematischen Komponente, insbesondere ihrer Konkretisierung in den programmierbaren Algorithmen des MAI, befassen.[1] Zahlreiche Autoren behandeln ausschließlich diesen Aspekt der ISM-Technik.[2] Intention der hier vorliegenden Untersuchung ist jedoch eine umfassendere Perspektive der ISM-Technik, die - gemäß dem Ansatz der Strukturmodellierung - auch dem zu strukturierenden Problem und dem Problemexperten (sowie dem ISM-Manager, dem ISM-Moderator und der Algorithmenrealisierung im Sinne einer Computerunterstützung) besondere Aufmerksamkeit widmet.

Die mathematische Komponente ist in dieser Interpretation notwendiger aber nicht hinreichender Bestandteil der ISM-Technik. Auf Details in der Beschreibung der analytischen Algorithmen des MAI soll daher bewußt verzichtet werden. Die - soweit möglich und zweckmäßig - verbale statt mathematische Behandlung des MAI soll dazu dienen, die Funktion des MAI zu verdeutlichen: adäquate Problembehandlung bei gleichzeitiger kognitiver Entlastung des Problemexperten.[3]

---

1) So etwa Farris/System; Jedlicka/Transfer; Malone/Introduction; Nishikawa, Udo/Methods; Sage/Methodology; Szyperski, Eul-Bischoff/ISM; Tamura, Narai/Application; Venkatesan/Approach; Waller/Management; Waller/Synthesis; Warfield/Arranging; Warfield/Hierarchies; Warfield/Implication; Warfield/Interconnection; Warfield/Interpretation; Warfield/Matrices; Warfield/Probing; Warfield/Subsystem; Warfield/Systems sowie Warfield/Transitive.
2) So etwa Nishikawa, Udo/Methods; Venkatesan/Approach; Warfield/Arranging; Warfield/Implication; Warfield/Interconnection; Warfield/Interpretation; Warfield/Matrices; Warfield/Subsystem sowie Warfield/Transitive.
3) Vgl. Waller/Modeling/786. Für Leser, die sich in die mathematischen Details vertiefen möchten, sei auf die ausführlichen Abhandlungen in Sage/Methodology sowie Szyperski, Eul-Bischoff/ISM hingewiesen.

Der MAI ist Bestandteil des I S M - P r o z e s s e s. Der ISM-Prozeß umfaßt jedoch zusätzlich sowohl dem MAI vorgelagerte Phasen, wie etwa die Generierungsphase, als auch nachfolgende Aktivitäten, wie die iterative Phase der Modellkorrektur. Obwohl die Trennung künstlich anmuten mag, erscheint es aus Verständnisgründen zweckmäßig, den MAI aus dem ISM-Prozeß auszukoppeln und separat zu behandeln, um ihn im Abschluß in das Gesamtkonzept des ISM-Prozesses in Punkt E zu integrieren.

Mit Hilfe des MAI soll das mentale Modell des Problemexperten in Digraphenform expliziert werden. Unter Bezug auf die genannten Grundannahmen geschieht dies über das Zwischenprodukt einer Erreichbarkeits-Matrix, die einer computergestützten Bearbeitung zugänglich ist und so den Problemexperten (und den Moderator) kognitiv entlastet. Dieses Anliegen des MAI verdeutlicht sich auch in seinem Phasenschema (vgl. Abb. 42).[1]

Der Transformationsprozeß des MAI läßt sich durch den Aspekt der isomorphen Abbildung[2] zwischen den einzelnen Modelltypen rechtfertigen.[3] Bei diesem Konzept der S t r u k t u r g l e i c h h e i t werden jedes Element und jede Relation des Modells A ein-eindeutig durch ein Element bzw. eine Relation des Modells B repräsentiert.

Diesem Prozeß vorgeschaltet ist ein homomorpher Abbildungsvorgang, bei dem der Problemexperte das Problem aus Gründen der Komplexitätsreduktion lediglich s t r u k t u r ä h n l i c h, d. h. nicht ein-eindeutig sondern mehr-eindeutig, durch ein mentales Modell abbildet.

---

1) Zu Abb. 42 vgl. Sage/Methodology/102; Szyperski, Eul-Bischoff/ISM/27; Warfield/Interpretation/406; Malone/Introduction/121 sowie Waller/Management/96.
2) Zum Isomorphie- und Homomorphiebegriff vgl. etwa Dinkelbach/Modell/159; Brauchlin/Problemlösungsmethodik/142 ff. sowie Köhler/Modelle/2706.
3) Zum Isomorphieaspekt des MAI vgl. Waller/Modeling/786.

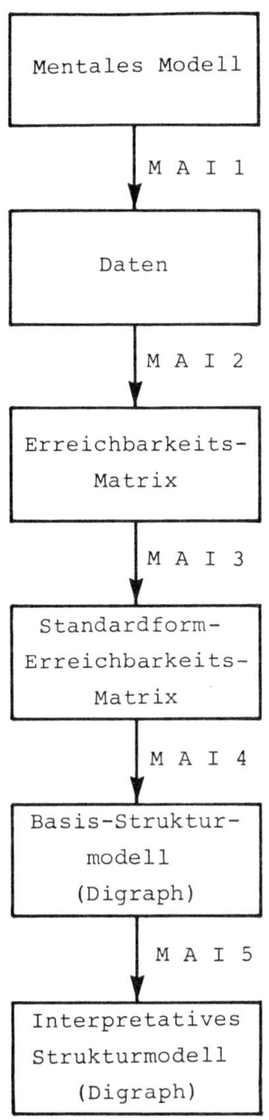

Abb. 42: Modell-Austausch-Isomorphismus (MAI) der ISM-Technik

Die einzelnen Phasen des MAI unterscheiden sich bezüglich ihrer Berücksichtigung von Struktur und Inhalt des zu behandelnden Problems.[1] Der Problemexperte verfügt über ein mentales Modell des Problems, das sich aus dem Inhalt (empirische Information), d. h. der spezifischen Elementmenge und der spezifischen Kontext-Relation, und der Struktur (formale Information), d. h. der spezifischen mathematischen Relation, zusammengesetzt. In MAI 1 wird dieses mentale Modell in weiche Daten, etwa der Art "Projekt p_3 ist weniger wichtig als Projekt p_5", überführt. In den drei nachfolgenden Phasen (MAI 2, 3 und 4), in denen ausschließlich der Computer operiert, kann, da es sich um formal-mathematische Bearbeitungsvorgänge handelt, vom Inhalt abstrahiert werden. Es ist lediglich die Struktur z. B. p_3Rp_5, von Interesse. Erst in der letzten Phase des MAI (MAI 5) wird das reine Strukturmodell wieder mit Inhalt angereichert, damit es für den Problemexperten interpretierbar wird.[2]

Die einzelnen Phasen des MAI sollen nachfolgend beschrieben werden.

1. <u>Oberführen des mentalen Modells in weiche Daten und Einbringen der Daten in eine Erreichbarkeits-Matrix (MAI 1 und MAI 2)</u>

Voraussetzung für das Oberführen des mentalen Modells in weiche Daten ist das Explizieren und Editieren der Elementmenge und der Kontext-Beziehung.[3] Sodann ist es möglich, durch Paarvergleiche die mathematische Relation, d. h. weiche Daten, zu ermitteln (MAI 1). Wie bereits in den

---

1) Vgl. Warfield/Systems/293 sowie Warfield/Interpretation/405 f.
2) Alle in diesem Kapitel bislang abgebildeten Digraphen sind dem Typ eines Basis-Strukturmodells aus Knoten und Kanten ohne inhaltliche Konkretisierung zuzuordnen.
3) Vgl. Szyperski, Eul-Bischoff/ISM/27.

Ausführungen zum transitiven Schluß deutlich wurde, müssen die Daten nur zum Teil durch Expertenabfrage gewonnen werden. Eine Vielzahl der Informationen kann der Computer durch logisches Schließen aus den bisherigen Daten generieren. Im MAI 2 werden diese Daten in die Felder einer Erreichbarkeits-Matrix eingebracht.

Die Trennung dieser beiden Phasen resultiert aus der Zeit, als die ISM-Algorithmen lediglich manuell verfügbar waren.[1] In der computergestützten ISM-Version werden die ermittelten Daten jedoch unverzüglich in die Matrix eingebracht, bevor die nächste Information generiert wird. Es erfolgt ein stetiger Wechsel zwischen den Phasen 1 und 2. In den nachfolgenden Ausführungen werden MAI 1 und MAI 2 daher nicht getrennt, sondern als integrativer Prozeß behandelt.

WARFIELD hat zwei verschiedene Algorithmen zum Überführen des mentalen Modells in eine Erreichbarkeits-Matrix entwickelt: "S c a n n i n g" und "I t e r a t i v e B o r d e r i n g". [2] Der Bordering-Algorithmus, der in der ISM-Software der "University of Dayton"[3] realisiert wurde, ist ein Spezialfall der zweiten Phase des Scanning-Algo-

---

1) Dies wird aus Warfield/Matrices/448 f. deutlich.
2) Beide Algorithmen sind beschrieben in Warfield/Implication; Warfield/Interconnection; Warfield/Subsystem; Warfield/Systems sowie Warfield/Transitive. Warfield beschränkte sich zunächst in seinen Ausführungen auf den Scanning-Algorithmus. Als jedoch Bedenken bezüglich eines "Ersten-Element-Syndroms" (aus der Beschreibung des Scanning wird deutlich werden, daß hiermit das Element p_i, über das die Elementmenge partitioniert wird, gemeint ist), das die konkrete Ausgestaltung des Strukturmodells beeinflußt, an ihn herangetragen wurden, entwickelte er als Alternative den Bordering Algorithmus. Sowohl vor als auch nach Entwicklung dieses Algorithmus verneint Warfield jedoch die Existenz des Ersten-Element-Syndroms. Vgl. Warfield/Systems/351. Auch die meisten ISM-Forscher und -Anwender (z.B. Fitz, Waller, Malone) stimmen mit Warfield überein, daß kein empirischer Beweis für die Existenz dieses Syndroms gegeben ist. Vgl. Lendaris/ISM/B-13.
3) Siehe Punkt E.IV.2.2.2.

rithmus.[1] Beim Bordering kann in jeder Zwischenstufe für die bislang inkorporierten Elemente ein Digraph, bzw. die entsprechende Information zu seiner Gestaltung, ausgegeben werden. Beim Scanning ist das Strukturmodell erst nach Behandlung aller Elemente verfügbar.[2] Der Scanning-Algorithmus, der der Software des "Battelle Memorial Institute"[3] zugrunde liegt, ist das umfassendere Konzept.[4]

---

1) Hierbei umfaßt die Submatrix B lediglich ein einziges Element. Während das Scanning auf der Relation eines Elements zu allen anderen basiert, wird beim Bordering das jeweils neu hinzukommende Element zu den bereits inkorporierten Elementen in Relation gesetzt. Das Bezugselement wechselt also laufend. Vgl. Venkatesan/Approach/129. Die nachfolgenden Ausführungen zum Scanning werden verdeutlichen, was hierunter zu verstehen ist.
2) Vgl. Warfield/Systems/354.
3) Siehe Punkt E.IV.2.2.1.
4) Die Verfasserin hatte Gelegenheit, an einem von der Carl-Cranz-Gesellschaft e.V. (CCG) gemeinsam mit der Gesellschaft für Mathematik und Datenverarbeitung mbH (GMD), St. Augustin, veranstalteten Lehrgang teilzunehmen, bei dem Warfield die ISM-Technik erstmals in Deutschland präsentierte. Vgl. Warfield/Modeling. Im Rahmen dieses Workshops war (noch) keine ISM-Software verfügbar, so daß nur eine manuelle ISM-Anwendung in Betracht kam. Warfield mußte daher nicht nur die Funktion des ISM-Moderators übernehmen, sondern auch die Software ersetzen. Die Elementmenge umfaßte 12 Elemente, die auf der Basis des Scanning-Algorithmus strukturiert wurden. Diese Anwendung des Scanning ohne Computerunterstützung - mit 74 % transitiven Schlüssen keineswegs weniger effizient als die computergestützte Version - steht im Widerspruch zu den Ausführungen von Sage/Methodology/109 und Farris/System/88, die eine manuelle Durchführung nicht für praktikabel halten. Aufgrund der o. a. Erfahrung kann die Verfasserin diese Meinung nicht teilen. Sicherlich ist bei den hier relevanten komplexen Problemen eine computergestützte gegenüber einer manuellen ISM-Anwendung zu präferieren. Es steht außer Zweifel, daß manuelles ISM auf die Annehmlichkeiten der Computerunterstützung bei der Digraphen-Zeichnung und -Modifizierung verzichten muß. Im konkreten kurzfristigen Fall lautet die Alternative jedoch nicht "computergestütztes" versus "manuelles" ISM, sondern "manuelles ISM" versus "nicht methodengestütztes Vorgehen". Unter diesem Aspekt sollte die relativ einfach zu erlernende manuelle Anwendung des Scanning-Algorithmus durchaus auch Beachtung finden.

Auf ihm basiert auch die Behandlung des ISM-Prozesses in Kapitel E.[1] Er soll nachfolgend kurz referiert werden. Anhand dieser Ausführungen wird deutlich werden, wie stark er den Problemexperten durch transitive Schlüsse kognitiv entlastet.

Das S c a n n i n g besteht aus zwei Teil-Algorithmen:

1) Partition[2] der Elementmenge über ein Element p_i
2) Füllen der Kreuz-Interaktions-Matrizen.

---

1) In jüngster Zeit sind vornehmlich japanische Autoren bestrebt, die Effizienz sowohl des Scanning als auch des Bordering zu verbessern. Sie zielen auf eine Verringerung des notwendigen Speicherplatzes ab, müssen dabei jedoch zumeist mehr Zeitaufwand zum Füllen der Erreichbarkeits-Matrix in Kauf nehmen. Vgl. Venkatesan/ Approach sowie Nishikawa, Udo/Methods.
Ein weiterer Ansatz geht auf Sage, Hawthorne zurück. Sie haben die ursprünglichen Algorithmen zum Füllen einer n x n Erreichbarkeits-Matrix (Scanning und Bordering) mit n^2-n Paarvergleichen (Abfragen und transitive Schlüssen) durch differenziertere Antwortmöglichkeiten für den Experten mit einer dreieckigen Selbst-Interaktions-Matrix auf $\frac{n^2-n}{2}$ Paarvergleiche reduziert, ohne die Option logischen Schließens einbüßen zu müssen. Auf die Frage "$p_i R p_j$?" hat der Experte nun statt zwei (Ja (1), Nein (0)) vier Antwortmöglichkeiten (Mesosymmetrie vorausgesetzt):
V: $p_i R p_j$
A: $p_j R p_i$
X: $p_i R p_j \wedge p_j R p_i$
O: $p_i \overline{R} p_j \wedge p_j \overline{R} p_i$.
Die auf diese Weise generierten Daten werden dann - wie bei den beiden anderen Algorithmen - in eine quadratische, binäre Erreichbarkeits-Matrix eingebracht.
Es ist zu fragen, ob diese Vorgehensweise, die sich ausschließlich an dem Ziel der Reduzierung der Paarvergleiche orientiert, nicht zu einer kognitiven Überforderung des Problemexperten führt. Eine computergestützte Version dieses Algorithmus ist bislang nicht verfügbar. Vgl. Farris/System/123 ff.

2) Die Partition einer Menge M entspricht einer Aufspaltung von M in eine endliche Anzahl nicht-leerer Teilmengen (Blöcke), wobei die Vereinigungsmenge aller Blöcke der Menge M entspricht und die Schnittmenge eine leere Menge ist. Vgl. Warfield/Principles/321.

Mit Hilfe des ersten Algorithmus läßt sich die Erreichbarkeits-Matrix zu 80 - 90 %[1] füllen. Der zweite Teil dient zum Ermitteln der restlichen Daten. Aufgrund seiner Bedeutung soll der erste Teil-Algorithmus ausführlicher dargestellt werden.[2]

Wählt man ein beliebiges Element p_i aus der Elementmenge M und untersucht auf genereller Ebene, wie die anderen Elemente aus M zu diesem Element gemäß der Kontext-Relation[3] in Beziehung stehen, so ergeben sich neben p_i folgende Teilmengen:[4]

(1) Es existiert eine Teilmenge $O(p_i)$ der Elemente, denen p_i untergeordnet ist. Diese Elementmenge aus M, die nicht das Element p_i umfaßt, wird als O b e r m e n g e von p_i bezeichnet.

(2) Es existiert eine Teilmenge $U(p_i)$ der Elemente, die p_i untergeordnet sind. Diese Elementmenge aus M, die weder aus der Obermenge noch aus p_i bestehen kann, wird als U n t e r m e n g e von p_i bezeichnet.

(3) Es existiert eine Teilmenge $V(p_i)$ der Elemente, denen p_i nicht untergeordnet ist und die p_i nicht untergeordnet sind. Diese Elementmenge aus M, die weder Obermengen-, Untermengenelemente noch p_i selbst enthalten kann, wird als V a k a n z m e n g e von p_i bezeichnet.[5]

---

1) Die konkrete Ausgestaltung dieser Prozentzahl ist vom spezifischen Anwendungsfall und hierbei auch von der "guten" Auswahl des Elements p_i abhängig.
2) Die nachfolgende Beschreibung des Scanning-Algorithmus orientiert sich sehr eng an den Ausführungen in Szyperski, Eul-Bischoff/ISM/29 ff.
3) Der Einfachheit halber sei von einer allgemeinen Unterordnungsbeziehung ausgegangen, die im speziellen selbstverständlich Beeinflussungs-, komparative oder neutrale Relationen umfassen kann.
4) Im konkreten Fall kann jede (nicht jedoch alle) der nachfolgend aufgeführten Teilmengen eine leere Menge sein.
5) Vgl. Warfield/Matrices/448 f. Die Begriffe "Obermenge", "Untermenge" und "Vakanzmenge" wurden als Übersetzung der englischsprachigen Ausdrücke "Lift Set", "Drop Set" und "Vacancy Set" gewählt.

Diese Teilmengenbildung zur Elementmenge M basiert auf der Annahme, daß die Möglichkeit symmetrischer Beziehungen nicht gegeben ist. Die Schnittmenge von Obermenge und Untermenge ist demzufolge die leere Menge. Der zugehörige Digraph stellt sich als Hierarchie i. e. S. - ohne Zyklen oder Feedback - dar. Die Partition der Elementmenge M über p_i hat folgendes Aussehen (vgl. Abb. 43).

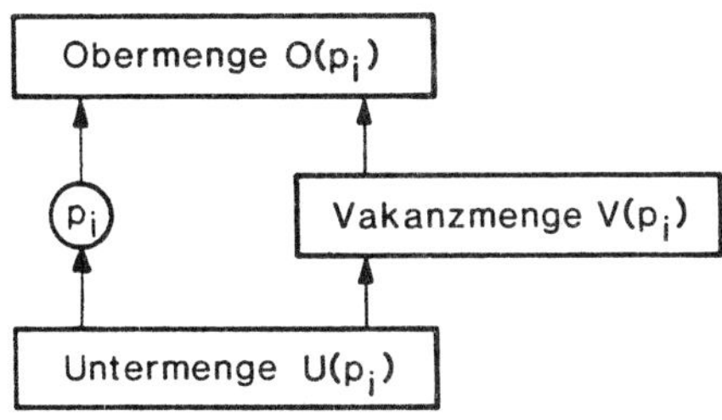

Abb. 43: Partition über Element p_i ohne Feedback

Ist jedoch, wie bei ISM, Mesosymmetrie zulässig, d. h. die Schnittmenge von $O(p_i)$ und $U(p_i)$ ist eine nichtleere Menge, so wird eine differenziertere Betrachtung der Ober- und Untermenge notwendig:

(1) Es existiert eine Teilmenge $NF(p_i) = O(p_i) \setminus U(p_i)$ der Elemente der Obermenge, denen p_i untergeordnet ist. Keines dieser Elemente ist untergeordnet zu p_i. Diese Elementmenge wird als Non-Feedbackmenge von p_i bezeichnet.

(2) Es existiert eine Teilmenge $F(p_i) = O(p_i) \cap U(p_i)$, also die Schnittmenge von Ober- und Untermenge, deren Elementen p_i untergeordnet ist und die p_i untergeordnet sind. Diese Elementmenge wird als Feedbackmenge von p_i bezeichnet.

(3) Es existiert eine Teilmenge $U'(p_i) = U(p_i) \setminus O(p_i)$ der Elemente der Untermenge, die untergeordnet zu p_i sind. Keinem dieser Elemente ist p_i untergeordnet. Diese Elementmenge wird als Teiluntermenge von p_i bezeichnet.

Die Partition über p_i stellt sich nun folgendermaßen dar (vgl. Abb. 44).

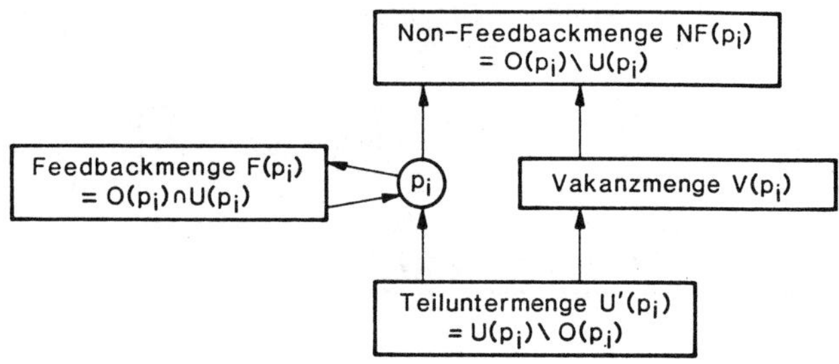

Abb. 44: Partition über Element p_i mit Feedback

Um die nachfolgenden Überlegungen zu vereinfachen, werden die beiden Teilmengen $NF(p_i)$ und $F(p_i)$ unter dem Oberbegriff Obermenge $O(p_i)$ zusammengefaßt. Die Teiluntermenge $U'(p_i)$ wird als Untermenge $U(p_i)$ bezeichnet. Trotz der in den weiteren Ausführungen verwendeten Begriffe Ober- und Untermenge darf jedoch nicht unberücksichtigt bleiben, daß diese Gedankengänge auf mesosymmetrischen Beziehungen basieren, also Feedbackbeziehungen zulassen.

Die Logik einer solchen Partition über das Element p_i - mit den Expertenantworten auf die Abfragen: Ist p_i untergeordnet zu p_j bzw. ist p_j untergeordnet zu p_i? (mit $p_i \neq p_j$) - erlaubt das Aufstellen einer Ereichbarkeits-Matrix in allgemeiner Form (vgl. Abb. 45).[1]

1) In Anlehnung an Warfield/Subsystem/79 sowie Warfield/ Matrices/449.

		Obermenge $O(p_i)$: Non-Feedbackmenge $NF(p_i)$	Obermenge $O(p_i)$: Feedbackmenge $F(p_i)$	p_i	Vakanzmenge $V(p_i)$	Untermenge $U(p_i)$
Obermenge $O(p_i)$	Non-Feedbackmenge $NF(p_i)$			0 0 0 0 0		
	Feedbackmenge $F(p_i)$			1 1 1 1 1 1 1 1		
	p_i	1 1 1 1 1	1 1 1 1 1 1 1 1	1	0 0 0 0	0 0 0 0 0
	Vakanzmenge $V(p_i)$			0 0 0 0		
	Untermenge $U(p_i)$			1 1 1 1 1		

Abb. 45: Partition über Element p_i zum Bestimmen der Erreichbarkeits-Matrix

Das Zuordnen der einzelnen Elemente zu den Teilmengen und damit die Zeilen- und Spaltenumformungen der Matrix lassen sich in Abhängigkeit von den Ausprägungen der bereits ermittelten Feldinhalte (0 oder 1) wie folgt vornehmen:

Zunächst wird die p_i-te Zeile untersucht:

(1) Alle Elemente, denen p_i untergeordnet ist, befinden sich in der Obermenge $O(p_i)$. (Feldinhalt "1" ohne p_i selbst).

(2) Alle Elemente, denen p_i nicht untergeordnet ist, gehören zur Vakanzmenge $V(p_i)$ oder zur Untermenge $U(p_i)$. (Feldinhalt "0").

Als nächstes wird die p_i-te Spalte betrachtet:

(3) Alle Elemente aus (2), die untergeordnet zu p_i sind, bilden die Untermenge $U(p_i)$. (Feldinhalt "1).

(4) Alle Elemente aus (2), die nicht untergeordnet zu p_i sind, bilden die Vakanzmenge $V(p_i)$. (Feldinhalt "0").

(5) Alle Elemente aus (1), die nicht untergeordnet zu p_i sind, bilden die Non-Feedbackmenge $NF(p_i)$. (Feldinhalt "0").

(6) Alle Elemente aus (1), die untergeordnet zu p_i sind, bilden die Feedbackmenge $F(p_i)$. (Feldinhalt "1" ohne p_i selbst).

Mit Hilfe des DELTA-Charts[1)] in Abb. 46 läßt sich jedes Element p_j, $j \neq i$ anhand der gegebenen Antwort eindeutig der jeweiligen Teilmenge zuordnen.[2)]

Auf der Basis der Partition der Elementmenge über das Element p_i kann nun durch l o g i s c h e s S c h l i e ß e n für eine Vielzahl der Teilmengen (Submatrizen) der Feldinhalt 0 bzw. 1 abgeleitet werden: Als Schlußfolgerungen ergeben sich:[3)]

(1) Die Obermenge kann weder der Vakanzmenge noch der Untermenge untergeordnet sein. Deshalb sind die Feldinhalte der Submatrizen $P_{OV}(p_i)$ und $P_{OU}(p_i)$ gleich 0.

---

1) Zum bereits erwähnten DELTA-Chart (Decision, Event, Logic, Terminator, Activity) für das Erstellen von Ablaufplänen vgl. Warfield/Systems/418 ff.
2) In Anlehnung an Sage/Methodology/114.
3) Vgl. Szyperski, Eul-Bischoff/ISM/35 f. sowie Sage/Methodology/113.

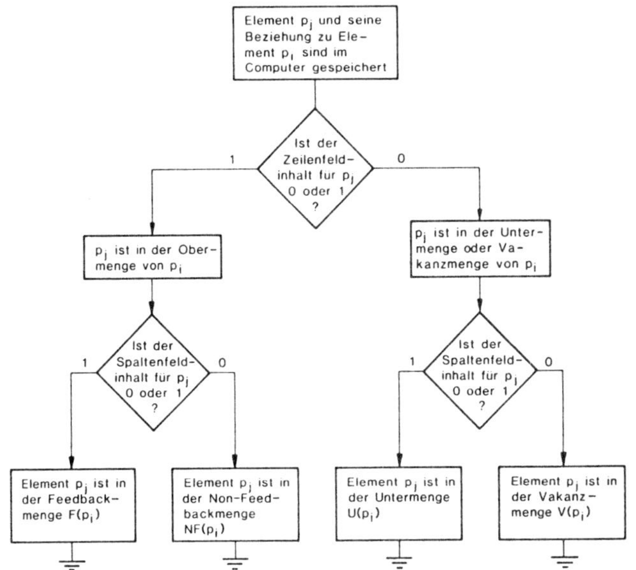

Abb. 46: DELTA-Chart zum Zuordnen aller p_j zu der jeweiligen Teilmenge

(2) Die Elemente in der Non-Feedbackmenge sind per definitionem den Elementen in der Feedbackmenge nicht untergeordnet. Daher sind alle Felder in $P_{NFF}(p_i)$ gleich 0.

(3) Die Elemente in der Feedbackmenge sind dem Element p_i untergeordnet; p_i wiederum ist allen Elementen der Obermenge untergeordnet. Aus diesem Grunde sind die Inhalte in $P_{FNF}(p_i)$ und $P_{FF}(p_i)$ gleich 1.

(4) Die Vakanzmenge kann der Feedbackmenge nicht untergeordnet sein (denn dann wäre sie untergeordnet zu p_i). Deshalb sind alle Feldinhalte der Submatrix $P_{VF}(p_i)$ gleich 0.

(5) Die Vakanzmenge kann der Untermenge nicht untergeordnet sein (denn dann wäre sie untergeordnet zu p_i, da die Untermenge p_i untergeordnet ist). Daher sind alle Felder in $P_{VU}(p_i)$ gleich 0.

(6) Die Untermenge ist untergeordnet zu p_i; p_i ist der Obermenge untergeordnet. Aus diesem Grunde ist die Untermenge der Obermenge untergeordnet und die Inhalte in $P_{UO}(p_i)$ sind gleich 1.

Durch eine sorgfältige Auswahl des Elementes p_i [1] und unter Berücksichtigung der Transitivitätsbedingung lassen sich - wie gezeigt - die Feldinhalte von 11 der 16 Submatrizen ohne Abfrage ermitteln.[2] In Abb. 47 werden die so gewonnenen Feldinhalte verdeutlicht.[3]

Von den verbleibenden fünf Submatrizen können die drei Hauptdiagonal-Matrizen $P_{NFNF}(p_i)$, $P_{VV}(p_i)$ und $P_{UU}(p_i)$ wiederum als Erreichbarkeits-Matrizen für die jeweiligen Teilelementmengen angesehen werden. Auch in diesen Fällen kann das Verfahren zur Partition über ein Element angewendet werden, um die Submatrizen zu füllen.[4]

---

1) Obwohl die Digraphen-Struktur a priori weder bekannt ist, noch bekannt sein sollte, basiert die Auswahl des Elementes p_i zumindest grob auf dieser Annahme. Das Element p_i soll etwa in der Mitte der Struktur angeordnet sein. Auf diese Weise gestaltet sich der Paarvergleich nicht nur interessanter, sondern auch effizienter (weniger Abfragen). Die Auswahl eines geeigneten Elementes ist jedoch nicht immer einfach. Vgl. Warfield/Systems/350 f. sowie Lendaris/ISM/B-13 f.
2) Vgl. Warfield/Matrices/448.
3) Vgl. Sage/Methodology/115.
4) Vgl. Warfield/Subsystem; Warfield/Systems/298 ff. sowie Warfield/Matrices/448.

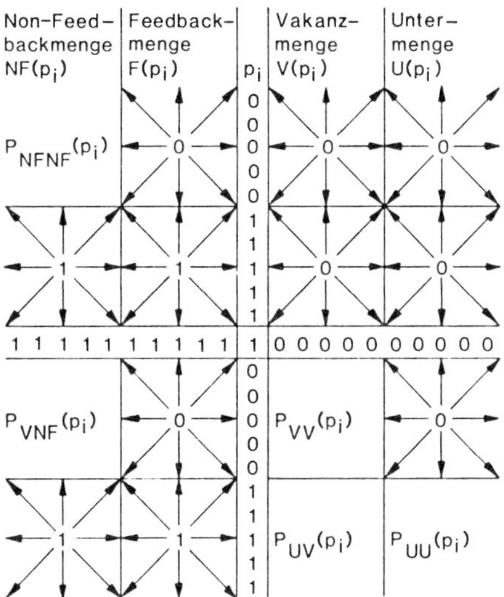

Abb. 47: Durch transitiven Schluß ermittelte Feldinhalte

Mit dieser Prozedur ist der erste Teil-Algorithmus des Scanning, mit dem sich ca. 80 - 90 % aller Feldinhalte bestimmen lassen, beendet. Zum Füllen der beiden Submatrizen $P_{VNF}(p_i)$ und $P_{UV}(p_i)$ sowie der analogen Teile in den Hauptdiagonal-Matrizen $P_{NFNF}(p_i)$, $P_{VV}(p_i)$ und $P_{UU}(p_i)$ usw. hat WARFIELD einen anderen Algorithmus entwickelt,[1)] da diese Matrizen bzw. Teilmatrizen nicht mehr dem Typ einer Selbst-Implikations- oder -Interaktions-Matrix entsprechen. Es handelt sich vielmehr um Kreuz-Interaktions-Matrizen mit verschiedenen Elementmengen in der Vorspalte und der Kopfzeile.

---

1) Vgl. Warfield/Interconnection; Warfield/Implication sowie Warfield/Transitive.

Ausgangspunkt bilden die beiden Submatrizen[1)]

$$P = \begin{bmatrix} P_{NFNF}(p_i) & 0 \\ P_{VNF}(p_i) & P_{VV}(p_i) \end{bmatrix}$$

$$P = \begin{bmatrix} P_{VV}(p_i) & 0 \\ P_{UV}(p_i) & P_{UU}(p_i) \end{bmatrix}$$

Beide Matrizen lassen sich aus Abb. 47 unter Nichtberücksichtigung bestimmter Teilmengen entwickeln. Die erste Matrix erhält man unter Vernachlässigung von Feedbackmenge, p_i und Untermenge, die zweite bei Nichtberücksichtigung von Obermenge und p_i der Original-Erreichbarkeits-Matrix.

Jede dieser beiden Matrizen ist von der Form[2)]

$$P = \begin{bmatrix} G & 0 \\ X & B \end{bmatrix}$$

wobei G und B bekannte bzw. bestimmbare Submatrizen darstellen. Gesucht ist die Submatrix X. Da es sich bei P, G und B um Erreichbarkeits-Matrizen handelt, gilt folgendes:

$$P^2 = P$$
$$G^2 = G$$
$$B^2 = B$$

---

1) Eine Matrix, die als Feldinhalte lediglich Nullen aufweist, also keinerlei Relationen dokumentiert, wird als Nullmatrix bezeichnet. Im folgenden wird sie durch eine Null symbolisiert. Vgl. Sage/Methodology/126 f.
2) Es wurde bereits erwähnt, daß der Bordering-Algorithmus einem Spezialfall entspricht, bei dem die Matrix B nur aus einem, nämlich dem neu hinzutretenden Element besteht.

Quadriert man nun P, so erhält man

$$P^2 = \begin{bmatrix} G^2 & 0 \\ XG+BX & B^2 \end{bmatrix} = P = \begin{bmatrix} G & 0 \\ X & B \end{bmatrix}$$

Unter Berücksichtigung der Gleichungen $G^2 = G$ sowie $B^2 = B$ ergibt sich für X

$$X = XG + BX.$$

Mit Hilfe dieser binären charakteristischen Matrix-Gleichung oder nach WARFIELD Selbst-Implikationsgleichung lassen sich durch Expertenabfragen und transitive Schlüsse die beiden fehlenden Kreuz-Interaktions-Matrizen bestimmen.[1)]

Durch Anwendung der beiden dargestellten Teil-Algorithmen des Scanning kann das mentale Modell in eine Erreichbarkeits-Matrix überführt werden. Dies geschieht unter maximaler Ausnutzung der Transitivitätsbedingung bei gleichzeitig relativ geringer kognitiver Belastung des Problemexperten.

---

1) Zur Veranschaulichung sei auf das Beispiel in Sage/Methodology/118 hingewiesen.

2. Umwandeln der Erreichbarkeits-Matrix in Standardform (MAI 3)

Die Erreichbarkeits-Matrix ist lediglich ein Zwischenprodukt auf dem Weg vom mentalen Modell zum expliziten Digraphen-Modell des Problems. Die mit Hilfe der Algorithmen des MAI 1 und MAI 2 gefüllte Erreichbarkeits-Matrix muß so aufbereitet werden, daß sich aus ihr die spezifische Form des Digraphen ermitteln läßt. Dieses Informationsniveau ist gegeben, wenn die Erreichbarkeits-Matrix in Standardform[1] vorliegt. In diese Standardform kann die Matrix gebracht werden, indem sie einen fünfphasigen Partitionsprozeß[2] durchläuft. Nach Abschluß dieses Prozesses läßt sich die Matrix durch Zeilen- und Spaltenumformungen in Standardform überführen.

Im folgenden sollen die fünf Partitionsphasen vorgestellt werden.[3] Hierbei ist es unerheblich, in welcher Form die Erreichbarkeits-Matrix vorliegt, d. h. ob sie mit Hilfe des Scanning- oder des Bordering-Algorithmus gefüllt wurde.

---

1) Aus dem Englischen "Standard Form" oder "Canonical Form". Vgl. etwa Sage/Methodology/126.
2) Dieser Partitionsprozeß ist nicht zu verwechseln mit der Partition über ein Element zum Füllen der Erreichbarkeits-Matrix aus MAI 1 und MAI 2.
3) Die Ausführungen zum Partitionsprozeß erfolgen in enger Anlehnung an Szyperski, Eul-Bischoff/ ISM/40 ff. Vgl. auch Tamura, Narai/Application/608 f.; Farris/System/88 ff.; Sage/Methodology/120 ff. sowie Warfield/Interpretation/407 f.

2.1 Relations-Partition

Die Relations-Partition π_1 (M x M) [1] unterscheidet die beiden Blöcke Z und $\bar{Z}$.[2] Ein geordnetes Paar (p_i, p_j) ist in Z enthalten, wenn p_i p_j erreicht, d. h. wenn der Feldinhalt e_{ij} = 1 ist. Im anderen Falle ist (p_i, p_j) in $\bar{Z}$ enthalten. Somit ergibt sich die erste Partition:

$$\pi_1 \left(M \times M\right) = \left[Z;\ \bar{Z}\right]$$

In den nachfolgenden vier Partitionen wird der Block Z eingehender untersucht.

2.2 Ebenen-Partition

Mit Hilfe der Hierarchieebenen-Partition π_2 (M) soll festgestellt werden, welchen Ebenen die einzelnen Elemente zuzuordnen sind.

Zu diesem Zweck müssen die Nachfolgermenge R(p_i) sowie die Vorgängermenge A(p_i) definiert werden.[3] R(p_i) besteht aus der Menge aller Elemente, die von p_i aus erreichbar sind. R(p_i) läßt sich durch Untersuchen der p_i entsprechenden Zeile ermitteln. Für jede Spalte, die in Zeile p_i eine 1 aufweist, ist das Element in R(p_i) enthalten.

Ähnlich besteht A(p_i) aus der Menge aller Elemente, die p_i erreichen. A(p_i) läßt sich durch Untersuchen der p_i entsprechenden Spalte ermitteln. Für jede Zeile, die in Spal-

---

1) Vgl. Hansen, McKell, Heitger/ISMS/1070 f. sowie Warfield/Interpretation/407.
2) Die einzelnen Blöcke werden in eckigen Klammern zusammengefaßt und durch Semikolon voneinander getrennt.
3) Die Nachfolgermenge R(p_i) darf nicht mit der Relation R verwechselt werden. Gleiches gilt für die Vorgängermenge A(p_i) und die Adjazenzmatrix A. Zu R(p_i) und A(p_i) vgl. Malone/Introduction/120.

te p_i eine 1 aufweist, ist das Element in $A(p_i)$ enthalten.

Ausgangspunkt der Partition sind die Elemente der obersten Hierarchieebene (Top-Level). Diese Elemente erreichen keine Elemente oberhalb ihrer eigenen Ebene. Für ein Top-Level-Element p_i besteht die Nachfolgermenge $R(p_i)$ demnach aus dem Element selbst sowie anderen Elementen derselben Hierarchiestufe, die das Element als Teil einer starken Zusammenhangskomponente[1] erreicht. Die Vorgängermenge $A(p_i)$ umfaßt bei einem Top-Level-Element das Element selbst, Elemente, die es von niedrigeren Stufen aus erreichen und sofern p_i ein Teil dieser ist, die Elemente der starken Zusammenhangskomponente auf der obersten Stufe. Im Falle eines Top-Level-Elementes ist demnach die Schnittmenge von $R(p_i)$ und $A(p_i)$ gleich $R(p_i)$.[2] Dies bedeutet, daß ein Element p_i dem Top-Level angehört, wenn folgende Bedingung erfüllt ist:

$$R(p_i) = R(p_i) \cap A(p_i).$$

Hat man auf diese Weise die Top-Level-Elemente identifiziert, so werden sie aus den nachfolgenden Betrachtungen eliminiert, und es werden die Top-Level-Elemente für die den Subgraphen repräsentierende Submatrix ermittelt usw.

Die zweite Partition in die Hierachieebenen L_1 bis L_l lautet demnach:

$$\pi_2\ (M) = \left[L_1;\ L_2;\ \ldots;\ L_l\right].$$

---

1) Das heißt einer stark verbundenen Teilmenge bzw. eines Zyklus. Siehe hierzu die Partitionen 4 und 5.
2) Wäre das Element nicht in der obersten Ebene angeordnet, so würde $R(p_i)$ zusätzlich Elemente höherer Ebenen umfassen und die Schnittmenge von $R(p_i)$ und $A(p_i)$ wäre nicht mit $R(p_i)$ identisch.

Definiert man ein 0-tes Level als leere Menge, $L_0 = \emptyset$, so läßt sich der oben dargestellte iterative Algorithmus wie folgt schreiben:

$$L_j = \left\{ p_i \in M - L_0 - L_1 - \ldots - L_{j-1} \;/\; R_{j-1}(p_i) = R_{j-1}(p_i) \cap A_{j-1}(p_i) \right\}$$

wobei $R_{j-1}(p_i)$ und $A_{j-1}(p_i)$ die Nachfolger- und Vorgängermengen für den Subgraphen, der aus den Elementen in $P-L_0-L_1-\ldots-L_{j-1}$ besteht, darstellen.

Die Anwendung dieses Algorithmus läßt sich manuell mittels Tabellen verdeutlichen.[1] Als Ergebnis erhält man die Anzahl der Ebenen sowie die Zugehörigkeit der Elemente zu den jeweiligen Ebenen.

2.3 Separate Teile-Partition

Es ist denkbar, daß die Matrix nicht *einen Gesamtdigraphen*, sondern *mehrere separate Subdigraphen* repräsentiert. Um dies zu überprüfen, gilt es zunächst, Elemente der untersten Hierarchieebene (Bottom-Level) zu definieren. Diese Elemente müssen nicht zwingend im l-ten Level eines l Level umfassenden Strukturmodells angesiedelt sein. Sie zeichnen sich lediglich dadurch aus, daß sie nicht von Elementen niedrigerer Stufen erreicht werden können.

Ein Element p_i gehört zum Bottom-Level dann, und nur dann, wenn folgende Bedingung erfüllt ist:

$$A(p_i) = R(p_i) \cap A(p_i).$$

---

1) Siehe hierzu das Beispiel im Anschluß an die 5. Partition. Vgl. auch Warfield/Matrices/444 ff.

Diese Bedingung und die Argumentation zu ihrer Validierung wurde bereits analog bei der Bestimmung der Top-Level-Elemente im Rahmen der zweiten Partition ausgeführt.

Zwei beliebige Bottom-Level-Elemente p_i und p_j gehören demselben Digraphen an, wenn ihre Nachfolgermengen mindestens ein gemeinsames Element enthalten. Ansonsten sind sie disjunkten Subdigraphen zuzuordnen. Die Elemente eines disjunkten Teilgraphen werden bei dieser Teilmengenbildung im selben Block zusammengefaßt, so daß sich für die dritte Partition schreiben läßt:

$$\pi_3 (M) = \left[D_1; D_2; \ldots; D_m \right] ,$$

wobei m die Anzahl der disjunkten Teilgraphen des Strukturmodells angibt.

Um $\pi_3(M)$ zu finden, wird zunächst die Menge der Bottom-Level-Elemente B bestimmt:

$$B = \left\{ p_i \in M \,|\, A(p_i) = R(p_i) \cap A(p_i) \right\} .$$

Des weiteren befinden sich zwei Elemente p_i, $p_j \in B$ dann, und nur dann, im selben Block, wenn gilt:

$$R(p_i) \cap R(p_j) \neq \emptyset .$$

Sind die Elemente von B den einzelnen Blöcken zugeordnet, so werden die verbleibenden Elemente der Nachfolgermengen den jeweiligen Blöcken hinzugefügt.

Als Ergebnis dieser Partition steht fest, wieviele Subdigraphen das Modell umfaßt und welche Elemente den einzelnen Subdigraphen angehören.[1)]

---

1) Zu dieser Partition vgl. Sage/Methodology/123 f.; Farris/System/93 ff. sowie Warfield/Interpretation/407 f.

2.4 Disjunkte und stark verbundene Teilmengen-Partition

Diese und die nachfolgende Partition liefern differenziertere Ausführungen zu den Ergebnissen der Ebenen-Partition:

Mit Hilfe von $\pi_2(M)$ lassen sich die einzelnen Ebenen des Digraphen mit den entsprechenden Elementen identifizieren. Innerhalb jeder Ebene können die Elemente Teil oder nicht Teil einer stark verbundenen Teilmenge, d. h. eines Zyklus, sein.[1] Gehört ein Element nicht einem solchen Zyklus an, so entspricht es seiner eigenen Nachfolgermenge, sofern Erreichbarkeit nur bezüglich der Elemente dieses Levels betrachtet wird. Ist ein Element p_i also nicht Teil einer solchen Menge, so gilt:

$$R_{L_k}(p_i) = p_i$$

wobei $R_{L_k}(p_i)$ Erreichbarkeit bezüglich der Elemente des Levels L_k anzeigt.

Mit Hilfe der Erreichbarkeits-Matrix läßt sich nun eine Zwei-Block-Partition $\pi_4(L_k)$ für die Elemente jedes Levels L_k vornehmen:

$$\pi_4(L_k) = \left[H, S\right] .$$

Erfüllt ein Element die o. a. Gleichung, so ist es in Block H enthalten. Im anderen Falle gehört es zu Block S. H umfaßt solche Elemente von L_k, die nicht einer stark verbundenen Teilmenge angehören,[2] S beinhaltet die Elemente solcher Zyklen.[3] Im Spezialfall können entweder H oder S (nicht jedoch beide) leere Mengen sein.

---

1) Vgl. Hansen, McKell, Heitger/ISMS/1071 f.
2) Für Elemente in H entspricht die Submatrix einer Einheits-Matrix. S wird durch eine Universal-Matrix dokumentiert.
3) Ist p_i ein Element des Blockes S, so besteht dieser Block, da er Zyklen extrahiert, notwendigerweise aus zumindest einem weiteren Element p_j, wobei der Relations-Block Z aus der 1. Partition u. a. die beiden geordneten Elementpaare (p_i, p_j) und (p_j, p_i) enthält.

Als Ergebnis dieser Partition ist bekannt, welche Elemente auf welcher Ebene einem Zyklus angehören.

2.5 Stark verbundene Teilmengenpartition

Eine Teilmenge von Elementen mag durch $\pi_4(L_k)$ in Block S plaziert sein, aber diese Elemente gehören nicht notwendigerweise derselben stark verbundenen Teilmenge an. Eine Gruppe von Elementen ist genau dann demselben Block, d.h. demselben Zyklus zuzuordnen, wenn jedes Element der Gruppe Nachfolger und Vorgänger zu jedem anderen Element in der Gruppe ist.[1] Das heißt, es gilt:

$$\pi_5(S) = \left[Z_1;\ Z_2;\ \ldots;\ Z_y \right],$$

wobei Z_i einem Zyklus und y der Zyklenanzahl entspricht.

Als Ergebnis dieser Partition verfügt man über die Information, welche Elemente die einzelnen Zyklen umfassen.

Nach Durchführen aller fünf Partitionen läßt sich die Erreichbarkeits-Matrix problemlos in Standardform überführen. Zuvor soll der Partitionsprozeß jedoch anhand eines einfachen Beispiels illustriert werden.[2]

Ausgangspunkt bildet die Erreichbarkeits-Matrix

E =

p_i \ p_j	1	2	3	4	5	6	7
1	1	0	0	0	1	0	1
2	0	1	0	0	0	0	0
3	0	0	1	0	1	1	0
4	0	1	0	1	0	0	0
5	0	0	0	0	1	0	0
6	0	0	1	0	1	1	0
7	0	0	0	0	1	0	1

---

1) Vgl. Warfield/Interpretation/408 sowie Hansen, McKell, Heitger/ISMS/1072.

2) In Anlehnung an Sage/Methodology/120 f. sowie Szyperski, Eul-Bischoff/ISM/45 ff.

Hierzu ergeben sich die nachfolgenden Partitionen:

$\Pi_1(MxM) = \{ [(1,1), (1,5), (1,7), (2,2), (3,3), (3,5), (3,6), (4,2), (4,4), (5,5), (6,3), (6,5), (6,6), (7,5), (7,7)]; [(1,2), (1,3), (1,4), (1,6), (2,1), (2,3), (2,4), (2,5), (2,6), (2,7), (3,1), (3,2), (4,3), (4,7), (4,1), (4,3), (4,5), (4,6), (4,7), (5,1), (5,2), (5,3), (5,4), (5,6), (5,7), (6,1), (6,2), (6,4), (6,7), (7,1), (7,2), (7,3), (7,4), (7,6)] \}$

Das Ermitteln von $\pi_2(M)$ geschieht mit Hilfe von Tabellen:

p_i	$R(p_i)$	$A(p_i)$	$R(p_i) \cap A(p_i)$
1	1, 5, 7	1	1
2	[2]	2, 4	[2]
3	3, 5, 6	3, 6	3, 6
4	2, 4	4	4
5	[5]	1, 3, 5, 6, 7	[5]
6	3, 5, 6	3, 6	3, 6
7	5, 7	1, 7	7

Abb. 48: Nachfolger- und Vorgängermengen für $M-L_0$

Wie aus der Tabelle ersichtlich, ist die Bedingung $R(p_i) = R(p_i) \cap A(p_i)$ für die Elemente 2 und 5 erfüllt. Sie bilden die Top-Level-Elemente

$$L_1 = [2, 5]$$

Eliminieren dieser Elemente entspricht folgender Tabelle:

p_i	$R(p_i)$	$A(p_i)$	$R(p_i) \cap A(p_i)$
1	1, 7	1	1
3	[3, 6]	3, 6	[3, 6]
4	[4]	4	[4]
6	[3, 6]	3, 6	[3, 6]
7	[7]	1, 7	[7]

Abb. 49: Nachfolger- und Vorgängermengen für $M-L_0-L_1$

Als Elemente für das 2. Level ergeben sich

$$L_2 = [3, 4, 6, 7].$$

Eliminieren auch dieser Elemente führt zu folgender Tabelle:

p_i	$R(p_i)$	$A(p_i)$	$R(p_i) \cap A(p_i)$
1	1	1	1

Abb. 50: Nachfolger- und Vorgängermengen für $M\text{-}L_0\text{-}L_1\text{-}L_2$

Für Level 3 ergibt sich:

$$L_3 = [\ 1\ ]$$

Demnach lautet die zweite Partition:

$$\pi_2(M) = \Big\{[2, 5]; [3, 4, 6, 7]; [\ 1\ ]\Big\}.$$

Untersucht man erneut Abbildung 48, so ergibt sich:

$$\pi_3(M) = \Big\{[1, 3, 5, 6, 7]; [2, 4]\Big\}.$$

Weiterhin läßt sich nennen:

$$\pi_4(L_1) = \{[2, 5]; [\ \emptyset\ ]\}$$
$$\pi_4(L_2) = \{[4, 7]; [3, 6]\}$$
$$\pi_4(L_3) \quad \{[\ 1\ ], [\ \emptyset\ ]\}.$$

Da die minimale Elementanzahl für einen Zyklus zwei Elemente beträgt, gehören in diesem trivialen Beispiel die Elemente 3 und 6 demselben Zyklus an.

$$\pi_5(S) = \Big\{[3, 6]\Big\}.$$

Kehrt man zu den allgemeinen Überlegungen einer Transformation der Erreichbarkeits-Matrix in Standardform zurück, so bleibt zunächst zu klären, was unter einer Standardform zu verstehen ist. Als Standardform wird eine u n t e r e B l o c k - D r e i e c k s m a t r i x bezeichnet, die aus Submatrizen besteht, wobei die Elemente (mit Hilfe der fünf Partitionen) so angeordnet sind, daß die Submatrizen oberhalb der Hauptdiagonalmatrizen ausschließlich Nullmatrizen sind. Daß es sich hierbei um Nullmatrizen handelt, erscheint einleuchtend: Diese Submatrizen dokumentieren Relationen übergeordneter zu untergeordneten Elementen. Da den ISM-Strukturmodellen jedoch hierarchische Digraphen i. w. S. (incl. Zyklen) entsprechen, kann es solche Relationen nicht geben. Die nachfolgenden Überlegungen werden dies verdeutlichen.

Es lassen sich zwei Typen der Standardform unterscheiden:[1)]

(1) Berücksichtigt man nur die Partitionen 1 und 2, so werden die Elemente entsprechend den einzelnen Ebenen angeordnet (vgl. Abb. 51).

$E' =$

	L_1	L_2	L_3	L_4	...	L_l
L_1	L_{11}	0	0	0	...	0
L_2	L_{21}	L_{22}	0	0	...	0
L_3	L_{31}	L_{32}	L_{33}	0	...	0
L_4	L_{41}	L_{42}	L_{43}	L_{44}	...	0
.	.	.	.	.	...	.
.	.	.	.	.	...	.
.	.	.	.	.	...	.
L_l	L_{l1}	L_{l2}	L_{l3}	L_{l4}		L_{ll}

Abb. 51: Standardform-Erreichbarkeits-Matrix nach Ebenen

1) Vgl. Szyperski, Eul-Bischoff/ISM/49 ff.; Warfield/Interpretation/408; Sage/Methodology/126 f. sowie Farris/System/97 ff.

Auf das Beispiel bezogen ergibt sich:

E' =

		L_1		L_2				L_3
		2	5	3	4	6	7	1
L_1	2	1	0	0	0	0	0	0
	5	0	1	0	0	0	0	0
L_2	3	0	1	1	0	1	0	0
	4	1	0	0	1	0	0	0
	6	0	1	1	0	1	0	0
	7	0	1	0	0	0	1	0
L_3	1	0	1	0	0	0	1	1

(2) Ist jedoch, wie bei ISM üblich, Mesosymmetrie der Kontext-Beziehung zulässig und weist die mathematische Relation tatsächlich symmetrische Beziehungen auf, so ist dieser Typ zu undifferenziert. Innerhalb der Ebenen muß unterschieden werden, ob und wenn ja, welchem Zyklus die einzelnen Elemente angehören. Es werden also zusätzlich Informationen aus den Partitionen 4 und 5 berücksichtigt.[1)]

Für das Beispiel ergibt sich folgende Standardform:

E'' =

		I_1		I_2		S_2		I_3
		2	5	4	7	3	6	1
I_1	2	1	0	0	0	0	0	0
	5	0	1	0	0	0	0	0
I_2	4	1	0	1	0	0	0	0
	7	0	1	0	1	0	0	0
S_2	3	0	1	0	0	1	1	0
	6	0	1	0	0	1	1	0
I_3	1	0	1	0	1	0	0	1

Systeme, die sich mit Hilfe dieser Standardform-Erreichbarkeits-Matrix abbilden lassen, bezeichnet SIMON als a n n ä h e r n d z e r l e g b a r e S y s t e m e, d. h. als Hierarchien i. w. S.[2)] Wie bereits erwähnt, sind alle Matrizen oberhalb der Hauptdiagonal-

1) Partition 3 ist erst beim MAI 4 von Bedeutung.
2) Zum annähernd und vollständig zerlegbaren System vgl. Simon/Probleme/338 f.; Simon/Sciences/123 sowie Simon, Ando/Aggregation/111 ff.

matrizen Nullmatrizen. Während diese Matrizen (nicht existente) Relationen von Elementen übergeordneter zu Elementen untergeordneter Ebenen widerspiegeln, verdeutlichen die Hauptdiagonalmatrizen Relationen zwischen Elementen derselben Ebene. Existiert keine Beziehung (H), so entspricht dies einer Einheits-Matrix. Ist ein Zyklus vorhanden (S), so bedeutet dies eine Universal-Matrix. Die Matrizen unterhalb der Hauptdiagonalmatrizen bilden Relationen von Elementen untergeordneter Ebenen zu Elementen übergeordneter Ebenen ab.[1]

Im Gegensatz hierzu ist ein System v o l l s t ä n d i g z e r l e g b a r, wenn sich auch unterhalb der Hauptdiagonalmatrizen ausschließlich Nullmatrizen befinden. In diesem Falle liegt keine hierarchische Struktur mehr vor. Es handelt sich um isolierte Elemente,[2] die allenfalls - bei Vorliegen von Universal-Matrizen auf der Hauptdiagonalen - Relationen zu Elementen derselben Ebene aufweisen. Bei vollständig zerlegbaren Systemen entfällt auch die Sinnhaftigkeit der Ebenenzuordnung bzw. des Ebenengedankens selbst. Derartige Systeme sind nicht Schwerpunkt der ISM-Konzeption.

---

1) Es handelt sich um die bereits erwähnten Kreuz-Interaktions-Matrizen. Siehe Punkt D.III.1.
2) Siehe Punkt D.I.1.3.1.

3. Entwickeln des Basis-Strukturmodells (Digraphen) aus der Standardform-Erreichbarkeits-Matrix (MAI 4)

Beide Typen der Standardform-Erreichbarkeits-Matrix - ergänzt um die Ergebnisse aus der 3. Partition[1] - beinhalten alle Informationen zum Entwickeln des Digraphen. Wie bereits erwähnt, weist die Erreichbarkeits-Matrix jedoch zahlreiche redundante Relationen auf. Zweckmäßigerweise sollte der Digraph jedoch einer minimal spannenden Darstellung entsprechen, die alle transitiv geschlossenen Relationen vernachlässigt. Auf das äquivalente Konzept der Matrix übertragen, erfüllt die zugehörige Adjazenz-Matrix diese Bedingung.

Diese Überlegungen liegen dem Algorithmus, den WARFIELD entwickelt hat, zugrunde.[2] FARRIS präferiert einen anderen Algorithmus, der die Redundanzen erst beim Erstellen des Digraphen ausschaltet.[3] Beide Algorithmen sollen beschrieben werden.

3.1 Mit Berücksichtigung der Adjazenz-Matrix

Adjazenz-Matrix A und Erreichbarkeits-Matrix E weisen, wie bereits erwähnt,[4] folgenden Bezug zueinander auf:

$$E = (A + I)^r$$

WARFIELD[5] hat einen Algorithmus präsentiert, der es ermöglicht, A zu bestimmen. Dieser iterative Prozeß basiert

1) Die implizit bereits in der Standardform enthalten sind.
2) Vgl. Warfield/Interpretation/408 ff.
3) Vgl. Farris/System/101 ff. sowie Sage/Methodology/128 f.
4) Siehe Punkt D.I.2.3.
5) Vgl. Warfield/Interpretation/408 ff.

auf der block-diagonalen Ausdehnung der kondensierten[1]) Standardmatrix.[2]) Dieser Algorithmus ist sehr umfangreich. Auch aus Verständnisgründen erscheint es nicht notwendig, ihn ausführlicher zu behandeln, da er lediglich darauf abzielt, redundante Relationen aus der Matrix zu eliminieren.

Auf diesem Algorithmus basieren sowohl die Software des "Battelle Memorial Institute" (BMI) als auch das Programmpaket der "University of Dayton" (UD).

Die Informationen, die in die Adjazenz-Matrix inkorporiert sind, bilden - in aufbereiteter Form - den Output des MAI 4. Dieser Output besteht aus den jeweiligen Ebenen, den ihnen zugeordneten Elementen und dem Hinweis auf die entsprechenden Relationen. Weiterhin werden Zyklen ausgewiesen. Auf das Beispiel bezogen, würde ISM folgenden Output liefern (vgl. Abb. 52):

```
Cycle on 3, 6

Level No. 1
      2
      5

Level No. 2
      3 --> 5
      4 --> 2
      7 --> 5

Level No. 3
      1 --> 7
```

Abb. 52: Computer-Output des Beispiels

---

1) Zur Kondensations-Matrix siehe Punkt D.I.2.4.1.

2) Die block-diagonale Ausdehnung entspricht der booleschen Summe der links-blockdreieckigen Komponente, der Haupt-Diagonal-Block-Komponente und der rechts-blockdreieckigen Komponente.

Aus diesen Informationen muß der Benutzer, d.h. der Moderator, das Digraphen-Modell erstellen.

Während die ISM-Software des BMI und der UD umfangreiche Prozeduren zur Matrizenverarbeitung enthält, schenkt sie der Präsentation des Outputs kaum Beachtung. Im Gegensatz zu diesen Programmen liefert das ISM-Softwarepaket der SERPRO in Kooperation mit IBM Brasilien dem Benutzer jedoch über das angeschlossene Graphik-System einen fertigen Digraphen als Output.[1)]

3.2 Ohne Berücksichtigung der Adjazenz-Matrix

Der WARFIELD-Algorithmus ist für die computergestützte ISM-Anwendung vorgesehen. Für die manuelle Handhabung ist er jedoch wenig praktikabel. Zu diesem Zweck hat FARRIS[2)] eine alternative Methode entwickelt, mit der ein minimal-spannender Digraph erstellt werden kann, ohne daß eine Adjazenz-Matrix bestimmt werden muß.

Ausgangspunkt bildet die Standardform E'. Der Algorithmus umfaßt folgende Schritte:

(1) Zunächst werden alle Elemente auf den entsprechenden Ebenen gezeichnet. (In den nachfolgenden Schritten werden die entsprechenden Relationen hinzugefügt.)

(2) Alle Zyklen werden gezeichnet. (Erkennbar durch zur Hauptdiagonalen symmetrisch angeordnete Einsen.)

(3) Es werden Submatrizen der Form $E'_{i+1,i}$ betrachtet. Diese Submatrizen kennzeichnen Erreichbarkeit zwischen

---

1) Siehe Punkt E.IV.2.2.3 sowie F.I.1.2.2.3.

2) Vgl. Farris/System/101 ff.; Sage/Methodology/128 f. sowie Szyperski, Eul-Bischoff/ISM/54 f.

benachbarten Ebenen. Es werden alle Kanten gezeichnet, jedoch mit einer Ausnahme: Ist ein Zyklus betroffen, so wird nur von bzw. zu einem beliebigen Element dieses Zyklus eine Kante gezeichnet.[1)]

(4) Als nächstes werden Submatrizen der Form $E'_{i+2,i}$ untersucht. Ist eine Relation zwischen diesen beiden nicht benachbarten Levels angezeigt, so wird zunächst geprüft, ob diese Beziehung durch zwei gezeichnete Kanten in Schritt (3) und damit durch die Transitivitätsbedingung dargestellt werden kann. Ist dies zutreffend, so entfällt diese Kante. Im anderen Fall wird sie eingezeichnet.

(5) Die nachfolgenden Schritte betrachten Submatrizen der Form $E'_{i+3,i}$, $E'_{i+4,i}$ etc. Auch hier wird stets überprüft, ob frühere Kanten die neue Kante überflüssig machen. Diese Prozedur wird fortgesetzt, bis alle betrachtungsrelevanten Submatrizen einbezogen worden sind.

Sowohl beim manuellen Überführen der Erreichbarkeits-Matrix in den Digraphen als auch beim Umsetzen der in den beiden computergestützten Versionen inkorporierten Informationen in das Basis-Strukturmodell ist es während oder nach Beendigung des Zeichnens notwendig, die Elemente auf den einzelnen Ebenen untereinander zu vertauschen, um K a n t e n ü b e r s c h n e i d u n g e n zu vermeiden bzw. zu verringern.[2)] Die Zweckmäßigkeit dieses Vorgehens wird schon das nachfolgende kleine Beispiel belegen.

Für das Beispiel ergibt sich folgende Vorgehensweise:

---

1) Dies entspricht dem Proxy-Element-Gedanken, der der Kondensations-Matrix zugrunde liegt.
2) Vgl. Warfield/Interaction/10-5.

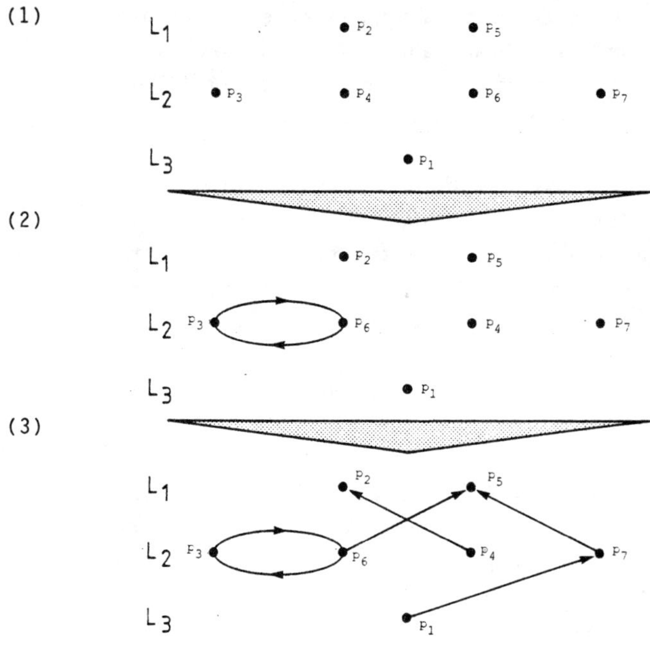

(4) Die einzige Relation der Matrix $E'_{3,1}$ p_1Rp_5 ist bereits durch die Transitivitätsbedingung gegeben und wird nicht eingezeichnet. Damit schließt der Prozeß. Nach erneutem Vertauschen der Elemente in Ebene 2 ergibt sich folgendes Basis-Strukturmodell (vgl. Abb. 53):

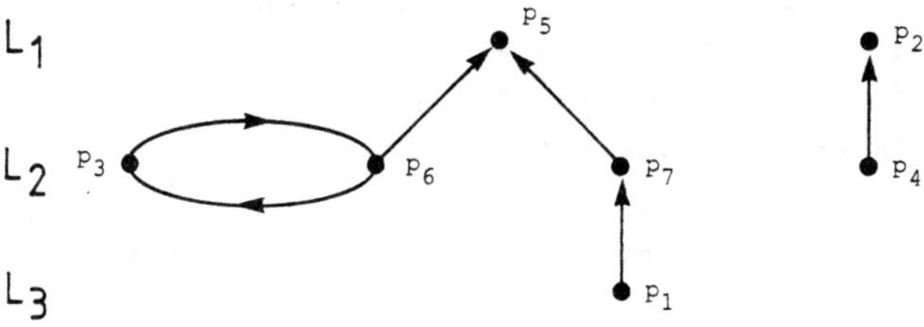

Abb. 53: Basis-Strukturmodell des Beispiels

4. Transformation des Basis-Strukturmodells in ein Interpretatives Strukturmodell (MAI 5)

Über die Zwischenstufe einer Erreichbarkeits-Matrix konnte das mentale Modell in einen Digraphen überführt werden. Diese rein formale Struktur muß nun wieder mit I n h a l t angereichert werden.[1] Zu diesem Zweck werden im Basis-Strukturmodell die Knoten, d. h. die Elementzahlen, durch Elementidentifikationen, d. h. ihren Wortlaut, wie etwa Projekt A oder Ziel B, substituiert. Die Kanten werden im Sinne der zugrundeliegenden Kontext-Relation gedeutet. Erst dann ist eine inhaltliche Interpretation und gegebenenfalls Modifikation des Digraphen möglich.[2] Hierauf wird in Punkt E näher eingegangen.

Die Aktivitäten des MAI 5 müssen bei der BMI- und der UD-Software vom Benutzer, d.h. Moderator, durchgeführt werden. Das gleiche gilt bei manueller Anwendung. Das IBM-Programmpaket behandelt diese Aufgabe automatisch ohne Intervention des Benutzers.

---

1) Vgl. Warfield/Probing/1-7; Warfield/Systems/201; Warfield/Hierarchies/4-2 sowie Szyperski, Eul-Bischoff/ISM/55 f.
2) Vgl. Warfield/Interaction/10-5.

E. MENSCH-MASCHINE-AKTIONSEINHEIT IM ISM-PROZESS

Der im vorangegangenen Kapitel dargestellte MAI ist Bestandteil des umfassenderen ISM-Prozesses. Ein erster Schritt auf dem Weg zu diesem komplexen Konzept ist die Berücksichtigung von Iterationen nach der Strukturermittlung, d.h. nach dem Zeichnen des Interpretativen Strukturmodells. Dieser Prozeß läßt sich als Mensch-Maschine-Symbiose zwischen dem ISM-Problemexperten und dem ISM-Computer interpretieren: Für den programmierbaren Teil des MAI übernimmt der Computer die Informationslogistik und -speicherung, während sich der Experte auf heuristischem Wege mit dem Inhalt des Problems auseinandersetzt[1]) (vgl. Abb. 54)[2]).

Für diese Mensch-Maschine-Symbiose ergibt sich folgender Ablauf: Ein von außen auf den Menschen einwirkender Stimulus führt zur Entstehung eines mentalen Modelles des Problems. Dieses Modell wird über die Phasen des MAI 1 und MAI 2 in eine Erreichbarkeits-Matrix transformiert. Das Umformen in ein Basis-Strukturmodell (MAI 3 und MAI 4) wird vom Computer ausgeführt. Der Problemexperte reichert das Modell wieder mit Inhalt an (MAI 5) und vergleicht es mit seinem mentalen Modell. Dieses mentale Modell ist zumeist nicht mehr mit dem anfänglichen identisch, da der Experte bei der Problembearbeitung einen Lernprozeß durchlaufen hat, der die Gestalt seines mentalen Modells beeinflußt.

---

1) Vgl. Warfield/Complex/I.
2) Abb. 54 in Anlehnung an Malone/Introduction/121. Diese Abbildung basiert auf den ersten beiden Software-Generationen des BMI bzw. der UD, bei denen das Erstellen des Interpretativen Strukturmodells vom Benutzer übernommen werden muß. Das IBM-Programmpaket ist erst vor kurzem fertiggestellt worden und für den externen Benutzer (noch) nicht verfügbar. Die gleichen Überlegungen gelten analog für den nachfolgend dargestellten Ablaufplan des ISM-Prozesses, der auf der BMI-Software mit dem Scanning-Algorithmus basiert.

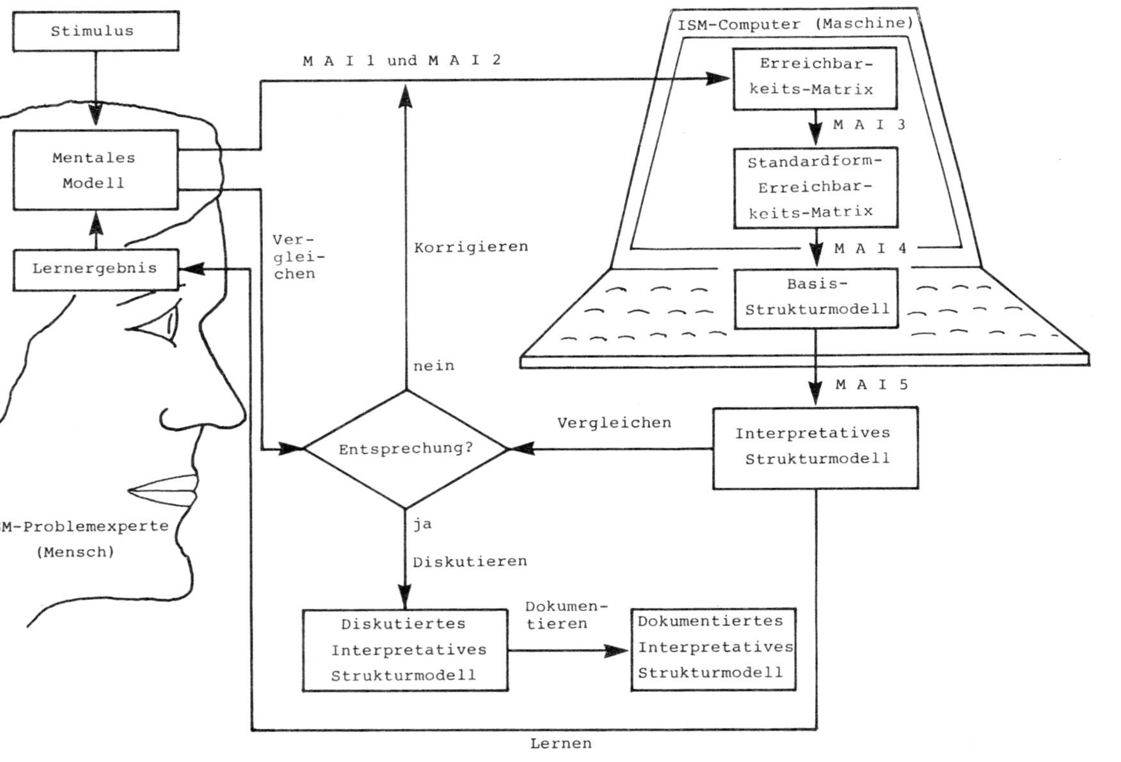

Abb. 54: Mensch-Maschine-Symbiose zwischen dem ISM-Problemexperten und dem ISM-Computer

Betrachtet der Problemexperte das Interpretative Strukturmodell nicht als adäquate Explikation seines mentalen Modells, so wird er einen Korrekturprozeß initiieren. Akzeptiert der Experte das Strukturmodell - mit oder ohne Korrekturprozeß - als angemessene Darstellung seiner Problemsicht, so wird er als nächsten Schritt ausführlich die Implikationen des Digraphen untersuchen.

Das Strukturmodell und seine inhaltliche Interpretation bilden zusammen mit einer Beschreibung des Prozesses die ISM-Dokumentation.

Aber auch unter Berücksichtigung dieser vier Phasen des Strukturierens, Korrigierens, Diskutierens und Dokumentierens ist der ISM-Prozeß noch nicht umfassend beschrieben. Wie bereits ausgeführt, geht der Strukturierungsphase zum Bestimmen der mathematischen Relation eine Generierungsphase zum Definieren der Elementmenge voraus. Diese Aufgabe kann der Problemexperte jedoch erst wahrnehmen, wenn er über das Problem und die ISM-Technik orientiert worden ist.

Die sechs Phasen

(1) Orientieren (des bzw. der Problemexperten)

(2) Generieren (der Elementmenge)

(3) Strukturieren (der Elementmenge auf der Basis der Kontext-Relation)

(4) Korrigieren (des Interpretativen Strukturmodells)

(5) Diskutieren (des Interpretativen Strukturmodells)

(6) Dokumentieren (des Prozesses und Ergebnisses)

entsprechen der D u r c h f ü h r u n g eines ISM-Prozesses.[1] Ohne v o r b e r e i t e n d e Aktivitäten läßt sich der ISM-Prozeß jedoch nicht ausführen. Des weiteren erfüllt der ISM-Prozeß keinen Selbstzweck. Seine Ergebnisse sollen durchgesetzt und realisiert werden. Dem ISM-Prozeß schließt sich daher eine K o n t r o l l p h a s e an, die den während der ISM-Anwendung begonnenen Lernprozeß fortführt.

Da die einzelnen Aktivitäten des ISM-Prozesses unterschiedliche Kenntnisse bzw. Fähigkeiten voraussetzen,[2] werden sie, wie auch der MAI, im Sinne einer optimalen Gestaltung arbeitsteilig durchgeführt: Neben den ISM-Problemexperten und den ISM-Computer treten der ISM-Manager sowie der ISM-Moderator.

Alle vier Aktionsträger[3] - die personellen Aktionsträger "P r o b l e m e x p e r t e", "M o d e r a t o r" und "M a n a g e r" sowie der sachliche Aktionsträger "C o m - p u t e r" -, die im ISM-Prozeß als Mensch-Maschine-Aktionseinheit[4] zusammenwirken, sollen ausführlich behandelt werden. Entsprechend seiner Bedeutung für die inhhaltliche Problembewältigung liegt der Schwerpunkt der Betrachtung auf dem ISM-Problemexperten. Die Explikation seines men-

---

1) Dieses sechsphasige Schema findet sich u.a. bei Fitz, Hornbach/Methodology/1171 ff., Fitz, Troha/Experiment/ 36 ff.; Fitz, Yingling, Troha, Crim/Computer/4 ff. sowie Crim/Modeling/581. Zu ähnlichen Gliederungen vgl. Langhorst/Computer/29 f.; Jacob/ISM/8 und 16; Gomez/ Modelle/267 ff.; Thissen, Sage, Warfield/Users/136 ff.; Watson/Modeling/170 f. sowie Szyperski, Müller-Silva, Eul-Bischoff/Strukturmodellierung/63 ff.

2) Dieser Aspekt wird im weiteren Verlauf ausführlich behandelt.

3) "Die Aktionseinheit umfaßt, abhängig von der Art des Prozeßausschnittes, den sie auszuführen hat, einen oder mehrere Aktionsträger. Immer dann, wenn die Ausübung einer Aktion das gleichzeitige Aktivwerden einer Mehrzahl von Aktionsträgern erfordert, werden diese zu einer Aktionseinheit zusammengeschlossen. Als Aktionsträger können in der Unternehmung entweder Menschen oder bestimmte Arten von Sachmitteln, d.h. Maschinen, auftreten." Grochla/Unternehmungsorganisation/45.

4) Vgl. Grochla/Unternehmungsorganisation/46.

talen Modells "löst" das schlecht-strukturierte, komplexe Problem. Zunächst wird der Experte als I n d i v i d u u m diskutiert. Da ISM jedoch als Gruppentechnik konzipiert ist, wird die Betrachtung um die Dimension der G r u p p e als Problemexperte erweitert.

Zuvor soll jedoch zur Einordnung der nachfolgenden Überlegungen der gesamte ISM-Prozeß in Form eines Ablaufplanes dargestellt werden (vgl. Abb. 55).[1] Die detaillierte Beschreibung der einzelnen Aktivitäten bleibt den Ausführungen zu den jeweiligen Aktionsträgern vorbehalten.

I. ISM-PROBLEMEXPERTE

Wie auch bei den anderen personellen Aktionsträgern - Manager und Moderator - sollen bezüglich des Problemexperten zunächst seine Rolle (Punkt E.I.1) und seine Tätigkeiten während des ISM-Prozesses (Punkt E.I.2) beleuchtet werden. Da der Problemexperte die zentrale Position im ISM-Prozeß einnimmt, wird in Punkt E.I.3 u. a. ausführlich zu Einflußfaktoren der Bildung mentaler Modelle des Individuums, auf deren systematische Explikation die ISM-Technik abzielt, Stellung genommen. Punkt E.I.4 erweitert die Perspektive auf ein Team von Problemexperten, wobei u. a. gruppendynamische Aspekte der Zusammenarbeit diskutiert werden.

---

1) Problemexperte ist hierbei eine G r u p p e kompetenter Personen, das ISM-Team.

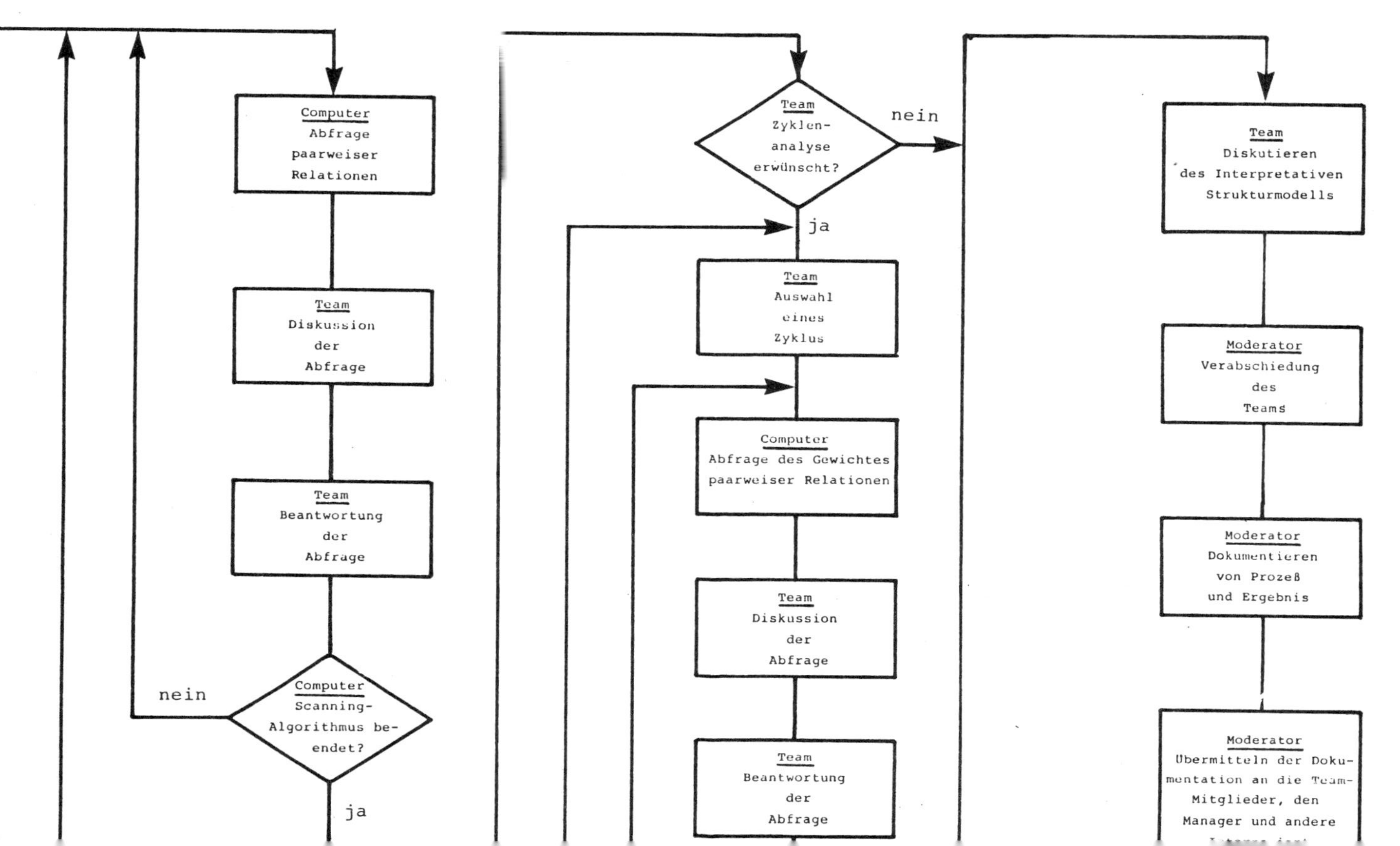
Computer
Abfrage paarweiser Relationen
Team
Diskussion der Abfrage
Team
Beantwortung der Abfrage
Computer
Scanning-Algorithmus be-endet?
nein
ja
Team
Zyklen-analyse erwünscht?
nein
ja
Team
Auswahl eines Zyklus
Computer
Abfrage des Gewichtes paarweiser Relationen
Team
Diskussion der Abfrage
Team
Beantwortung der Abfrage
Team
Diskutieren des Interpretativen Strukturmodells
Moderator
Verabschiedung des Teams
Moderator
Dokumentieren von Prozeß und Ergebnis
Moderator
Übermitteln der Dokumentation an die Team-Mitglieder, den Manager und andere

1. Rolle des ISM-Problemexperten

Notwendige Voraussetzung zur Ausübung der Rolle eines ISM-Problemexperten sind problemrelevante Kenntnisse.[1] Neben den Kenntnissen übt auch die psychische und wertmäßige Disposition des Experten eine wichtige Funktion auf die Effizienz und Effektivität des ISM-Prozesses aus. Eine diesbezüglich heterogene Auswahl der Team-Mitglieder ist Aufgabe des Managers.[2] Auf die Bedeutung dieser drei Einflußfaktoren für die Bildung mentaler Modelle geht Punkt E.I.3.1.2 näher ein. Zur ISM-Team-Heterogenität nimmt Punkt E.I.4.2 Stellung.

Die organisatorische Einordnung des Experten ist nur im Kontext des konkreten Problems zu spezifizieren. Erst dann lassen sich Aussagen über die involvierten Funktionsbereiche treffen. Lediglich die Forderung nach einer hierarchisch homogen zusammengestellten Gruppe zur Verringerung von Dysfunktionalitäten bei der Zusammenarbeit hat allgemeingültigen Charakter.

Eine ISM-spezifische Ausbildung ist für den Problemexperten nicht erforderlich. Die notwendigen Informationen vermittelt ihm der Moderator in der Orientierungsphase des ISM-Prozesses. Mathematische und computertechnische Kenntnisse des Experten sind nicht erforderlich. Sie gehören zum Rollenprofil des Moderators. Der Zusammenarbeit förderlich ist eine - zumindest - nicht negative Einstellung gegenüber Gruppenarbeit mit eventuellen praktischen Erfahrungen.

---

1) Vgl. Szyperski, Eul-Bischoff/ISM/69 sowie Lendaris/Aspects/331.
2) Siehe Punkt E.III.2.

2. Tätigkeiten des ISM-Problemexperten bei der Durchführung des ISM-Prozesses

Sowohl die Vorbereitungs- als auch die Kontrollphase erfolgt ohne Einbeziehung des Problemexperten. Seine Tätigkeiten beschränken sich ausschließlich auf den Bereich der Durchführung des ISM-Prozesses.[1]

Zunächst obliegt es dem Problemexperten, die problemrelevanten Elemente zu ermitteln und diese Elementmenge auf Unvollständigkeiten, Redundanzen etc. zu überarbeiten.[2]

Nach dieser Generierungsphase strukturiert der Experte mit Computerunterstützung die Elementmenge anhand der ausgewählten Kontext-Relation.[3] Im Einzelfall wird das Team über einen Diskussionsprozeß zu einem Konsens gelangen. Zumeist wird jedoch im Anschluß an die Diskussion die Existenz oder Nicht-Existenz einer Relation über eine einfache Mehrheitsentscheidung ermittelt.

Entspricht das Strukturmodell nicht dem mentalen Modell, so wird ein Korrekturprozeß durchlaufen.

Findet die Strukturierung im Team statt, so wird jeder einzelne Experte - bedingt durch die Vielzahl der Paarvergleiche - mit seinem Urteil häufig der Majorität unterliegen. Unter dieser Prämisse ist eine vollständige Entsprechung von mentalem Modell und Strukturmodell nicht möglich. Diese Interpretation geht jedoch konform mit der lediglich partiellen Problemdefinition, die der

---

1) Vgl. Warfield/Systems/345 ff.
2) Vgl. Fitz, Yingling, Troha, Crim/Computer/4; Fitz, Troha/Experiment/36 f.; Fitz, Hornbach/Methodology/1171 sowie Gomez/Modelle/267.
3) Vgl. Fitz, Troha/Experiment/37; Fitz, Yingling, Troha, Crim/Computer/6 f. sowie Fitz, Hornbach/Methodology/1171 f.

einzelne in die Problemhandhabung einbringt. Korrekturen des Digraphen sollten daher nur vorgenommen werden, wenn dieser Wunsch mehrheitlich vom Team geäußert wird.[1] Die Einbeziehung des Computers in den Korrekturprozeß wird in Punkt E.IV untersucht.

Beinhaltet der Digraph einen oder mehrere Zyklen, so muß das ISM-Team entscheiden, ob die Vielzahl der involvierten Zyklen-Elemente es notwendig macht, die Komplexität des Zyklus durch eine Gewichts-Matrix zu reduzieren. Hierzu ermitteln die Problemexperten über einen Diskussionsprozeß die entsprechenden Gewichte der Relationen.[2]

Die abschließende Tätigkeit der Problemexperten besteht in der Diskussion des ermittelten Strukturmodells.[3] Dieser Aufgabe kommt in der Literatur häufig keine angemessene Bedeutung zu. Das Ergebnis des ISM-Prozesses ist jedoch kein Selbstzweck, sondern soll nach ausführlicher Diskussion soviel Klarheit über das nunmehr "gelöste" Problem erbringen, daß eine Durchsetzung und Realisation entsprechender Maßnahmen auf der Basis des ISM-Ergebnisses möglich wird.

---

1) Vgl. Thissen, Sage, Warfield/Users/138; Fitz, Yingling, Troha, Crim/Computer/7; Warfield/Systems/355 ff.; Fitz, Hornbach/Methodology/1172; Watson/Modeling/171 sowie Fitz, Troha/Experiment/37.
2) Vgl. Thissen, Sage, Warfield/Users/138 f. sowie Fitz, Hornbach/Methodology/1172.
3) Vgl. Fitz, Yingling, Troha, Crim/Computer/8; Fitz, Hornbach/Methodology/1172 f. sowie Fitz, Troha/Experiment/37 f.

3. Individuum als ISM-Problemexperte

Der in Punkt D.III referierte MAI der ISM-Technik beschreibt den Transformationsprozeß eines mentalen Modells in ein explizites Strukturmodell.[1] Im Vordergrund der Betrachtung stehenden dabei die expliziten mathematischen Modelltypen der Matrix und des Digraphen. Im Zusammenhang mit dem Problemexperten soll nun eingehender das *mentale Modell* [2] beleuchtet werden. In ihm sind alle inhaltlichen Informationen bezüglich des schlecht-strukturierten, komplexen Problems inkorporiert. Das mentale Modell ist Basis des ISM-Prozesses. Seine Beschaffenheit bestimmt alle nachfolgenden Aktivitäten und somit das ISM-Ergebnis. Es soll daher untersucht werden, welche *Einflußfaktoren* die Bildung mentaler Modelle determinieren. Weiterhin soll die Notwendigkeit des Überführens mentaler Modelle, die der *intrapersonellen Reflexion* dienen, in explizite Modelle, die eine *interpersonelle Kommunikation* ermöglichen, verdeutlicht werden.[3]

3.1 Mentales Modell des schlecht-strukturierten, komplexen Problems

Vollzieht sich die Modellbildung ausschließlich durch die Verknüpfung von Informationseinheiten in der Innensphäre des Individuums, so spricht man von einem *mentalen Modell*.[4]

---

1) Siehe Punkt C.I.3: Problemexperte-Objekt-Beziehung.
2) Bereits 1943 hat sich Craik mit dem Phänomen mentaler Modelle befaßt. Vgl. Craik/Nature.
3) Vgl. Müller-Merbach/Individuum/148.
4) Vgl. Köhler/Modelle/2703 sowie Johnson-Laird/Models/149.

Jeder Mensch baut mentale Modelle der Realität. Das Bilden mentaler Modelle ist normaler Bestandteil menschlichen Denkens und trägt wesentlich zum Verstehen der Realität bei.[1] Das Verkürzungsmoment der Modellbildung[2] ist hierbei aus zwei Gründen angezeigt. Zum einen erscheint es im Sinne der Ökonomie des (Denk-)Handelns nicht *zweckmäßig*, alle Einzelsachverhalte des Problems vollständig abzubilden.[3] Zum zweiten wäre eine unverkürzte Darstellung des Problems nicht *realisierbar*, da die Problemkomplexität bei weitem die beschränkte Informationsaufnahme- und -verarbeitungskapazität des Individuums überschreitet.[4]

Im Gegensatz zur Bildung expliziter Modelle entstehen mentale Modelle in einem *passiven, unsystematischen, willensunabhängigen, unbewußten und ungesteuerten* Prozeß.[5] BOULDING hat diesen Konzeptionalisierungsprozeß[6] allgemein beschrieben: Wenn ein Individuum mit einem beliebigen empirischen System konfrontiert wird, verspürt es den unkontrollierbaren Drang, in seinem Gehirn ein mentales System oder ein "Image"[7] zu produzieren, das als Modell oder Erklärung des empirischen Systems dient.[8] Das Problem wird dabei nicht auf ein leeres Gehirn projiziert: Hätte das Individuum keinerlei Informationen über das Problem, so wäre das Problem nicht als Lücke,[9] die es zu

---

1) Vgl. Müller-Merbach/Modelldenken/471 f.
2) Siehe Punkt C.I.2.
3) Vgl. Bendixen, Kemmler/Planung/34.
4) Vgl. Pfohl/Planung/35.
5) Vgl. Müller-Merbach/Individuum/145.
6) Siehe hierzu auch Gaitanides/Planungsmethodologie.
7) Kirsch bezeichnet das "Image" als "inneres Modell"; Sagasti, Mitroff sprechen in Anlehnung an Beer von einem "konzeptionellen Modell". Vgl. Kirsch/Einführung/II 76 ff.; Beer/Theory; Beer/Decision sowie Sagasti, Mitroff/Research/696.
8) Vgl. Boulding/Systems/32 sowie Boulding/Image.
9) Siehe Punkt B.I.1.

schließen gilt, erkennbar.[1)]

Aufgrund der verschiedenartigen äußeren Einflüsse, denen die einzelnen Menschen im Laufe ihrer Entwicklung ausgesetzt sind, gestalten sich die im Gehirn gespeicherten Informationen individuell sehr unterschiedlich. Da jedes Problem im Lichte dieser Informationen interpretiert und in ein mentales Modell umgesetzt wird, führen "objektiv gleiche Probleme" zu unterschiedlichen Modellierungen.[2)]

Eng verknüpft mit der Subjektivität[3)] der Bildung mentaler Modelle[4)] ist der Aspekt der partiellen Problemdefinition.[5)] Aufgrund der Problemkomplexität sieht sich das Individuum lediglich in der Lage, das Problem partiell zu erfassen, d. h. mental abzubilden: Das mentale Modell beinhaltet lediglich eine partielle, subjektive Problemdefinition. Dies entspricht der Hinwendung von einem Modell-Absolutismus, bei dem ein Modell ein Problem beschreibt, hin zu einem Modell-Relativismus, nach dem zahlreiche verschiedene Modelle ein Problem definieren können.[6)]

---

1) Vgl. Sagasti, Mitroff/Research/699. Wird eine Situation erst durch das Individuum, für das sie eine Lücke aufweist, problematisch, so entfällt die philosophische Fragestellung, ob Probleme objektiv existieren oder nur subjektiv im Bewußtsein des Individuums vorhanden sind. Vgl. Pfohl/Entscheidungsfindung/84.
2) Vgl. Müller-Merbach/Modeling/49 f.; Pfohl/Entscheidungsfindung/83 sowie Sagasti, Mitroff/Research/700 f.
3) Vgl. Müller-Merbach/Modelldenken/472.
4) "Ja, wir haben sogar im Grunde genommen gar kein Kriterium, das uns zur Beurteilung einer Welt verhülfe, welche dem Subjekt unassimilierbar wäre." Jung/Typen/407.
5) Siehe Punkt B.I.4.3.1.2.
6) Vgl. Lilien/Model/12 sowie Linstone/Use 1/5.

3.1.1 Grundlagen mentaler Modelle

Als geeigneter Ausgangspunkt zur Untersuchung des mentalen Modells kann das SOR-Paradigma des menschlichen Verhaltens angesehen werden.[1] Der Mensch wird hierbei als offenes Verhaltenssystem interpretiert, in dem ein Input durch Ablaufen bestimmter Prozesse in einen Output transformiert wird.[2] Auf diese Weise soll verdeutlicht werden, wie das Individuum auf Stimuli (S) seiner Umwelt mit Hilfe einer Reihe von intervenierenden Variablen des Organismus (O) reagiert (R). Zwischen den Stimulus und die Reaktion schaltet sich das mentale Modell des Problemexperten.[3] Will man Einflußfaktoren auf die Bildung mentaler Modelle eingehender behandeln, so ist dies über eine Analyse des Organismus als wesentlichem Bestandteil des SOR-Paradigmas möglich.

Zur Interpretation des SOR-Paradigmas bedient man sich in jüngster Zeit des "Informationsverarbeitungs-Ansatzes", nach dem das Individuum über Rezeptoren die Stimuli der Umwelt aufnimmt und über Effektoren mit Reaktionen auf die Umwelt einwirkt, wobei zwischen Stimulus und Reaktion komplexe Informationsverarbeitungsprozesse ablaufen.[4] Der Informationsverarbeitungs-Ansatz (IV-Ansatz) stellt eine Synthese aus "Neobehaviorismus" und "Kognitivismus" dar. Er überwindet die Dichotomie von Bewußtsein und Verhalten und interpretiert kognitive Prozesse als Steuerungsmechanismen des Verhaltens.[5] Da die Ausführungen in diesem und im nach-

---

1) Vgl. Pfohl/Entscheidungsfindung/80.
2) Vgl. Abel/Informationsverhalten/53; Kirsch/Einführung/II 76 ff. sowie Newell, Simon/Problem/20.
3) Vgl. Pfohl/Entscheidungsfindung/80.
4) Vgl. Pfohl/Entscheidungsfindung/81.
5) Vgl. Meyer zur Heyde/Problemlösungsprozesse/129 f.; Kirsch/Einführung/II 30 ff.; Wagner/Problemlösungsbarrieren/587 f.; Berg/Entscheidungsprozesse/30 sowie Kupsch/Risiko/218.

folgenden Punkt auf dem (erweiterten) Konzept des IV-Ansatzes basieren, soll die Genese des IV-Ansatzes näher betrachtet werden.

Bei den Ansätzen zur individuellen Problemhandhabung bzw. zum Entscheidungsverhalten lassen sich zwei erkenntnistheoretisch unterschiedliche Grundpositionen gegeneinander abgrenzen: der Neobehaviorismus und der Kognitivismus.

Der Behaviorismus[1] leitet sich aus den Ansätzen der Assoziationspsychologie ab.[2] Die klassischen Behavioristen sehen als Gegenstand ihrer Forschung nur das beobachtbare menschliche Verhalten an. Das menschliche Bewußtsein stellt kein Erkenntnisobjekt dar; der Organismus wird als black-box betrachtet.[3] Nach diesem Modell besteht zwischen S und R eine direkte Beziehung, so daß jede Veränderung von S mit einer stets gleichbleibenden Veränderung von R einhergeht.[4]

Nach der Interpretation von TOLMAN[5] wird das Verhalten jedoch auch von dem "Selbst", d. h. dem Bewußtsein des Individuums beeinflußt und kann nicht alleine - wie vom Behaviorismus postuliert - als Ergebnis elementarer und konstanter Wechselwirkungen zwischen S und R interpretiert werden.[6] Die behavioristische black-box "Organismus" wird deshalb im Neo-Behaviorismus durch eine transparent-box ersetzt, welche die in O ablaufenden, nicht

---

1) Als Begründer des Behaviorismus gilt Watson. Vgl. Watson/Behaviorism.
2) Vgl. Graumann/Denken/23 ff. sowie Hofstätter/Psychologie/29 ff. und 70 ff.
3) Vgl. Abel/Informationsverhalten/53 sowie Kirsch/Einführung/II 25 ff.
4) Vgl. Franke/Lösen/36.
5) Zu einer umfassenden Darstellung der Beiträge Tolmans vgl. Atkinson/Einführung/214 ff. sowie Haseloff, Jorswieck/Psychologie/103 ff.
6) Vgl. Sims/Problem/2.10 sowie Vinacke/Psychology/275.

beobachtbaren Vorgänge abzubilden versucht.[1] Trotz der Berücksichtigung intervenierender Variablen verbleibt der Neo-Behaviorismus jedoch im allgemeinen Denkansatz des Behaviorismus. So wird das innere Verhalten ebenfalls als eine Abfolge jetzt interner S und R angesehen. Zusätzlich wird davon ausgegangen, daß es aus dem beobachtbaren, äußeren Verhalten geschlossen werden könne.[2]

Als Gegensatz zum Neo-Behaviorismus steht beim aus der Gestaltpsychologie[3] abgeleiteten Kognitivismus die Analyse des menschlichen Bewußtseins im Mittelpunkt der Betrachtung.[4] Die intervenierenden Variablen und ihre Prozesse in O gewinnen gegenüber der Konzeption des Neo-Behaviorismus eine größere Bedeutung. Eine stattliche Anzahl intervenierender Größen versetzt die Kognitivisten in die Lage, den Organismus differenziert abzubilden.

"Der IV-Ansatz kann nun als eine gewisse Synthese zwischen Neo-Behaviorismus und Kognitivismus angesehen werden. Er geht einerseits von dem Begriffspaar 'Stimulus - Reaktion' aus und wäre insofern eher dem Behaviorismus zuzurechnen. Auch die Verwendung einer Reihe informationstechnologischer und kybernetischer Begriffe ordnet ihn dieser Konzeption zu. Demgegenüber wird im Bewußtsein und seiner differenzierten Erfassung ein Schwerpunkt der Untersuchung gesehen, so daß ein kognitivistischer Grundzug vorherrscht."[5]

---

1) Vgl. Kirsch/Einführung/II 25 ff.; Wagner/Problemlösungsbarrieren/42 sowie Abel/Informationsverhalten/53.
2) Vgl. Pfohl, Braun/Entscheidungstheorie/361.
3) Zur Gestaltpsychologie vgl. etwa Hofstätter/Psychologie/155 ff. sowie Lüer/Denkabläufe/9.
4) Vgl. Kirsch/Einführung/II 29 ff.
5) Pfohl, Braun/Entscheidungstheorie/360. Vgl. auch Abel/Informationsverhalten/54 sowie Kupsch/Risiko/218. Der IV-Ansatz geht auf die Arbeiten von Newell, Shaw und Simon zurück. Vgl. etwa Newell, Shaw, Simon/Report; Newell, Simon/Problem; Newell, Shaw, Simon/Elements sowie Newell, Simon/GPS. Eine erste umfassende deutschsprachige Darstellung legte Kirsch vor. Vgl. Kirsch/Einführung.

Der I V - A n s a t z hat zahlreiche Computermodelle hervorgebracht, die zur Erklärung und Prognose menschlicher Problemhandhabung geeignet erscheinen.[1] Hieraus ergibt sich die Frage nach einer Verbindung der menschlichen IV und der maschinellen IV einer ADV-Anlage. Es existieren zwei entgegengesetzte Auffassungen zu dem Vorgehen, k o g n i t i v e P r o g r a m m e[2] des Menschen durch C o m p u t e r p r o g r a m m e zu präzisieren.[3] Nach der ersten Interpretation bedient sich der IV-Ansatz lediglich der ADV und ihrer Methodik, um Computerprogramme zu erstellen. Dies bedeutet nicht, daß die kognitiven Programme die gleiche Struktur besitzen wie Computerprogramme. Man bezeichnet dieses Konzept als n e u t r a l e n I V - A n s a t z.

Im Gegensatz zu dieser Interpretation betont der r e i n e I V - A n s a t z, daß das Computerprogramm ein Pendant im menschlichen Organismus besitzt, nämlich das kognitive Programm. Aspekte der Computer-Software werden gleichsam in das Individuum hineinprojiziert.[4] Die Steuerung des

---

1) Zu den drei Phasen dieses Prozesses (Erfassung und Modellierung kognitiver Programme, Übertragung in Computerprogramme sowie Ergebnisvergleich kognitiver Problemhandhabung und Problemhandhabung durch den Computer) vgl. Wagner/Problemlösungsbarrieren/55 ff. sowie Berg, Kirsch/Informationsverarbeitungs-Ansatz/142 ff. Vgl. auch Kirsch/Einführung/II 59 ff. sowie Pfohl, Braun/Entscheidungstheorie/358 ff. Besondere Popularität haben Computerprogramme gewonnen, die sich auf das Schachspielen beziehen.

2) Zum Begriff "kognitives Programm" vgl. Newell, Simon/Computers/423.

3) Zu diesen beiden Ansätzen vgl. Kirsch/Einführung/II 46 ff. sowie Pfohl/Braun/Entscheidungstheorie/358 ff.

4) "Die Annahme kognitiver Programme, die das gleiche leisten wie die sie repräsentierenden ... Programme des Digitalrechners, impliziert - gleichsam als Umkehrschluß - die grundlegende Frage, ob eine elektronische Datenverarbeitungsanlage 'denken' oder 'schöpferische Leistungen' erbringen könne. Diese epistemologische Frage wird vor allem im Zusammenhang mit der Untersuchung von Problemen der k ü n s t l i c h e n I n t e l l i g e n z diskutiert." Kirsch/Einführung/II 50.

Verhaltens wird als IV-Prozeß im Bewußtsein des Organismus interpretiert.[1)]

Aber nicht nur die Software, sondern auch die Hardware findet im Menschen ein entsprechendes Pendant.[2)] "Ein IV-System ist ein Steuerungs- und Regelungssystem (control system), das über Rezeptoren und Effektoren mit seiner Umwelt verbunden ist und einen Prozessor für die Ausführung elementarer IV-Prozesse sowie eine Reihe von Gedächtnissen für die Speicherung der Symbolstrukturen besitzt."[3)] Es bereitet keine Schwierigkeit, den IV-Ansatz im Licht des SOR-Paradigmas zu interpretieren.[4)] Die Rezeptoren (Sinnesorgane) des IV-Systems Mensch empfangen aus der Umwelt Stimuli, auf die der Organismus durch seine Effektoren (Sinnesorgane) reagiert. Das dazwischenliegende innere Verhalten, d. h. die Ausführung elementarer IV-Prozesse, bedient sich der im Ultrakurzzeit-, Kurzzeit- und Langzeitgedächtnis gespeicherten Symbolstrukturen, wobei die Informationsverarbeitung selbst ausschließlich im Kurzzeitgedächtnis erfolgt. Auf diese (und zusätzliche) Einflußgrößen des inneren Verhaltens bzw. der Bildung mentaler Modelle geht der nächste Punkt ausführlich ein.

Der (reine) IV-Ansatz stellt nicht nur eine Synthese aus Neo-Behaviorismus und Kognitivismus dar, er macht es darüber hinaus auch möglich, Ergebnisse aus bislang relativ getrennt arbeitenden psychologischen Forschungsgebieten wie Wahrnehmungs-, Gedächtnis-, Denk- und Lernpsychologie zu integrieren.[5)] Gerade dieser Aspekt führte jedoch auch zu einer kritischen Auseinandersetzung mit dem IV-Ansatz.

---

1) Vgl. Abel/Informationsverhalten/54 sowie Dörner/Organisation/4.
2) Vgl. Kirsch/Einführung/II 48 f. und die dortige Abb. 2.2.
3) Kirsch/Entscheidungslogik/17.
4) Vgl. Franke/Lösen/45 sowie Blank/Organisation/51.
5) Vgl. Brauchlin/Problemlösungsmethodik/134 f.

REBER[1] betont, daß der IV-Ansatz sich auf allgemeine, aus verschiedensten Theoriebereichen stammende Modelle bezieht, ohne eigenständig entwickelte Verhaltensexperimente und Feldstudien durchgeführt zu haben. Als bis zu einem gewissen Grade paradox bezeichnet es REBER,[2] daß dieser Ansatz das a l l g e m e i n e Problemhandhabungsverhalten des Menschen ergründen will, jedoch zur Bestätigung seiner Forschungsergebnisse hauptsächlich o p e r a t i o n a l definierte Probleme wählt, obwohl die Mehrzahl realer Probleme nicht-operational definiert ist.[3]

Berücksichtigt man jedoch, daß der IV-Ansatz ein recht junger Forschungsbereich ist, so liefert er als lediglich theoretischer Bezugsrahmen und nicht als reife Theorie dennoch wertvolle Hinweise zur Behandlung kognitiver Prozesse.[4] Interpretiert man den IV-Ansatz mit dieser Einschränkung, so erscheint es durchaus gerechtfertigt, bei der Diskussion zur Bildung mentaler Modelle auf ihn zurückzugreifen.

Neben den beiden genannten, aber im Kontext dieser Arbeit als unwesentlich erachteten Kritikpunkten des IV-Ansatzes weist die scheinbar problemlose Integration menschlicher und maschineller Aspekte auf eine weitere und hier bedeutsamere Grenze dieses Konzeptes hin: Der IV-Ansatz ist von einer rein i n s t r u m e n t e l l e n Sicht des menschlichen IV-Apparates geprägt.[5] Der IV-Apparat wird als neutraler Steuerungs- und Regelungsmechanismus des inneren

---

1) Vgl. Reber/Verhalten/380 ff.
2) Vgl. Reber/Verhalten/382.
3) Die Beschränkung des IV-Ansatzes auf operational definierte Probleme ist psychologisch und experimentell nicht unbegründet: Der Umgang mit derartigen Problemen ist relativ einfach. Sie lassen sich leicht formalisieren und sind daher eher einer Computersimulation zugänglich. Vgl. Dörner/Heuristics/90 f.
4) Vgl. Abel/Informationsverhalten/54 f. sowie Pfohl, Braun/Entscheidungstheorie/360 f.
5) Vgl. Kirsch/Entscheidungslogik/49.

und äußeren Verhaltens begriffen. Dabei werden wesentliche Aspekte des menschlichen Verhaltens vernachlässigt.

Dieser begrenzten Perspektive stellt KIRSCH[1] das umfassendere Konzept einer P s y c h o - L o g i k [2] des Problemhandhabungsverhaltens bzw. der Bildung mentaler Modelle gegenüber.[3] Mit diesem Begriff will er zum Ausdruck bringen, "... daß die kognitiven Symbolverarbeitungsprozesse des Menschen durch psychische Phänomene und Dispositionen des Individuums beeinflußt werden und umgekehrt Auswirkungen auf solche psychischen Phänomene besitzen."[4] KIRSCH versteht hierunter insbesondere m o t i v a t i o - n a l e F a k t o r e n sowie unterschiedliche P e r - s ö n l i c h k e i t s t y p e n, die zu alternativen Arten der Wahrnehmung und Beurteilung von Stimuli führen.[5] PFOHL, BRAUN interpretieren die Psycho-Logik in einem noch umfassenderen Sinne.[6] Sie berücksichtigen zusätzlich die W e r t h a l t u n g (wertende Informationen) des Individuums und betrachten auch den Einfluß d e m o g r a - p h i s c h e r Merkmale auf das Bilden mentaler Modelle. Neben diesen individualpsychologischen Ansätzen klammern sie ebenfalls die s o z i a l e D i m e n s i o n des individuellen Verhaltens nicht aus.

Alle individual-psychologischen Ergänzungen des IV-Ansatzes bzw. des SOR-Paradigmas üben einen Einfluß auf die Bildung mentaler Modelle aus und sollen nachfolgend betrachtet werden. Die sozial-psychologische Dimension wird erst in

---

1) Vgl. Kirsch/Entscheidungslogik/12 und 57.
2) Schon 1972 verwendete Heinen diesen Begriff. Vgl. Heinen/Problembezogenheit/5.
3) Kirsch bezeichnet den IV-Ansatz als lediglich eine, wenn auch wichtige Durchgangsstation auf dem Weg einer Fortentwicklung von der Entscheidungslogik zur Psycho-Logik des Entscheidungsverhaltens, das normalerweise den Charakter einer Problemhandhabung besitzt. Vgl. Kirsch/Entscheidungsverhalten/47.
4) Kirsch/Entscheidungsverhalten/57.
5) Vgl. Kirsch/Entscheidungsverhalten/49 ff.
6) Vgl. Pfohl, Braun/Entscheidungstheorie/361 ff.

Punkt E.I.4 aufgegriffen, wenn die Gruppe als ISM-Problemexperte untersucht wird.

3.1.2 Einflußfaktoren der Bildung mentaler Modelle

Sollen die Elemente des IV-Prozesses, die die Bildung mentaler Modelle beeinflussen, näher untersucht werden, so entspricht dies einer detaillierten Auseinandersetzung mit der "transparent-box Organismus". Schon die skizzenhafte Darstellung des intraindividuellen IV-Prozesses macht die enge Verknüpfung der einzelnen Komponenten deutlich. Die detaillierte Behandlung der Einflußgrößen in den nachfolgenden fünf Unterpunkten wird diese Aussage bestätigen.

Ausgangspunkt der Überlegungen ist Abb. 56.[1] Eine erste grobe Betrachtung läßt erkennen, daß von der Umwelt gesendete Signale auf das Individuum als Stimulus wirken können und mit einer Reaktion, dem Informationsoutput bzw. äußeren Verhalten erwidert werden. Dazwischen liegt ein komplizierter IV-Prozeß, den die Psychologie bis heute erst sehr bruchstückhaft klären konnte.[2] Für den Kontext dieser Untersuchung sind die verfügbaren Erkenntnisse jedoch ausreichend. Dieser grobe Raster des Menschen als offenes Verhaltenssystem soll nachfolgend präzisiert werden.

---

1) Abb. 56 entnommen aus Pfohl, Braun/Entscheidungstheorie/120 und 362. Andere Differenzierungsversuche der Einflußgrößen finden sich etwa bei Wagner/Problemlösungsbarrieren/46; Pfohl/Planung/83 sowie Brauchlin/Problemlösungsmethodik/54.

2) Vgl. Blank/Organisation/51. Hierzu mag folgender Hinweis genügen: Das menschliche Gehirn umfaßt 12 bis 15 Milliarden Gehirnzellen. Jede Gehirnzelle kann zwei Zustände aufweisen: Sie ist erregt oder nicht erregt. Beim Erwachsenen dürfte die Anzahl der Kontaktstellen pro Zelle bei etwa 1.000 bis 10.000 liegen. Diese Zahlen lassen es noch auf weite Zeit hinaus als unmöglich erscheinen, den realen Ablauf kognitiver Prozesse genau nachzuvollziehen. Vgl. Brauchlin/Problemlösungsmethodik/55 sowie Malik/Strategie/189.

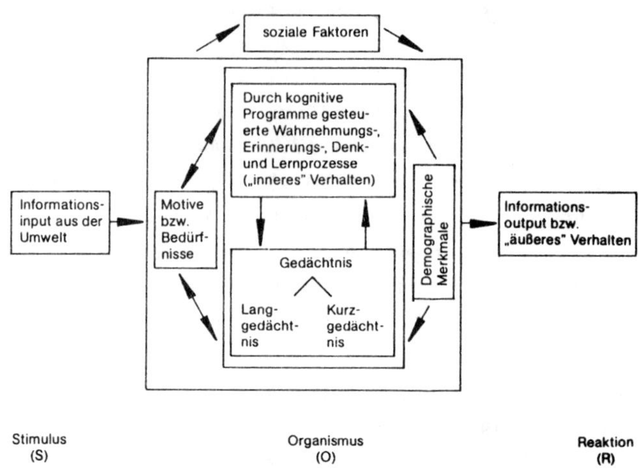

Abb. 56: Erweiterte Konzeption des IV-Ansatzes in Verbindung mit dem SOR-Paradigma als Bezugsrahmen zur Bildung mentaler Modelle durch den ISM-Problemexperten

Jeder Mensch ist ständig einer Vielzahl von Signalen oder R e i z e n der Umwelt ausgesetzt.[1] So wirken etwa Farben, Helligkeiten, Temperaturzustände, Tonhöhen, Lautstärken und - hier besonders interessant - I n f o r m a t i o n e n auf den Organismus ein.[2] Diese Reize werden jedoch erst wirksam, d. h. zu Anregungsinformationen, S t i m u l i, wenn es ihnen gelingt, die Rezeptoren des Organismus zu aktivieren.[3] Dabei verhält sich das Individuum nicht wie ein passiver Empfänger, sondern greift mittels

1) Vgl. Blank/Organisation/47.
2) Vgl. Grün/Lernverhalten/26. Wie Reaktionen lassen sich auch Reize nach ihrer Wirkung, ihrer Komplexität und ihrer Stärke unterscheiden. Vgl. Grün/Lernverhalten/26 ff.
3) Etwa die Pupillen zu verengen.

seiner E i n s t e l l u n g zur Umwelt selektiv in den W a h r n e h m u n g s p r o z e ß ein:[1] Die "Suche nach außen" zur Aufnahme von Stimuli aus der Umwelt wird von einer "Suche nach innen" zur Aktivierung von I n f o r m a t i o n e n a u s d e m L a n g z e i t g e d ä c h t n i s begleitet.[2] Ergibt sich ein "Fitting" zwischen den aus dem Langzeitgedächtnis ins K u r z z e i t g e d ä c h t n i s als Einstellung überführten Informationen und den Informationen aus der Umwelt, so wird aus dem Reiz ein Stimulus.[3] Die Einstellung prägt also das Verhalten des Individuums gegenüber Signalen bzw. Stimuli. Die Stimuli beeinflussen jedoch wiederum die Einstellung,[4] denn zum einen ist das äußere Verhalten des Menschen i. S. d. P r o b l e m h a n d h a b u n g auf die Umwelt orientiert und beeinflußt so die Entstehung neuer Stimuli. Zum anderen wirkt das äußere Verhalten über einen L e r n p r o z e ß auf das Gedächtnis zurück und verändert die Einstellung.[5]

Hat das Individuum den Reiz als Stimulus wahrgenommen, so muß es ihn als nächsten Schritt interpretieren, d. h. ihn in einen geeigneten Kontext einordnen. Ein solches Vorgehen entspricht der Abbildung des durch den Stimulus reprä-

---

1) Vgl. Blank/Organisation/47. Dies führt zum Begriff der Perzeptionsrate als Quotient von wahrgenommenen zu objektiv vorhandenen Reizen. Eng verknüpft hiermit sind Fragen der Wahrnehmungskapazität und des Information Overload. Vgl. etwa Grün/Lernverhalten/28; Dienstbach/Dynamik/74 ff. sowie Witte/Informationsverhalten.
2) Vgl. Pfohl/Entscheidungsfindung/82. Nach dem Ursprung des aktivierenden Ereignisses lassen sich als Gegenposition zu den bereits genannten ä u ß e r e n Reizen aus der Umwelt die i n t e r n e n Reize anführen. Hierunter fallen chemische und mechanische Zustandsänderungen des Organismus. Vgl. Grün/Lernverhalten/26.
3) Vgl. Pfohl/Planung/84.
4) Vgl. Blank/Organisation/48.
5) Vgl. Ulrich/Einführung/255; Abel/Informationsverhalten/78 f. sowie March, Simon/Individuum/141. Unabhängig von diesem Lernprozeß wird die Einstellung durch die jeweilige Bedürfnislage geprägt. Vgl. Pfohl/Entscheidungsfindung/82 f.

sentierten realen Problems in einem *mentalen Modell*. [1)]

Dieser *Denkprozeß* basiert auf im Gedächtnis gespeicherten *faktischen* und *wertenden Informationen*. MÜLLER-MERBACH[2)] spricht hierbei von epistemischen Kenntnissen und Werten. Dieser Prozeß wird durch *methodische Informationen*, nämlich die bereits behandelten kognitiven Programme gesteuert. MÜLLER-MERBACH[3)] bezeichnet diese als heuristische Kenntnisse. Der Verlauf dieses Denkprozesses und auch der anderen *kognitiven Prozesse* der Wahrnehmung und des Lernens wird dabei stark durch den *Persönlichkeitstyp* des Indidivuums, MÜLLER-MERBACH[4)] spricht von Psyche, beeinflußt. Aber auch *Motive bzw. Bedürfnisse* und *demographische Merkmale* üben Einfluß auf die Bildung bzw. Veränderung ("Lernprozeß") mentaler Modelle aus. Das Zusammentreffen dieser Einflüsse kann durch die Einwirkung *sozialer Faktoren* (Individuum als Mitglied eines ISM-Team) verändert werden. Alle Variablen beeinflussen zusammen das äußere Verhalten, d. h. das explizite Modell.[5)]

Mit Ausnahme der sozialen Komponente, die in Punkt E.I.4 behandelt wird, sollen diese Einflußfaktoren nachfolgend ausführlich untersucht werden.

---

1) Vgl. Pfohl/Planung/84.
2) Vgl. Müller-Merbach/Individuum/146 ff. sowie Müller-Merbach/Modelldenken/473 ff.
3) Vgl. Müller-Merbach/Individuum/146.
4) Vgl. Müller-Merbach/Modelldenken/474 f. sowie Müller-Merbach/Individuum/147.
5) Zu diesen Ausführungen vgl. Pfohl, Braun/Entscheidungstheorie/120 und 362.

3.1.2.1 Gedächtnis

Das Gedächtnis dient zur Speicherung wahrgenommener Reize.[1) Diese Informationen werden aber nicht einfach "gespeichert" oder "nicht gespeichert", sondern verweilen vielmehr in drei unterschiedlich langen Speicherstufen. Dies entspricht der Einteilung in das Ultrakurzzeitgedächtnis (UZG), das Kurzzeitgedächtnis (KZG) und das Langzeitgedächtnis (LZG). Jede im LZG gespeicherte Information hat zunächst die beiden vorgelagerten Gedächtnisstufen zu durchlaufen.[2)]

Alle von außen auf das Individuum einwirkenden Informationen kreisen zunächst etwa 20 Sekunden lang im UZG.[3)] Werden sie in diesem Zeitraum nicht mit im KZG vorhandenen Informationen assoziiert ("Fitting"), so klingen sie ohne feste Speicherung ab.[4)] "Sie werden sozusagen als uninteressant für die weitere Speicherung beim Pförtner (dem UZG) abgewimmelt ..."[5)], der damit eine Schutzfunktion vor dem bereits erwähnten "Information Overload" ausübt.

Dennoch können diese Informationen für bestimmte Sofortreaktionen äußerst bedeutsam sein.[6)] Springt etwa während des Autofahrens die Ampel auf rot, so betätigt der Fahrer die Bremse. Während ein normaler, nicht routinemäßiger Denkvorgang wie die Handhabung schlecht-strukturierter, komplexer Probleme eine Informationsverarbeitung (im KZG) voraussetzt und zu einer bewußten Reaktion führt, wird in diesem Falle die Information (rot) direkt an die motorischen Nerven (des rechten Fußes) weitergeleitet. Diese

---

1) Vgl. Lüer/Denkabläufe/13.
2) Vgl. Vester/Denken/43.
3) Vgl. Vester/Denken/47.
4) Auch mangelndes Interesse oder störende Zusatzwahrnehmungen, wie etwa Schmerzen, können eine Speicherung verhindern. Vgl. Vester/Denken/47.
5) Vester/Denken/47.
6) Zu diesen Ausführungen vgl. Vester/Denken/47 f.

Reaktionsverkürzung wird durch ein im LZG gespeichertes Objektprogramm ermöglicht. Erst mit Hilfe derartiger Automatismen lassen sich Routine-Situationen, wie etwa das Autofahren mit gleichzeitiger Unterhaltung, Radiobedienung, Verkehrsbeobachtung und Lenk-Schalt-Tätigkeit, beherrschen.[1)]

Aus dem dargestellten Beispiel wird bereits deutlich, daß dem UZG für die hier relevanten innovativen Probleme lediglich die Funktion einer Durchgangsstation auf dem Weg zum KZG zukommt.

Nur ein verschwindend geringer Teil der im LZG gespeicherten Informationen beeinflußt bei einem konkreten Problem das menschliche Verhalten.[2)] Hierzu müssen diese Informationen in das K Z G überführt werden, denn das KZG ist der alleinige Ort der b e w u ß t e n I V. [3)] Alle Informationen, die in einem konkreten Augenblick im KZG gespeichert sind, prägen die m o m e n t a n e E i n s t e l l u n g des Menschen.[4)] Die momentane Einstellung bzw. die entsprechenden faktischen und wertenden Informationen sind - wie bereits erwähnt - mitbestimmend dafür, welche Umweltsignale wahrgenommen werden und welche zusätzlichen Informationen aus dem LZG, wie etwa methodische Informationen, d. h. kognitive Programme, hervorgerufen werden.

Während das LZG über eine unbegrenzte Speicherdauer verfügt,[5)] verweilen die Informationen im KZG lediglich 2 0 M i n u t e n. [6)] Von besonderem Interesse ist jedoch die unterschiedliche Speicherkapazität beider Gedächtnisformen. Im Gegensatz zur unbegrenzten Speicherkapazität des

---

1) Vgl. Ackoff, Emery/Systeme/79.
2) Zu den nachfolgenden Ausführungen vgl. Kirsch/Entscheidungslogik/21.
3) Vgl. Abel/Informationsverhalten/57 sowie Pfohl, Braun/Entscheidungstheorie/363.
4) Vgl. Marr/Innovation/67.
5) Vgl. Abel/Informationsverhalten/58.
6) Vgl. Vester/Denken/55.

LZG ist die Speicher- bzw. Verarbeitungskapazität des KZG äußerst beschränkt.[1]

Auf MILLER[2] geht der bekannte Versuch zurück, die Speicherkapazität des KZG zu quantifizieren. Nach MILLER liegt die Grenze bei "7 plus oder minus 2" Informationseinheiten (Chunks).[3] Ein Chunk besteht aus einem elementaren Symbol, kann aber auch zu einer Symbolstruktur, d. h. mehreren elementaren Symbolen, rekodiert werden.[4] Aufgrund dieser Begrenzung befindet sich der größte Teil der gespeicherten Informationen nicht im KZG, sondern im LZG.[5]

---

1) Vgl. Pfohl/Entscheidungsfindung/81. Auch in der Speicherzeit, d. h. der Zeit, der es bedarf, um Informationen zu speichern, unterscheiden sich die beiden Gedächtnistypen. Während das Abspeichern im KZG nur wenige Zehntelsekunden dauert, benötigt der Mensch für diesen Vorgang im LZG etwa 5-10 Sekunden. Der Zugriff auf beide Gedächtnisse ist in wenigen Zehntelsekunden möglich. Vgl. Abel/Informationsverhalten/57 f.; Kirsch/Einführung/II 91 f. sowie Newell, Simon/Memory/794 ff.
2) Vgl. Miller/Number.
3) Vgl. Miller/Number/81 ff. sowie Warfield/Modeling/B-8.
4) Vgl. Kirsch/Einführung/II 91, Abel/Informationsverhalten/57 sowie Pfohl, Braun/Entscheidungstheorie/363. Vgl. hierzu die empirische Untersuchung von Simon zur Größe eines Chunk. Vgl. Simon/Chunk. Mit Hilfe solcher assoziativer Verknüpfungen läßt sich die beschränkte Speicherkapazität des KZG in gewissem Umfang erweitern. Vgl. Blank/Organisation/50 sowie Warfield/Modeling/B-8. Ein Beispiel soll dies verdeutlichen. Gegeben sei eine Liste mit folgenden Wörtern: Bad, Brot, Butter, Kinder, Rhein, Saft, Trauben, Ufer, Wellen, Zimmer. Es gelingt nicht, sich aller dieser Wörter nach einmaligem Lesen zu erinnern. Bildet man aus den einzelnen Symbolen jedoch Symbolstrukturen, wie etwa Butter-Brot, Kinder-Zimmer, Rhein-Ufer, Trauben-Saft, Wellen-Bad, mit denen man eine spezifische Bedeutung verbinden kann, so bereitet die Erinnerung keine Schwierigkeiten.
5) Vgl. Pfohl, Braun/Entscheidungstheorie/363 sowie Pfohl/Entscheidungsfindung/81.

Noch eingeschränkter ist das Individuum bezüglich der I V - K a p a z i t ä t des KZG. Sie scheint bei lediglich "2 C h u n k s" zu liegen.[1] Dies hat eine s e r i e l l e Organisation des IV-Prozesses zur Folge.[2]

Vergleicht man die kognitive Kapazität des Menschen im KZG mit der Differenziertheit komplexer Probleme, so ist sie als äußerst gering einzustufen.[3] Eine Methode, die den Problemexperten kognitiv unterstützen - nicht überfordern - soll, muß diesen Kapazitätsgrenzen Rechnung tragen: Die ISM-Technik basiert auf einem s e r i e l l e n Abfrageprozeß, in dessen Verlauf lediglich P a a r v e r g l e i c h e als IV vorzunehmen sind. Auf dieser Basis soll ISM dem Problemexperten ermöglichen, innerhalb seiner kognitiven Grenzen zu operieren und dennoch die strukturelle Mannigfaltigkeit komplexer Probleme zu behandeln.[4]

Als dritte Gedächtnisform ist das L Z G zu nennen. Es enthält alle faktischen, wertenden und methodischen Informationen, die sich das Individuum im Laufe seiner Entwicklung angeeignet hat,[5] und die sein inneres und äußeres Verhalten steuern.[6] Der Inhalt des LZG prägt letztlich die Individualität oder k o g n i t i v e P e r s ö n l i c h k e i t des Individuums.[7] Das LZG[8] repräsen-

---

1) Vgl. Pfohl, Braun/Entscheidungstheorie/363 sowie Kirsch/Einführung/II 91.
2) Vgl. Pfohl, Braun/Entscheidungstheorie/363.
3) Vgl. Simon/Models/198.
4) Vgl. Szyperski, Eul-Bischoff/ISM/15.
5) Alle im Gedächtnis abgespeicherten Informationen sind das Ergebnis von Lernprozessen. Vgl. Abel/Informationsverhalten/64.
6) Vgl. Kirsch/Entscheidungslogik/20; Marr/Innovation/67; Pfohl/Entscheidungsfindung/81 sowie Abel/Informationsverhalten/58.
7) Vgl. Kirsch/Entscheidungslogik/20.
8) In einem sehr anschaulichen Beispiel der Herstellung eines Fotos verdeutlicht Vester den dreistufigen Speichervorgang von Informationen. Er vergleicht das UZG mit dem Nachleuchten eines Bildes auf einer phosphoreszierenden Platte und setzt die KZG-Speicherung (Fortsetzung FN 8 S. 231)

tiert den v o r b e w u ß t e n oder u n t e r b e - w u ß t e n Teil des IV-Prozesses.[1]

Die im LZG abgespeicherten Chunks sind assoziativ miteinander verbunden.[2] Hat das Individuum nun ein mentales Modell des Problems entwickelt, so kann es dieses - sofern es ihm wichtig genug erscheint - vom KZG ins LZG überführen und dort speichern. Bei nachfolgenden Routine- oder adaptiven Problemsituationen ist es dann kurzfristig wieder abrufbar.

Die Speicherung solcher fertigen Bausätze ist unter "ökonomischen" Gesichtspunkten durchaus gerechtfertigt.[3] Für die hier relevanten innovativen Probleme sind derartige fertige Modelle jedoch allenfalls partiell verwendbar, denn der Experte sieht sich einem Problem gegenüber, das sich nicht vollständig, d. h. operational definieren läßt.

(Fortsetzung FN 8 von S. 230)
mit dem Entwickeln des Foto-Negatives gleich. Nimmt man das Negativ aus dem Entwicklerbad, ohne es zu fixieren, so wird es nach kurzer Zeit schwarz und unkenntlich. Erst wenn das unfixierte Negativ im KZG kopiert und diese Kopie im Fixierbad behandelt wird, d. h. im LZG eingelagert wird, ist das Foto vor dem Verschwinden bewahrt. Vgl. Vester/Denken/65.

1) Vgl. Pfohl, Braun/Entscheidungstheorie/364; Newell, Simon/Problem/792 ff. sowie Pfohl/Entscheidungsfindung/81.
2) Vgl. Newell, Simon/Memory/245 sowie Pfohl, Braun/Entscheidungstheorie/364.
3) Vgl. Pfohl, Braun/Entscheidungstheorie/365.

3.1.2.2 Gespeicherte Informationen

Die im LZG gespeicherten Informationen[1] lassen sich in f a k t i s c h e, w e r t e n d e und m e t h o d i s c h e Informationen[2] unterteilen.[3] Während die faktischen und wertenden Informationen die momentane Einstellung im KZG bestimmen, und damit über die Reizwahrnehmung entscheiden, dienen die methodischen Informationen zur Steuerung der entsprechenden kognitiven Prozesse. Alle drei Informationskategorien beeinflussen die Bildung mentaler Modelle nachhaltig. Diese Aussage soll im folgenden erläutert werden.

Hierbei stehen faktische und wertende Informationen im Mittelpunkt der Betrachtung. Die Bedeutung methodischer Informationen, d. h. kognitiver Programme, für die Modellbildung wird insbesondere im nächsten Punkt behandelt. Dort wird auf den kognitiven Stil als Persönlichkeitsfaktor eingegangen, der zur Bildung alternativer kognitiver Programme führt und so Einfluß auf die kognitiven Prozesse ausübt.

---

1) Die Definition eines verhaltenstheoretischen - nicht nur informationstheoretischen - Informationsbegriffes bereitet erhebliche Schwierigkeiten. Trotz aller Definitionsversuche wird er letztlich weitgehend undefiniert verwendet. Kirsch bezeichnet ihn in Anlehnung an Kuhn sogar als "undefinierbar". Vgl. Kirsch/Einführung/ II 78 ff. Auch hier wird nicht der Versuch unternommen, dieses Defizit aufzuarbeiten. Der Informationsbegriff wird undefiniert verwendet. Die nachfolgenden Ausführungen werden seine Interpretation verdeutlichen.
2) Gespeicherte Informationen stehen in engem Bezug zu der zugrundeliegenden Erkenntnisstrategie. Churchman hat fünf verschiedene Typen herausgestellt und mit den Namen berühmter Philosophen, deren Denken mit den jeweiligen Ansätzen in Verbindung steht, belegt: Leibniz, Locke, Kant, Hegel, Singer. Neben dem multidisziplinären Kantschen Vorgehen ist im Rahmen der ISM-Technik insbesondere die dialektische Konfrontation nach Hegel von Interesse. Hierauf wird Punkt E.I.4.2.2.2 näher eingehen. Vgl. Churchman/Design; Szyperski/Modellimplementierung/395; Sagasti, Mitroff/Research/701; Linstone u.a./Use 1/133 f. sowie Ulrich/Metaphysics.
3) Vgl. Pfohl, Braun/Entscheidungstheorie/365.

F a k t i s c h e   I n f o r m a t i o n e n umfassen zum einen das durch Ausbildung angehäufte Wissen und zum anderen die in praktischen Tätigkeiten gesammelten Erfahrungen über die Realität bzw. die jeweils relevanten Realitätsbereiche.[1] Daß die Beschaffenheit der faktischen Informationen, über die ein Mensch verfügt, seine Bildung mentaler Modelle wesentlich beeinflußt, ist offensichtlich und läßt sich bereits durch Teilbereiche der Betriebswirtschaftslehre belegen:

- Ein mit dem Rechnungswesen gut vertrauter Betriebswirt wird bei der Diskussion über eine Unternehmung ein Bilanzmodell der Unternehmung vor Augen haben, also die Unternehmung durch das Modell der Bilanz sehen.[2]

- Ein mit Fragen der Unternehmungsführung vertrauter Betriebswirt wird die Diskussion über mangelnde Leistungsbereitschaft der Mitarbeiter einer bestimmten Abteilung mit dem Modell eines Führungsstils oder einer Managementkonzeption verbinden.[3]

Anhand dieser Beispiele läßt sich erkennen, daß das Individuum in seiner Bildung mentaler Modelle einer engen Vorprogrammierung durch seine faktischen Informationen unterliegt.[4] Diese Tendenz wird bereits an den Beispielen zu den beiden betriebswirtschaftlichen Teildisziplinen deutlich. Sie verstärkt sich zunehmend, wenn die mentalen Mo-

---

1) Vgl. Müller-Merbach/Modelldenken/473. In Anlehnung an die kognitive Psychologie unterteilt Müller-Merbach die Kenntnisse (Wissen und Erfahrungen) in epistemische und heuristische Kenntnisse. Erstere werden hier als faktische Informationen, letztere als methodische Informationen bezeichnet. Vgl. Müller-Merbach/Individuum/146 sowie Dörner/Problemlösen.
2) Vgl. Müller-Merbach/Modelldenken/473.
3) An diesen Beispielen wird der bereits eingangs behandelte Aspekt der Struktur g e b u n g bei der Bildung mentaler Modelle deutlich. Vgl. Müller-Merbach/Modelldenken/474.
4) Vgl. Crim/Use/2; Franke/Lösen/54 f.; Schlicksupp/Ideenfindung/135 sowie Müller-Merbach/Individuum/147.

delle der Vertreter unterschiedlicher Disziplinen, wie etwa eines Ingenieurs, eines Soziologen und eines Betriebswirts, zum selben Problem miteinander verglichen werden.

Eine für die Bildung mentaler Modelle besonders wichtige Kategorie der im Gedächtnis gespeicherten Informationen sind w e r t e n d e I n f o r m a t i o n e n.[1] Der Mensch verfügt i. d. R. über ein System von Werten, das vielfach den Charakter einer Hierarchie annimmt.[2] Das Wertesystem des Individuums umfaßt "Wünsche, Ziele, Hoffnungen, Vorbilder, Ideale, religiöse und weltanschauliche Bindungen und ist durch ethische Kriterien (dem Streben nach dem Guten) und durch ästhetische Kriterien (dem Streben nach dem Schönen) geprägt."[3]

Werte lassen sich unter verschiedenen Gesichtspunkten ordnen. So können etwa
- abstrakte und konkrete Werte,
- direkte und indirekte Werte,
- generelle und singuläre Werte,
- dauerhafte und zeitlich begrenzte Werte,
- kulturell verfestigte Werte und Werte, die als Ergebnis der persönlichen Entwicklungsgeschichte eines Individuums zu verstehen sind,

unterschieden werden.[4]

Im Vergleich zu Informationen, denen es indifferent gegenübersteht, wird das Individuum Informationen, mit denen es eine positive oder negative Werthaltung assoziiert, in al-

---

1) Vgl. Abel/Informationsverhalten/64.
2) Vgl. Pfohl, Braun/Entscheidungstheorie/368. Derartige Wertsysteme beeinflussen nicht nur die Bildung mentaler Modelle der komplexen Probleme; das Problem selbst kann vielmehr in der Explikation eines solchen Wertesystems in Form einer ISM-Prioritätsstruktur bestehen. Zu diesem ISM-Strukturmodell-Typ siehe Punkt A.I.
3) Müller-Merbach/Individuum/147 f.
4) Vgl. Pfohl, Braun/Entscheidungstheorie/368 sowie Kirsch/Entscheidungslogik/72.

ler Regel vorrangig wahrnehmen und verarbeiten.[1] Dieser Selektionsmechanismus verdeutlicht den stark subjektiven Charakter der Bildung mentaler Modelle, der dem Problem vielfach nicht in vollem Umfang gerecht zu werden vermag.[2]

Die Trennung von faktischen und wertenden Informationen ist nur idealtypisch möglich.[3] In der Realität sind beide Kategorien interdependent miteinander verknüpft: Zum einen üben Wissen und Erfahrung einen nicht unerheblichen Einfluß auf die Wertbildung aus. Zum anderen bestimmt das Wertesystem die Ergänzung des vorhandenen Wissens und die Aneignung zusätzlicher Erfahrungen.[4]

Der ursprüngliche IV-Ansatz unterstellt, daß das innere und äußere Verhalten i n s t r u m e n t e l l zur Erfüllung der Problemhandhabung angesehen wird. Auch Werte sind demzufolge unmittelbar auf die Problembewältigung bezogen. Der erweiterte IV-Ansatz berücksichtigt ergänzend auch solche Werte, die zwar die Bildung mentaler Modelle beeinflussen, jedoch nicht in instrumentellem Bezug zum Problem stehen. Hierbei sind etwa Werte wie persönliche Sicherheit, Anerkennung, Selbstentfaltung angesprochen.[5] Auf diese Einflußfaktoren wird unter dem Begriff "Motive und Bedürfnisse" in Punkt E.I.3.1.2.4 näher eingegangen.

Als letzte Kategorie gespeicherter Informationen sind die m e t h o d i s c h e n I n f o r m a t i o n e n zu nennen. Methodische Informationen sind gleichbedeutend mit kognitiven Programmen,[6] die Vorschriften zur geordneten, zielgerichteten IV enthalten.[7] Durch diese Programme werden die kognitiven Prozesse des Wahrnehmens, Denkens und Lernens organisiert.

---

1) Vgl. Müller-Merbach/Individuum/148.
2) Vgl. Kirsch/Entscheidungslogik/86.
3) Vgl. Müller-Merbach/Individuum/146.
4) Vgl. Müller-Merbach/Modelldenken/476.
5) Vgl. Pfohl, Braun/Entscheidungstheorie/368 f.
6) Vgl. Marr/Innovation/70.
7) Vgl. Pfohl, Braun/Entscheidungstheorie/370.

Kognitive Programme lassen sich in Meta- und Objektprogramme unterteilen. Als Beispiel algorithmischer Metaprogramme sind etwa die Multiplikation mehrstelliger Zahlen oder die lineare Optimierung zu nennen. Die synonymen Begriffe des Problemhandhabungs- und Ausführungsprogrammes wurden bereits ausführlich bei der Diskussion der Komponenten der Definition der Situation in Punkt B.I.4.1 behandelt.

Die Aktivierung eines im LZG gespeicherten relevanten Programmes für die IV im KZG wird durch die Problembeschaffenheit, d. h. das mentale Modell des Problems bestimmt.[1)]

Kognitive Programme sind in enger Dependenz zu faktischen Informationen zu sehen. Die Vermittlung von Wissen (und die Gewinnung von Erfahrungen) beinhaltet zumeist nicht nur eine inhaltliche (faktische) Komponente, sondern umfaßt auch methodische Aspekte der Bewältigung des jeweiligen Problembereiches.[2)]

3.1.2.3 Kognitive Prozesse und kognitive Stile

Auch wenn mehrere Individuen über (nahezu) identische Informationen verfügen, werden sie häufig zu unterschiedlichen mentalen Modellen desselben schlecht strukturierten, komplexen Problems gelangen. Diese Divergenz ist auf die verschiedenen kognitiven Stile zurückzuführen, derer sich das Individuum bei der Durchführung kognitiver Prozesse bedienen kann. Als kognitiver Stil wird ein Persönlichkeitsmerkmal bezeichnet, das Auskunft über die Art der individuellen Informationswahrnehmung und -verarbeitung gibt.[3)]

---

1) Vgl. Abel/Informationsverhalten/68 sowie Pfohl, Braun/Entscheidungstheorie/373.
2) Vgl. Müller-Merbach/Individuum/146.
3) Vgl. hierzu etwa Pfohl/Planung/86; Gaitanides/Planungsmethodologie/22 sowie Pfohl/Grundlage/611.

Als kognitive Prozesse wurden in Abb. 56 das Wahrnehmen, Erinnern, Denken und Lernen bezeichnet. Erinnerungsprozesse sollen aus den folgenden Beobachtungen ausgeklammert werden, da sie einen engen Bezug zum Gedächtnis aufweisen. Es sei auf die Ausführungen in Punkt E.I.3. 1.2.1 verwiesen.

Die selektive und ordnende bzw. ergänzende Funktion der Wahrnehmung wurde bereits ausführlich behandelt.[1] Sieht sich das Individuum einem innovativen Problem gegenüber, so kann es nicht auf ein die Motorik betreffendes Objektprogramm zurückgreifen, sondern muß vor der Reaktion eine Orientierungsphase[2] durchlaufen, es muß das Problem in einem bewußten IV-Prozeß durch denken.[3] Im Anschluß an das äußere Verhalten findet ein Rückkopplungsprozeß statt,[4] der zum einen durch die Problemhandhabung neue Stimuli aus der Umwelt auf das Indiviuum einwirken läßt. Zum anderen beeinflußt er in Form eines Lernprozesses die im Gedächtnis gespeicherten Informationen. Es werden neue Informationen bzw. neue Verknüpfungen zwischen den Informationen hinzugefügt.[5] Durch den Lernprozeß wird eine nachhaltige Veränderung des inneren und/oder äußeren Verhaltens herbeigeführt.[6]

---

1) Vgl. hierzu auch Pfohl, Braun/Entscheidungstheorie/377 f. sowie Marr/Innovation/69.
2) Vgl. Hofstätter/Psychologie/97.
3) Zu der verwirrenden Vielfalt der Interpretation des Denkens im vorwissenschaftlichen Verständnis (Denken als Vergegenwärtigen, Sinnvergegenwärtigen, Antizipation, Folgerung aus den Gegebenheiten, sorgende Haltung, Urteilen und Innehalten) sowie zu verschiedenen Aspekten des Denkens vgl. Graumann/Denken.
4) Vgl. Ulrich/Einführung/255.
5) Vgl. Blank/Organisation/48.
6) Zum Lernprozeß vgl. etwa Kirsch/Entscheidungslogik/20 sowie Oerter/Entwicklungspsychologie/64 f. Zu den beiden Ausprägungsformen des einfachen und des intelligenten Lernens vgl. Kirsch/Einführung/II 63 f. Zu den lerntheoretischen Modellvariablen Stimulus, Reaktion, Verstärkung und Motivation vgl. etwa Grün/Lernverhalten/25 ff.

All diese kognitiven Prozesse werden durch kognitive Programme gesteuert. Über welche kognitiven Programme das Individuum im LZG verfügt bzw. welche Programme es zur IV aktiviert, wird durch den individuellen kognitiven Stil bestimmt.

Die Differenzierung verschiedener kognitiver Stile geht auf den Versuch der Bildung psychologischer Typen zurück. Diese Lehre wurde um 1920 von dem Schweizer Arzt und praktischen Psychotherapeuten C.G. Jung begründet.[1] Seit diesem Zeitpunkt wurde eine Vielzahl verschiedener Ansätze zur Typisierung entwickelt.[2] Hier sollen lediglich die drei Konzepte behandelt werden, die am häufigsten im Zusammenhang mit der Bildung mentaler Modelle genannt werden.

Die nachfolgend diskutierten psychologischen Typologien beschränken sich auf die Berücksichtigung von lediglich einem oder zwei Paaren psychischer Eigenschaften. Eine derart grobe Klassifikation wird der Mannigfaltigkeit individueller Persönlichkeiten nicht gerecht.[3] Aus diesem Grunde wollen die jeweiligen Autoren die Typenpaare nicht dichotomisch, sondern als Kontinuum von Merkmalsausprägungen verstanden wissen. Auf diesem Kontinuum läßt sich dem einzelnen Individuum eine differenziertere Position zuordnen.[4]

Die Beschränkung auf eine Paarbetrachtung bietet den Vorteil, Kontraste stärker hervorheben zu können. Auf diese Weise wird es möglich, den kognitiven Fähigkeiten des einzelnen die Anforderungen der jeweiligen Tätigkeit gegen-

---

1) Dokumentiert sind diese Ergebnisse in dem umfangreichen Werk Jung/Typen.
2) Siehe etwa die Ansätze von McKenney, Keen/Minds; Labsch/Institution; Taylor/Age sowie Hellriegel, Slocum/Problem.
3) Vgl. Sagasti, Mitroff/Research/705.
4) Vgl. Müller-Merbach, Nelgen/Nutzen/623.

überzustellen, so daß die entsprechende Aufgabe bzw. das Problem durch kognitiv geeignete Individuen gehandhabt werden kann.[1)]

Auch der Einsatz spezifischer Methoden im Prozeß der Problemhandhabung sollte diesem Umstand Rechnung tragen.[2)] Die ISM-Technik berücksichtigt - wie bereits eingehend behandelt - das Dominieren bestimmter kognitiver Stile durch eine klare Unterscheidung der Generierungs- von den Strukturierungsphase. Die nachfolgenden Ausführungen werden diesen Bezug verdeutlichen.

Als letztes sei darauf hingewiesen, daß diese Typologisierungen keine Beurteilung der einzelnen Typen beinhalten. Sie zielen lediglich darauf ab, Stärken und Schwächen der verschiedenen Typen herauszuarbeiten.[3)] Die einzelnen kognitiven Modi sind komplementär zueinander.[4)] Jedes Individuum präferiert - mehr oder minder - einen dieser Stile.[5)]

Zunächst sollen die psychologischen Typen des Convergers und Divergers bzw. Links- und Rechtshälfters vorgestellt werden, bevor auf die psychologischen Funktionen nach JUNG eingegangen wird.

Auf HUDSON[6)] geht die Unterscheidung zwischen einem konvergenten und einem divergenten psychologischen Typ zu-

---

1) Vgl. Pfohl/Planung/89 sowie Sagasti, Mitroff/Research/705.
2) Vgl. Pfohl/Grundlage/611.
3) Vgl. Kilmann, Mitroff/Analysis/18.
4) Vgl. Ornstein/Bewußtseins/92 ff.
5) Vgl. Müller-Merbach/Individuum/145 sowie Ornstein/Bewußtseins/94.
6) Vgl. Hudson/Imaginations/35 ff. Diesen Begründer der Converger-Diverger-Typologie nennen Müller-Merbach, Nelgen/Nutzen/623. Doch bereits 6 Jahre zuvor, nämlich 1959, hat Guilford/Personality/359 bei dem Versuch der Verknüpfung von Denken und Intelligenz konvergierendes und divergierendes Denken unterschieden.

rück.[1] Während das Verhalten des Convergers als vertikal, diskursiv, logisch, analytisch und linear beschrieben wird, zeichnet sich der Diverger durch eine laterale, intuitive, heuristische, holistische und relationale Vorgehensweise aus.[2] Sehr vereinfacht können die beiden Denkweisen wie folgt umschrieben werden:

"- Das konvergente Denken ist geordnet, diszipliniert, systematisch gradlinig, der formalen Logik gehorchend. Es kann auch als 'gebunden' bezeichnet werden.
- Das divergente Denken ist demgegenüber ungeordnet, undiszipliniert, sprunghaft, dementsprechend das Blickfeld immer wieder wechselnd, die formale Logik ignorierend. Es kann auch als 'frei' bezeichnet werden."[3]

"Divergente kognitive Prozesse setzen im Vergleich zu konvergenten kognitive Prozessen eine geringere explizite Informiertheit voraus und können aufgrund sehr vager bzw. sehr komplexer Informationen ablaufen."[4]

Die Generierungs- und Strukturierungsphase des ISM-Prozesses, die der Explikation des mentalen Modelles dienen, lassen sich diesen beiden kognitiven Stilen zuordnen: Während in der Generierungsphase das intuitive, divergente Denken vorherrscht, wird die Strukturierungsphase durch das diskursive, analytische, konvergente Denken gekennzeichnet.[5]

---

1) Vgl. hierzu etwa Sagasti, Mitroff/Research/702 f.; Müller-Merbach/Modelldenken/474; Müller-Merbach, Nelgen/Nutzen/623 sowie Pfohl/Grundlage/611.
2) Vgl. Pfohl/Planung/86.
3) Brauchlin/Problemlösungsmethodik/60.
4) Pfohl, Braun/Entscheidungstheorie/379.
5) Zu einer ähnlichen Überlegung in bezug auf den OR-Prozeß gelangen Sagasti, Mitroff/Research/703 f. Vgl. auch VanGundy/Techniques/5 f.

Converger und Diverger denken verschieden, bilden unterschiedliche mentale Modelle und verstehen die Realität und ihre Probleme auf verschiedene Weise.[1)]

Eine der Typologie von HUDSON sehr ähnliche Differenzierung geht seit Anfang der 60er Jahre auf die Arbeit einiger Neurologen, Neurochirurgen und Psychologen in den USA zurück. Sie stellten fest, daß die Gehirnhälften des Menschen unterschiedliche kognitive Operationen ausführen und jeweils eine Hälfte die andere mehr oder weniger stark dominiert.[2)]

Die Großhirnrinde des Menschen ist in zwei Hemisphären (Gehirnhälften) geteilt, die durch ein großes Fasernbündel, das "Corpus callosum", miteinander verbunden sind.[3)] Obwohl jede Hemisphäre - zumindest noch im Kindesalter - das Potential für beide Operationsmodi aufweist, und obwohl beide Hälften - mit unterschiedlicher Gewichtung - an den meisten Aktivitäten beteiligt sind, neigen sie im Laufe der Entwicklung des Menschen zur Spezialisierung:[4)] Die l i n k e H e m i s p h ä r e hat vorwiegend mit analytischem, logischem Denken, besonders in verbalen und mathematischen Funktionen, zu tun. Ihr Operationsmodus ist hauptsächlich linear. Die r e c h t e H e m i s p h ä r e ist demgegenüber in ihrer Wirkungsweise eher holistisch und relational.[5)]

---

1) Vgl. Müller-Merbach/Modelldenken/474.
2) Vgl. hierzu etwa Pfohl/Planung/86; Müller-Merbach/Individuum/145; Pfohl, Braun/Entscheidungstheorie/379; Müller-Merbach/Modelldenken/474 f. sowie Mintzberg/Planing/49 ff.
3) Die gewonnenen Erkenntnisse basieren auf Beobachtungen an Unfallopfern, Schlaganfallpatienten und Epileptikern, bei denen eine Hirnhälfte nicht mehr funktionstüchtig war bzw. das Corpus callosum durchtrennt wurde. Vgl. Ornstein/Bewußtseins/77 ff.
4) Vgl. hierzu Ornstein/Bewußtseins/78 ff.
5) Diese Links-Rechts-Spezialisierung gilt für Rechtshänder, bei denen die linke Hemisphäre die rechte Körperseite und die rechte Hemisphäre die linke Körperseite (Fortsetzung FN 5 S. 242)

Verknüpft man diese beiden Typologien, so wird deutlich, daß bei einem Converger die linke Hemisphäre dominiert, wohingegen bei einem Diverger die rechte Gehirnhälfte die kognitiven Prozesse beherrscht.[1]

Bereits über 40 Jahre früher (1921) hat JUNG[2] den Versuch einer Typenbildung[3] unternommen. Diese Typologie findet sich in den beiden bereits behandelten Ansätzen wieder, ist jedoch differenzierter: Sie umfaßt vier psychologische Typen.

JUNG[4] unterscheidet zwischen den beiden Wahrnehmungsfunktionen des Empfindens (Sensation) und Intuierens (Intuition) sowie zwischen den beiden Verarbeitungsfunktionen des

---

(Fortsetzung FN 5 von S. 241)
steuert. Linkshänder sind nicht derart einheitlich strukturiert. Bei manchen ist die Spezialisierung umgekehrt; andere haben eine vermischte Spezialisierung; bei einigen tritt die gleiche Spezialisierung wie bei Rechtshändern auf. Vgl. Ornstein/Bewußtseins/80.

1) Vgl. Müller-Merbach, Nelgen/Nutzen/624.
2) Vgl. Jung/Typen/357 ff. Ergänzend zu den nachfolgend behandelten 4 Typen unterscheidet Jung für jede dieser Ausprägungen eine introvertierte, auf das Subjekt bezogene, und eine extravertierte, am Objekt orientierte Variante. Diese Theorie wurde von Ackoff, Emery zur "Umweltinteraktions-Theorie" (je zwei Einwirkungsmöglichkeiten der Umwelt auf das Individuum und des Individuums auf die Umwelt) erweitert. Eine Berücksichtigung auch dieser Ansätze, die für die Bildung mentaler Modelle nur von sekundärem Interesse zu sein scheinen, würde den Rahmen dieser Untersuchung sprengen. Vgl. Jung/Typen/357 ff. sowie Ackoff, Emery/Systeme/123 ff.
3) Dominiert ein Verhaltensmechanismus habituell den anderen, so spricht Jung von einem Typus. Vgl. Jung/Typen/4.
4) Vgl. Jung/Typen/357 ff.

Denkens (Thinking) und Fühlens (Feeling).[1]

Die Funktion des Empfindens bewirkt die Wahrnehmung des Problems, wie es ist. Demgegenüber schließt die Funktion des Intuierens auch die Wahrnehmung dessen ein, was sein könnte.[2] Ein ausgesprochener "Empfinder" wird in seinem mentalen Modell genau das abbilden, was er mit seinen Sinnen wahrnimmt. Bei einem ausgeprägten "Intuierer" wird das mentale Modell dagegen Elemente und Beziehungen enthalten, die über das sich den Sinnen Darbietende hinausgehen.[3] Der erstere sieht vor lauter Bäumen u. U. den Wald nicht; der letztere sieht dagegen auch dort einen ganzen Wald, wo nur einige wenige Bäume vorhanden sind.[4] Der "Empfinder" wird sich bei der Modellbildung von der (vermeintlichen) Verpflichtung zur Genauigkeit leiten lassen, der "Intuierer" eher von der Lust der Phantasie.

Die Verarbeitungsfunktion des Denkens bewirkt die rationale Verarbeitung der Wahrnehmungen.[5] Demgegenüber schließt die Funktion des Fühlens die Bewertung der Wahrnehmungen ein.[6] Ein "Denker" wird zu solchen men-

---

1) Diese Differenzierung wird u. a. behandelt von Kirsch/Entscheidungslogik/51; Müller-Merbach/Modelldenken/475; Pfohl/Planung/87 f.; Müller-Merbach/Individuum/147; Pfohl, Braun/Entscheidungstheorie/380 f.; Sagasti, Mitroff/Research/703 ff.; Pfohl/Grundlage/611; Kilmann, Mitroff/Analysis/18 ff. sowie Müller-Merbach, Nelgen/Nutzen/625 f.

2) Vgl. Jung/Typen/561 sowie 393 ff. und 428 ff.

3) Vgl. Müller-Merbach/Individuum/147; Sagasti, Mitroff/Research/704; Müller-Merbach/Modelldenken/475 sowie Kilmann, Mitroff/Analysis/18.

4) Vgl. Kirsch/Entscheidungslogik/51.

5) Auf die in diesem Kontext wichtige Bedeutung eines dialektischen Argumentationsprozesses geht Punkt E.I.4.2.2.2 ein. Vgl. auch Sagasti, Mitroff/Research/704.

6) Vgl. etwa Müller-Merbach/Modelldenken/475; Sagasti, Mitroff/Research/704; Pfohl/Planung/87; Kilmann, Mitroff/Analysis/19 sowie Müller-Merbach, Nelgen/Nutzen/625.

talen Modellen neigen, die ihm den Weg zu einer logisch-diskursiven Analyse eröffnen. "Dagegen wird ein Fühler bei der Entwicklung seiner mentalen Modelle diese bewußt oder triebhaft Wertungen unterwerfen. Der erste wird also eher durch intellektuelle Neugier getrieben, der zweite durch wertmäßige Bindungen."1)

Die Kombination dieser Merkmalsausprägungen läßt sich zu einer 4-Felder-Matrix zusammenstellen (vgl. Abb. 57).

	VERARBEITEN		
WAHRNEHMEN		Denken (D)	Fühlen (F)
	Empfinden (E)	E D	E F
	Intuieren (I)	I D	I F

Abb. 57: Psychologische Typen nach JUNG

Nimmt man Bezug auf die beiden vorangegangenen Typisierungsvorschläge, so entsprechen die reinen Typen ED und IF

1) Müller-Merbach/Individuum/147. Gesperrtdruck im Original nicht vorhanden.

dem Converger (Linkshälfter) und Diverger (Rechtshälfter).[1] Die beiden gemischten Typen ID und EF sind in den vorgenannten Konzepten nicht enthalten. Auf ihre Bedeutung für die Bildung mentaler Modelle im Rahmen des ISM-Prozesses wird in Punkt E.I.4.2.2.1.2 näher eingegangen, wo die personelle Zusammensetzung des ISM-Teames behandelt wird.

Die genannten psychologischen Typologien verdeutlichen den starken Einfluß des kognitiven Stils auf die Bildung mentaler Modelle. Der kognitive Stil eines Individuums ist zwar der Klasse der relativ konstanten Persönlichkeitsmerkmale zuzuordnen, unterliegt jedoch sowohl zeitpunktals auch zeitraumbezogen gewissen Veränderungen: In der spezifischen Situation kann er durch situative Einflußfaktoren, wie etwa Zeitdruck, verändert werden.[2] Im Laufe der Entwicklung des Individuums unterliegt er ebenfalls gewissen, individuell verschiedenen, Veränderungen.[3]

Der kognitive Stil ist nicht unabhängig von den anderen Einflußgrößen auf die Bildung mentaler Modelle. Die f a k t i s c h e n I n f o r m a t i o n e n, über die ein Individuum verfügt, d. h. seine Ausbildung und sein Beruf, steuern die Präferenz für bestimmte kognitive Stile.[4] So wird bei einem Planer, Analytiker oder OR-Spezialisten eher der Typ eines Convergers vorherrschen, wohingegen Manager und Politiker vorwiegend unter den Divergern zu finden sein werden.[5]

Für den Typ eines Intuierers und/oder Fühlers werden die gespeicherten w e r t e n d e n I n f o r m a t i o n e n

---

1) Vgl. Pfohl/Planung/87 f.; Müller-Merbach/Modelldenken/475 sowie Pfohl, Braun/Entscheidungstheorie/380 f.
2) Vgl. Brauchlin/Problemlösungsmethodik/63.
3) Vgl. Müller-Merbach, Nelgen/Nutzen/623.
4) Ein Zusammenhang in der umgekehrten Richtung ist ebenfalls denkbar.
5) Vgl. Müller-Merbach/Modelldenken/475; Müller-Merbach, Nelgen/Nutzen/628 sowie Mintzberg/Planning/49 ff.

bei der Modellbildung größere Bedeutung erlangen als für einen Empfinder und/oder Denker.[1]

Als letztes erfolgt nochmals der Hinweis, daß der kognitive Stil darüber entscheidet, welche kognitiven Programme die kognitiven Prozesse für die Bildung mentaler Modelle steuern.

3.1.2.4 Motive und Bedürfnisse

In diesem und dem nachfolgenden Punkt zu demographischen Merkmalen sollen zum Abschluß zwei weitere Variablen vorgestellt werden, die die Bildung mentaler Modelle mittelbar durch ihre Auswirkungen auf das IV-System beeinflussen.

Wie bereits erwähnt, wirken nicht nur rein instrumentelle, auf die Problemhandlung ausgerichtete Werthaltungen auf die Bildung mentaler Modelle ein, sondern auch nicht instrumentelle Motive bzw. Bedürfnisse.[2]

B e d ü r f n i s s e beziehen sich auf Objekte, die das Individuum besitzen möchte. Diese Objekte können materieller oder immaterieller Art sein.[3] Als die wohl bekannteste polythematische Auffassung zur Systematisierung verschiedener Bedürfnistypen[4] kann die Bedürfnis-Pyramide

---

1) Vgl. Müller-Merbach/Individuum/147.
2) Vgl. etwa Pfohl/Planung/90; Süllwold/Bedingungen/282 sowie Lüer/Denkabläufe/5.
3) Vgl. Pfohl, Braun/Entscheidungstheorie/373.
4) Nach der monothematischen Interpretation lassen sich alle Bedürfnisarten auf ein Zentralbedürfnis zurückführen, das das menschliche Verhalten erklärt. Dem steht die athematische Konzeption gegenüber, die zwar von zahlreichen Bedürfnissen ausgeht, es aber als ein aussichtsloses Unterfangen ansieht, Bedürfnisse klar voneinander abzugrenzen und in Beziehung zueinander zu setzen. Die polythematische Auffassung beinhaltet eine Vielzahl voneinander unterscheidbarer Bedürfnisse, die in Relation zueinander stehen. Vgl. Kupsch/Risiko/175 f.

von MASLOW[1] angesehen werden. MASLOW unterscheidet fünf Bedürfnisarten, die hierarchisch angeordnet sind: Zu den "niedergeordneten" Existenzbedürfnissen gehören physiologische Bedürfnisse wie Hunger, Durst und Ruhe, sowie Sicherheitsbedürfnisse gegen Arbeitslosigkeit, Krankheit, Verbrechen usw. Den "höhergeordneten" psychogenen Bedürfnissen sind soziale Bedürfnisse (Gesellschaft, Kameradschaft, Freundschaft, Liebe etc.), Geltungsbedürfnisse (Anerkennung durch andere, Selbsteinschätzung usw.) und Selbstverwirklichungsbedürfnisse nach Entfaltung der Persönlichkeit zuzuordnen.[2]

Entsprechend dem hierarchischen Charakter dieser Systematisierung müssen zunächst untergeordnete Bedürfnisse befriedigt sein, bevor übergeordnete Bedürfnisse entstehen bzw. bewußt werden.[3] Dieser dynamische Charakter des Ansatzes schließt jedoch weder Rücksprünge zu grundlegenderen Bedürfnissen noch das gleichzeitige Verfolgen mehrerer Bedürfnisarten aus.[4]

Motive steuern - neben anderen Faktoren - das Verhalten des Menschen; sie entstehen durch sein Streben nach Bedürfnisbefriedigung.[5] Motive beeinflussen dementsprechend auch die kognitiven Prozesse zur Bildung mentaler Modelle. Probleme, die in enger Beziehung zu den angestrebten Bedürfnissen des Individuums stehen, werden vorrangiger und intensiver behandelt als Probleme von neutralem oder unpersönlichem Charakter, mit denen sich das

---

1) Vgl. Maslow/Motivation.
2) Vgl. etwa auch Pfohl/Planung/90; Grochla/Einführung/150 f. sowie Pfohl, Braun/Entscheidungstheorie/374 ff.
3) Vgl. Grochla/Einführung/150.
4) Vgl. Maslow/Motivation/37 und 54. Die Annahmen von Maslow konnten bislang lediglich partiell empirisch bestätigt werden. Vgl. Pfohl, Braun/Entscheidungstheorie/375 sowie Grochla/Einführung/151 und die dort jeweils angegebene Literatur.
5) Vgl. Pfohl/Planung/90.

Individuum auftragsgemäß, jedoch ohne innere Anteilnahme beschäftigt.[1] Dieser Effekt kommt bereits im Wahrnehmungsprozeß zum Ausdruck: Es werden vornehmlich solche Informationen aus der Umwelt wahrgenommen und mit entsprechenden Informationen aus dem Gedächtnis verknüpft, die mit der Bedürfnisbefriedigung in Einklang stehen.

Für den "Diverger" nehmen die Motive - analog zu den Werten - einen größeren Stellenwert bei der Bildung mentaler Modelle ein als für den "Converger".

3.1.2.5 Demographische Merkmale

Als letzte Faktorengruppe, die die Bildung mentaler Modelle beeinflußt, nennen PFOHL, BRAUN[2] die demographischen Merkmale[3] von Geschlecht und Alter des Problemexperten. Während Motive und Bedürfnisse durch eine Rückkopplung des äußeren Verhaltens beeinflußbar sind,[4] ist diese Interdependenz für demographische Merkmale nicht gegeben.

Während zu *geschlechtsspezifischen Unterschieden* bei der Bildung mentaler Modelle wenig gesicherte Erkenntnisse vorliegen, die eine Rückführung verschiedenartiger Modellierung auf das Geschlecht des Individuums zuließen,[5] zeigen sich bezüglich des *Lebensalters* deutlichere Unterschiede.

---

1) Vgl. Süllwold/Bedingungen.
2) Vgl. Pfohl, Braun/Entscheidungstheorie/361.
3) Die von Durkheim 1898 begründete soziale Morphologie als Hilfsdisziplin der Soziologie beinhaltet die beiden klassischen Teile der Soziogeographie und der Demographie. Vgl. hierzu König/Morphologie/280 ff.
4) Siehe Abb. 57.
5) Betrachtet man die Intelligenz (Gruppe verschiedenartiger Begabungen, wie etwa Sprachverständnis, Wortflüssigkeit, Rechengewandtheit, Raumvorstellung, Auffassungsgeschwindigkeit, assoziatives Gedächtnis und schlußfolgerndes Denken), so zeigen die in großer Zahl (Fortsetzung FN 5 auf S. 249)

Im Laufe der internen und umweltbedingten Entwicklung des Menschen[1] wird dieser mit einer Vielzahl neuer Stimuli konfrontiert, die zum Großteil in seinem Langzeitgedächtnis abgespeichert werden. Der ältere Mensch verfügt aber nicht nur über eine größere Menge gespeicherter Informationen, auch die Qualität der Informationen unterscheidet sich von der eines jüngeren Indviduums. Hiermit sind insbesondere die wertenden Informationen, die im Laufe des Lebens vielfältigen Veränderungen unterworfen sind, angesprochen. Aber auch die faktischen und methodischen Informationen werden durch Ausbildung und Beruf laufend verbessert.[2]

Die altersbedingte Veränderung der Wertvorstellungen findet sich analog bei den entsprechenden Motiven. Auch der kognitive Stil kann sich im Laufe der individuellen Entwicklung wandeln. All diese durch das Lebensalter induzierten Veränderungen wirken auf die Bildung mentaler Modelle ein.

Abschließend sei zu den Einflußgrößen der Bildung mentaler Modelle nochmals betont, daß die spezifische Ausprägung der intervenierenden Variablen bestimmt, welche Reize wahrgenommen und wie diese in Denk- und Lernprozessen weiterverarbeitet werden. Hierbei beeinflussen sich die Variablen gegenseitig.[3]

(Fortsetzung FN 5 von S. 248)
vorhandenen Testuntersuchungen im Durchschnitt (IQ) keinen Unterschied zwischen männlichen und weiblichen Probanden. Die meßbaren Leistungsmerkmale von Frauen sind weniger weit gestreut als die von Männern, d. h. es gibt weniger geniale aber auch weniger schwachsinnige Frauen als Männer. Vgl. Hofstätter/Psychologie/143 ff. und 187 ff.

1) Vgl. Hofstätter/Psychologie/100 ff.
2) Zu gegenläufigen Quer- und Längsschnittuntersuchungen bezüglich der Leistungshöhe der Intelligenz in Abhängigkeit vom Lebensalter vgl. Hofstätter/Psychologie/192 f. sowie die dort angegebene Literatur.
3) Vgl. Pfohl/Planung/83 f.

3.2 Explizites Modell des schlecht-strukturierten, komplexen Problems

Mentale und explizite Modelle[1] stehen in einer gegenseitigen Wechselwirkung zueinander. Einerseits wird die Bildung mentaler Modelle immer durch die Kenntnis von und die Erfahrung mit expliziten Modellen geprägt sein. Andererseits wird der Weg zur Entwicklung konkreter expliziter Modelle stets über die Bildung mentaler Modelle erfolgen, also eine geistige Konzeptualisierung der Realität voraussetzen.[2] Hieraus ergibt sich, daß alle in Punkt E.I.3.1.2 dargestellten intervenierenden Variablen ebenfalls Einfluß auf die Bildung expliziter Modelle ausüben.[3]

Mit Hilfe expliziter Modelle lassen sich mentale Modelle in *permanente* Form überführen.[4] Auf diese Weise werden sie vor dem partiellen oder totalen "Vergessen" geschützt. Das Gedächtnis des Problemexperten wird entlastet; er kann sich seiner vornehmlichen Tätigkeit, der Beschäftigung mit dem Inhalt des Problems, widmen.[5] Explizite Modelle sind mentalen Modellen auch aus anderen Gründen überlegen:[6]

- Die Erstellung expliziter Modelle erfordert eine intensive *Durchdringung des Problems*. Der Problemexperte lernt den Problemzusammenhang intensiver kennen, als bei der oberflächlicheren und unverbindlicheren Bildung mentaler Modelle.

---

1) Zu Formen expliziter Modelle vgl. etwa Müller-Merbach/Modelldenken/471 ff. sowie Köhler/Modelle/2703 ff.
2) Vgl. Müller-Merbach/Modeling.
3) Vgl. ähnlich Müller-Merbach/Individuum/148.
4) Zur Problematik des Überführens vgl. Szyperski/Unternehmungsführung/32.
5) Vgl. Wright/Systems/9.
6) Zu den nachfolgenden Ausführungen vgl. Müller-Merbach/Modelldenken/483.

- Darüber hinaus erfordert die Bildung mentaler Modelle das Bekennen zu einer bestimmten Problemsicht.[1] Explizite Modelle geben daher nicht nur über das Problem Auskunft, sondern auch für den Problemexperten.[2] Für die Gruppentechnik ISM gilt dies insbesondere bezüglich der Expertenantworten zu den Paarvergleichen. Das durch Majoritätsurteile zustande gekommene Strukturmodell gibt lediglich Auskunft über die Probleminterpretation durch die Gruppe. Die Problemsicht des einzelnen ist nur noch partiell wiederzufinden.

- Ein weiterer Vorteil expliziter Modelle liegt in ihrer Rechenbarkeit. Für ISM bedeutet dies, daß erst die Existenz eines expliziten Matrixmodells das Erstellen eines Strukturmodells durch den Computer ermöglicht.

- Weiterhin ist die Intersubjektivität expliziter Modelle hervorzuheben. Während - wie bereits erwähnt - mentale Modelle der intrapersonellen Reflexion dienen, wird erst durch explizite Modelle eine interpersonelle Kommunikation ermöglicht.[3]

Während das Bilden mentaler Modelle in den vorangegangenen Ausführungen als passiver, unsystematischer, Willensunabhängiger, unbewußter und ungesteuerter Prozeß beschrieben wurde, ist die Konstruktion expliziter Modelle eher als aktiver, systematischer, willensabhängiger, bewußter und steuerbarer Prozeß anzusehen.[4]

---

1) Vgl. Müller-Merbach/Individuum/148.
2) Vgl. Linstone u. a./Use/315.
3) Vgl. Müller-Merbach/Individuum/148; Crim/Use/3 sowie Pfohl/Planung/35.
4) Vgl. Müller-Merbach/Individuum/145.

4. Gruppe als ISM-Problemexperte

Im vorangegangenen Punkt E.I.3 wurde die Psycho-Logik der Informationsverarbeitung ausführlich behandelt. Hierdurch sollte verdeutlicht werden, welche Einflußgrößen auf die individuelle Bildung mentaler Modelle, die den Ausgangspunkt für die Durchführung des ISM-Prozesses bilden, einwirken.

Die ISM-Technik ist auf die Handhabung schlecht-strukturierter, komplexer Probleme ausgerichtet. Wie bereits erwähnt, sind Probleme dieser Art hinsichtlich Ausmaß und Inhalt zu umfassend und heterogen, als daß sie lediglich aus der Sicht einer einzelnen, nur partielle Aspekte beleuchtenden Perspektive erfolgreich angegangen werden könnten.[1] Das Individuum als Problemexperte, ausgestattet mit Spezialkenntnissen, ist nicht in der Lage, alle problemrelevanten Informationen wahrzunehmen und kompetent zu verarbeiten.[2] Es ist ihm allenfalls möglich, einen Beitrag zur Problemhandhabung in Form einer partiellen Problemdefinition zu liefern.[3] Einer Gruppe von Experten, deren effiziente Zusammensetzung und Zusammenarbeit nachfolgend zu behandeln sein wird, bietet sich jedoch die Möglichkeit, das Problem in seiner ganzen Komplexität abzuhandeln.[4]

Stellt man die Problemhandhabung auf eine breitere Basis und transferiert sie aus dem individuellen Kontext in einen Gruppenkontext, so tritt neben das individuelle Verhalten das Gruppenverhalten (Interaktion in der Gruppe),[5] das sich deutlich vom individuellen Verhalten abhebt:[6] Auch soziale Faktoren[7] sind bei der Modellbildung zu be-

1) Vgl. Zahn/Planung/193.
2) Vgl. Irle/Macht/218 f.
3) Vgl. Warfield/Systems/194.
4) Vgl. Szyperski/Handhabung/28.
5) Vgl. Watson/Modeling/166.
6) Vgl. Meyer zur Heyde/Problemlösungsprozesse/36.
7) Siehe Abb. 56.

rücksichtigen: Die Perspektive wird auf eine S o z i o - L o g i k der Informationsverarbeitung ausgedehnt.[1] Neben das Konstruieren einzelner mentaler Modelle tritt das Integrieren und Überführen einer Vielzahl individueller und zumindest partiell konfliktärer mentaler Modelle.[2] Hierbei weist die ISM-Technik jedoch deutliche Unterschiede zu anderen SM-Techniken auf. So wird etwa mit "Cognitive Mapping" zunächst eine Vielzahl individueller mentaler Modelle expliziert, die im Anschluß auf komplementäre, identische und konfliktäre Teile untersucht werden. Dieses Vorgehen wird dem Anspruch einer Gruppentechnik mit sozialer Interaktion nicht gerecht. Es basiert lediglich auf dem Gedanken einer N o m i n a l g r u p p e. Die ISM-Technik legt der Modellbildung jedoch die Interaktion einer R e a l g r u p p e bei der Explikation zugrunde:[3] Zunächst bestimmt das ISM-Team die Menge der problemrelevanten Elemente.[4] Sodann wird aus dieser Menge im Team ein gemeinsames Strukturmodell entwickelt.[5]

---

1) Vgl. Pfohl, Braun/Entscheidungstheorie/426 ff.
2) Vgl. Watson/Modeling/168.
3) Zur Definition der Nominalgruppe und Realgruppe vgl. Meyer zur Heyde/Problemlösungsprozesse/192 ff.
4) Im Rahmen dieser Generierungsphase ist auch ein nicht-gruppendynamisch orientiertes Vorgehen (Nominalgruppe) etwa mit Hilfe des "Brainwriting" oder der "Nominal Group Technique" möglich. Siehe Punkt C.II.3.2. Die nachfolgende Strukturierungsphase erfolgt jedoch - bedingt durch den ISM-immanenten gesteuerten Argumentationsprozeß - stets unter Ausnutzung gruppendynamischer Potentiale (Realgruppe).
5) Das Strukturmodell ergibt sich als Kombination der verschiedenen mentalen Modelle, wobei im Einzelfall des Paarvergleiches nicht zwangsläufig Konsens erzielt werden muß. Die Dissensklärung im Argumentationsprozeß kann auch durch einen einfachen Mehrheitsentscheid zum Abschluß gebracht werden. Diesen Aspekt behandelt Punkt E.I.4.2.2.2 ausführlich.

4.1 Grundlagen der Gruppenmodellierung

Die hier zu untersuchenden Problemhandhabungsgruppen sind zu den sogenannten Kleingruppen zu zählen.[1] Sie setzen sich aus einer überschaubaren Anzahl[2] von Mitgliedern, zwischen denen unmittelbare Beziehungen[3] bestehen, zusammen.[4] Als Spezialform der Kleingruppeninteraktion entspricht das T e a m der Kooperation von Experten zur Handhabung eines komplexen Problems.[5] Die Zusammenarbeit ist befristet; als gemeinsames Ziel gilt die Bewältigung des Problems.[6]

Für die Interpretation des ISM-Problemexperten als Team lassen sich zwei Gründe anführen. Der erste Aspekt wurde bereits behandelt.[7]

(1) Zweckrationalität

Diese Kategorie gründet auf der Erkenntnis, daß bei der Handhabung komplexer Probleme durch mehrere Experten ein sog. "pooling Effekt" auftritt: Durch die Berücksichtigung der problemrelevanten Kenntnisse aller Experten ist es dem Team möglich, das Problem in

1) Der aus dem Amerikanischen übernommene Begriff "Small Group" geht auf Bales zurück. Vgl. Bales/Interaction. Vielfach werden in der Literatur auch synonym die Begriffe "Primärgruppe" oder "Face-to-Face-Group" verwendet. Vgl. etwa Brauchlin/Problemlösungsmethodik/255.
2) Siehe hierzu Punkt 4.2.2.1.1.
3) Siehe hierzu Punkt 4.2.2.2.1.
4) Vgl. Pfohl/Planung/98.
5) Vgl. Häusler/Integration/17 sowie Bendixen/Kreativität/116.
6) Vgl. Brauchlin/Problemlösungsmethodik/255. Derartige Teams agieren vielfach in der Organisationsform einer "Task Force". Zum Task Force Konzept als Gegenposition zu einer Stab-Linien-Organisation vgl. Irle/Macht/218 ff. Vgl. auch Szyperski/Handhabung/28 ff.
7) Vgl. zu den nachfolgenden Ausführungen Brauchlin/Problemlösungsmethodik/254 f.; Türk/Gruppenentscheidungen/297 f. sowie Pfohl/Planung/100.

seiner gesamten Komplexität zu erkennen.[1)]

(2) Wertrationalität

Gemäß dieser Begründung sollen nicht die faktischen Informationen, sondern die Werte und Bedürfnisse einer Mehrzahl von Personen im ISM-Prozeß Berücksichtigung finden.[2)]

Obwohl vornehmlich die Zweckrationalität Basis der Interaktion im ISM-Team ist, hat auch die Wertrationalität für eine umfassende Problembehandlung eine nicht unerhebliche Bedeutung. Nur die Einbeziehung beider Kategorien ermöglicht die adäquate Berücksichtigung der Interdependenz von faktischen und wertenden Informationen: Wie bereits erwähnt, steuern Werte die Suche und Interpretation von Fakten, während Fakten die Realisierbarkeit von Werten und ihre Vereinbarkeit mit anderen Werten bestimmen.

Diese umfassendste Form der Beteiligung an der Problemhandhabung bezeichnen KIRSCH, SCHOLL[3)] als a u t h e n t i s c h e P a r t i z i p a t i o n. Partizipation (Mittel) wird hierbei als soziale Reformstrategie verstanden, die das Potential der Demokratisierung (Ziel) in die Praxis umzusetzen vermag.[4)] Daß der gruppenorientierte ISM-Prozeß als authentische Partizipationsstrategie kon-

---

1) In zahlreichen empirischen Untersuchungen zur Handhabung mehrstufiger, komplexer Probleme konnte dieser Effekt nachgewiesen werden. Die Übertragung derartiger Erkenntnisse aus der "Laborsphäre" in das reale Geschehen der Unternehmung ist jedoch nicht unproblematisch. Vgl. Franke/Lösen/80 sowie Blank/Organisation/110 f.

2) Die Berücksichtigung faktischer Informationen in Entscheidungsprozessen bezeichnen Kirsch, Scholl als "Human-Resources-Strategie". Die Einbeziehung von Werten bzw. Bedürfnissen diskutieren sie unter dem Begriff "Social-Values-Strategie". Vgl. Kirsch, Scholl/Demokratisierung/237 f.

3) Vgl. Kirsch, Scholl/Demokratisierung/238 sowie Etzioni/Society/639.

4) Vgl. Krüger/Perspektiven/253.

zipiert ist, wird aus den nachfolgenden Überlegungen deutlich werden.[1]

Die Mitglieder des ISM-Teams verfügen über quantitativ und qualitativ unterschiedliche Informationsstrukturen.[2] Eine Komponente der Interaktion besteht daher im Informationsaustausch. Alle Team-Mitglieder müssen gewillt sein, Informationen zur Verfügung zu stellen bzw. entgegenzunehmen.[3]

Das Wissen der übrigen Team-Mitglieder kann aus der Sicht des einzelnen als externer Speicher betrachtet werden, der dem Individuum für seine problemorientierte IV jederzeit zur Verfügung stehen sollte. Der Abruf dieser Informationen geschieht durch Kommunikation. Die externe Speicherung erspart es dem Individuum, sich fachfremde Informationen aneignen und im Gedächtnis speichern zu müssen.[4]

Der ISM-Prozeß besteht jedoch nicht nur aus einer Informationsaustauschkomponente, sondern - wie bereits angedeutet - auch aus wechselseitigen Beeinflussungs- oder Überzeugungsprozessen im Sinne einer parteiischen Diskussion oder Debatte.[5] Der ISM-Prozeß stellt sich demnach als kompliziertes Geflecht gegenseitiger Kommunikation und Einwirkung dar, das gewisser Koordinationsmechanismen bedarf.

---

1) Durch die partizipative Orientierung der ISM-Technik läßt sich nicht nur die Quantität und Qualität der IV verbessern. Es ist ebenfalls mit deutlich geringeren Widerständen bei der Durchsetzung des ISM-Ergebnisses zu rechnen. Vgl. hierzu Zepf/Führungsstil/61 ff. sowie Szyperski/Aspekte.
2) Vgl. Zepf/Führungsstil/297.
3) Vgl. zu diesen Voraussetzungen Franke/Lösen/58.
4) Vgl. Bendixen/Kreativität/117.
5) Vgl. Meyer zur Heyde/Problemlösungsprozesse/36.

4.2 Gruppendynamische Aspekte des ISM-Teams

Die Gruppendynamik befaßt sich mit den psychologischen und soziologischen Einflußgrößen, die das Verhalten in Gruppen bestimmen.[1] E i n Erkenntnisobjekt ist die Problemhandhabung bzw. die Entscheidungsfindung in Gruppen.

Analog zur Zweck- und Wertrationalitätsbegründung lassen sich bei der Gruppeninteraktion zwei verschiedene Verhaltensdimensionen unterscheiden, die eine deutliche Interdependenz zueinander aufweisen: a u f g a b e n o r i e n t i e r t e s Verhalten und s o z i a l p s y c h o l o g i s c h e s Verhalten.[2] Während das aufgabenorientierte Verhalten der Aufgabenerfüllung, d. h. der Problembehandlung mit entsprechenden IV- und Beeinflussungsprozessen dient, ist das sozial-psychologische Verhalten auf das innere Funktionieren der Gruppe ausgerichtet.[3]

Die aufgabenorientierte Dimension, die WARFIELD in Anlehnung an BALES als "neutral" bezeichnet, kann durch eine positive oder negative Ausprägung der sozial-psychologischen Dimension beeinflußt werden.[4] Des weiteren übt auch das aufgabenorientierte Verhalten einen Einfluß auf die sozial-psychologische Komponente aus: Gelingt es dem Moderator, das zu behandelnde Problem als interessant und

---

1) Vgl. hierzu das grundlegende Werk von Cartwright, Zander/Group.
2) Vgl. Brauchlin/Problemlösungsmethodik/257; Franke/Lösen/104 f. sowie Türk/Gruppenentscheidungen/298. Vielfach wird die zweite Dimension auch als sozio-emotionales Verhalten bezeichnet.
3) Zur analogen Lokomotions- und Kohäsionstätigkeit des Moderators siehe Punkt E.I.4.2.2.1.3 bzw. E.II.
4) Vgl. Warfield/Modeling/B-14 sowie Bales/Interaction. Die Begriffe "neutral", "positiv" und "negativ" nehmen Bezug auf mögliche Funktionalitäten bzw. Dysfunktionalitäten der Team-Interaktion. Auf diesen Aspekt wird im nächsten Punkt ausführlich eingegangen.

von großer Bedeutung für die weitere Unternehmensentwicklung darzustellen, so wird das fachliche Interesse der Gruppenmitglieder geweckt und auf diese Weise ein positiver Einfluß auf das sozial-psychologische Verhalten ausgeübt.[1]

Obwohl die Bedeutung einer solchen Einstimmung des Teams nicht zu unterschätzen ist, bedarf es dennoch besonderer stützender, gruppenspezifischer Aktivitäten, um zu einer effizienten und effektiven Gruppeninteraktion zu gelangen.[2] Dieser Aspekt soll nachfolgend vertieft werden.

4.2.1 Funktionalitäten und Dysfunktionalitäten der Gruppeninteraktion

Es existiert eine Vielzahl empirischer *Global*untersuchungen zum Leistungsvergleich von Gruppen und Individuen bei der Problemhandhabung.[3] Als Ergebnis konnten sowohl die Leistungsüberlegenheit als auch die Leistungsgleichheit als auch die Leistungsunterlegenheit der Gruppe gegenüber dem Individuum belegt werden.[4] Erst aufgrund dieser widersprüchlichen Ergebnisse begann man, verschiedene Einflußfaktoren auf die Leistungsfähigkeit zu isolieren und im Labor *Spezial*untersuchungen getrennt zu erheben. Es zeigte sich, daß etwa die Problemkomplexität, die quantitative und qualitative Zusammensetzung der Gruppe, die Kommunikationsstruktur und die Führung Einfluß auf die Leistungsfähigkeit der Gruppe ausüben.[5]

---

1) Vgl. Rohr/Prozesse/293.
2) Vgl. ähnlich Pfohl/Planung/100.
3) Diese Untersuchungen basieren jedoch zumeist auf quantitativen Leistungskriterien, wie etwa der Anzahl der gefundenen Lösungen. Vgl. Schlicksupp/Ideenfindung/166 ff.
4) Vgl. diesbezüglich die umfassende Auflistung bei Franke/Gruppenproblemlösen/4 f.
5) Vgl. Schlicksupp/Ideenfindung/167 sowie die dort angegebenen Untersuchungen.

Der Leistungsvorteil der Gruppe gegenüber dem Individuum wird dabei durch sog. *Funktionalitäten* der Gruppeninteraktion gestützt.[1] Er kann jedoch durch *Dysfunktionalitäten* gemindert werden. Als *Funktionalität* läßt sich zunächst die quantitativ und qualitativ bessere IV-Möglichkeit im Team nennen. Hiermit sind die *komplementären Kenntnisse* der Gruppenmitglieder angesprochen.[2] Auch die Einbeziehung unterschiedlicher Werthaltungen sowie die *Bedürfnisbefriedigung* wirken fördernd auf die Gruppenleistung. Nicht unerwähnt bleiben soll ebenfalls die Berücksichtigung *verschiedener kognitiver Stile*, mit deren Hilfe das Problem aus unterschiedlichen Perspektiven beleuchtet werden kann. Insgesamt ergibt sich durch diese Aspekte die Möglichkeit, die partielle Problemdefinition des einzelnen auf eine breitere, der Komplexität des Problems angemessenere und weniger subjektive Basis zu stellen, und so das Problem vollständig zu behandeln.

Die Gruppeninteraktion weist jedoch auch *Dysfunktionalitäten* auf, die vornehmlich auf der sozialpsychologischen Verhaltensdimension basieren. Dysfunktional wirkt sich zunächst im psychologischen Bereich die Existenz *persönlicher*, vom Problem unabhängiger *Konflikte* zwischen Gruppenmitgliedern aus.[3] Diese Konflikte werden im Rahmen der Problembewältigung ausgetragen. Eine zügige, aufgabenorientierte Gruppeninteraktion wird behindert.

Auch mangelnde *kognitive Bereitschaft*, die sich etwa in zu geringer Mitarbeit äußert, kann die Gruppenleistung negativ beeinflussen. Diese psychologische Dysfunktionalität resultiert zumeist aus der Meinung, als

---

1) Vgl. Häusler/Integration/17 f.
2) Vgl. Kieser/Mensch/71 ff.
3) Vgl. Huber/Group/97.

Einzelperson nur marginalen Einfluß auf die Problembewältigung ausüben zu können.[1)]

Als soziale Einflußgröße läßt sich zunächst das kognitive Klima nennen. Es spiegelt das "Wohlbefinden" des einzelnen bei der Gruppenarbeit wider und wird u. a. durch den Führungsstil der Gruppe, die Kommunikationsstruktur und den Konfliktaustragungsmechanismus, beeinflußt.[2)]

Als weitere soziale Dysfunktionalität kann Konformitätsdruck angeführt werden. Fühlt sich ein Team-Mitglied veranlaßt, die eigene Meinung zugunsten der Meinung eines anderen Mitglieds bzw. einer Teilgruppe (etwa der Vorgesetzten) aufzugeben, obwohl es diese Ansicht nicht teilt, so wird hierdurch die Möglichkeit des Einbeziehens konträrer Positionen genommen.[3)]

Ähnlich wie Konformitätsdruck hat auch dominantes Verhalten einzelner Team-Mitglieder eine dysfunktionale Wirkung auf die Gruppenarbeit. Durch diesen sozialen Faktor werden der ungehinderte Informationsaustausch sowie entsprechende Argumentationsprozesse erschwert.

Es existiert eine Vielzahl unabhängiger Variablen, durch deren spezifische Ausprägung die Gruppenleistung positiv beeinflußt werden kann: Potentielle Funktionalitäten werden gefördert, potentielle Dysfunktionalitäten sollen eliminiert oder zumindest reduziert werden.

---

1) Vgl. Schlicksupp/Ideenfindung/153.
2) Vgl. Schlicksupp/Ideenfindung/155 f.
3) Vgl. Bendixen/Kreativität/120 f. sowie Huber/Group/97.

4.2.2 Gestaltung der ISM-Team-Interaktion

Während der vorangegangene Punkt allgemeine Überlegungen zur Effizienz und Effektivität der Gruppeninteraktion zum Gegenstand hatte, soll nun untersucht werden, auf welche gestalterischen Maßnahmen die ISM-Technik zur Verbesserung der Gruppenarbeit zurückgreift. Interventionsmöglichkeiten ergeben sich in zwei verschiedenen Bereichen: auf der "Inputseite", d. h. im Aufbau des ISM-Teams und auf der "Aktionsseite", d. h. im Ablauf der ISM-Team-Interaktion.[1] Beide Bereiche beeinflussen sowohl die aufgabenorientierte als auch die sozial-psychologische Verhaltensdimension. Die Aufbau- und die Ablaufkomponente stehen in enger Wechselwirkung zueinander. Die ISM-Technik nutzt beide Interventionsmöglichkeiten zur Gestaltung einer effizienten und effektiven Problemstrukturierung in Gruppen.[2]

4.2.2.1 Aufbau des ISM-Teams

Während die spezifische Ausprägung der A b l a u f komponente auf d i r e k t e m Wege eine Verhaltensänderung bewirkt, läßt sich durch Gestaltung des Team - A u f b a u s ein i n d i r e k t e r Einfluß auf das Gruppenverhalten ausüben.[3]

---

1) Zu den Begriffen "Input" und "Action" vgl. Guzzo/Group/ 5.
2) Der nachfolgend verwendete Begriff des ISM-Teams ist in einem weiteren Sinne zu interpretieren. Er umfaßt auch das Umfeld der Gruppe. Hierzu zählen der Moderator, Rahmenbedingungen sowie eventueller Zeitdruck. Diese Aspekte sind schwerpunktmäßig dem Aufbau des ISM-Teams zuzuordnen.
3) Vgl. Guzzo/Group/5.

4.2.2.1.1 Quantitative Zusammensetzung des ISM-Teams

Einen bedeutenden Einfluß auf das gruppendyamische Verhalten übt die Anzahl der ISM-Team-Mitglieder aus.[1] Ein Anwachsen der Gruppengröße impliziert zunächst ein steigendes Potential an Kenntnissen, Werten und kognitiven Stilen.[2] Dieser positive Effekt wird jedoch durch zunehmende sozialpsychologische Probleme abgeschwächt:[3] Das einzelne Mitglied fühlt sich in wachsendem Maße in seinen Partizipationsmöglichkeiten beschränkt.[4] Sein Einfluß auf die Problembearbeitung reduziert sich. Entsprechend sinkt seine kognitive Bereitschaft zur Beteiligung an der Interaktion. Das Mitglied ist eher bereit, sich einem Konformitätsdruck zu unterwerfen.[5] Es kommt zum dominanten Verhalten einzelner Personen. Diese Entwicklung kann den Übergang zu einem tendenziell autoritären Führungsstil der Gruppe bewirken. Hierdurch wird das kognitive Klima negativ beeinflußt.

Wird die Gruppengröße nicht zu hoch angesetzt, ist es möglich, alle Funktionalitäten zu nutzen und dysfunktionales Verhalten weitestgehend auszuschalten. Die genannten Zahlen in der Literatur sind nicht einheitlich, jedoch wird zumeist eine ISM-Team-Größe von 4 bis 8 Mitgliedern angegeben.[6] Auch WARFIELD empfiehlt diese Größenordnung.[7]

---

1) Vgl. etwa Bendixen/Kreativität/115; Guzzo/Group/5; Meyer zur Heyde/Problemlösungsprozesse/44 ff. sowie Rohr/Prozesse/264.
2) Dies gilt nur, sofern auch auf eine entsprechend heterogene qualitative Zusammensetzung des ISM-Teams geachtet wird.
3) Vgl. Meyer zur Heyde/Problemlösungsprozesse/45 ff.; Türk/Gruppenentscheidungen/301; Brauchlin/Problemlösungsmethodik/260 f.; Blank/Organisation/115 sowie Franke/Lösen/86 f.
4) Vgl. Meyer zur Heyde/Problemlösungsprozesse/45.
5) Vgl. Blank/Organisation/114.
6) Vgl. Meyer zur Heyde/Problemlösungsprozesse/47 sowie Blank/Organisation/211.
7) Vgl. Warfield/Systems/73.

Wie aus den nachfolgenden Ausführungen deutlich werden wird, verfügt die ISM-Technik über weitere Mechanismen zur Reduzierung sozial-psychologischer Dysfunktionalitäten im Rahmen des Ablaufs der Interaktion, so daß eine Gruppengröße von bis zu 12 Mitgliedern der Gruppenleistung nicht abträglich ist.[1)]

Zu erwähnen bleibt, daß sich aus praktischen Überlegungen eine ungerade Mitgliederzahl empfiehlt. Auf diese Weise lassen sich nach dem jeweiligen Abschluß des gesteuerten Argumentationsprozesses in der Abstimmungsprozedur Patt-Situationen vermeiden.

4.2.2.1.2 Qualitative Zusammensetzung des ISM-Teams

Neben der Gruppengröße sind die qualitativen Eigenschaften der ISM-Team-Mitglieder von besonderer Bedeutung für eine adäquate Problemhandhabung.[2)] Eine willkürliche Zusammensetzung des ISM-Teams führt nur im Ausnahmefall zu einem Leistungsvorteil gegenüber der individuellen Problemhandhabung.[3)] Der Gruppeninteraktion muß vielmehr eine systematische Auswahl der Teilnehmer durch den Manager vorausgehen.

Zunächst sollte kein Zwang zur Teilnahme an der Gruppenarbeit ausgeübt werden.[4)] Das Einladen von Teilnehmern, deren persönliches Verhältnis zueinander gespannt ist, sollte ebenfalls vermieden werden.[5)]

---

1) Vgl. Häusler/Integration/17 f. sowie Meyer zur Heyde/Problemlösungsprozesse/29.
2) Vgl. Guzzo/Group/5.
3) Vgl. Eisenmann/Fällen/360.
4) Vgl. Schlicksupp/Ideenfindung/154.
5) Die negativen Auswirkungen von persönlich gespannten Verhältnissen auf die Gruppenleistung konnten am Battelle Institut durch experimentelle Tests belegt werden. Vgl. Schlicksupp/Ideenfindung/154.

Im Hinblick auf die psychologischen Einflußfaktoren des Gruppenverhaltens sollte das Experten-Team in Abhängigkeit von dem spezifischen Problem fachlich, d. h. bezüglich der Kenntnisse und Werte, heterogen zusammengesetzt sein.[1] Auch für den kognitiven Stil sollte diese Heterogenitätsanforderung gelten:[2] Die beiden Phasen der Generierung und Strukturierung basieren auf unterschiedlichen kognitiven Fähigkeiten des Individuums. Während für die Generierungsphase der Typ eines "Divergers" geeigneter erscheint, ist die Strukturierungsphase eher durch einen "Converger" zu bewältigen.[3] Statt beide Phasen von unterschiedlichen Individuen bzw. Gruppen ausführen zu lassen, bietet ein im Hinblick auf den kognitiven Stil heterogen zusammengesetztes Team den Vorteil einer kontinuierlichen Bewältigung beider Phasen durch dieselbe Gruppe. In diesem Zusammenhang sei auch auf die Bedeutung der Einbeziehung der gemischten kognitiven Typen (Intuieren und Denken bzw. Empfinden und Fühlen) hingewiesen. Sie können sowohl in der Generierungs- als auch in der Strukturierungsphase zu einer Perspektivenerweiterung beitragen und die starken Kontraste zwischen den reinen Typen abschwächen.[4]

Der fachlichen bzw. kognitiven Heterogenität sollte eine hierarchische Homogenität gegenübergestellt werden.[5] Durch diese Maßnahme kann nicht nur mangelnder kognitiver Bereitschaft und verschlechtertem kognitivem Klima entgegengewirkt werden; auch Konformitätsdruck und Dominanz des bzw. der Vorgesetzten lassen sich hierdurch einschränken. Es ist vermutlich auf die Wirkung der ergänzenden Mechanismen in der ISM-Team-Interaktion zurückzuführen, daß auch

---

1) Vgl. Bendixen, Kemmler/Planung/35 f. sowie Rohr/Prozesse/265.
2) Vgl Sagasti, Mitroff/Research/706; Meyer zur Heyde/Problemlösungsprozesse/51 f. sowie Bendixen/Kreativität/115.
3) Vgl. Linstone/Use 1/135.
4) Vgl. Kilmann, Mitroff/Analysis/19 f.
5) Vgl. Schlicksupp/Ideenfindung/152.

in hierarchisch heterogen zusammengestellten Gruppen keine sozial-psychologischen Dysfunktionalitäten zu beobachten sind.[1)]

Das ISM-Team selbst verfügt über keine formale hierarchische Struktur. Alle Mitglieder sind gleichberechtigt. Die Verantwortung für die Problembehandlung trägt die Gruppe als Gesamtheit.[2)]

Als Gegenmaßnahme zu potentiellen sozial-psychologischen Dysfunktionalitäten empfiehlt sich eine vorherige gruppendynamische Schulung bzw. entsprechende reale Erfahrungen in der Gruppeninteraktion.[3)] Die auf diese Weise - etwa in sog. "T-Groups"[4)] - erzielten Einstellungs- und Verhaltensänderungen sind einer funktionalen Problemhandhabung förderlich. Auf die Einbeziehung von "Einzelkämpfern", die keinen Zugang zur Gruppenarbeit finden können oder wollen, sollte bei der Team-Zusammensetzung möglichst verzichtet werden.[5)]

Wie bereits erwähnt, sollten die Team-Mitglieder im Hinblick auf eine positive Beeinflussung des Gruppenverhaltens vor dem Beginn der Gruppenarbeit ausführlich über das zu bewältigende Problem sowie die ISM-Technik mit der Team- und Moderatorrolle informiert werden.[6)]

---

1) Vgl. Szyperski, Müller-Silva, Eul-Bischoff/Strukturmodellierung/19.
2) Vgl. Bendixen, Kemmler/Planung/35 f. sowie Blank/Organisation/215.
3) Vgl. Schlicksupp/Ideenfindung/154.
4) Vgl. z. B. Zepf/Führungsstil/124 ff.
5) Vgl. Rohr/Prozesse/265.
6) Vgl. Schlicksupp/Ideenfindung/154. Siehe auch Punkt E.II.2.

4.2.2.1.3 Rolle des Moderators

Auch die ISM-spezifische Rolle des Moderators ist auf die Reduzierung dysfunktionaler Verhaltensweisen der Team-Mitglieder abgestimmt.

In Analogie zur Unterscheidung einer aufgabenorientierten und einer sozial-psychologischen Verhaltensdimension in Gruppen umfaßt die Gruppenleitung eine L o k o m o t i o n s - und eine K o h ä s i o n s f u n k t i o n. Aufgrund der Vielzahl interaktionsteuernder Mechanismen der ISM-Technik[1] kann sich der Gruppenleiter im Rahmen der ISM-Technik fast vollständig aus der Kohäsionsfunktion ausblenden. Auch die Lokomotionsfunktion im Sinne der inhaltlichen Beteiligung gehört nicht zu seiner Tätigkeit. Er fungiert als neutraler Dritter, bezieht keine Position und überwacht lediglich die Einhaltung der Interaktionsregeln. Seine Rolle impliziert daher keine zusätzlichen Dysfunktionalitäten im ISM-Prozeß.

Aufgrund des spezifischen Tätigkeitsprofils wird diese Person als Moderator und nicht als Gruppenleiter bezeichnet. Punkt E.II geht auf den ISM-Moderator näher ein.

4.2.2.1.4 Ausschalten von Zeitdruck

Zwei weniger bedeutsame, aber nicht unwesentliche Einflußgrößen auf das ISM-Teamverhalten betreffen die Gewährung ausreichender Zeit für die Problembewältigung sowie die Gestaltung geeigneter Rahmenbedingungen, insbesondere Räumlichkeiten.

Der globale zeitliche Rahmen wird durch den ISM-Manager geschaffen. Die konkrete Ausgestaltung bleibt dem ISM-Moderator überlassen.[2]

---

1) Siehe Punkt E.I.4.2.2.2.
2) Siehe Punkt E.II.2.

Der erhöhte Zeitbedarf der Gruppenmodellierung gegenüber der individuellen Modellierung resultiert aus den notwendigen Kommunikations-, Diskussions- und Abstimmungsprozessen in Gruppen.[1] Im Zusammenhang mit der Bewältigung komplexer Probleme kommt diesem Vergleich jedoch keine große Bedeutung zu, da eine verantwortungsvolle, umfassende Problemhandhabung durch eine Einzelperson nicht möglich erscheint.[2] Aus diesem Hinweis wird bereits erkennbar, daß ein kürzerer Problembewältigungsprozeß nicht zwangsläufig mit einem besseren Ergebnis korrespondieren muß.[3] Der Zeitbedarf sollte daher nicht das einzige oder wichtigste Beurteilungskriterium im Hinblick auf eine Problembewältigung in der Gruppe sein.[4]

Darüber hinaus kann festgestellt werden, daß die meisten bedeutsamen komplexen Probleme nicht zeitkritisch sind.[5] Eine Verzögerung der Ergebnispräsentation um 1 bis 2 Wochen sollte die Bewältigung strategischer Probleme nicht gefährden.

Wird dennoch auf der Basis des Zeit- und damit Kostenbedarfs argumentiert, so steht dem zusätzlichen Aufwand aufgrund der partizipativen Problembearbeitung ein reduzierter Aufwand bei der Durchsetzung gegenüber.

Auf der Basis dieser Argumentation sollte es möglich sein, das ISM-Team von Zeitdruck zu befreien. Steht dem Team nicht genügend Zeit zur Verfügung, so ist eine umfassende Problembehandlung nicht möglich. Aufgrund der emotionalen Angespanntheit sind unter Zeitdruck zudem negative sozialpsychologische Verhaltensweisen zu erwarten.[6]

---

1) Vgl. Blank/Organisation/113.
2) Vgl. Franke/Lösen/84.
3) Vgl. Blank/Organisation/113.
4) Vgl. Franke/Lösen/84.
5) Vgl. Zepf/Führungsstil/76 sowie Blank/Organisation/113.
6) Vgl. Guzzo/Group/5.

4.2.2.1.5 Schaffen geeigneter Rahmenbedingungen

Eine unzweckmäßige Gestaltung des ISM-Team-*Arbeitsraumes* hat sowohl Auswirkungen auf die aufgabenorientierte als auch auf die sozial-psychologische Verhaltensdimension. Unbequeme Bestuhlung, schlechte Temperatur- und Lichtverhältnisse, ungünstige Anordnung der Teilnehmer im Raum, so daß ein Verfolgen des Prozesses auf dem Bildschirm erschwert wird, können zu entsprechenden Dysfunktionalitäten Anlaß geben. WARFIELD hat aus diesem Grunde eigens für Anwendungen der ISM-Technik in der University of Virginia einen Gruppenarbeitsraum zweckmäßig gestalten lassen. Hierauf geht Punkt E.III näher ein.

4.2.2.2 Ablauf der ISM-Team-Interaktion

Neben den *indirekten* Einflußmöglichkeiten auf das Gruppenverhalten durch den Aufbau des ISM-Teams bietet sich zusätzlich die Chance, über die Konkretisierung spezifischer Interaktionsmechanismen den Ablauf der Team-Arbeit *direkt* zu gestalten. Dieses Potential beinhaltet die Festlegung einer *Allkanal-Kommunikationsstruktur*, die Gestaltung des Informationsaustausches und der Beeinflussungsversuche über einen *gesteuerten Argumentationsprozeß* und die Reduzierung der *Abstimmungsprozedur* auf einen einfachen Mehrheitsentscheid.

Während die Gestaltungsmöglichkeiten zum Aufbau des ISM-Teams durch den Manager bzw. Moderator konkretisiert werden und damit auf die einzelne ISM-Anwendung beschränkt bleiben, bieten die ablauforganisatorischen Maßnahmen eine generelle, in die ISM-Technik inkorporierte, situativ unabhängige Möglichkeit zur Förderung eines positiven Gruppenverhaltens.[1] Im Einzelfall auftretende Mängel im Be-

---

1) Siehe hierzu auch die Differenzierung in anwendungsorientierte und konzeptionelle Effektivität der ISM-Technik in Punkt F.I.

reich der aufbauorganisatorischen Maßnahmen lassen sich durch die Interaktionsmechanismen der ISM-Technik weitestgehend kompensieren.

4.2.2.2.1 Allkanal-Kommunikationsstruktur

Der Informationsaustausch innerhalb des ISM-Teams kann nach verschiedenen Kommunikationsprinzipien erfolgen. GROCHLA nennt hierbei die K e t t e, das R a d, den K r e i s und den A l l k a n a l als mögliche Kommunikationsstrukturen (vgl. Abb. 58).[1]

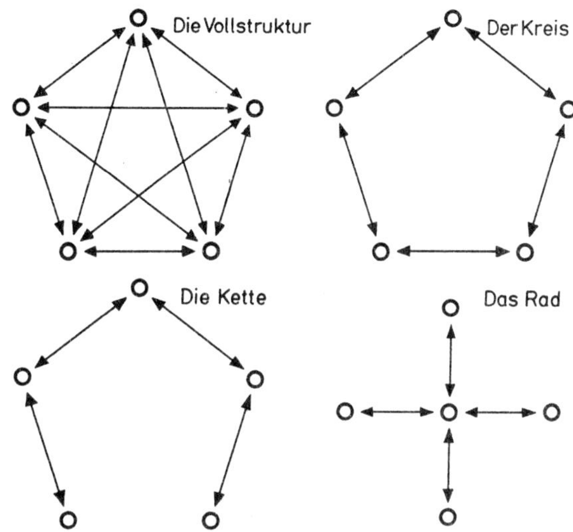

Abb. 58: Grundformen möglicher Kommunikationsstrukturen

In allen Modellen kann jedes Gruppenmitglied als Sender und Empfänger von Informationen fungieren; es handelt sich um eine zweiseitige Kommunikation.[2] Die einzelnen Grundformen unterscheiden sich durch den Grad der Zentralisierung sowie durch die Anzahl der Kommunikationskanäle.[3]

---

1) Abb. entnommen aus Grochla/Unternehmungsorganisation/ 85 f.
2) Vgl. Grochla/Unternehmungsorganisation/80 ff.
3) Vgl. Meyer zur Heyde/Problemlösungsprozesse/56.

Besteht die Kommunikationsstruktur in Form eines Rades, so erfolgt die Kommunikation über eine zentrale Person, mit der jedes einzelne Gruppenmitglied in Interaktion treten kann, ohne jedoch die Möglichkeit zu haben, dem Nachbarn Informationen direkt zu übermitteln.

Die drei anderen Grundformen entsprechen einer dezentralen Kommunikationsstruktur. Bei Kette und Kreis ist zwar eine Kommunikation mit dem direkten Nachbarn möglich. Weiter entfernte Gruppenmitglieder lassen sich jedoch auch in diesem Fall nur mittelbar erreichen. Bei der Kette ist zudem keine Kommunikation zwischen Anfangs- und Endmitglied möglich.[1] Während bei Rad und Kette die Anzahl der Kommunikationskanäle bei n Gruppenmitgliedern n-1 beträgt, verfügt der Kreis über n Kanäle.

Keinerlei Restriktionen unterliegt als einzige Grundform die Allkanal-Kommunikationsstruktur. Sie wird daher auch als offenes, ungebundenes, dezentralisiertes Kommunikationssystem bezeichnet.[2] Die Anzahl der grundsätzlich zulässigen Kommunikationskanäle (nämlich ($\binom{n}{2}$)) entspricht der Zahl der zwischen den Gruppenmitgliedern maximal möglichen Kanäle (ebenfalls ($\binom{n}{2}$)).[3] Jeder Kommunikationsteilnehmer kann mit jedem anderen direkt Informationen austauschen, ohne der Vermittlung dazwischengeschalteter (zentraler oder dezentraler) Mitglieder zu bedürfen.[4]

Aufgrund der Problemkomplexität sowie der ungleichen quantitativen und qualitativen Informationsstruktur der ISM-Team-Mitglieder erscheint eine restriktivere Form als die einer Allkanal-Kommunikationsstruktur nicht adäquat. Durch ihre Flexibilität erlaubt sie eine jederzeit mögliche An-

1) Vgl. Franke/Lösen/63.
2) Vgl. Meyer zur Heyde/Problemlösungsprozesse/61 f.
3) Vgl. Coenenberg/Kommunikation/99.
4) Vgl. Meyer zur Heyde/Problemlösungsprozesse/62.

passung des Informationsaustausches an die jeweiligen Kommunikationserfordernisse.[1)]

Die Allkanal-Kommunikationsstruktur übt einen positiven Einfluß auf die kognitive Bereitschaft und das kognitive Klima innerhalb des ISM-Teams aus. Durch das Fehlen einer zentralen Person wird möglichen Dominanzbestrebungen entgegengewirkt. Das Auftreten von Konformitätsdruck wird hierdurch ebenfalls eingeschränkt.

4.2.2.2.2 Gesteuerter Argumentations-Prozeß

Während durch die Kommunikationsstruktur die F o r m der Gruppeninteraktion festgelegt wird, soll nun untersucht werden, welche Regelungsmechanismen die ISM-Technik für die i n h a l t l i c h e Bewältigung des Problems in Form der Gruppen-Interaktion innerhalb der Kommunikationsstruktur vorsieht.

Wie bereits ausführlich behandelt, ist das ISM-Team durch eine - fachlich und kognitiv - bewußt heterogene Zusammensetzung gekennzeichnet. Auf diese Weise soll der Problemkomplexität entsprochen werden, denn es sollen unterschiedliche Problemsichten, d. h. unterschiedliche partielle Problemdefinitionen Berücksichtigung finden. Parallel zu dieser Bestrebung wächst jedoch auch das Konfliktpotential zwischen den Mitgliedern bzw. den Problemdefinitionen oder ihren Teilen.[2)]

In Anlehnung an MARCH, SIMON sind zwei Arten der Konflikthandhabung im Rahmen der ISM-Team-Interaktion von besonde-

---

1) Vgl. Meyer zur Heyde/Problemlösungsprozesse/65.
2) Vgl. Meyer zur Heyde/Problemlösungsprozesse/200. Zum Konflikt und Konfliktmanagement vgl. Krüger/Probleme; Krüger/Konflikt sowie Krüger/Konfliktsteuerung.

rem Interesse: die k o o p e r a t i v e Diskussion und die p a r t e i i s c h e Diskussion oder Debatte.[1)]

Handelt es sich um identische oder komplementäre partielle Problemdefinitionen bzw. Teile davon, so liegt eine kooperative Diskussionsform vor:[2)] Da während des Informationsaustausches keine konträren Positionen vertreten werden, erübrigen sich Beeinflussungsprozeduren.

Zeigen sich während des Informationsaustausches jedoch konträre Problemsichten, so werden die Team-Mitglieder versuchen, sich gegenseitig zu überzeugen, ihre Interpretation des Problems bzw. Problemteils so zu modifizieren, daß der Konflikt behoben wird.[3)] Die kooperative Diskussion wird zur parteiischen Diskussion oder Debatte.

Diskussionsprozesse bedienen sich des Mediums Sprache und sind gekennzeichnet durch wechselseitiges Reden. Eine Rede kann jedoch zwei verschiedene Leistungen erbringen: eine i n f o r m a t i v e und eine a r g u m e n t a t i v e. "Rede kann sich offensichtlich informativ auf einen außersprachlichen Sachverhalt nur unter der Bedingung beziehen, daß der in diesem Bezug implizite Geltungsanspruch nicht erst argumentativ gestützt werden muß, bzw. positiv gesagt: Rede gelingt nur, wenn ihr impliziter Geltungsan-

---

1) Auf dem Kontinuum der Konflikthandhabung nennen March, Simon die beiden weiteren Formen des Aushandeln eines Kompromisses sowie "politische" Maßnahmen. Beide Formen sind im Rahmen der ISM-Technik ohne Interesse. Vgl. March, Simon/Individuum/123 ff. Vgl. auch Franke/Lösen/ 73 ff.

2) Vgl. Meyer zur Heyde/Problemlösungsprozesse/201 f. sowie Kirsch/Einführung/III 57. Den komplementären Problemdefinitionen entspricht die bereits erwähnte "additive Ergänzung" zweier mentaler Modelle. Vgl. Müller-Merbach/Individuum/148.

3) Vgl. March, Simon/Individuum/123; Kirsch/Einführung/ III 58 sowie Meyer zur Heyde/Problemlösungsprozesse/ 202.

spruch als eingelöst unterstellt werden kann."[1] "Wer argumentiert, muß reden; doch wer redet, muß Sprache nicht argumentativ verwenden."[2] Die k o o p e r a t i v e Diskussion basiert lediglich auf i n f o r m a t i v e r Rede. Die p a r t e i i s c h e Diskussion als der interessantere Fall beinhaltet darüber hinaus a u c h a r g u m e n t a t i v e Elemente. Da die Antworten zu den einzelnen Paarvergleichen im ISM-Prozeß häufig konträren Auffassungen entsprechen, soll die Interpretation der Diskussion als argumentative Rede hier im Vordergrund stehen.

Der Z w a n g, den Menschen auf andere Menschen ausüben, um ihren Willen bzw. ihre Interessen auch gegen Widerstreben durchzusetzen, kann drei verschiedene Formen annehmen.[3] Er kann zunächst k a u s a l e r Art sein in Form determinierter naturhafter Prozeßabläufe. Weiterhin kann s o z i a l e r Zwang ausgeübt werden, unmittelbar über Gewalt oder Befehl sowie mittelbar über Sanktion oder Ideologie. Die hier relevante Form des Zwanges trägt einen l o g i s c h - a r g u m e n t a t i v e n Charakter. Durch Argumente soll der Argumentationsgegner überzeugt werden.

Die zuletzt genannte Form des Zwanges ist das Erkenntnisobjekt der Argumentationstheorie. Die Argumentationstheorie steht trotz einer ehrwürdigen, auf ARISTOTELES zurückgehenden philosophischen Überlieferung noch in den Anfängen.[4] Wesentliche Impulse gehen von den Arbeiten TOULMINS aus.[5]

"Argumentation nennen wir den Typ von Rede, in dem die Teilnehmer strittige Geltungsansprüche thematisieren und versuchen, diese mit Argumenten einzulösen oder zu kriti-

---

1) Kopperschmidt/Argumentation/26.
2) Kopperschmidt/Argumentation/24.
3) Vgl. Kopperschmidt/Argumentation/112 ff.
4) Vgl. Habermas/Theorie/44 f.
5) Vgl. u. a. Toulmin/Uses bzw. deutsch Toulmin/Gebrauch sowie Toulmin, Rieke, Janik/Introduction.

sieren. Ein Argument enthält Gründe, die in systematischer Weise mit dem Geltungsanspruch einer problematischen Äußerung verknüpft sind. Die 'Stärke' eines Argumentes bemißt sich, in einem gegebenen Kontext, an der Triftigkeit der Gründe; diese zeigt sich u. a. daran, ob ein Argument die Teilnehmer eines Diskurses[1] überzeugen, d. h. zur Annahme des jeweiligen Geltungsanspruches motivieren kann."[2]

Die argumentative Rede läßt sich unter drei verschiedenen Aspekten analysieren. Diese Interpretationen ergeben die theoretischen Gesichtspunkte, unter denen sich die bekannten Disziplinen des ARISTOTELISCHEN Kanons voneinander abgrenzen lassen:[3]

- Die Rhetorik befaßt sich mit der Argumentation als Prozeß,
- die Dialektik mit den pragmatischen Prozeduren der Argumentation und
- die Logik mit deren Produkten.

Im Rahmen des ISM-Prozesses ist zunächst die Logik der Argumentation von Interesse. Im Anschluß wird auch kurz der dialektische Aspekt des ISM-Prozesses angesprochen.

TOULMIN hat ein Argumentationsschema aufgestellt, das hier in vereinfachter Form, die für die ISM-Technik hinreichend erscheint, referiert werden soll (vgl. Abb. 59).[4]

---

1) Zu den fünf Formen der Argumentation - theoretischer, praktischer, explikativer Diskurs; ästhetische sowie therapeutische Kritik - vgl. Habermas/Theorie/45.
2) Habermans/Theorie/38.
3) Vgl. hierzu Habermas/Theorie/49.
4) Vgl. Toulmin, Rieke, Janik/Introduction/25 ff., 59 und 106. Vgl. auch Habermas/Theorie/48 f. sowie Kirsch/Unternehmensführung/571 f.

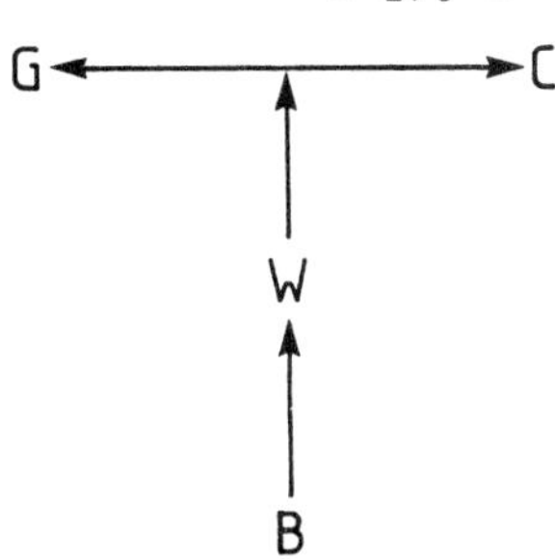

Abb. 59: TOULMINS Argumentationsschema

Ausgangspunkt bildet eine problematische Äußerung, für die ein bestimmter Geltungsanspruch (Claim) erhoben wird. Dieser Geltungsanspruch wird durch einen Grund (Ground) gestützt. Greift eine andere Person diese Argumentation an, so kann sie die Wahrheit des Grundes bezweifeln oder aber die Behauptung aufstellen, daß sich der Geltungsanspruch nicht aus dem Grund folgern läßt. Im letzteren Falle ist der Verfechter von C genötigt, anzugeben, welche Schlußregel (Warrant) seine Schlußfolgerung rechtfertigt.[1] Wird nun vom Gegner auch das W angezweifelt, so muß ein das W stützendes Backing geliefert werden.[2]

Da die ISM-Technik nicht als einfache Ja-Nein-Abstimmungsprozedur konzipiert ist, sondern ein wesentlicher Bestandteil in der vorherigen parteiischen Diskussion zu sehen ist,[3] kommt dieses Argumentationsschema auch innerhalb des ISM-Prozesses zur Anwendung.

Betrachtet man den p r o z e d u r a l e n Aspekt der Argumentation, so läßt sich die parteiische Argumentation im Rahmen der ISM-Technik auf ein dialektisches Schema reduzieren. In diesem Zusammenhang sei nochmals an die bereits erwähnte dialektische Barriere - Punkt B.I.4.3.2 - und das

1) Als Schlußregel kann z. B. eine "Wenn-Dann-Aussage" fungieren.
2) Zu den 5 Feldern der Argumentation - Recht, Wissenschaft, Kunst, Management, Ethik - vgl. Toulmin, Rieke, Janik/Introduction/193 f.
3) Vgl. Crim/Use/64.

HEGELSCHE Erkenntnissystem - Punkt E.I.3.1.2.2 - erinnert, auf dem diese Ausführungen basieren.

Beim dialektischen Ansatz wird ein Argument bewußt im Licht zweier unterschiedlicher Problemsichten untersucht und es wird systematisch ein Gegenargument entwickelt. In einer Debatte werden beide Argumente diskutiert, um aufgrund der dabei gewonnenen Erkenntnisse zu einer Art Synthese zu gelangen. Dieses Vorgehen beruht auf einer dialektischen Folge von These, Antithese und Synthese, wie sie in der Philosophie zunächst von KANT und später von HEGEL ausgearbeitet wurde.[1)]

Innerhalb der ISM-Technik gelangt dieser Ansatz in leicht modifizierter Form zur Anwendung. ISM ermittelt die Problemstruktur durch paarweisen Vergleich der Elemente. Als Antworten sind lediglich "Ja" oder "Nein" für die Existenz einer Beziehung von p_i nach p_j zulässig. Die Möglichkeit einer Synthese ist daher in ISM nicht gegeben. Aufgrund der argumentativen Rede können lediglich ein oder mehrere ISM-Team-Mitglieder von der jeweiligen Gegenposition überzeugt werden.[2)]

In den vorangegangenen Ausführungen wurde deutlich, daß die ISM-Strukturierungsphase und analog auch der Teil der Gonorierungsphase, in dem über das Verbleiben eines spezifischen Elements in der Elementmenge diskutiert wird, als Argumentationsprozeß ablaufen. Diese Argumentation erfolgt

---

1) Vgl. Kirsch/Unternehmensführung/601.
2) Nach Kirsch, Mayer entspricht die Problembehandlung in Form eines Argumentationsprozesses einer komplexitäts-b e w a h r e n d e n Art der Komplexitätsbewältigung. Darüber hinaus weist die ISM-Technik auch eine komplexitätsr e d u z i e r e n d e Komponente auf, indem sie für unbedeutend erachtete Elemente vernachlässigt und das Problem systemtheoretisch als hierarchische Struktur interpretiert. Zu diesen Überlegungen sowie zu den anderen Möglichkeiten einer Komplexitätsbewältigung - Eliminieren, andere Formen des Reduzierens sowie Erhöhen von Problemkomplexität - vgl. Kirsch, Mayer/Probleme/158 f.

jedoch nicht in Form eines freien, sondern eines g e - s t e u e r t e n Prozesses. Was dies beinhaltet, soll kurz skizziert werden.

In seinem grundlegenden Werk über die ISM-Technik beklagt WARFIELD "den Niedergang der Debatte".[1] Er nennt als Grund die zunehmende Problemkomplexität, der die begrenzte menschliche IV-Kapazität gegenübersteht. Betrachtet man die dialektische Argumentation jedoch nicht ausschließlich als Aufgabe des personellen Aktionsträgers, sondern interpretiert sie im Sinne einer Mensch-Maschine-Aktionseinheit, so wird der ISM-Problemexperte in deutlichem Umfang kognitiv entlastet und erhält damit die Möglichkeit, auch komplexe Probleme zu bewältigen:[2] Der Computer wählt den nächsten Paarvergleich aus, schützt vor Inkonsistenzen und erspart dem Problemexperten das Speichern der Antworten. Die Transitivitätsbedingung reduziert darüber hinaus die Anzahl der Abfragen erheblich. Der Problemexperte kann sich ausschließlich auf die inhaltliche Argumentation seiner Problemsicht in der Gruppe konzentrieren.[3]

Die ISM-Software steuert somit den Argumentationsprozeß durch die Auswahl der Paare und ihre Vergleichsreihenfolge. Der Moderator überträgt diese Vorgabe lediglich an das Team. Er hat keinen Einfluß auf die Abfolge des Prozesses.

Durch dieses Vorgehen wird in systematischer Weise das gesamte Problem erfaßt. Die Aufmerksamkeit aller Team-Mitglieder wird zur gleichen Zeit auf einen bestimmten Teilaspekt des Problems gelenkt.[4]

---

1) Vgl. Warfield/Systems/48 ff.
2) Vgl. hierzu Warfield/Systems/54.
3) Vgl. Warfield/Systems/51.
4) Vgl. Meyer zur Heyde/Problemlösungsprozesse/204.

Abschließend wird die Überlegung aufgegriffen, daß die Gestaltung der ISM-Team-Interaktion als gesteuerter Argumentationsprozeß der Reduzierung möglicher Dysfunktionalitäten im Gruppenverhalten dienen soll.

Die Gestaltung des ISM-Prozesses nicht nur als reine Abstimmungsprozedur, sondern auch als Argumentationsprozeß, bietet die Möglichkeit, alle unterschiedlichen Problemdefinitionen zu diskutieren und die eigene Problemsicht in Form des mentalen Modells zu vervollständigen bzw. zu modifizieren. Konfliktäre Auffassungen werden expliziert und begründet. Nicht stichhaltige Argumentationen werden deutlich. Die gesamte Heterogenität des ISM-Teams kann funktional für die Problembewältigung genutzt werden.

Durch die Steuerung des Argumentationsprozesses, auf die das einzelne Mitglied keinen Einfluß hat, kann dominantem Verhalten und Konformitätsdruck entgegengewirkt werden. Dies dürfte ebenfalls einen positiven Einfluß auf die kognitive Bereitschaft und das kognitive Klima ausüben.

4.2.2.2.3 Abstimmungsprozedur

Als letzte Einflußmöglichkeit der ISM-Technik auf das Team-Verhalten ist die Abstimmungsprozedur zu nennen.

Seine Qualität, d. h. Stärke, beweist ein Argument im ISM-Prozeß dadurch, daß es die anderen Team-Mitglieder zu überzeugen vermag und einen Konsens herbeiführt.[1] Wenn auch vielfach im Zuge der argumentativen Rede eine Umkehr der Problemsicht erfolgen mag, so wird doch in den seltensten Fällen bezüglich jeder Frage ein Konsens zu erzielen sein. Um nun für die einzelnen Paarvergleiche, deren Beantwortung bezogen auf das Gesamtproblem relativ unbe-

---

1) Vgl. Kopperschmidt/Argumentation/110.

deutend ist, keine endlosen Argumentationsprozesse herbeizuführen, beendet der Moderator die jeweilige Diskussion nach spätestens 5 Minuten. Länger andauernde Prozesse implizieren weder zwangsläufig eine geänderte Meinung noch einen Konsens. Auch aus Wirtschaftlichkeitsüberlegungen erscheint ein "endloses Ausdiskutieren" jeder Antwort bei der Fülle der Paarvergleiche nicht angemessen.

Häufig ist die Intervention durch den Moderator nicht notwendig; der Argumentationsprozeß erschöpft sich nach 1 bis 2 Minuten, da die Problemsichten verfestigt sind.

Die Abstimmungsprozedur entspricht einem e i n f a c h e n M e h r h e i t s e n t s c h e i d. [1] Umfaßt das Team eine ungerade Mitgliederzahl, so läßt sich in jedem Fall sofort eine eindeutige Antwort erzielen. Aus den o. a. Gründen ist eine einstimmige Entscheidung ü b e r a l l e Paarvergleiche bei derart komplexen Problemen nicht zu realisieren. Qualifiziertere Mehrheitsentscheide nach dem Prinzip der 3/4- oder zumindest 2/3-Mehrheit verzögern den ISM-Prozeß unnötig und tragen nicht zu einer qualitativ besseren Problembehandlung bei.

Analog zum Steuerungsmechanismus hat auch die zeitliche Befristung der Argumentation positive Auswirkungen auf mögliche Dysfunktionalitäten. Aufgrund des Prinzips der einfachen Mehrheitsentscheidung ist das einzelne Mitglied zudem nicht gezwungen, seine Problemsicht unter Konformitätsdruck anzupassen.

---

1) Vgl. Scott, John/System/1-1.

II. ISM-MODERATOR

Der ISM-Moderator wird - genau wie das ISM-Team - ausschließlich während der *Durchführungsphase* des ISM-Prozesses aktiv. Vorbereitung und Kontrolle sind Aufgabenbereiche des ISM-Managers.

Aufgrund der beschriebenen Strukturierungsmechanismen für die ISM-Team-Interaktion wird der ISM-Moderator von seiner *Kohäsionsfunktion* im Sinne einer sozialpsychologischen Verhaltenssteuerung weitestgehend entbunden. Lediglich vor Beginn der Elementgenerierung, in der Orientierungsphase, ist es seine Aufgabe, ein positives Arbeitsklima zu schaffen und die Mitglieder zur Artikulation ihrer Problemsicht zu ermutigen.[1]

Da die ISM-Software die Bildung von Teilproblemen und die Reihenfolge ihrer Behandlung, d. h. der Paarvergleiche, übernimmt, wird der Moderator von der *Lokomotionsfunktion* als aufgabenorientierte Verhaltenssteuerung vollständig freigestellt.[2] Der ISM-Moderator befindet sich in der Position eines neutralen Dritten. Er übt keinen inhaltlichen Einfluß auf die Gruppendiskussion aus.[3] Seine Aufgabe besteht lediglich in einer betreuenden, unterstützenden Funktion für das ISM-Team im Lernprozeß der Problembearbeitung.[4]

Darüber hinaus fungiert der ISM-Moderator als "Schnittstelle" zwischen ISM-Team und ISM-Computer. Gelegentlich wird, etwa von WARFIELD, die eigenständige Rolle eines ISM-*Technikers* propagiert, der für die Bedienung der

---

1) Vgl. Meyer zur Heyde/Problemlösungsprozesse/120 und 214.
2) Zur Kohäsions- und Lokomotionsfunktion eines Gruppenleiters vgl. etwa Meyer zur Heyde/Problemlösungsprozesse/114.
3) Vgl. Meyer zur Heyde/Problemlösungsprozesse/214 f.
4) Vgl. Warfield/Learning/71.

entsprechenden Hardware-Module zuständig ist. Da das Tätigkeitsfeld des ISM-Moderators jedoch gegenüber dem eines konventionellen Gruppenleiters stark eingeschränkt ist, erscheint es, auch aus Kostengründen, nicht notwendig, diese Tätigkeit auszugliedern.

1. Rolle des ISM-Moderators

Die adäquate Bewältigung der Moderatorenrolle ist zur Sicherung einer erfolgreichen Modellierung von nicht unerheblicher Bedeutung.[1] Sie ist jedoch weniger anspruchsvoll gestaltet als die eines herkömmlichen Gruppenleiters und setzt entsprechend geringere Kenntnisse voraus.[2]

Der ISM-Moderator muß zunächst über sehr gute *ISM-Kenntnisse* verfügen. Hiermit sind sowohl das theoretische ISM-Konzept als auch die spezifische Funktion des Moderators einer ISM-Anwendung angesprochen. Aufgrund der eingeschränkten Kohäsionsfunktion muß das *gruppendynamische Wissen* über Grundkenntnisse nicht hinausgehen. Da die Lokomotionsfunktion entfällt, sind *keine problemrelevanten Kenntnisse* erforderlich. Ganz im Gegenteil kann sich inhaltliches Verständnis des Moderators negativ auf den ISM-Prozeß auswirken, wenn der Moderator sich an der Gruppendiskussion beteiligt und auf diese Weise seine neutrale Position einbüßt.[3]

Zur Aneignung gruppendynamischer Grundkenntnisse empfiehlt sich das Studium entsprechender Fachliteratur sowie der Besuch von Seminaren und Workshops zur praktischen Einübung des gewonnenen Wissens.

---

1) Vgl. Szyperski, Eul-Bischoff/ISM/68 sowie Linstone/Use 1/53.
2) Vgl. Warfield/Interface/61.
3) Zu den notwendigen Kenntnissen des ISM-Moderators vgl. Warfield/Systems/351 ff.; Jacob/ISM/7; Linstone/Use 1/50 f. sowie Szyperski, Eul-Bischoff/66 ff.

Die einschlägigen Kenntnisse zum ISM-Konzept lassen sich zunächst aus der umfangreichen ISM-Literatur beziehen. Die konkrete Ausbildung im Hinblick auf die Moderatorfunktion sollte unter Zuhilfenahme entsprechender ISM-Moderator-Handbücher erfolgen.[1] Weiterhin sollte der zukünftige Moderator die Möglichkeit nutzen, als Zuschauer an anderen ISM-Anwendungen teilzunehmen. Ein ähnlicher Effekt läßt sich durch das Verfolgen entsprechender Video-Aufzeichnungen erzielen. Das simulierte Auftreten als Moderator während der Ausbildung sollte ebenfalls aufgezeichnet und nachfolgend kritisch gewürdigt werden, um mögliche Verhaltensmängel zu beseitigen.[2]

Vielfach wird die Moderatorenrolle nicht von einem Mitarbeiter der betroffenen Institution ausgeübt, sondern es wird ein externer Berater hinzugezogen. Insbesondere beim erstmaligen Einsatz der ISM-Technik im jeweiligen Hause ist diese Vorgehensweise empfehlenswert, da der externe Berater zumeist auch über die ISM-Software und u. U. -Hardware verfügt. Auf diese Weise ist ein "schnupperndes Herantasten" an den dauerhaften Einsatz der ISM-Technik in der Organisation ohne vorherige Investition in die Moderatorausbildung und Software-Installation möglich. Hat sich der externe ISM-Einsatz bewährt, so kann eine interne Gestaltung weiterer Anwendungen diskutiert werden.

Diese Vorgehensweise läßt sich bei einer Vielzahl durchgeführter ISM-Anwendungen erkennen, bei denen zunächst ein externer Berater, häufig ein Mitarbeiter des Battelle Memorial Institute, die Moderatorenrolle übernahm, bevor die Technik im eigenen Hause installiert wurde.

---

1) Siehe Punkt F.I.1.2.1.
2) Vgl. Warfield/Modeling.

2. Tätigkeiten des ISM-Moderators bei der Durchführung des ISM-Prozesses

Vor Beginn der eigentlichen Team-Interaktion, in der Orientierungsphase, bemüht sich der Moderator zunächst, klare Erwartungen über die ISM-Anwendung bei den Teilnehmern zu schaffen.[1] Aufgabenorientierte und sozial-psychologische Informationen sollen die Mitglieder vorbereiten, potentiellen Dysfunktionalitäten im Verhalten entgegenwirken und ein angenehmes Arbeitsklima schaffen.[2] Fragen und kritische Äußerungen der Teilnehmer sollen an dieser Stelle behandelt werden, um in nachfolgenden Phasen die Konzentration auf das Problem nicht zu behindern.[3]

Die Teilnehmer werden zunächst mit dem Problem und dem Ziel der Problemhandhabung - Entwickeln einer hierarchischen Problemstruktur -, das mit Hilfe der ISM-Technik erreicht bzw. erleichtert werden soll, vertraut gemacht.[4] Sodann erfolgt eine kurze Einführung in die ISM-Technik. Ausführlich behandelt wird der Ablauf des ISM-Prozesses mit den spezifischen Rollen des Teams, des Moderators und des Computers.[5] Dem Team sollte verdeutlicht werden, daß diese ISM-Grundkenntnisse zur Problembewältigung in vollem Umfang ausreichen. Weiterführendes Wissen, insbesondere über die mathematischen Operationen, ist nicht notwendig, da diese Aufgaben dem Computer übertragen werden. Das Team sollte jedoch über den Inhalt der Transitivitätsbedingung und die hieraus resultierende Abfrageersparnis in Kenntnis gesetzt werden.

Hat das Team eine problemrelevante Elementmenge generiert, so kann der Moderator anhand der Mitgliederzahl und der

---

1) Vgl. Fitz, Yingling, Troha, Crim/Computer/4.
2) Vgl. Brauchlin/Problemlösungsmethodik/272 f.
3) Vgl. Warfield/Modeling.
4) Vgl. Franke/Lösen/167.
5) Vgl. Fitz, Yingling, Troha, Crim/Computer/4.

Elementanzahl eine grobe Schätzung zum erforderlichen Z e i t b e d a r f[1] vornehmen und die Tagesordnung[2] festlegen.

Der Zeitbedarf zur Durchführung des ISM-Prozesses i. e. S. beinhaltet drei Teile: Editieren von Elementmenge und Kontext-Relation, Paarvergleiche sowie Korrektur und Diskussion des Strukturmodells.

Der Zeitaufwand zum Editieren liegt in der Regel nicht über einer halben Stunde. Das Editieren geschieht zweckmäßigerweise, während sich das Team nach der Elementgenerierung in der Pause befindet.

Für den Zeitbedarf zum Füllen der Erreichbarkeits-Matrix gibt WARFIELD eine Schätzformel an, bei der e die Elementanzahl und m die Teilnehmeranzahl repräsentieren:

$$T\ (\text{Std.}) = \frac{1}{600}\ e^2 m^{0,5}.$$ [3]

Bei einer Elementanzahl von 24 sowie 4 Team-Mitgliedern ergibt sich ein Zeitbedarf von ca. 2 Stunden. Steigt die Mitgliederzahl bei gleicher Elementanzahl auf 9, so dauert das Füllen der Matrix etwa 3 Stunden. Die tendenzielle

---

1) Vgl. Fitz, Yingling, Troha, Crim/Computer/1. Erst das Vorliegen einer Elementmenge ermöglicht es, den Zeitbedarf für die nachfolgenden Aktivitäten im Rahmen der Team-Interaktion - insbesondere für die Strukturierung der Elementmenge - zu schätzen. Der zeitliche Aufwand für die zu diesem Zeitpunkt bereits durchlaufenen Phasen des Orientierens und Generierens ist im Vergleich hierzu als relativ gering zu bezeichnen: Die Orientierungsphase dürfte nicht mehr als ca. 1/2 Stunden in Anspruch nehmen. Die Generierungsphase ist mit etwa 1/2 - 1 Stunde anzusetzen.
2) Um die anspruchsvolle und ermüdende ISM-Prozedur aufzulockern, sollte spätestens nach jeweils 3 Stunden eine Pause vorgesehen werden. Vgl. Warfield/Systems/353.
3) Als Voraussetzungen einer Nichtüberschreitung dieser Zeitdauer nennt Warfield hohe Qualität der Elementmenge und Kontext-Relation, gute Vorbereitung des ISM-Prozesses sowie einen guten Moderator. Vgl. Warfield/Systems/353.

Korrektheit dieser Richtwerte hat sich in praktischen ISM-Anwendungen bestätigt.[1)]

Der Zeitraum, der zur Korrektur des anfänglichen Strukturmodells sowie zu seiner Diskussion eingeplant werden muß, ist in Abhängigkeit von der spezifischen Anwendung sehr unterschiedlich.[2)] In der Regel dürfte er jedoch 1 - 1 1/2 Stunden nicht überschreiten.[3)]

Ist die Tagesordnung festgelegt, so wird der Moderator als nächstes eine geeignete Kontext-Relation auswählen, die die Bedingung der Transitivität erfüllt.

Es lassen sich drei Klassen von Kontext-Relationen unterscheiden:
- Beeinflussungs-Relationen,
- komparative Relationen sowie
- neutrale Relationen.

Während Beeinflussungs-Relationen (z.B. ... beeinflußt ..., ... unterstützt ..., ... behindert ...) und komparative Relationen (z.B. ... wichtiger als ..., ... untergeordnet zu ..., ... leichter durchführbar als ...) i. d. R. die Transitivitätseigenschaft erfüllen, ist dies bei neutralen Relationen (z. B. ... berichtet an ..., ... ist befreundet

---

1) Würde die maximal zulässige Diskussionszeit von 5 Minuten pro Abfrage berücksichtigt und die Teilnehmerzahl vernachlässigt, so ergäbe sich bei einem transitiven Schluß von 75 % folgender Zeitbedarf: 24 Elemente entsprechen dem Füllen von 576 - 24 = 552 Matrixfeldern. Hiervon 25 % bedeutet 138 Abfragen, d. h. 11 ½ Stunden ohne Berücksichtigung eventueller Pausen. Es wird deutlich, daß sowohl in Warfields Formel als auch in der realen Anwendung die 5-Minuten-Grenze stark unterschritten wird.
2) Vgl. Warfield/Systems/354.
3) Zum Zeitaufwand vgl. auch Szyperski, Eul-Bischoff/ISM/ 64 f.

mit ...) nicht immer der Fall.[1] Neben der mangelnden Relevanz und Attraktivität ist dies ein dritter Grund für das nur untergeordnete Interesse der ISM-Technik an dieser Relations-Klasse. Fast alle dokumentierten ISM-Anwendungen haben komparative Relationen, insbesondere in der Form von Prioritätsstrukturen, oder Beeinflussungs-Relationen als allgemeine Beeinflussungsstrukturen oder speziellere Zielstrukturen zum Inhalt.[2]

Neben der Klasse ist auch der Modus der Kontext-Relation festzulegen. Soll eine deskriptive Struktur ermittelt werden, so nimmt die Relation eine Form im Indikativ an (z. B. ... unterstützt ...). Zielt die Modellierung auf das Erstellen einer präskriptiven Struktur ab, so kommen der Imperativ (z. B. ... muß unterstützen ...) bzw. der Konjunktiv (z.B. ... sollte/könnte unterstützen ...) in Betracht.[3]

Im nächsten Schritt ruft der Moderator das ISM-Programm auf und editiert Elementmenge und Kontext-Relation. Nach Abschluß dieser Tätigkeit beginnt eine neue Phase der Team-Interaktion. Während dieser Elementstrukturierung gibt der Moderator lediglich die Experten-Antworten in den Computer ein.

Ist die Erreichbarkeits-Matrix gefüllt, so zeichnet der Moderator mit Hilfe der ausgegebenen Informationen das Basis-Strukturmodell und überführt es in ein Interpretatives Strukturmodell.[4] Möchte das Team Korrekturen am anfänglichen Digraphen durchführen, so wird die Strukturierungsphase solange durchlaufen, bis das Strukturmodell die mehrheitliche Zustimmung der Teilnehmer findet.

---

1) Vgl. Fertig, Warfield/Relations; Watson/Modeling/170; Thissen, Sage, Warfield/Users/136 f.; Hawthorne/Application/259; Warfield/Learning/72; Warfield/Probing/1-5 sowie Warfield/Modeling/I-10b.
2) Siehe Punkt A.I.
3) Vgl. Harary, Norman, Cartwright/Models/22 ff.
4) Diese Tätigkeit kann das Team zu einer Pause nutzen.

Sofern das Team eine oder mehrere Zyklenanalysen wünscht, betreut der Moderator auch diese Aktivität und erstellt nach Abschluß wiederum die jeweiligen Strukturmodelle.

Ist auch diese Phase abgeschlossen, und hat das Team das entwickelte Interpretative Strukturmodell eingehend diskutiert, so beendet der Moderator die Durchführung des ISM-Prozesses. Er faßt die ermittelten Ergebnisse zusammen und bittet die Team-Mitglieder um eine kritische Würdigung des ISM-Prozesses und -Ergebnisses.

Nach der Verabschiedung des Teams dokumentiert der ISM-Moderator den Prozeß und das Ergebnis dieser spezifischen Anwendung: Er skizziert das schlecht-strukturierte, komplexe Problem und die Zielsetzung der Modellierung. Der Moderator listet die Teilnehmer mit ihrer jeweiligen Position in der Organisation auf. Er verdeutlicht, welche Generierungstechnik eingesetzt wurde, nennt die Element-Anzahl und die Kontext-Relation. Der Moderator fügt das endgültige Strukturmodell hinzu. Er berechnet - mit Hilfe der Legende oder unter Rückgriff auf seine "Strichliste" aus der Strukturierungsphase - die Abfrageersparnis durch die Transitivitätsbedingung und nennt die Zeitdauer des Generierens und Strukturierens. Den Abschluß bildet die kritische Würdigung der ISM-Anwendung durch die Team-Mitglieder.

Diese Dokumentation wird an alle ISM-Team-Mitglieder, den ISM-Manager sowie andere Interessierte übersandt.

III. ISM-MANAGER

Als letzter personeller Aktionsträger des ISM-Prozesses im weiteren Sinne ist der ISM-Manager zu behandeln. In die Durchführung des ISM-Prozesses ist er nicht involviert. Ihm obliegen die Vorbereitung des Prozesses und die Kontrolle der Ergebnisse. Der ISM-Manager ist Initiator des ISM-Einsatzes.

1. Rolle des ISM-Managers

Im Vergleich zum ISM-Team und zum ISM-Moderator sollte der ISM-Manager über breitere, nicht notwendigerweise tiefere Kenntnisse verfügen: Zur Bewältigung seiner Aufgaben sind sowohl ISM-spezifisches und grundlegendes problemspezifisches Wissen als auch gruppendynamische Kenntnisse unerläßlich.

Nach der aufbauorganisatorischen Einordnung dürfte der ISM-Manager zumeist einem mit Entscheidungsbefugnis ausgestatteten Linienmanager der mittleren oder oberen Managementebene entsprechen. Vielfach wird er der Planungsabteilung angehören.

Aufgrund dieser Position dürfte der Manager sowohl über problemspezifische Kenntnisse als auch über ausreichendes gruppendynamisches Wissen verfügen. Die Aneignung ISM-orientierten Wissens kann zum einen durch den Besuch von ISM-Workshops oder -Seminaren geschehen. Sie kann ebenfalls über Fachliteraturstudium und/oder die Beschäftigung mit entsprechenden ISM-Handbüchern erfolgen.[1)]

---

1) Siehe Punkt F.I.1.2.1.

2. Tätigkeiten des ISM-Managers zur Vorbereitung des ISM-Prozesses

Wie jede Konferenz beansprucht auch die Durchführung des ISM-Prozesses in hohem Maße die knappe Ressource Zeit. Eine methodische Vorbereitung ist daher unabdingbar.[1]

Aufgrund seiner problemorientierten und ISM-spezifischen Kenntnisse muß der Manager zunächst dasjenige bzw. diejenigen für die Unternehmungsentwicklung bedeutsamen schlecht-strukturierten, komplexen P r o b l e m e, die einer Bewältigung durch die ISM-Technik zugänglich sind, aus der Vielzahl vakanter Probleme a u s w ä h l e n.

Aufgrund der Problembeschaffenheit und unter Berücksichtigung seiner gruppendynamischen, d. h. sozial-psychologischen Kenntnisse, zur Beurteilung potentieller Teilnehmer wird er sodann ein kompetentes und bezüglich der Werte und kognitiven Stile heterogenes Multikontext-T e a m z u s a m m e n s t e l l e n und einladen.[2]

Hat sich die ISM-Technik bereits in der Unternehmung etabliert, so kann der Manager auf einen internen M o d e r a t o r zurückgreifen. Ein Auswahlproblem wird sich i. d. R. nicht stellen, da zumeist lediglich einer, allenfalls zwei Mitarbeiter über das entsprechende Know How verfügen. Handelt es sich um den erstmaligen Einsatz der ISM-Technik, so ist ein externer Berater hinzuzuziehen.

Die letzte Tätigkeit des ISM-Managers im Vorfeld des ISM-Prozesses besteht in der Vorbereitung geeigneter R a h m e n b e d i n g u n g e n. Da die Anwendung der ISM-

---

1) Vgl. Pfohl, Braun/Entscheidungstheorie/466 f.
2) Vgl. Franke/Lösen/167 sowie Pfohl, Braun/Entscheidungstheorie/468.

Technik computergestützt erfolgt, wird ein Gruppenarbeitsraum für computergestützte Konferenzen benötigt. WARFIELD hat in der University of Virginia im Hinblick auf weitere ISM-Anwendungen einen solchen Raum entworfen und im Februar 1982 einrichten lassen.[1] Im Rahmen des fortschreitenden informationstechnologischen Wandels verfügen viele (Groß-)Unternehmungen bereits über entsprechend ausgestattete Räumlichkeiten.

In einem solchen Raum[2] befindet sich zunächst eine ausreichend große Anzahl Tische und bequemer Stühle für das Team, den Moderator und eventuelle Besucher (wie etwa zukünftige Moderatoren). Der Moderator verfügt über ein Terminal mit Modem als Verbindung zur Zentraleinheit sowie über einen Drucker. Das Team verfolgt das Geschehen, d. h. die Abfrage der Paarvergleiche, entweder über mehrere kleine Bildschirme und/oder über einen zentralen Breitleinwandbildschirm.[3] Abwischbare Magnettafeln, Schreibmaterial an der Tafel und für die Teilnehmer sollten zur Verfügung stehen.[4]

Der Raum sollte nicht zu klein und vor Lärm und Störungen geschützt sein. Zweckmäßige Beleuchtung und angemessene Temperaturen tragen zum Wohlbefinden der Teilnehmer bei.[5]

Ein Nebenraum sollte die Garderobe, ein kleines Materiallager und einen Kopierer beinhalten. Dort sollten auch Getränke und Zwischenverpflegungen vorzufinden sein.[6]

---

1) Vgl. Warfield/Modeling. Vgl. auch Dinkelbach/Informationstechnik/68 f.
2) Vgl. hierzu auch die Ausführungen von Kraemer, King zur computergestützten Entscheidungskonferenz. Vgl. Kraemer, King/Computer/10.
3) Vgl. Thissen, Sage, Warfield/Users/141 f.
4) Vgl. Fitz, Yingling, Troha, Crim/Computer/4.
5) Vgl. zur Raumausstattung im weitesten Sinne Bierdümpel/Task/37 ff.
6) Vgl. Warfield/Modeling sowie Brauchlin/Problemlösungsmethodik/273.

Der Gruppenraum muß vom Manager für eine großzügig bemessene Zeitdauer des ISM-Prozesses reserviert werden. Für diesen Zeitraum muß auch die ISM-Software verfügbar sein.

3. Tätigkeiten des ISM-Managers zur Kontrolle des ISM-Ergebnisses

In den vorangegangenen Ausführungen wurde deutlich, daß der Einsatz der ISM-Technik zur Handhabung schlecht-strukturierter, komplexer Probleme als *Lernprozeß* für das ISM-Team zu interpretieren ist. Der Lernprozeß findet jedoch nicht in der Dokumentation von ISM-Prozeß und -Ergebnis seinen Abschluß. Dieses Dokumentationsmaterial bildet vielmehr die Grundlage der nachfolgend vom ISM-Manager durchzuführenden *Kontrollphase* als wichtiges Lern- und Anpassungspotential.[1)]

Das Interpretative Strukturmodell entspricht lediglich einer Zwischenstufe im Rahmen eines Problemhandhabungsprozesse i. w. S. oder eines Planungsprozesses. Es geht als Prämisse in entsprechende Pläne ein. Die Realisierung von Plänen folgt jedoch nicht dem Prinzip des "Selbstläufers", sondern bedarf zusätzlicher Überzeugungs-, Kommunikations-, Lern- und Motivationsanstrengungen, um durch entsprechende Eingriffe kognitiven, motivationalen und/oder korporalen Durchsetzungswiderständen entgegenzuwirken und das Scheitern der Planrealisation zu verhindern.[2)]

Obwohl aufgrund der partizipativen Gestaltung des ISM-Prozesses Durchsetzungswiderstände gegenüber unipersonaler Problemhandhabung deutlich geringer ausfallen dürften,[3)]

---

1) Vgl. Szyperski, Winand/Planungslehre/80.
2) Vgl. Szyperski, Winand/Grundbegriffe/23 sowie Szyperski, Winand/Planungslehre/74 ff.
3) Vgl. Szyperski, Winand/Planungslehre/74.

erscheint sowohl in der Durchsetzungs- als auch in der Realisationsphase u. a. eine Prämissenkontrolle[1] durch den Manager unerläßlich. Auftretende Soll-Ist-Abweichungen liefern wichtige Informationen für das potentielle Ergreifen gegensteuernder Maßnahmen. Derartige Abweichungen sind auf ihren Entstehungsbereich zu analysieren. Kann die Diskrepanz dem Planungsprozeß zugerechnet werden, so ist zu überprüfen, ob die im ISM-Prozeß gewonnenen Erkenntnisse als Abweichungsursache in Betracht kommen.

Die vom Manager vorzunehmende abschließende Beurteilung dieser spezifischen ISM-Anwendung wird nicht nur das Dokumentationsmaterial des Moderators, sondern in besonderem Maße auch die Ergebnisse der Kontrolltätigkeit berücksichtigen. Eine auch in der Realisation erfolgreiche ISM-Anwendung dürfte den Weg für weiteren ISM-Einsatz in der Unternehmung ebnen.

---

1) Zu anderen Formen der Kontrolle (Verfahrens-, Konsistenz-, Fortschritts- und Ergebniskontrolle) vgl. Szyperski, Winand/Planungslehre/78 ff.

IV. ISM-COMPUTER

Wesentlicher Bestandteil bei der Durchführung des ISM-Prozesses ist die Unterstützung des ISM-Teams durch den ISM-Computer.

Verfügt der Moderator über die entsprechenden Kenntnisse, so ist statt des interaktiven, computergestützten auch ein manueller ISM-Einsatz möglich. Wird die manuelle Form gewählt, weil aufgrund der geringen Elementanzahl ein Computereinsatz überdimensioniert erscheint, so entspricht dies nicht dem Typ eines schlechtstrukturierten, komplexen Problems mit einer Vielzahl von Elementen, auf das die ISM-Technik ausgerichtet ist. In diesem Falle erscheint die Anwendung der ISM-Technik nicht adäquat, wenngleich sie sich nicht negativ auf die Qualität der Problembehandlung auswirken dürfte.

Eine weitere Möglichkeit des manuellen ISM-Einsatzes ist denkbar, wenn kurzfristig keine Software verfügbar ist bzw. aus Kostengründen auf den Computereinsatz verzichtet wird, obwohl das Problem komplex ist.[1)] In diesem Falle ist ein effizientes und effektives Arbeiten mit der ISM-Technik nicht gewährleistet. Hierzu tragen etwa Zeitverluste und zusätzliche Kosten durch die manuellen Operationen bei. Die manuelle Anwendung der ISM-Technik sollte daher dem Ausnahmefall vorbehalten bleiben.[2)] Deutliche Verbesserungen im Bereich der ISM-Software ermöglichen inzwischen ein unproblematisches Erwerben der Software sowie eine kostengünstige Implementation bzw. einen kostengünstigen Betrieb auf einem (IBM-)Personal Computer.[3)]

---

1) Wie bereits erwähnt, hatte die Autorin Gelegenheit, an einer manuellen ISM-Anwendung als Team-Mitglied teilzunehmen, da (noch) keine ISM-Software verfügbar war. Die Moderator- und Computer-Rolle wurde von Warfield übernommen. Vgl. Warfield/Modeling.
2) Vgl. Szyperski, Eul-Bischoff/ISM/70 f.
3) Siehe Punkt E.IV.2.2.3.

1. Rolle des ISM-Computers

Die informationstechnisch gestützte ISM-Anwendung zielt nicht darauf ab, den Computer möglichst umfassend einzusetzen, sondern Probleme, wo immer möglich, mit seiner Unterstützung besser zu handhaben.[1] Im Falle der Modellierung schlecht-strukturierter, komplexer Probleme ist diese Möglichkeit gegeben.

Die Vorteile der Computerunterstützung gegenüber dem manuellen ISM-Einsatz wurden in den vorangegangenen Ausführungen bereits intensiv behandelt. An dieser Stelle erscheint es zweckmäßig, diese Rolle kurz zu resumieren:[2]

- Die Beschränkung auf transitive Relationen reduziert nicht nur die Anzahl notwendiger Paarvergleiche und damit die kognitive und zeitliche Belastung des ISM-Teams, sie schützt weiterhin vor inkonsistenten Antworten.
- Die systematische Behandlung aller Paare garantiert eine umfassende Problembearbeitung.
- Die Aufmerksamkeit der Team-Mitglieder wird auf einen einzigen, visualisierten Paarvergleich konzentiert. Hierdurch werden sowohl die aufgabenorientierte als auch die sozial-psychologische Verhaltensdimension positiv beeinflußt.
- Der Computer speichert die gewonnenen Daten.
- Er führt die notwendigen Matrixberechnungen durch.
- Der Computer liefert die Informationen zum Zeichen des Strukturmodells bzw. gibt das Modell in graphischer Form aus.
- Er ermöglicht eine unkomplizierte Korrektur des Digraphen.

---

1) Vgl. Szyperski/Vorgehensweise/62.
2) Vgl. etwa Jacob/ISM/5 sowie Warfield/Learning/72 f. Vgl. auch Dinkelbach/Informationstechnik/12 ff. sowie Kraemer, King/Computer.

2. ISM-Software zur Durchführung des ISM-Prozesses

Während sich die Leistungsvorteile der Computerunterstützung analog zur Rolle der personellen Aktionsträger des ISM-Prozesses interpretieren lassen, entspricht die ISM-Software den Tätigkeiten des Computers. Die potentiellen Tätigkeiten des Computers, d. h. mögliche Programmklassen sind in den einzelnen ISM-Programmpaketen in unterschiedlichem Umfang realisiert.

2.1 ISM-Programmklassen

Zum umfassenden Gebrauch der ISM-Technik sind 5 verschiedene Programmklassen notwendig.[1)]

2.1.1 Entwickeln des anfänglichen Strukturmodells

Legt man den zu Beginn dieses Kapitels skizzierten Ablaufplan des ISM-Prozesses zugrunde, so umfaßt diese Programmklasse die Abfrage paarweiser Relationen gemäß dem jeweiligen (Scanning- oder Bordering-)Algorithmus, das Überführen der gefüllten Erreichbarkeits-Matrix in Standardform, sowie die Ausgabe der Informationen zum Zeichnen des Strukturmodells, d. h. Ebenen, Elemente, Relationen und Zyklen.

2.1.2 Zyklen-Bearbeitung

Im Rahmen dieser Programmklasse werden zunächst die Gewichte aller paarweisen Relationen des jeweiligen Zyklus bestimmt. Ist die Gewichts-Matrix gefüllt, so wird der

---

1) Vgl. zu den nachfolgenden Ausführungen Warfield/Extending/1164 f. sowie Warfield/Modeling/I-15.

Schwellenwert berechnet und diese Matrix in eine Adjazenz-Matrix überführt. Abschließend erfolgt die Ausgabe der Informationen zum Zeichen des modifizierten Zyklus.

2.1.3 Formale Korrekturen des anfänglichen Strukturmodells

Diese Programmklasse ist nur in Kombination mit der letzten Programmklasse, der graphischen Ausgabe des Strukturmodells, realisierbar. Zur besseren Lesbarkeit, d. h. zur Reduzierung von Kantenüberschneidungen, können einzelne Elemente des Digraphen über den Editor an anderen Stellen der jeweiligen Ebene plaziert werden. Im Gegensatz zu den nachfolgenden inhaltlichen Korrekturen implizieren formale Korrekturen keine Feldinhaltsänderungen in den jeweiligen Matrizen.

2.1.4 Inhaltliche Korrekturen des anfänglichen Strukturmodells

Entspricht das Interpretative Strukturmodell nicht den mentalen Modellen der ISM-Team-Mitglieder, so müssen inhaltliche Korrekturen vorgenommen werden.

Im einfachsten Falle bleibt die Elementmenge unverändert, d. h. es wird lediglich die Existenz bzw. Nicht-Existenz von Relationen ins Gegenteil umgekehrt. Obwohl häufig nur eine Relation korrigiert werden soll, sind zuweilen wegen Änderungen in den Möglichkeiten transitiver Schlüsse weitere Paarvergleiche notwendig.

Das Hinzufügen einer Relation zu einer Hierarchie kann u. U. zum Auftreten eines Zyklus führen. Wird innerhalb eines Zyklus eine Relation entfernt, so bedeutet dies, sofern der Zyklus nur aus 2 Elementen besteht, seine Auflösung.

Als zweite Möglichkeit inhaltlicher Korrekturen kommen Veränderungen der Elementmenge, d. h. das Entfernen und/oder Hinzufügen von Elementen und Relationen, in Betracht. Wird ein Element einschließlich seiner Relationen entfernt, so kann dies, unter der genannten Voraussetzung, ebenfalls zur Zerschlagung eines Zyklus führen. Wird ein Element hinzugefügt, so wird eine Vielzahl weiterer Abfragen notwendig, um die Position des Elementes in der Struktur zu bestimmen. Unter Umständen ergibt sich ein neuer Zyklus.[1]

2.1.5 Graphische Ausgabe des Strukturmodells

Im Sinne eines effizienten und effektiven Einsatzes der ISM-Technik betont WARFIELD die Notwendigkeit einer graphischen Strukturmodellausgabe. [2] Wird der Digraph manuell erstellt, so sind mögliche Fehler nicht auszuschließen. Des weiteren ist ein gut lesbarer Digraph mit einer geringen Anzahl von Kantenüberschneidungen nur unter erheblichem Zeitaufwand zu erstellen. WARFIELD befürwortet daher, unterstützend zur graphischen Ausgabe, das Einbeziehen von Programmen zur Minimierung der Kantenüberschneidungen. [3] Ein derartiger Algorithmus wurde von SUGIYAMA, TAGAWA, TODA entwickelt und zur Verbesserung existierender ISM-Digraphen eingesetzt.[4] Als Computerprogramm ist dieser Algorithmus bislang nicht verfügbar.

---

1) Zur inhaltlichen Korrektur von Strukturmodellen vgl. ausführlich Warfield/Correction sowie Warfield/Systems/ 356 ff.
2) Vgl. Warfield/Extending/1165. Mit den Möglichkeiten einer graphischen Ausgabe des ISM-Digraphen hat sich ausführlich Langhorst/Computer befaßt.
3) Vgl. Warfield/Theory/505.
4) Vgl. Sugiyama, Tagawa, Toda/Representations.

2.2 ISM-Programmpakete

Wie bereits erwähnt, sind die beschriebenen Programmklassen in unterschiedlichem Umfang in den drei verfügbaren ISM-Programmpaketen realisiert. Anhand dieser und weiterer Kriterien werden die drei Software-Pakete einander in Abb. 60 gegenübergestellt und nachfolgend verglichen.

2.2.1 Battelle Memorial Institute, Columbus, Ohio

Die erste ISM-Software-Generation wurde auf Anregung von WARFIELD am Battelle Memorial Institute, wo er zu diesem Zeitpunkt tätig war, entwickelt. Eine erste Version war Ende 1973 verfügbar, eine modifizierte Fassung Anfang 1974. Das Manual wurde Ende 1974 fertiggestellt. Die Berücksichtigung mesotransitiver Relationen und daraus folgend die Programmierung der Zyklenbearbeitungsprozedur wurde mit der 3. Version aus dem Jahr 1975 ermöglicht.

Wie auch die 2. Generation, so verfügt diese Software über die Programmklassen 1, 2 und 4. Formale Korrekturen sowie graphische Ausgabe sind nicht inkorporiert. Das Füllen der Erreichbarkeits-Matrix basiert auf dem Scanning-Algorithmus.[1] Der Benutzer hat die Wahl zwischen uni- und bidirektionalen Relationen. Im Falle unidirektionaler Relationen ist keine Zyklenbildung möglich, so daß auch die Programmklasse zur Zyklenbearbeitung nicht zum Einsatz gelangen kann.

Bei allen drei Generationen beträgt die maximale Elementanzahl 128. Diese Größenordnung würde jedoch ISM-Team und -Moderator ein erhebliches Maß an Geduld, Konzentrationsfähigkeit und Zeit abverlangen.[2] Es ist keine ISM-Anwendung bekannt, die auch nur annähernd diesem Umfang entspricht.

---

1) Vgl. Lendaris/ISM/B-10 sowie Watson/Modeling/179.
2) Vgl. Szyperski, Müller-Silva, Eul-Bischofff/Strukturmodellierung/60.

Generation	1	2	3
Jahr	1975	1979	1986
Autor	G. Clendenning	R.L. Fitz u.a.	K. Müller-Silva
Institution	Battelle Memorial Institute, Columbus, Ohio	University of Dayton, Dayton, Ohio	SERPRO in Kooperation mit IBM Brasilien
ADV-System	CDC 6400	Sperry Univac 70/7	IBM PC
Programmiersprache	FORTRAN IV	FORTRAN IV	TURBO-PASCAL
Programmklassen			
1) Entwickeln des SM	+	+	+
2) Zyklenbearbeitung	+	+	-
3) Formale Korrektur	-	-	+
4) Inhaltliche Korrektur	+	+	+
5) Graphische Ausgabe	-	-	+
Algorithmus	Scanning	Bordering	Bordering
Wahl uni-/bidirektionale Relation	+	-	+
Maximale Elementanzahl	128	128	128
Historie	+	-	+

Legende: +: Option verfügbar
-: Option nicht verfügbar

Abb. 60: ISM-Programmpaket-Generationen

Nach Beendigung des Strukturierungsprozesses gibt die Software neben den Informationen zum Zeichnen des Digraphen auch eine Historie des Prozesses aus. Diese Historie dokumentiert alle Abfragen mit den jeweiligen Antworten und benötigten Antwortzeiten. Weiterhin werden alle transitiven Schlüsse aufgeführt.

Die Battelle-Software wurde einer Vielzahl von Institutionen bzw. Einzelpersonen für eine Implementation zur Verfügung gestellt, u. a.[1])

- University of Virginia
- University of Dayton[2])
- University of Arizona
- Vanderbilt University
- Portland State University
- The American University
- Battelle Columbus Laboratories
- Command and Control Technical Center, Pentagon, Washington[3])
- J.V. Hansen, Indiana[4])
- B.W. Carss, University of Queensland, Brisbane, Australia
- Mitsubishi Research Institute, Japan.

2.2.2 University of Dayton, Dayton, Ohio

Eine erste Version dieser Software wurde 1976 entwickelt, eine zweite 1979. Im selben Jahr wurde auch das Handbuch fertiggestellt.[5]) Das Paket besteht aus den drei interaktiven FORTRAN IV-Programmen ISMS-UD, CYCLE, MAKEIT.[6])

---

1) Zur nachfolgenden Auflistung vgl. Warfield/Modeling/I-15 sowie Malone/Overview/769.
2) Die Battelle-Software diente dort als Basis zum Entwickeln der 2. Generation.
3) Vgl. hierzu die ausführliche Dokumentation Scott, John/System.
4) Vgl. hierzu Hansen, McKell, Heitger/ISMS.
5) Vgl. zu dieser Dokumentation Fitz, Yingling, Troha, Crim/Computer. Teil 1 enthält das Manual, Teil II das Listing der Software.
6) Vgl. Fitz, Yingling, Troha, Crim/Computer/18 ff.

ISMS-UD beinhaltet die Programmklassen 1 sowie 4 und benötigt 150 KB Speicherplatz. CYCLE dient zur Zyklenbearbeitung und benötigt 120 KB. MAKEIT speichert - fakultativ - die vollständigen Texte der Elemente und der Kontext-Relation und benötigt 48 KB. ISMS-UD kann 128 Elemente bewältigen. Mit CYCLE können maximal 50 Elemente bearbeitet werden.

Diese Software wurde entwickelt auf einem Univac Serie 70/7 Timesharing Computer System mit dem VS/9 Version 3.5 Betriebssystem und dem FORTRAN IV Compiler BGFOR. Die Univac ist eine "Updated RCA Spectra", die hardwaremäßig baugleich mit der IBM 360 ist, jedoch mit virtuellem Speicher.[1)]

Die Dayton-Software wurde auf einer Vielzahl unterschiedlich großer ADV-Systeme implementiert. Die Palette reicht von der kleinen PDP-11 bis zu großen CDCs. Hierauf wird in Punkt E.IV.3 näher eingegangen.

Auch diese Software wurde einer Vielzahl anderer Institutionen überlassen, z. B.[2)]
- University of Northern Iowa
- University of Virginia
- Kent State University
- Old Dominion University, Norfolk, Virginia
- Portland State University, Portland, Oregon
- Boeing Computer Services, Kent, Washington
- CACI, Inc.-Federal, Arlington, Virgina
- IBM Corporation, White Plains, New York
- General Motors, Warren, Michigan
- Tektronix, Inc., Beaverton, Oregon
- University of Ottawa, Ottawa, Ontario, Canada
- University of Sao Paulo, Sao Paulo, Brasilien
- zahlreichen Großunternehmungen in Japan
- mehreren Unternehmungen in Saudi Arabien.

---

1) Vgl. Fitz, Yingling, Troha, Crim/Computer/18.
2) Zu der nachfolgenden Auflistung vgl. Warfield/Modeling/ I-15 sowie Fitz, Yingling, Troha, Crim/Computer/28.

2.2.3 "SERPRO" in Kooperation mit IBM Brasilien

Diese Generation wurde erst im Januar 1986 fertiggestellt.[1) Der Autor MÜLLER-SILVA war zwei Jahre lang Mitarbeiter des ISM-Projektteams an der Universität zu Köln. Das Programm in TURBO-PASCAL wurde auf einem IBM-PC erstellt. Es benötigt mindestens 256 KB Speicherplatz (RAM), das Betriebssystem MS-DOS ab Version 3.0, eine Graphikkarte sowie 1 Diskettenlaufwerk.

Da die Zyklenbearbeitungsprozedur relativ selten zur Anwendung gelangt, wurde auf ein diesbezügliches Programm verzichtet. Alle anderen Programmklassen sind realisiert: Damit bietet diese Software neben dem kostengünstigeren *PC-Einsatz* erstmals die Möglichkeit zur *graphischen Ausgabe* des Strukturmodells, wahlweise mit Elementzahlen oder -texten. Darüber hinaus können *formale Korrekturen* am Bildschirm durchgeführt werden.

Das Programm zum Füllen der Erreichbarkeits-Matrix basiert, wie die Dayton-Software, auf dem Bordering-Algorithmus. Es verfügt darüber hinaus über eine Option zum Ändern der Abfragereihenfolge. Es besteht die Wahl zwischen asymmetrischen und mesosymmetrischen Relationen. Beim Auftreten von Zyklen ist das Proxy Element, nicht, wie bei den beiden anderen Generationen, durch die Software bestimmt, sondern frei wählbar.

Während bei der Battelle-Software Korrekturen des Strukturmodells nicht in der Historie wiederzufinden sind, werden diese in der SERPRO-Software berücksichtigt. Die Historie

---

1) Es existiert noch kein Handbuch zu dieser ISM-Software. Die nachfolgenden Ausführungen basieren auf einem Gespräch zwischen Müller-Silva, der sich z. Z. in Deutschland aufhält, und der Verfasserin dieser Untersuchung sowie auf einer Demonstration dieser ISM-Software an einem IBM-PC.

weist alle Änderungen und daraus folgenden Konsequenzen in Form von Antworten und transitiven Schlüssen aus. Weiterhin ist es möglich, Antworten, die einer längeren Diskussion bedurften und/oder nur mit geringer Mehrheit ausfielen, entsprechend zu kennzeichnen.

Verfügt das jeweilige ADV-System nicht über eine Graphikkarte, so kann diese Software dennoch, jedoch ohne graphischen Output, eingesetzt werden.

3. ISM-Hardware zur Durchführung des ISM-Prozesses

FITZ, YINGLING, TROHA, CRIM betonen die Vorteile des modularen Aufbaus der ISM-Hardware. Auf diese Weise wird die Zusammenstellung einer individuellen Hardware-Konfiguration gemäß dem Budget des jeweiligen Anwenders möglich.[1)]

Die Hardware für den ISM-Einsatz besteht aus 4 Subsystemen:
- ADV-System
- mindestens eine Ausgabeeinheit
- Graphik-Einheit sowie
- Abstimmungseinheit.[2)]

Die beiden ersten Subsysteme sind obligatorisch für den ISM-Einsatz, die beiden letzten fakultativ. Gelangt die

---

1) Vgl. Fitz, Yingling, Troha, Crim/Computer/9 sowie Szyperski, Eul-Bischoff/ISM/75.

2) Die Abstimmungseinheit empfängt Ja/Nein-Entscheidungen der ISM-Team-Mitglieder und wertet sie entsprechend der zugrundeliegenden Abstimmungsregel, hier einfacher Mehrheitsentscheid, aus. Auf diese Weise ist eine geheime Wahl sowie eine schnelle und genaue Stimmenzählung bei einer größeren Gruppe möglich. Der Aspekt der Geheimhaltung ist im Rahmen der ISM-Technik nicht erwünscht und läßt sich durch den vorangehenden Argumentationsprozeß auch nur in äußerst geringem Umfang realisieren. Im Sinn einer Kosten-Nutzen-Abwägung kann ohne Probleme auf den Einsatz einer Abstimmungseinheit verzichtet werden. Es ist keine ISM-Anwendung unter Einbeziehung dieses Subsystems bekannt.

3. ISM-Generation zum Einsatz, so ist natürlich auch die Graphik-Einheit obligatorisch, will man das Programm in vollem Umfang nutzen.

FITZ, YINGLING, TROHA, CRIM beschreiben eine Vielzahl möglicher Ausprägungen für die einzelnen Subsysteme.[1)]

Als ADV-System nennen sie etwa jeden beliebigen Großrechner, das "Hewlett-Packard 3000 Series II Computer System", den "Cromemco System Three Computer" sowie das Mikrocomputersystem TRS-80 von Tandy. Die ersten beiden Systeme sind im Hinblick auf die ISM-Software von ihrer Kapazität her überdimensioniert.

Hinsichtlich der Ausgabeeinheit ziehen sie das "Texas Instruments Model 800 Terminal", das "Texas Instruments Model 745 Silent 700", das "Digi-Log Model Telecomputer II CRT-Terminal" sowie das "Teleray 1000 Series Intelligent CRT Terminal" in Betracht.

Als Graphik-Einheiten nennen sie den "Tektronix 4027" sowie das "Ramtek Micrographics Color Graphics Terminal".

Als Abstimmungseinheit weisen sie auf den "Consensor" hin.

Zum Abschluß nennen FITZ, YINGLING, TROHA, CRIM 5 alternative Hardware-Konfigurationen, die sich aus den oben genannten Subsystemen zusammensetzen und eine breite Palette möglicher Hardware-Kosten abdecken.

Diese Ausführungen zur Hardware-Konfiguration beziehen sich auf Benutzer der 1. und 2. I S M - S o f t w a r e - G e n e r a t i o n. Als das Handbuch der Dayton-

---

1) Vgl. Fitz, Yingling, Troha, Crim/Computer/9 ff. Es sei angemerkt, daß diese Dokumentation den Hardware-Stand des Jahres 1979 repräsentiert.

Software 1979 erstellt wurde, war noch keine speziell für den PC-Einsatz geschriebene ISM-Software mit Graphik verfügbar. Zum gegenwärtigen Zeitpunkt ist bezüglich der Hardware-Konfiguration die Anwendung der 3. Generation auf einem einzigen (IBM-)PC als kostengünstigste Alternative anzusehen. Schwierig zu gestalten ist lediglich die Visualisierung der Abfragen für alle Teilnehmer. IBM Brasilien bedient sich hierzu eines Overhead-Projektors, auf den die jeweiligen Elementtexte aufgelegt werden.

F. BEURTEILUNG DER ISM-TECHNIK

Die ISM-Technik zielt auf eine effektivere und effizientere Problembewältigung, als dies durch eine nicht methodische Vorgehensweise möglich wäre, ab.[1] ISM versteht sich als Interface zwischen dem schlecht-strukturierten, komplexen Problem und dem Problemexperten mit seinen für eine umfassende Problemhandhabung unzureichenden kognitiven Fähigkeiten.[2]

Eine innovative Entscheidungssituation, aus der ein schlecht-strukturiertes, komplexes Problem resultiert, läßt sich nur adäquat abbilden durch die Zusammenführung einer Vielzahl partieller Problemdefinitionen. Die einzelnen Problemdefinitionen werden dabei durch die jeweiligen mentalen Modelle der Problemexperten repräsentiert. Die ISM-Technik ermöglicht es, durch Erarbeitung eines gemeinsamen expliziten Modells in Form eines Digraphen zu einer operationalen Problemdefinition zu gelangen und auf diese Weise das Problem zu "lösen".[3]

Im Rahmen dieses Kapitels soll untersucht werden, in welchem Umfang die ISM-Technik ihrem Effektivitäts- und Effizienzanspruch sowohl bezüglich des ISM-Prozesses i. w. S. als auch bezüglich des ISM-Ergebnisses, des Digraphen, gerecht zu werden vermag.[4]

Die Effektivität als Wirksamkeitskriterium beinhaltet die Frage nach dem Leistungspotential der ISM-Technik. Eng verknüpft mit diesem Aspekt ist die Überlegung, was die ISM-Technik bei der Problembewältigung nicht zu leisten vermag. Kenntnisse darüber, was mit-

---

1) Vgl. Jacob/ISM/17.
2) Vgl. Waller/Modeling/787.
3) Vgl. McLean/Probleme/146.
4) Siehe hierzu die in Punkt B.I.4.1 skizzierten Beurteilungskriterien von Problemhandhabungsmethoden. Diese Kriterien wurden hier jedoch den Charakteristika der ISM-Technik angepaßt.

tels einer bestimmten Methode nicht erreicht werden kann, sind häufig von größerer Bedeutung als positive Aussagen über ihre Leistungsfähigkeit, da Informationen über die Leistungsgrenzen einer Vorgehensweise erheblich besser geeignet sind, ihre Einsatzmögichkeiten zu identifizieren.[1)]

Neben die Effektivität tritt als weiteres Beurteilungskriterium die W i r t s c h a f t l i c h k e i t, d. h. Effizienz der ISM-Technik: Die Kosten des ISM-Einsatzes müssen in einem angemessenen Verhältnis zur Leistungsfähigkeit der Methode stehen.[2)]

Die Beurteilung der ISM-Technik beinhaltet zugleich die Möglichkeit, E n t w i c k l u n g s p o t e n t i a l e aufzuzeigen, die zu einer Effektivitäts- bzw. Effizienzsteigerung[3)] beitragen können. Derartige Potentiale liegen zum einen im Bereich der ISM-Dokumentation in Form von B e n u t z e r - H a n d b ü c h e r n. Zum anderen lassen sich konzeptionelle Erweiterungen, vorrangig zur Verbesserung des M e n s c h - M a s c h i n e - I n t e r f a c e s, nennen. Beide Entwicklungsgebiete sollten nicht unabhängig voneinander realisiert werden. Durch Kombination beider Strategien wird es möglich, neue Anwendungsgebiete für die ISM-Technik zu erschließen. Hierauf geht Kapitel G kurz ein.

Fehlende bzw. nicht benutzer-adäquate Dokumentation kann als Hauptursache für den zu seltenen und/oder fehlerhaften, d. h. weder effektiven noch effizienten Gebrauch computergestützter Methoden angesehen werden.[4)] Entsprechende Ar-

---

1) Vgl. Malik/Strategie/249.
2) Vgl. Brauchlin/Problemlösungsmethodik/147.
3) Zur Unterscheidung von Effizienz und Effektivität vgl. etwa Szyperski, Winand/Grundbegriffe/91; Hill, Fehlbaum, Ulrich/Organisationslehre/160 f. sowie Konietzka/Entscheiden/242.
4) Vgl. Gass/Documenting/84 f.

beits- oder Handbücher sollten in Inhalt und Präsentation umfassende und ausführliche Informationen für die verschiedenen Benutzergruppen liefern.[1] Der Benutzer sollte aus den Handbüchern konkrete Hilfen zum effektiven und effizienten Gebrauch der ISM-Technik für seine spezifische Rolle als Manager, Moderator oder Problemexperte beziehen können.

Die Entwicklung von ISM-Handbüchern beinhaltet jedoch nicht nur das Zusammentragen und Aufbereiten vorliegender Erkenntnisse zur ISM-Technik. Das bislang existierende Wissen ist im Gegenteil äußerst fragmentarisch.[2] Wertvolle Impulse gehen aus den Arbeiten von WARFIELD; CRIM sowie FITZ, YINGLING, TROHA und CRIM hervor.[3] Während WARFIELD sich schwerpunktmäßig mit der mathematischen ISM-Komponente beschäftigt, geht CRIM auf technisch-organisatorische Aspekte des ISM-Einsatzes in High Schools ein. FITZ und seine Mitarbeiter behandeln die Implementierung und Anwendung der zweiten ISM-Software-Generation. Alle drei Untersuchungen beinhalten Informationen zur Realisation der *Manager-* und/oder *Moderatorenrolle*. Kein Beitrag befaßt sich bislang mit einem Handbuch für den *Problemexperten*. Der Problemexperte benötigt andere und im Vergleich zur Manager- und Moderatorenrolle weniger ausführliche Informationen. Auf alle drei Arten von ISM-Handbüchern wird in Punkt F.I.1.2 näher eingegangen.

Neben der Ausarbeitung von ISM-Handbüchern bestehen zusätzliche Entwicklungspotentiale im Rahmen konzeptioneller Erweiterungen der ISM-Technik. Hiermit sind inbesondere die mathematische und die Computer-Komponente angesprochen.

1) Vgl. Gass/Documenting/85.
2) Vgl. Waller/Modeling/787. Auch Warfield beklagt das Fehlen entsprechender Beschreibungen für den Benutzer. Vgl. Warfield/Extending/1164.
3) Vgl. Warfield/Systems; Crim/Use sowie Fitz, Yingling, Troha, Crim/Computer.

Einige der entsprechenden Algorithmen bedürfen lediglich der Umsetzung in Computerprogramme. Die hierdurch bedingten höheren Computerkosten bei der Nutzung werden vielfach durch geringere Personalkosten (über)kompensiert. Auf die Entwicklungspotentiale im Rahmen der Mensch-Maschine-Symbiose geht Punkt F.I.1.2.2.3 ein.

I. EFFEKTIVITÄT DER ISM-TECHNIK

Eine Technik wird als effektiv bezeichnet, wenn sie bezüglich Prozeß und Ergebnis sowohl die "Bedürfnisse" des Problems als auch des Problemexperten zu berücksichtigen vermag.[1] Die Realisierung dieses kognitiven Rahmens läßt sich zum einen nach konzeptionellen Gesichtspunkten untersuchen. Hierbei sind die ISM-immanenten Charakteristika angesprochen, die dem Benutzer keine Gestaltungsmöglichkeiten bieten. Zum anderen unterliegt die Effektivität der ISM-Technik aus anwendungsorientierter Sicht dem Beeinflussungspotential durch den Benutzer.

1. Konzeptionelle Effektivität der ISM-Technik

Die konzeptionelle Effektivität der ISM-Technik ist - ebenso wie die anwendungsorientierte - gekennzeichnet durch den Konflikt zwischen Problem-Adäquanz und Benutzer-Adäquanz. Dieser Konflikt ergibt sich aus dem Anspruch, das Problem so zu vereinfachen, daß es für den Benutzer modellmäßig handhabbar wird, und der Notwendigkeit, eine ausreichende Strukturähnlichkeit (Homomorphie) zwischen Problem und Modell zu gewährleisten.[2] Zur Bewältigung dieses Konfliktes bedient sich die ISM-Technik gewisser Anpassungsstrategien, bei denen eine Annäherung des einen Konfliktpoles in Richtung des anderen erfolgt: So muß das Problem gewissen Grundannahmen genügen, um für den Benutzer (leichter) handhabbar zu sein.[3] Der Benutzer muß sich demgegenüber bestimmten reglementierenden prozeduralen Zwängen unterwerfen, um eine vollstän-

---

1) Vgl. Pfohl/Entscheidungsfindung/44 ff. sowie Konietzka/Entscheiden/245 ff.
2) Vgl. Pfohl/Planung/145 ff.; Grochla/Planung/41; Brauchlin/Problemlösungsmethodik/147 sowie Konietzka/Entscheiden/12.
3) Zu einem Teil der ISM-Grundannahmen vgl. Pfohl/Planung/147.

dige Behandlung des Problems zu gewährleisten. Ob diese Anpassungsstrategien der ISM-Technik so gestaltet sind, daß sie zum einen eine ausreichende Problem- bzw. Benutzer-Adäquanz garantieren, zum anderen aber auch den Konflikt bewältigen und somit eine angemessene Behandlung des Problems durch den Benutzer ermöglichen, soll nachfolgend untersucht werden.[1]

1.1 ISM-Problem-Adäquanz

Die ISM-Problem-Adäquanz beinhaltet sowohl die Frage nach dem Problembereich, in dem ISM einsetzbar ist, als auch die Behandlung der Problemklasse, die eine ISM-Anwendung voraussetzt und die sich aus den Grundannahmen der ISM-Technik ergibt.

1.1.1 ISM-Problembereich

Ein wesentlicher Vorteil der ISM-Technik liegt in ihrer Flexibilität bezüglich des Problembereiches.[2] Jedes schlecht-strukturierte, komplexe Problem, das sich durch die nachfolgend skizzierte Problemklasse abbilden läßt, ist mit ISM handhabbar.[3] Es ist unerheblich, welchem Bereich die zu behandelnde Problemstellung zuzuordnen ist. Die problemrelevanten Aspekte müssen lediglich als wohl-unterscheidbare Elemente definiert werden können.

Die Elementart unterliegt keinerlei Beschränkung. Sowohl materielle als auch immaterielle Objekte sind als Elemente zulässig. Es kann sich um rein qualitativ meßbare Elemente handeln; auch quantitativ meßbare Elemente, die (zunächst) nur auf qualitativer Ebene erfaßt werden sollen, können Grundlage der Problemstrukturierung sein.[4]

---

1) Vgl. Watson/Modeling/172.
2) Vgl. Jacob/ISM/17.
3) Vgl. Kawamura, Malone/Complexity/354 sowie Braud, Irvin, Kawamura/Implementation/1153.
4) Vgl. Langhorst/Computer/31 sowie Christakis, Kawamura/Role/209.

Durch die Einbeziehung der Elementgenerierungsphase in den ISM-Prozeß wird ihre Bedeutung für die Problemstrukturierung angemessen berücksichtigt.[1] Die ISM-Literatur bietet jedoch keinerlei Hilfestellung bei der Frage, welcher Generierungstechnik (Brainstorming, Brainwriting, Nominal Group Technique oder eventuell Literaturauswertung) sich der Benutzer bedienen sollte.[2]

Nicht nur hinsichtlich der Elementart, sondern auch bezüglich der E l e m e n t a n z a h l, die im Rahmen des ISM-Prozesses verarbeitet werden kann, ist die ISM-Technik durch außerordentliche Flexibilität gekennzeichnet. Alle drei ISM-Software-Generationen bieten - im Gegensatz zu zahlreichen anderen SM-Techniken - die Möglichkeit, bis zu 128 Elemente in das Modell zu inkorporieren.[3] Wie bereits erwähnt, wird der Benutzer diese Option jedoch in den seltensten Fällen in vollem Umfang nutzen. Die Mehrzahl der ISM-Anwendungen bewegt sich in einer Größenordnung von 20 bis 40 Elementen. Keine dokumentierte ISM-Anwendung umfaßt eine Elementanzahl über 100.

Mehr Aufmerksamkeit als den Problemelementen widmet die ISM-Technik jedoch der Kontext-Relation und ihren logischen Eigenschaften.[4] Auf diese Restriktionen wird im nächsten Punkt detailliert eingegangen.

Auch bezüglich der A r t d e r K o n t e x t - R e l a t i o n kann die ISM-Technik als sehr flexibel eingestuft werden.[5] Vernachlässigt man zunächst die Grundannahmen, so kann jede Kontext-Relation aus der Klasse der Beeinflussungs-, komparativen oder neutralen Kontext-Relationen im Modell Berücksichtigung finden.

---

1) Vgl. Watson/Modeling/179.
2) Vgl. Watson/Modeling/179.
3) Vgl. Linstone, Lendaris, Rogers, Wakeland, Williams/Use/310; Lendaris/Modeling/814 sowie Linstone/Use 1/104. Siehe auch Abb. 20.
4) Vgl. Szyperski, Müller-Silva, Eul-Bischoff/Strukturmodellierung/27.
5) Vgl. Jacob/ISM/17.

Die ISM-Technik ist jedoch nur in der Lage, die Elementmenge anhand e i n e r Kontext-Relation zu strukturieren. Das Entwickeln von Digraphen für unterschiedliche Kontext-Relationen ist sequentiell, nicht jedoch simultan möglich.[1)]

ISM beschränkt sich auf das Verdeutlichen von Relationen zwischen Elementen. Als Ergebnis steht dem Benutzer ein e i n f a c h e r Digraph zur Verfügung. Signierte oder gewichtete Digraphen lassen sich mit Hilfe der ISM-Technik nicht erstellen.[2)] Eine Ausnahme bildet die Zyklenbearbeitungsprozedur, die es ermöglicht, die Intensität der Relation zu quantifizieren.[3)]

Die Flexibilität der ISM-Technik bezüglich der Art der Elemente und der Kontext-Relation kommt auch in der A r t d e r S t r u k t u r m o d e l l - T y p e n, die mit Hilfe von ISM entwickelt werden können, zum Ausdruck. In der Mehrzahl der Anwendungen werden Zielstrukturen, Beeinflussungsstrukturen sowie Prioritätsstrukturen erstellt.[4)] Kombiniert man denkbare Element- und Relationsarten, so bietet ISM die Möglichkeit, eine Vielzahl weiterer Strukturmodell-Typen zu entwickeln.

Faßt man die Ausführungen zum potentiellen P r o b l e m - b e r e i c h der ISM-Technik zusammen, so ist als wesentlicher Vorteil ihre F l e x i b i l i t ä t hervorzuheben. Die ISM-Technik kann in allen denkbaren Anwendungsbereichen zum Einsatz gelangen. Eine gewisse Einschränkung erfährt diese positive Beurteilung jedoch hinsichtlich der P r o - b l e m k l a s s e, die für eine zweckmäßige Anwendung der ISM-Technik vorausgesetzt werden muß. Ob es sich hierbei um eine g r a v i e r e n d e Einschränkung der Problem-Adäquanz handelt, soll nachfolgend untersucht werden.

---

1) Vgl. Szyperski, Eul-Bischoff/ISM/107 f. Siehe auch Punkt F.I.1.2.2.3.
2) Siehe hierzu Punkt F.I.1.1.2.2.
3) Vgl. Szyperski, Müller-Silva, Eul-Bischoff/Strukturmodellierung/68.
4) Siehe Punkt A.I.

1.1.2 ISM-Problemklasse

Schlecht-strukturierte, komplexe Probleme wurden in Kapitel B als Multikontext-Probleme herausgestellt. Die Berücksichtigung unterschiedlicher Kontexte ist gleichbedeutend mit der Einbeziehung verschiedener wissenschaftlicher Fachsprachen. Zur Überwindung der hieraus resultierenden Sprachbarrieren bedienen sich SM-Techniken der Explizierung mentaler Modelle in mathematischer Form.[1] Die *Digraphensprache* fungiert als übergreifende sprachliche Basis, um unterschiedliche Problemsichten zu einem gemeinsamen Strukturmodell zusammenzuführen. Neben diesem Vorteil bietet die Digraphentheorie die Möglichkeit, den Prozeß der Problemstrukturierung zu algorithmisieren und damit der Computerunterstützung zugänglich zu machen.

Dieser Vorteile kann sich die ISM-Technik jedoch nur bedienen, wenn sich das zu behandelnde Problem einer spezifischen Problemklasse zuordnen läßt, d. h. durch bestimmte Eigenschaften bzw. eine bestimmte Betrachtungsweise gekennzeichnet ist.[2] Ob die oben beschriebenen Vorteile einer digraphentheoretischen Abbildung des Problems jedoch die Interpretation des Problems im Sinne einer spezifischen Problemklasse rechtfertigen, soll nachfolgend untersucht werden. Kommen die *ISM-Grundannahmen* einer "Vergewaltigung" des Problems[3] gleich, d. h. schränken sie die Problembeschaffenheit in unangemessener Weise ein, oder sind sie so wenig restriktiv, daß sie die Problem-Adäquanz gewährleisten?

---

1) Siehe Abb. 18.
2) Vgl. Crim/Use/37.
3) Zur Vergewaltigung von Problemkomplexität vgl. Kirsch, Mayer/Probleme/169 ff.

1.1.2.1 Statik

Die Beurteilung der Problem-Adäquanz einer s t a t i s c h e n Betrachtungsweise läßt sich nicht generell, sondern nur vor dem speziellen Hintergrund der Bewältigung eines schlecht-strukturierten, komplexen Problems vornehmen. Derartige Probleme beinhalten eine Vielzahl von Elementen aus unterschiedlichen Kontexten. Die "Problematik" verdeutlicht sich in der nicht bekannten Problemstruktur. Ist diese Problemstruktur erhellt, das Problem also operational definiert, so gilt es gemäß den Ausführungen in Punkt B.I als "gelöst". Ein höheres Anspruchsniveau im Sinne einer dynamischen Problembetrachtung, der nicht eine umfassende Ermittlung der Problemstruktur vorausgeht, würde dem geringen Präzisionsgrad der verfügbaren Informationen bei derartigen Problemen nicht gerecht.[1] Dies schließt eine Dynamisierung nach Beendigung des ISM-Einsatzes nicht aus. Entsprechende Erfahrungen im Zusammenhang mit "System Dynamics" liegen bereits vor.[2]

Die ISM-immanente Reduzierung des Problems auf eine Zeitpunktbetrachtung geht konform mit der spezifischen Problemart. Sie kann als p r o b l e m - a d ä q u a t angesehen werden.[3]

1.1.2.2 Linearität

ISM ist lediglich in der Lage, l i n e a r e, d. h. proportionale Relationen zwischen Problemelementen abzubilden. Diese Voraussetzung ist gleichbedeutend mit dem Erstellen e i n f a c h e r D i g r a p h e n. Sie entspricht dem qualitativen Modellierungsanspruch der ISM-Technik. Dieser Zielsetzung liegt die Annahme zugrunde, daß bereits die

---

1) Vgl. Linstone, Lendaris, Rogers, Wakeland, Williams/ Use/301 und 319.
2) Vgl. Malone/Overview/769; McLean, Shepherd/Importance sowie Fitz, Hornbach/Methodology.
3) Vgl. Szyperski, Eul-Bischoff/ISM/106.

systematische Analyse einer Vielzahl miteinander in Beziehung stehender Elemente ein besseres bzw. ausreichendes Problemverständnis bewirkt, obwohl kein vollständig quantitatives Modell erstellt wird.[1] Zur Abschwächung des restriktiven Charakters dieser Grundannahmen sei auf die analoge Argumentation zur statischen Betrachtungsweise hingewiesen.[2]

Aus der Linearitätsannahme leiten sich zwei Konsequenzen ab. Zum einen ist die *Äquivalenz von Digraphen und Matrizen* nur für lineare Relationen gegeben. Akzeptiert man die Explikation mentaler Modelle durch Digraphen, so ergibt sich aus dieser Äquivalenz keine zusätzliche Einschränkung. Aus ihr resultiert vielmehr die Möglichkeit, den algorithmischen Prozeß der Problemstrukturierung in Matrizenform abzubilden.

Zum anderen ist es beim Vorliegen linearer Relationen ausreichend, sich auf *paarweise Beziehungen* zwischen den Elementen zu beschränken. Während CEARLOCK und WAKELAND die Berücksichtiugng lediglich paarweiser Relationen aus theoretischen Überlegungen für nicht problemadäquat erachten,[3] vertritt GERARDIN die Auffassung, daß mit ihnen eine ausreichend gute Repräsentation des Problems möglich ist.[4] Erscheint im Einzelfall eine Darstellung durch paarweise Relationen nicht angemessen, und kann die Wahl einer anderen Kontext-Relation diesen Mangel nicht beheben, so sollte auf den ISM-Einsatz verzichtet werden.[5]

Die Beschränkung auf paarweise Relationen erscheint unumgänglich, sofern die Strukturierung in Konsistenz mit den

1) Vgl. Gerardin/Modeling/368 sowie Fitz/Technology/115 f.
2) Vgl. hierzu auch McLean/Problem/152 f.
3) Vgl. Cearlock/Properties sowie Wakeland/Teleconference. Vgl. auch Gomez/Modelle/271.
4) Vgl. Gerardin/Modeling/370.
5) Vgl. Lendaris/ISM/B-7.

begrenzten kognitiven Fähigkeiten des Menschen erfolgen soll:[1] Die zusätzliche Berücksichtigung nicht-paarweiser Relationen würde den Problemexperten hinsichtlich der Informationsverarbeitungskapazität seines Kurzzeit-Gedächtnisses deutlich überfordern. Es würde ihm erhebliche Schwierigkeiten bereiten, das Problem inhaltlich zu durchdringen.[2] Die Einbeziehung nicht-paarweiser Relationen würde daher die Problemhandhabung eher verschlechtern als verbessern.

Die Beschränkung auf paarweise Relationen bedeutet keinen wesentlichen Nachteil der ISM-Technik. Sie erscheint vielmehr als notwendige Voraussetzung für eine inhaltlich hochwertige Problemstrukturierung. Durch die Abfrage aller kombinatorisch möglichen Paarvergleiche wird zudem die Vollständigkeit der Problembearbeitung garantiert. Des weiteren verkürzt sich durch diese Beschränkung der benötigte Zeitaufwand nicht unerheblich.[3]

1.1.2.3 Transitivität

Die bedeutendste und zugleich kritischste Restriktion der ISM-Technik ist in der notwendigen Transitivität der Kontext-Relation zu sehen.[4] Diese Grundannahme ermöglicht nicht nur die Abbildung der mathematischen Relation in Form einer Erreichbarkeits-Matrix und steht daher in enger Beziehung zur Äquivalenz von Digraphen und Matrizen; sie zeichnet sich weiterhin durch den Vorteil des transitiven Computer-Schlusses aus, der für den Problemexperten eine Abfrageersparnis von 50 bis 80 % bedeutet. Auf

1) Vgl. Waller/Synthesis/672.
2) Vgl. Langhorst/Computer/31.
3) Vgl. Gomez/Modelle/271.
4) Vgl. hierzu etwa Christakis, Kawamura/Role/209; Szyperski, Müller-Silva, Eul-Bischoff/Strukturmodellierung/62; Watson/Modeling/180 f.; Langhorst/Computer/31 sowie Thissen, Sage, Warfield/Users/144.

diese Weise wird zusätzlich die Konsistenz der abgegebenen Urteile garantiert. Intransitive Entscheidungen können nicht auftreten.[1]

Die Grundannahme transitiver Relationen scheint die Anwendungsmöglichkeiten der ISM-Technik theoretisch zunächst erheblich einzuschränken. Im praktischen Einsatz hat sich diese Sichtweise jedoch nicht bestätigt. Eine geschickte Auswahl der Kontext-Relation durch den Moderator kann diese Restriktion entkräften:[2]

Die Entscheidung, ob eine bestimmte Kontext-Relation der Transitivitätseigenschaft genügt oder nicht, ist nicht immer möglich. Vielfach sind die logischen Eigenschaften der Kontext-Relation und der mathematischen Relation nicht identisch.[3] Viele interessante Relationen sind jedoch eindeutig transitiv.[4] Aus dieser Erkenntnis kann nicht abgeleitet werden, daß meso- bzw. intransitive Relationen unbedeutend sind; die Vielzahl transitiver Relationen läßt es jedoch gerechtfertigt erscheinen, eine SM-Technik, nämlich ISM, zu konzipieren, die nur auf transitive Relationen anwendbar ist.[5]

WARFIELD und WATSON nennen als transitive Beeinflussungs-Relationen: "impliziert", "unterstützt", "verstärkt", "trägt bei zur Erreichung von" sowie "erschwert". Als transitive komparative Relationen verweisen sie auf: "wichtiger als" sowie "leichter durchführbar als".[6]

Soll im konkreten Anwendungsfall die Transitivitätsbedingung nicht verletzt und damit das Problem adäquat bearbei-

---

1) Vgl. Warfield/Matrices/448.
2) Vgl. Warfield/Systems/295 f. Hierbei sollte der Moderator durch ein Handbuch angeleitet werden. Siehe Punkt F.I.1.2.1.
3) Vgl. Warfield/Probing/1-9.
4) Vgl. Warfield/Systems/295 f.
5) Vgl. Farris/System/86.
6) Vgl. Warfield/Subsystem/75 f. sowie Watson/Modeling/170.

tet werden, so empfiehlt FARRIS folgende Vorgehensweise:[1] Hat der ISM-Moderator eine Kontext-Relation zur Strukturierung der Elementmenge ausgewählt, so sollte er zunächst überprüfen, ob sie sich in der o. a. Auflistung transitiver Relationen wiederfindet bzw. die Transitivitätsbedingung erfüllt, ohne Bestandteil dieser Aufzählung zu sein.

Ist die überprüfte Relation transitiv, so kann die ISM-Technik eingesetzt werden. Genügt die Relation nicht der Transitivitätsbedingung, so bietet sich die Möglichkeit einer transitiven Annäherung durch Umformulierung. WARFIELD nennt als Beispiel den Austausch der mesotransitiven Relation "alleinige Ursache für" durch die transitive Relation "beitragender Grund zu".[2] Läßt sich die Möglichkeit einer sprachlichen Modifikation nicht realisieren, so sollte von der ISM-Anwendung abgesehen werden.[3]

Erweist sich die Relation erst im Verlauf der Strukturierung als mesotransitiv, so empfiehlt WARFIELD eine Modifikation des Digraphen in der Korrekturphase.[4] Eine entgegengesetzte Korrekturmöglichkeit besteht im Einfügen indirekter, d. h. transitiver Relationen, in den minimalspannenden Digraphen, um die Transitivitätseigenschaft zu verdeutlichen.[5]

Durch die sorgfältige Auswahl bzw. Formulierung einer transitiven Kontext-Relation lassen sich die Vorteile der Transitivitätsbedingung nutzen, ohne das Problem unangemessen zu bearbeiten.[6] Diese Bedingung schließt zwar einige Probleme von der Handhabung mit ISM aus, ist aber für die verbleibenden Probleme adäquat. Gleichzeitig ermöglicht

---

1) Vgl. zu den nachfolgenden Ausführungen Farris/System/86.
2) Vgl. Warfield/Probing/1-9.
3) Vgl. Warfield/Learning/73.
4) Vgl. Warfield/Systems/295 f. sowie Warfield/Subsystems/75 f.
5) Vgl. Thissen, Sage, Warfield/Users/143.
6) Vgl. Warfield/Probing/1-9.

sie die kognitive Unterstützung des Benutzers mit entsprechender Effizienzsteigerung.[1)]

Faßt man die Ausführungen zum ISM-Problembereich und zur ISM-Problemklasse zusammen, so läßt sich erkennen, daß die ISM-Technik deutlich an den Charakteristika schlecht-strukturierter, komplexer Probleme orientiert ist. Eine Einschränkung der Problem-Adäquanz wird nur in dem Umfang vorgenommen, der für eine Bewältigung durch den Problemexperten unbedingt erforderlich erscheint. Dies impliziert jedoch keine unangemessene "Vergewaltigung" schlecht-strukturierter, komplexer Probleme.

1.2 ISM-Benutzer-Adäquanz

Benutzer der ISM-Technik sind die personellen Aktionsträger des ISM-Prozesses: ISM-Manager, ISM-Moderator und insbesondere ISM-Problemexperte. Als effektiv im Sinne der Benutzer-Adäquanz läßt sich die ISM-Technik beurteilen, wenn es ihr gelingt, den Anforderungen der Benutzer an ihre Rolle bzw. an die Realisation dieser Rolle in möglichst großem Umfang gerecht zu werden.

1.2.1 ISM-Manager und ISM-Moderator

Der ISM-Manager ist nicht in die Durchführung des ISM-Prozesses involviert. Sein Tätigkeitsfeld beinhaltet die Vorbereitung des ISM-Prozesses und die Kontrolle des ISM-Ergebnisses. Der ISM-Manager benötigt nicht den umfassenden Kenntnisstand bezüglich der ISM-Technik, wie etwa der Moderator, dem die Durchführung des ISM-Prozesses obliegt. Die globalen Informationen, die ein ISM-Problemexperten-Handbuch vermitteln könnte, werden seiner Rolle jedoch ebenfalls nicht gerecht. Sein Informationsbedarf

---

1) Vgl. Watson/Modeling/171; Scott, John/System/1-3; Malone/Overview/768 sowie Langhorst/Computer/31.

ist auf einem m i t t l e r e n Niveau zwischen dem Problemexperten und dem Moderator anzusiedeln.

Die zweckmäßige Gestaltung eines I S M - H a n d b u c h e s für alle Benutzergruppen sollte daher durch einen modularen Aufbau gekennzeichnet sein: Während für den Problemexperten lediglich die einführenden, grundlegenden Teile von Interesse sind, muß der Manager darüber hinaus auch solche Kapitel berücksichtigen, die ihm Informationen bezüglich der Realisation seiner Rolle liefern. Der Moderator muß sich zusätzlich mit einer Vielzahl mathematischer und computertechnischer Details vertraut machen. Für ihn ist der Inhalt des gesamten Handbuchs relevant.[1)]

Die ISM-Technik kann dem Anspruch der Benutzer-Adäquanz nur gerecht werden, wenn sie für die verschiedenen Benutzergruppen nicht nur Aufgaben vorsieht, die diese nicht überfordern, sondern darüber hinaus auch Hilfestellung bietet bei der Frage, w i e diese Tätigkeiten zu bewältigen sind. Nur dann ist im Hinblick auf die Benutzer-Adäquanz ein effektiver (und effizienter) Einsatz der ISM-Technik möglich.

Rolle und Tätigkeiten des ISM-Managers gehen zunächst konform mit seinem generellen Aufgabengebiet außerhalb der ISM-Technik. Er ist mit planerischen, organisatorischen und kontrollierenden Aufgaben betraut. Seine Funktion im ISM-Prozeß stellt folglich keine Überforderung dar und ist als benutzer-adäquat zu beurteilen.

Zur effektiven Realisation seiner Tätigkeiten im ISM-Prozeß bedarf er jedoch einer Vielzahl von Kenntnissen über die ISM-Technik: Wie der Problemexperte benötigt er zu-

---

1) Die theoretischen Ausführungen zur ISM-Technik sollten für alle Benutzergruppen um zahlreiche praktische Beispiele ergänzt werden. Vgl. Linstone/Use 1/147; Lendaris/Modeling/836 sowie Linstone, Lendaris, Rogers, Wakeland, Williams/Use/323.

nächst Hintergrundinformationen über die ISM-Technik, ihren Zweck und ihr Ziel. Weiterhin muß er mit dem ISM-Prozeß im allgemeinen und seinen Tätigkeiten im besonderen vertraut gemacht werden. Hierbei ist insbesondere die Kenntnis der Grundannahmen von Bedeutung: Nur wenn die Möglichkeiten und Grenzen der ISM-Technik für den Manager klar hervortreten, wird es ihm gelingen, eine adäquate Zuordnung von Problem und ISM-Technik vorzunehmen.[1)]

Des weiteren ist für ihn bedeutsam, anhand welcher Kriterien er die Moderator- und insbesondere die Team-Mitglieder-Auswahl vorzunehmen hat.[2)] Er muß über die Rahmenbedingungen der ISM-Technik in Kenntnis gesetzt werden. Ihm muß bekannt sein, wie die Kontroll- und Beurteilungstätigkeit durchzuführen ist.

Solange all diese Informationen für einen ISM-Manager, der nicht gleichzeitig - wie die Mitarbeiter des Battelle Memorial Institute und der University of Dayton - als "ISM-Forscher" fungiert, nicht in Handbuchform verfügbar sind, ist eine effektive Anwendung der ISM-Technik nicht gewährleistet.

Zur Durchführung seiner Kontrollaktivitäten benötigt der Manager, da er nicht selbst an der ISM-Sitzung teilnimmt, entsprechendes Dokumentationsmaterial. Die Prozeß-dokumentation wird dabei in der ersten und dritten Generation - zumindest partiell - durch die Historie der Software geleistet. Ergänzene Informationen zu den Teilnehmern etc. müssen jedoch durch den Moderator hinzugefügt werden. Die Ergebnis-Dokumentation in Form einer graphischen Ausgabe des Strukturmodells ist nur in die 3. ISM-Software-Generation inkorporiert. Bei Benutzung der beiden anderen Pakete wird auch diese Aufgabe vom Moderator übernommen. Diesbezügliche Entwicklungsmöglichkeiten der ISM-Technik werden in Punkt F.I.1.2.2.3 behandelt.

---

1) Vgl. Waller/Modeling/787 f.
2) Vgl. Warfield/Extending/1166.

Zusammenfassend läßt sich feststellen, daß die gegenwärtige Realisation des ISM-Konzeptes dem ISM-Manager weder im Bereich der Software noch im Zusammenhang mit der Handbuchverfügbarkeit ausreichende Unterstützungsfunktion bietet. Eine effektive (und effiziente) Nutzung der ISM-Technik wird hierdurch erschwert.

Auch für die ISM-Moderatorenrolle gelten ähnliche Kritikpunkte. Im Vergleich zur Funktion eines Diskussionsleiters ist die Rolle des ISM-Moderators stark eingeschränkt.[1] Die Lokomotionsfunktion gehört nicht zu seinen Aufgaben; die Kohäsionsfunktion ist vorwiegend auf die Orientierungsphase beschränkt. Dieses Rollenverständnis erweist sich zunächst als vorteilhaft für den Moderator: Es besteht für ihn nicht die Notwendigkeit, sich umfangreiche problembezogene und gruppendynamische Kenntnisse anzueignen. Aus diesem reduzierten Anforderungsprofil kann sich jedoch auch eine Unterforderung des Moderators mit entsprechender Unzufriedenheit ergeben. Für den Moderator sollte deutlich werden, daß seine eingeschränkte Rolle nicht auf mangelnde Qualifikation zurückzuführen ist, sondern aus der starken Strukturierung des ISM-Prozesses resultiert.

Der Moderator muß über umfangreiche Kenntnisse bezüglich der ISM-Technik im allgemeinen und seiner Rolle bei der Durchführung des ISM-Prozesses im besonderen verfügen, denn er muß dieses Wissen - zumindest partiell - in der Orientierungsphase dem ISM-Team vermitteln. Für den Moderator ist es ebenso wie für den Manager von besonderem Interesse, mit den Grundannahmen von ISM, insbesondere mit der Transitivitätsbedingung, vertraut zu sein. Nur auf dieser Basis wird es ihm möglich, eine adäquate transitive Kontext-Relation auszuwählen. Zur Frage, welche Elementarten, Kontext-Relationen bzw. Strukturmodell-Typen für den

---

1) Vgl. Szyperski, Eul-Bischoff/ISM/122 sowie Warfield/Extending/1166.

ISM-Einsatz besonders geeignet bzw. problematisch erscheinen, liegen bislang jedoch keine umfassenden Erkenntnisse vor.[1)]

Dem Moderator muß die Funktion des Computers im ISM-Prozeß bekannt sein. Er muß über Informationen zu den 5 Phasen des MAI verfügen. Besonders wichtig zur Ausübung seiner Tätigkeit ist das Erlernen des Umgangs mit der Software. Auch über seine Aktivitäten zur Prozeß- und Ergebnisdokumentation muß er instruiert werden.[2)] In diesem Zusammenhang sei auf die bereits genannten Entwicklungspotentiale im Bereich der Software-Erweiterung hingewiesen, die in Punkt F.I.1.2.2.3 behandelt werden.

Diese Ausführungen verdeutlichen die Analogie zur Beurteilung der Benutzer-Adäquanz hinsichtlich des Managers. Obwohl die konzeptionelle Ausgestaltung der Moderatorenrolle durchaus benutzer-adäquat angelegt ist, läßt sie sich aufgrund mangelnder Möglichkeiten, sich mit der Rolle vertraut zu machen bzw. aufgrund unzureichender Softwaregestaltung, n i c h t i n v o l l e m U m f a n g e f f e k t i v nutzen.

1.2.2 ISM-Problemexperte

In besonderer Weise von der Forderung nach Benutzer-Adäquanz betroffen ist der Problemexperte. Seine Problemkenntnisse bilden die Basis der Durchführung des ISM-Prozesses. Inwiefern die ISM-Technik dieser Rolle und insbesondere der begrenzten IV-Kapazität des Experten gerecht zu werden vermag, soll nachfolgend untersucht werden. Aus der kognitiven Beschränktheit resultieren gewisse Restriktionen für den Ablauf des ISM-Prozesses, denen sich der Problemexperte zu fügen hat. Wie die sich hieraus ergebenden Vorteile (z.B. transitiver Schluß) im Vergleich

---

1) Vgl. Malone/Overview/769; Waller/Modeling/787 f. sowie Warfield/Extending/1166.
2) Vgl. Geiger, Fitz/Modeling/665.

zur eingeschränkten Handlungsfreiheit zu beurteilen sind, wird ebenfalls zu diskutieren sein.[1)]

1.2.2.1 Verständlichkeit

Die Verständlichkeit sowie die im nächsten Punkt zu behandelnde Erlernbarkeit der ISM-Technik stehen in engem Zusammenhang. In zahlreichen ISM-Anwendungen wird - auch von seiten der Problemexperten - die Einfachheit und V e r s t ä n d l i c h k e i t der ISM-Technik betont:[2)] Zunächst schafft der systemtheoretische Hintergrund der ISM-Technik (Elemente, Relationen, hierarchische Struktur) eine gemeinsame sprachliche Basis innerhalb des ISM-Teams.[3)]

Des weiteren ist das Phasenschema des ISM-Prozesses übersichtlich und leicht nachvollziehbar: Die sechs Teilphasen der Durchführung (Orientieren,[4)] Generieren, Strukturieren, Korrigieren, Diskutieren sowie Dokumentieren), die Vorbereitungs- und Kontrollphase sowie der iterative Prozeßcharakter können dem Team auf einfache Weise vermittelt werden. Die Unterstützungsfunktion des Computers wird hierdurch für das Team ebenfalls deutlich.

Die Ausführungen zum Fehlen eines ISM-Handbuches für den ISM-Manager bzw. -Moderator gelten in analoger Weise auch für den ISM-Problemexperten. Der Problemexperte ist bereits mit einem v e r g l e i c h s w e i s e g e r i n g e n Wissensstand bezüglich der ISM-Technik in der Lage, seiner Rolle im ISM-Prozeß gerecht zu werden. Für ihn besteht darüber hinaus - im Gegensatz zu Manager und Moderator - die

---

1) Vgl. Fitz/Technology/115 f.; Watson/Modeling/181 f. sowie Warfield/Extending/1164.

2) Vgl. etwa Kawamura, Malone/Complexity/351; Jacob/ISM/17; Linstone, Lendaris, Rogers, Wakeland, Williams/Use/318 sowie Christakis, Kawamura/Role/209.

3) Vgl. hierzu etwa Watson/Modeling/167.

4) Im Rahmen der Orientierungsphase wird das in diesem und dem nächsten Punkt skizzierte Wissen bzw. die Erfahrung zu ISM vermittelt.

Möglichkeit, das relevante ISM-Wissen durch Dritte, d. h. durch den Moderator, vermittelt zu gekommen. Dennoch wäre es für eine effektive Prozeßgestaltung von Vorteil, wenn der Problemexperte sich bereits im Vorfeld des ISM-Einsatzes durch ein Handbuch mit der ISM-Technik im allgemeinen und seiner Rolle im besonderen vertraut machen könnte. Auf diese Weise könnte er seine Erwartungen über eine Problemhandhabung mit ISM sowie die Möglichkeiten und Grenzen der ISM-Technik aufeinander abstimmen.

Die effektivitäts- (und effizienz)steigernden Potentiale einer ISM-Dokumentation in Handbuchform für die verschiedenen Benutzergruppen wurden bislang noch nicht genutzt.

1.2.2.2 Erlernbarkeit

Die Forderung nach Verständlichkeit beinhaltet das passive Vertrautmachen mit der ISM-Technik auf einfache Weise. Demgegenüber umfaßt der Problemexpertenwunsch nach leichter Erlernbarkeit das aktive Einüben der eigenen Rolle für die Durchführung des ISM-Prozesses.

Nicht zuletzt bedingt durch die Verständlichkeit der ISM-Technik ist ihr Erlernen mit keinerlei Problemen behaftet:[1] Der Problemexperte benötigt weder mathematische noch computertechnische Vorkenntnisse.[2] Sein inhaltliches Wissen reicht in vollem Umfang zur Problembewältigung mit der ISM-Technik aus. Die Regeln der Strukturierungs- bzw. Korrekturphase sind einfach zu erlernen: Der Computer stellt ein Elementpaar zur Diskussion, das Team argumentiert und stimmt anschließend ab, ob eine Relation besteht oder nicht.[3]

---

1) Vgl. Watson/Modeling/167.
2) Vgl. z.B. Scott, John/System/1-2; Langhorst/Computer/31; Kawamura, Malone/Complexity/354; Malone/Overview/768 sowie Watson/Modeling/171.
3) Vgl. Szyperski/Handhabung/43. - In diesem Zusammenhang sollte lediglich die Funktion der Transitivitätsbedingung besonders betont werden.

Aufgrund der Verständlichkeit der ISM-Technik existierte in den meisten Anwendungsfällen von seiten des Teams kein Bedarf nach einer praktischen Einübung des ISM-Prozesses vor der eigentlichen Problemstrukturierung. Die Ausführungen des Moderators wurden als hinreichend erachtet. Einige Moderatoren hielten es jedoch für zweckmäßig - so etwa CRIM im Rahmen ihrer High-School-Anwendung[1] -, ein kleines, nicht komplexes Problem vorzuschalten, um den Experten auf diese Weise das Erlernen der ISM-Technik zu ermöglichen. Ein Erlernen im eigentlichen Sinne - so wie es etwa bei Anwendung der Kreativitätstechnik Synektik notwendig ist, zunächst das Bilden der verschiedenen Analogiearten zu erlernen -, mit dem Erwerb bzw. Reaktivieren von Fähigkeiten ist für ISM nicht erforderlich.[2] Die ISM-Technik ist so übersichtlich konzipiert, daß es für den Problemexperten ausreicht, sie zu verstehen, um sie anwenden zu können.

Betrachtet man die Verständlichkeit und Erlernbarkeit der ISM-Technik, so sind sie in hohem Maße auf die Bedürfnisse des Problemexperten abgestimmt. Unter diesem Aspekt kann ISM als besonders benutzer-adäquat eingestuft werden.

1.2.2.3 Mensch-Maschine-Symbiose

Die ISM-Technik versteht sich als Interface zwischen dem schlecht-strukturierten, komplexen Problem und dem Problemexperten. ISM versucht, die kognitive quantitativ begrenzte Leistungsfähigkeit des Problemexperten durch Computerunterstützung so zu vergrößern, daß eine adäquate Problembewältigung ermöglicht wird.[3] In welchem Umfang diese Mensch-Maschine-Symbiose den Bedürfnissen des Problemexperten gerecht wird, soll nachfolgend überprüft werden.

---

1) Vgl. Crim/Use.
2) Vgl. Gomez/Modelle/82 f.
3) Vgl. Waller/Synthesis/673; Jacob/ISM/17 sowie Linstone, Lendaris, Rogers, Wakeland, Williams/Use/318.

Um das schlecht-strukturierte, komplexe Problem in einem Strukturmodell abzubilden, muß der Problemexperte lediglich alle problemrelevanten Elemente aufführen. Mit Hilfe des Computers ist es ihm dann möglich, auf systematische Weise anhand der Kontext-Relation für alle Paare der Elementmenge die mathematische Relation zu bestimmen.[1] Wie bereits ausführlich behandelt, wird durch die Beschränkung auf Paarvergleiche der kognitiven Kapazität des Kurzzeit-Gedächtnisses des Problemexperten entsprochen. Das Einbeziehen der Transitivitätsbedingung reduziert darüber hinaus die Anzahl der durch den Problemexperten vorzunehmenden Paarvergleiche erheblich und verhindert inkonsistente Antworten. Der Computer entlastet den Menschen ebenfalls hinsichtlich der Abfolgesteuerung der Paarvergleiche und der Speicherung der gewonnenen Daten: Der Prozeß kann beliebig unterbrochen und ohne Informationsverlust fortgeführt werden.[2]

Im Rahmen des ISM-Outputs und der Korrekturphase sind die Bedürfnisse des Problemexperten jedoch weniger umfassend berücksichtigt:[3] Nicht in alle Software-Generationen ist das Erstellen einer H i s t o r i e inkorporiert. Des weiteren bieten die beiden ersten Programmpakete dem Problemexperten nicht die Möglichkeit einer computergestützten Ausgabe des ISM-Ergebnisses, d. h. des Digraphen. Entsprechend ist auch die inhaltliche Korrektur des Strukturmodells nicht über den Bildschirm, sondern nur anhand eines einfachen, aber u. U. zeitaufwendigen Korrekturprozesses durchführbar.[4]

---

1) Vgl. Braud, Irvin, Kawamura/Implementation/1152 f.; Scott, John/System/1-2; Malone/Overview/768; Jacob/ISM/17 sowie Watson/Modeling/171.
2) Vgl. Gomez/Modelle/271; Watson/Modeling/171; Waller/Synthesis/672 sowie Waller/Modeling/787. Ähnlich auch Meyer zur Heyde/Problemlösungsprozesse/254.
3) Vgl. Langhorst/Computer/11.
4) Dennoch wird häufig die Einfachheit dieser Prozedur betont. Vgl. z. B. Lendaris/Modeling/815 sowie Jacob/ISM/17.

Dem Anspruch der Benutzer-Adäquanz wird zum gegenwärtigen Zeitpunkt vorrangig die dritte ISM-Generation gerecht.[1] Doch auch diese Software bietet Ansatzpunkte für zahlreiche Entwicklungspotentiale:[2] Wie bereits erwähnt, sollte das Programm neben der graphischen Ausgabe des Strukturmodells über einen Algorithmus zur inhaltlichen Korrektur am Bildschirm verfügen.[3] Die Lesbarkeit umfangreicher Digraphen wird durch eine Vielzahl von Kantenüberschneidungen stark erschwert. Die Einbeziehung dementsprechender Algorithmen, die bereits vorliegen,[4] ermöglicht eine vollständige Verlagerung des Digraphenzeichnens auf den Computer. Der Problemexperte verfügt auf diese Weise unmittelbar nach Abschluß der Strukturierung über das von ihm entwickelte Modell.

Konzeptionelle Verbesserungen der ISM-Technik zur effektiveren Gestaltung der Mensch-Maschine-Symbiose sollten neben der oben beschriebenen Ergebnisdokumentation auch eine umfassendere Prozeßdokumentation beinhalten. Durch diese Erweiterung würde nicht nur der Moderator bei seiner Dokumentations-Tätigkeit entlastet. Der Problemexperte würde darüber hinaus bereits nach Abschluß der

---

1) Zu einer Effektivitäts- und Effizienzsteigerung durch PC-Einsatz vgl. Farris, Blandford/Aids/1185.
2) Neben konzeptionellen Erweiterungen der ISM-Technik wird auch ihre Integration in einen Methodenverbund aus qualitativen und semi-quantitativen SM-Techniken sowie quantitativen dynamischen Techniken diskutiert. Hierbei wäre das Interpretative Strukturmodell nur Zwischenergebnis der Modellierungstätigkeit. Zu diesen Überlegungen vgl. Linstone/Use 1/147 f.; Lendaris/Modeling/836; Linstone, Lendaris, Rogers, Wakeland, Williams/Use/323 sowie Waller/Modeling/788.
3) Zur automatischen Digraphenausgabe und zur inhaltlichen Modellkorrektur am Bildschirm vgl. Malone/Overview/769; Warfield/Modeling/C-16; Linstone/Use 1/149; Lendaris/Modeling/836 f.; Waller/Modeling/788 sowie Watson/Modeling/183 f.
4) Vgl. etwa Sugiyama, Tagawa, Toda/Representations.

Strukturierung über eine Ergebnis-[1] u n d Prozeßdokumentation verfügen.

Ein weiteres Entwicklungspotential der ISM-Technik im Rahmen der Mensch-Maschine-Symbiose diskutieren WALLER sowie INAGAKI, HENLEY:[2] das simultane Entwickeln mehrerer Strukturmodelle und ihr Vergleich:[3]

- Betrachtet man die Elementmenge als konstant, so wäre es auf diese Weise möglich, anhand mehrerer Kontext-Relationen verschiedene Dimensionen des Problems zu beleuchten.[4]
- Auch das Untersuchen von Digraphen, die von verschiedenen Teams mit der gleichen Kontext-Relation erstellt wurden, wäre denkbar.[5]
- Die Veränderung der Problemsicht eines Teams über die Zeit könnte behandelt werden.[6]
- Auf diese Weise ließen sich ebenfalls in der Abstimmung unterlegene Minoritäten berücksichtigen.[7]

Da die Einbeziehung zusätzlicher Algorithmen in die ISM-Software zwar eine Effektivitätssteigerung bewirkt, jedoch über den erhöhten Speicherbedarf die Kosten des ISM-Einsatzes ungünstig beeinflußt, sollte zunächst den anfangs genannten Erweiterungen Priorität eingeräumt werden, bevor der Strukturmodell-Vergleich realisiert wird.

---

1) Vgl. Szyperski/Handhabung/43; Szyperski, Eul-Bischoff/ISM/122; Jacob/ISM/17; Watson/Modeling/171 sowie Malone/Applications/150.
2) Vgl. Waller/Synthesis sowie Inagaki, Henley/Method.
3) Vgl. hierzu auch Linstone, Lendaris, Rogers, Wakeland, Williams/Use/312 ff. - Entsprechende Algorithmen sind bereits verfügbar.
4) Vgl. Waller/Modeling/788.
5) Analog vgl. Waller/Management.
6) Vgl. Waller/Modeling/788.
7) Zur Nichtberücksichtigung von Minoritäten vgl. Watson/Modeling/181.

Zusammenfassend läßt sich feststellen, daß die ISM-Technik unter dem Kriterium der Mensch-Maschine-Symbiose den Benutzerbedürfnissen des Problemexperten nur partiell gerecht zu werden vermag. Eine deutliche Verbesserung wurde anhand der graphischen Strukturmodell-Ausgabe in der IBM-Software erzielt. Zusätzliche Erweiterungen erscheinen zweckmäßig.

1.2.2.4 ISM-Team-Interaktion

Die ISM-Technik versucht, die verschiedenen Problemkontexte durch die Einbeziehung einer Gruppe von Problemexperten zu berücksichtigen.[1] Die Zusammenarbeit erfolgt in Form einer Realgruppe. Die Steuerung der hierbei möglichen Funktionalitäten und Dysfunktionalitäten des Verhaltens geschieht zum einen über den Aufbau des ISM-Teams und zum anderen über den Ablauf der ISM-Team-Interaktion.[2] Während der zuletzt genannte Aspekt als Bestandteil der ISM-Konzeption in die Effektivitäts-Beurteilung einfließt, ist der erstere für eine anwendungsorientierte Beurteilung der ISM-Technik von Bedeutung. Hierauf geht der nächste Punkt ausführlich ein.

Die Interaktion im ISM-Team unterliegt klaren Regeln: Durch die Realisation einer Allkanal-Kommunikationsstruktur erhält jedes Team-Mitglied die Möglichkeit, mit jedem anderen zu kommunizieren. Jeder Problemexperte kann seine subjektive Problemsicht zum Ausdruck bringen und argumentativ begründen.[3] Konfliktäre Standpunkte werden diskutiert.[4] Dieser offene Dialog führt zu einer qualitativ verbesserten interpersonellen Kommu-

1) Vgl. Braud, Irvin, Kawamura/Implementation/1152 f.; Kawamura, Malone/Complexity/351 sowie Langhorst/Computer/31.
2) Siehe Punkt E.I.4.2.2.
3) Vgl. McLean/Problem/146 sowie Linstone, Lendaris, Rogers, Wakeland, Williams/Use/318.
4) Vgl. Hawthorne, Sage/Modeling/35.

nikation.[1] Der Problemexperte durchläuft einen Lernprozeß:[2] Die partielle Problemdefinition wird in Richtung eines holistischen Problemverständnisses ergänzt.[3]

Ungesteuerte Argumentationsprozesse weisen jedoch häufig als Nachteil ein "Abdriften vom Thema" auf: Nicht problemrelevante Aspekte werden erörtert, Details werden unangemessen intensiv diskutiert, während bedeutende Punkte vernachlässigt werden. Diesem Defizit wirkt die ISM-Technik durch Vorgabe eines logisch-organisatorischen Rahmens entgegen.[4] Die Gestaltung der Team-Interaktion als gesteuerter Argumentationsprozeß behindert weder den Informationsaustausch noch die parteiische Diskussion.[5] Die Orientierung am Kommunikationsmedium Digraphentheorie bewirkt vielmehr die Behandlung aller problem-relevanten Paarvergleiche und schließt gleichzeitig ein Abdriften der Diskussion aus.[6] Die Vorgabe der Reihenfolge für die Paarvergleiche entbindet den Problemexperten von der Frage nach der Problemrelevanz der geleisteten Diskussionsbeiträge. Die Disziplinierung der Teilnehmer erfolgt über den Computer.

Da ein Ausdiskutieren konträrer Problemsichten bis zum Konsens nicht über alle Paarvergleiche zu realisieren ist, schließt sich an die Argumentation eine - auch aus Effizienzgründen zweckmäßige - Abstimmungspro-

1) Vgl. Watson/Modeling/171; Waller/Synthesis/673; Waller/Modeling/787; Malone/Applications/150 sowie Kawamura/Conducting/4.
2) Vgl. Watson/Modeling/172.
3) Vgl. House/Application/379; Crim/Use/4; Jacob/ISM/17 sowie Hawthorne/Application/251.
4) Vgl. Szyperski/Handhabung/42; Jacob/ISM/17 sowie Braud, Irvin, Kawamura/Implementation/1152 f.
5) Vgl. Waller/Synthesis/673; Waller/Modeling/787 sowie Gomez/Modelle/271.
6) Vgl. Hawthorne, Sage/Modeling/35 sowie Hawthorne/Application/251.

z e d u r mit einfachem Mehrheitsentscheid an. Wie bereits erwähnt, könnten hierbei Minoritätenurteile durch eine Software-Erweiterung Berücksichtigung finden.

Den Vorteilen zur Lenkung der Gruppeninteraktion steht jedoch auch ein Nachteil gegenüber: Dem Team bleibt k e i n e r l e i F r e i r a u m zur Gestaltung der Problemstrukturierung.[1] Trotz dieser Einschränkung wurde die Strukturiertheit des ISM-Prozesses von zahlreichen ISM-Team-Mitgliedern als überaus p o s i t i v beurteilt.[2] Diese günstige Einschätzung mag zunächst darauf zurückzuführen sein, daß einer gewissen Prozeßmonotomie durch Pausen entgegengewirkt werden kann. Wesentlicher könnte jedoch die Begründung sein, daß dem Team-Mitglied ein ständiges "Abdriften der Diskussion" nachteiliger erscheint als der Zwang einer klaren Prozeßstruktur.

Zusammenfassend läßt sich feststellen, daß die Reglementierung der ISM-Team-Interaktion nicht nur eine qualitative Verbesserung der interpersonellen Kommunikation und damit zugleich des Ergebnisses bewirkt, sondern hierbei auch die Bedürfnisse des Problemexperten a d ä q u a t berücksichtigt werden.

2. Anwendungsorientierte Effektivität der ISM-Technik

Die Effektivität der ISM-Technik wurde zunächst im Hinblick auf konzeptionelle Überlegungen untersucht. Diese Aspekte hat der potentielle ISM-Benutzer als nicht beeinflußbare Charakteristika der ISM-Technik hinzunehmen. Ihm verbleibt jedoch die Möglichkeit, im Falle der konkreten ISM-Anwendung über den A u f b a u d e s I S M - T e a m s im weitesten Sinne Einfluß auf die Effektivität - und Effizienz - des ISM-Einsatzes auszuüben.[3]

---

1) Vgl. Watson/Modeling/172 und 181 f.
2) Vgl. z.B. Sheehan, Kawamura/Use/830.
3) Zu den entsprechenden Details sei auf Punkt E.I.4.2.2.1 verwiesen.

Über den Aufbau des ISM-Teams können sowohl die Problem- als auch die Benutzer-Adäquanz positiv beeinflußt werden. Die entsprechenden Maßnahmen gehören zum Tätigkeitsfeld des ISM-Managers: Zunächst ist für eine geeignete quantitative Zusammensetzung des ISM-Teams Sorge zu tragen. Das Team sollte sich aus 4 bis 12 Teilnehmern zusammensetzen. Aus qualitativer Sicht ist ein fachlich bzw. kognitiv heterogenes, hierarchisch jedoch homogenes Team zu bilden. Auf eine sorgfältige Auswahl bzw. Ausbildung des ISM-Moderators ist zu achten.[1] Für die Problemstrukturierung muß ausreichend Zeit eingeräumt werden. Als letztes sei die Effektivitätssteigerung geeigneter Rahmenbedingungen beim computergestützten ISM-Einsatz angeführt.

All diese Komponenten eines effektiven ISM-Einsatzes lassen sich jedoch nur nutzen, wenn der Manager über diese Bedeutung seiner Rolle in Kenntnis gesetzt wird, und über die notwendigen Informationen verfügt, wie dieses Wissen in Maßnahmen umzusetzen ist. Es wurde bereits eingehend behandelt, daß zum gegenwärtigen Zeitpunkt keine ISM-Dokumentation, die diese Informationen in Form eines ISM-Manager-Handbuches beinhaltet, existiert. Hierdurch bleibt ein wesentliches Effektivitätspotential der ISM-Technik im konkreten Einsatz u n g e n u t z t .

---

1) Vgl. Langhorst/Computer/31; Fitz/Technology/115 f.; Watson/Modeling/182 sowie Warfield/Extending/1164.

II. EFFIZIENZ DER ISM-TECHNIK

Im vorangegangenen Punkt I wurde die Effektivität von ISM kritisch beleuchtet. Für einige Unzulänglichkeiten konnten Entwicklungspotentiale aufgezeigt werden. Trotz dieser Einschränkungen ist die ISM-Technik als effektive Methode zur Handhabung schlecht-strukturierter, komplexer Probleme zu beurteilen. Diese W i r k s a m k e i t sbetrachtung muß jedoch ergänzt werden um W i r t s c h a f t l i c h k e i t süberlegungen des ISM-Einsatzes: Eine effektive Technik muß nicht zwingend effizient sein.

Im Rahmen einer Effizienzbeurteilung muß das ISM-E r g e b n i s, d. h. das computergestützt im Team entwickelte Strukturmodell eines zuvor schlecht-strukturierten, komplexen Problems, den benötigten A u f w e n d u n g e n gegenübergestellt werden.

In Analogie zu den ISM-Aktionsträger-Typen führt der Einsatz der ISM-Technik zu Aufwendungen in Form von Personal- und Computerkosten. P e r s o n a l k o s t e n fallen in allen drei Teilphasen des ISM-Prozesses an: in der Vorbereitungs-, der Durchführungs- und der Kontrollphase. Sie umfassen Kosten für den Einsatz des Managers, des Moderators sowie des Teams im ISM-Prozeß. C o m p u t e r k o s t e n als Implementierungs- und Nutzungskosten treten lediglich in den ersten beiden Teilphasen auf. Computerkosten[1] sollen nicht nur Software- und Hardwarekosten beinhalten, sondern auch die Aufwendungen für den informationstechnisch gestützten Konferenzraum des ISM-Teams umfassen.

Eine Effizienzbeurteilung der ISM-Technik erscheint aus z w e i G r ü n d e n äußerst schwierig: Die Handhabung schlecht-strukturierter, komplexer Probleme mit der ISM-

---

1) In die Computerkosten gehen auch computerbedingte Personalkosten, wie etwa zur Software-Implementierung, ein.

Technik stellt einen kognitiven, informationsverarbeitenden Prozeß dar, dessen Dauer nicht präzise prognostizierbar ist.[1] Entsprechend ist auch vorab eine Quantifizierung der anfallenden Kosten nicht möglich. Selbst wenn nach Abschluß eines konkreten ISM-Einsatzes eine quantitative Kostengröße ermittelbar wäre, ließe sich ihr kein quantitativ bewertbares Ergebnis in Form des Strukturmodells gegenüberstellen. Bereits auf dieser Basis ist eine Effizienzbeurteilung der ISM-Technik schwierig.[2]

Effizienz ist eine relative Größe. Die Effizienz der ISM-Technik läßt sich nur im Vergleich zu einer anderen Methode i. w. S. - nämlich zu einem nicht methodengestützten Vorgehen - der Handhabung schlecht-strukturierter, komplexer Probleme beurteilen. Aus dem oben angeführten Grund verbleibt hier jedoch nur die Möglichkeit, einerseits die Ergebnisse und andererseits die Aufwendungen der beiden Methoden gegenüberzustellen. Hier wird der zweite Grund für die Problematik einer Effizienzbeurteilung der ISM-Technik deutlich: Für die Vergleichsmethode gelten die o. a. Schwierigkeiten einer Quantifizierung analog. Die nachfolgenden Überlegungen sind daher vor diesem Hintergrund zu interpretieren.

Zunächst gilt es, die Q u a l i t ä t d e s E r g e b n i s s e s einer Problemstrukturierung mit und ohne Anwendung der ISM-Technik zu vergleichen. Sowohl für das methodengestützte als auch für das unmethodische Vorgehen wird dabei der Einsatz eines Teams vorausgesetzt, da nur auf diese Weise der Komplexität des Problems Rechnung getragen werden kann.

---

1) Ähnlich vgl. Konietzka/Entscheiden/193. Auf mögliche Schätzgrößen der ISM-Prozeßdauer wurde in Punkt E.II.2 hingewiesen.
2) Ähnlich vgl. Dinkelbach/Informationstechnik/73 sowie Konietzka/Entscheiden/248. Zum Problemkreis der Effizienzmessung von Entscheidungen vgl. Gzuk/Messung.

Das unsystematisch entwickelte Strukturmodell dürfte allenfalls die Qualität des ISM-Modells erreichen, sie jedoch nicht übertreffen. Es ist vielmehr zu erwarten, daß eine Vielzahl von Paarvergleichen unberücksichtigt bleibt und so das Problem nicht in vollem Umfang reflektiert wird. Auf der "Nutzenseite" scheint sich daher ein deutlicher V o r t e i l der ISM-Technik gegenüber einer nicht methodengestützten Vorgehensweise abzuzeichnen.

Im Hinblick auf den K o s t e n v e r g l e i c h sind konkretere Aussagen möglich. P e r s o n a l k o s t e n für die verschiedenen Aktionsträger-Typen fallen auch ohne ISM-Einsatz an: Analog zum ISM-Manager übernimmt eine Person die Vor- und Nachbereitung des Problemstrukturierungsprozesses. Des weiteren ist neben den Team-Mitgliedern ein Diskussionsleiter erforderlich.

Es ist zu erwarten, daß die Kontrollkosten keine signifikanten Unterschiede aufweisen. Die Vorbereitungskosten dürften ohne ISM geringfügig niedriger liegen, da für den Manager keine Notwendigkeit besteht, sich mit einer neuen Technik vertraut zu machen. Bezüglich der Durchführungsphase dürfte der ISM-Einsatz jedoch deutliche Kosten- bzw. Zeitvorteile aufweisen. Das unsystematische Vorgehen bewirkt zunächst eine Kostenreduktion, da das Problem, objektiv betrachtet, nicht vollständig behandelt wird. Dieser Vorteil geht jedoch durch entsprechendes "Abdriften der Diskussion" im ungesteuerten Argumentationsprozeß verloren. Der K o s t e n - b z w . Z e i t v o r t e i l d e r I S M - T e c h n i k ist auf die Gültigkeit der Transitivitätsbedingung zurückzuführen: Trotz der vollständigen Problembehandlung reduziert sich die Zahl der Paarvergleiche für den Problemexperten auf 20 bis 50 %. Auf diese Weise lassen sich die Vorteile des systematischen Vorgehens und des geringen Zeitaufwandes miteinander verknüpfen.

Diese Einschätzung geht konform mit einer Vielzahl von Beurteilungen des ISM-Einsatzes durch Moderatoren und/oder Problemexperten: Als Vorteil der ISM-Technik werden häufig der geringe Zeitaufwand und damit die geringen Personalkosten besonders betont.[1)]

Neben den Personalkosten ist ein Vergleich der Computerkosten von Interesse. Diese Kostenart ist ISM-spezifisch. Sie fällt bei manuellem, nicht methodengestützten Vorgehen nicht an.

Es kann davon ausgegangen werden, daß die Hardware für die ISM-Anwendung in der entsprechenden Institution bereits zur Verfügung steht und nicht eigens für den ISM-Einsatz beschafft wird. In diesem Bereich verursacht ISM keine Investitionen. Diese Überlegungen lassen sich analog - jedoch mit gewissen Einschränkungen - auf die Existenz eines informationstechnisch gestützten Konferenzraumes übertragen.

Ob Implementierungskosten für die ISM-Software anfallen, ist von der Art der Software-Nutzung abhängig. Zahlreiche ISM-Anwender der ersten und zweiten Generation verzichteten (zunächst) auf eine Implementation von ISM im eigenen Hause, und nutzten die Hard- und Software des Battelle Memorial Institute bzw. der University of Dayton. In diesem Falle entstanden keine Implementierungkosten.

Es ist nicht bekannt, welche Gebühr diese Institutionen für den Erwerb der Software erheben. Neben den Kaufpreis treten hardwarespezifische Implementierungskosten.[2)] Zu welchem Preis die IBM-Software vertrieben wird, ist bis-

---

1) Vgl. z. B. Kawamura, Malone/Complexity/351 sowie Gomez/Modelle/271.

2) Nach eigenen Erfahrungen bezeichnet Lendaris die ISM-Implementierungskosten als gering. Vgl. Lendaris/Modeling/812 f.

lang noch ungewiß. Für den Einsatz auf IBM-PCs und kompatiblen Geräten entstehen bei dieser Generation keine Implementierungskosten. Implementierungskosten zählen zur Gruppe der einmaligen Kosten und fallen nur beim ersten ISM-Einsatz an.

Die Nutzungskosten beim Battelle Memorial Institute bzw. der University of Dayton gibt KAWAMURA mit weniger als 100 $ für einen halben Tag an.[1] Die Nutzungskosten im Anschluß an Erwerb und Implementierung der ersten beiden Generationen dürften eine ähnliche Größenordnung aufweisen. Der Einsatz der PC-Software ist erheblich preisgünstiger.

THISSEN, SAGE, WARFIELD betonen, daß sich bereits für ca. 500 $ (Personal- und Computerkosten) eine ISM-Anwendung durchführen läßt.[2]

Eine generelle Aussage zur Effizienz der ISM-Technik im Vergleich zu einer nicht methodengestützten Vorgehensweise läßt sich anhand der vorangegangenen Ausführungen nicht treffen. Die ISM-spezifischen Kosten erscheinen jedoch in Anbetracht der Bedeutung des Problems[3] und des qualitativ besseren Problemstrukturierungsprozesses und -ergebnisses tendenziell so unwesentlich, daß sie einer ISM-Anwendung nicht entgegenstehen.

Ergänzend sei nochmals auf die Effizienzsteigerungspotentiale hingewiesen, die aus der Verfügbarkeit von ISM-Handbüchern resultieren. In allen drei Teilphasen des ISM-Prozesses könnten hierdurch Kosteneinsparungen, vorwiegend im Personalbereich, realisiert werden. Auch konzeptionelle Erweiterungen der ISM-Software[4] könnten eine Effizienzsteigerung bewirken. Geringfügig höhere Nutzungskosten würden hierbei durch deutliche Einsparungen in den Personalkosten überkompensiert.

1) Vgl. Kawamura/Conducting/20.
2) Vgl. Thissen, Sage, Warfield/Users/142.
3) Siehe Punkt B.I.2.
4) Siehe Punkt F.I.1.2.2.3.

G. ZUSAMMENFASSUNG UND AUSBLICK

Die meisten sozio-ökonomischen Probleme der Gegenwart zeichnen sich durch hohe Komplexität aus. Eine Vielzahl dieser Probleme läßt sich in Form hierarchischer Strukturen abbilden.[1] Durch die ISM-Technik bietet sich dem Menschen die Möglichkeit, statt eines nicht methodengestützten, intuitiven Vorgehens - das weder problem- noch benutzer-adäquat erscheint - eine formale, effektivere und effizientere Handlungsweise zur Problemlösung anzuwenden.[2]

In der vorliegenden Arbeit wurde der Versuch unternommen, eine G e s a m t k o n z e p t i o n d e r I S M - T e c h n i k zu entwickeln: Schwerpunkte der Ausführungen waren, neben der mathematischen und computertechnischen ISM-Komponente, das zu lösende schlecht-strukturierte, komplexe Problem als Objekt sowie der Problemexperte als Subjekt der Problemhandhabung.[3] Hierbei wurde zunächst das schlecht-strukturierte, komplexe Problem als nicht operational definiertes Problem, in das eine Vielzahl von Kontexten involviert sind, gekennzeichnet. Im Anschluß wurde die systemtheoretische Betrachtungsweise des Problems als Strukturmodell behandelt. Ausführlich diskutiert wurde im Hinblick auf den Problemexperten zum einen das mentale Modell, das die Grundlage des ISM-Prozesses bildet. Zum anderen wurde das Oberführen des individuellen explizierten, mentalen (Teil-)Modells über einen gesteuerten Argumentationsprozeß in ein vom gesamten ISM-Team getragenes Strukturmodell betrachtet.

Neben diesen konzeptionellen Oberlegungen erscheinen E i n s a t z m ö g l i c h k e i t e n der ISM-Technik von besonderem Interesse.

---

1) Vgl. Waller/Synthesis/674.
2) Vgl. Waller/Synthesis/674.
3) Diese Schwerpunktbildung verdeutlicht sich auch im Rahmen der ISM-Beurteilung.

Die ISM-Technik wird jedoch nur dann zu einer Anwendung auf breiterer Ebene - losgelöst von dem "Einzugsgebiet" des Battelle Memorial Institute und der University of Dayton - gelangen, wenn

- sie einen höheren Bekanntheitsgrad erreicht,
- sie leichter anwendbar ist,
- sie über eine benutzerfreundlichere Software verfügt,
- diese Software preisgünstiger ist und
- diese Software kommerziell vertrieben wird.[1)]

Wissenschaftliche Veröffentlichungen können dazu beitragen, den Bekanntheitsgrad der ISM-Technik zu erhöhen. Einen größeren Zielerreichungsgrad bietet jedoch die Verfügbarkeit "von wissenschaftlichem Ballast befreiter" ISM-Handbücher. Indem sie den potentiellen Benutzer u. a. mit den Grundannahmen und den Bedingungen eines effektiven und effizienten ISM-Einsatzes vertraut machen, tragen sie zu einer leichteren Anwendbarkeit bei.[2)]

Neben dem Entwicklungspotential "Handbuch" erscheint es zwingend notwendig, auch die diskutierten Erweiterungen der ISM-Software zu realisieren, um die Benutzerfreundlichkeit zu erhöhen. Als Basis dieser Verbesserungen sollte die ISM-PC-Software dienen. Auf diese Weise wäre eine preisgünstige Software verfügbar, die auch in der Nutzung gegenüber den beiden anderen Generationen deutliche Kostenvorteile beinhaltet. Der kommerzielle Vertrieb könnte über das Servicenetz von IBM und über ausgewählte Softwarehäuser bzw. -händler erfolgen.

Durch diese Maßnahmen könnte der ISM-Einsatz bei Anwendergruppen, die die ISM-Technik bereits nutzen, verstärkt werden. Gedacht ist hierbei an g e s e l l s c h a f t s -

---

1) Diese Auflistung findet sich in ähnlicher Form bei Lendaris/Modeling/835.
2) Vgl. Langhorst/Computer/1.

politische Problemstellungen, in denen die Interessen verschiedener Betroffener, wie etwa Politiker und Bürger, aufeinandertreffen. In Fortführung der positiven Ergebnisse von CRIM könnte im Hinblick auf einen zunehmend informationstechnisch gestützten Schulunterricht auch der ISM-Einsatz an Gymnasien in Betracht gezogen werden. Hierzu bieten sich Problemstellungen z. B. aus dem Bereich der Biologie, der Politik oder der Sozialkunde an.

Darüber hinaus könnten durch diese Maßnahmen auch Unternehmungen als (beinahe) neue Anwendergruppe erschlossen werden. Anwendungspotentiale dürften z. B. in den Funktionsbereichen F & E,[1] Marketing und Personal zu finden sein. Auch die Unternehmungsgenese sollte auf mögliche Einsatzbereiche der ISM-Technik untersucht werden: Im Rahmen der Unternehmungsgründung sind hier etwa Probleme der Rechtsform- oder Standortwahl[2] zu nennen. In der Expansionsphase gilt es, z. B. Probleme des Umweltschutzes, der Anpassung von Marketingmaßnahmen, der Zielstrukturierung oder der Priorität von Investitionsprojekten zu bewältigen. In der Kontraktionsphase müssen z. B. Ursachen der Unternehmungskrise und Maßnahmen der Unternehmungssicherung strukturiert werden. In diesem Zusammenhang zeichnet sich eine Vielzahl von Forschungsfragestellungen ab. Hierbei sollte auch die Möglichkeit bedacht werden, die ISM-Technik für die externe Unternehmungsberatung zu erschließen.

---

1) "Das Problem des Findens, Selektierens und Konkretisierens neuer Produktideen hat vertrieblich-marktliche, entwicklungstechnische, fertigungstechnische, organisatorisch-dispositive, kaufmännisch-finanzielle und gegebenenfalls (patent-)rechtliche Sachaspekte. Diese Mehrdimensionalität hat zur Folge, daß zur Problemlösung eine mehr oder minder große Zahl von Abteilungen, Stabstellen oder Experten mit ihrem spezialisierten und aktuellen Fachwissen beteiligt werden müssen." Bendixen, Kemmler/Planung/73.

2) Zur Rechtsformwahl vgl. z. B. Bischoff/Beeinflußbarkeit.

Zum Abschluß sei ein Gedanke von LINSTONE, LENDARIS, ROGERS, WAKELAND, WILLIAMS aufgegriffen:[1] Der tathandelnden Zimmermann benutzt einen Hammer, um dadurch die beschränkten Möglichkeiten seines Armes zu erweitern. Der mit einem schlecht-strukturierten, komplexen Problem konfrontierte denkhandelnden Problemexperte verwendet die ISM-Technik, um seine beschränkten kognitiven Fähigkeiten durch Computerunterstützung an die Problemkomplexität anzunähern. Doch die ISM-Technik selbst vermittelt keinerlei Problemverständnis. Das notwendige Wissen und die notwendige Erfahrung des Problemexperten kann sie nicht ersetzen.

---

1) Linstone u. a. beziehen ihre Ausführungen auf die Strukturmodellierung im allgemeinen. Vgl. Linstone, Lendaris, Rogers, Wakeland, Williams/Use/325.

LITERATURVERZEICHNIS

ABEL, B. /Informationsverhalten/
Problemorientiertes Informationsverhalten - Individuelle und organisatorische Gestaltungsbedingungen innovativer Entscheidungssituationen,
Darmstadt 1977.

ACKOFF, R.L. /Systems/
The Systems Revolution.
In: Long Range Planning, Vol. 7 (1974), No. 6, S. 2-20.

ACKOFF, R.L.; EMERY, F.E. /Systeme/
Zielbewußte Systeme,
Frankfurt 1975.

ADAM, D. /Planungsüberlegungen/
Planungsüberlegungen in wertungsdefekten Problemsituationen.
In: Das Wirtschaftsstudium, Jg. 9 (1980), S. 382-386.

ADAM, D. /Problematik/
Zur Problematik der Planung in schlecht strukturierten Entscheidungssituationen.
In: Jacob, H. (Hrsg.): Neue Aspekte der betrieblichen Planung, Wiesbaden 1980, S. 47-75.

ANSOFF, I.H. /Problem/
Managerial Problem Solving.
Ln: Blood, J.J. (Ed.): Management Science in Planning and Control, Special, Technical Association Publication, New York 1969, S. 107-136.

ATKINSON, J.W. /Einführung/
Einführung in die Motivationsforschung,
Stuttgart 1975.

AXELROD, R. /Psycho/
Psycho-Algebra: A Mathematical Theory of Cognition and Choice with an Application to the British Eastern Committee in 1918.
In: Peace Research Society (Ed.): The London Conference, Papers XVIII, London 1971, S. 113-131.

BAETGE, J. /Systemtheorie/
Betriebswirtschaftliche Systemtheorie,
Opladen 1974.

BALDWIN, M. /Portraits/
Portraits of Complexity,
Battelle Memorial Institute, Columbus, Ohio 1975.

BALES, R.F. /Interaction/
Interaction Process Analysis,
Cambridge 1951.

BATTELLE COLUMBUS LABORATORIES /Technology/
Technology Assessment of Information Networking Technology,
Columbus, Ohio 1976.

BEDNAR, L.; HASENAUER, R. /Projekterfahrungen/
Projekterfahrungen bei der Anwendung quantitativer Methoden im Absatzbereich.
In: Müller-Merbach, H. (Hrsg.): Quantitative Ansätze in der Betriebswirtschaftslehre, München 1978, S. 243-258.

BEER, S. /Kybernetik/
Kybernetik und Management,
3. Aufl., Frankfurt 1967.

BEER, S. /Theory/
The Theory of Operations Research,
Sigma Papers No. 8, Sigma 1964.

BENDIXEN, P. /Kreativität/
Kreativität und Unternehmensorganisation,
Köln 1976.

BENDIXEN, P.; KEMMLER, H.W. /Planung/
Planung - Organisation und Methodik innovativer Entscheidungsprozesse,
Berlin - New York 1972.

BERG, C.C. /Ansätze/
Quantitative Ansätze der Systembildung in Organisationen.
In: Müller-Merbach, H. (Hrsg.): Quantitative Ansätze in der Betriebswirtschaftslehre, München 1978, S. 375-385.

BERG, C.C. /Entscheidungsprozesse/
Individuelle Entscheidungsprozesse: Laborexperimente und Computersimulation,
Wiesbaden 1973.

BERG, C.C.; KIRSCH, W. /Informationsverarbeitungs-Ansatz/
Der Informationsverarbeitungs-Ansatz - Methodische Konzeption und Modelle.
In: Brandstätter, H.; Gahlen, B. (Hrsg.): Entscheidungsforschung - Bericht über ein interdisziplinäres Symposium Ottobeuren 1974, Tübingen 1975, S. 138-157.

BERTALANFFY, L. von — /Systems/
General Systems Theory - Foundations, Development, Applications,
Harmondsworth 1973.

BIERDÜMPEL, E. — /Task/
Task Force Environment und ISM im Rahmen des Task Force Konzeptes,
Diplomarbeit Köln 1982.

BISCHOFF, J.G. — /Beeinflußbarkeit/
Die Beeinflußbarkeit des Kapitalrisikos eines Gesellschafters einer Personengesellschaft durch den Gesellschaftsvertrag,
Bergisch Gladbach 1983.

BITTEL, L.R. — /Master/
The Nine Master Keys of Management,
New York 1972.

BLANK, W. — /Organisation/
Organisation komplexer Entscheidungen,
Wiesbaden 1978.

BLEICHER, K. — /Organisation/
Zur Organisation von Entscheidungsprozessen.
In: Jacob, H. (Hrsg.): Zielprogramm und Entscheidungsprozeß in der Unternehmung,
Wiesbaden 1970, S. 55-80.

BÖCKER, F. — /Akzeptanzprobleme/
Modellbezogene Akzeptanzprobleme formaler Entscheidungsmodelle im Marketing.
In: Müller-Merbach, H. (Hrsg.): Quantitative Ansätze in der Betriebswirtschaftslehre, München 1978, S. 227-241.

BÖRSIG, C.A.H. — /Implementierung/
Die Implementierung von Operations Research in Organisationen,
Diss. Mannheim 1975.

BOULDING, K.E. — /Image/
The Image,
Binghamton, New York 1956.

BOULDING, K.E. — /Systems/
General Systems as a Point of View.
In: Mesarovic, M. (Ed.): Views on General Systems Theory, New York 1964.

BRANDENBURG, A.G.; BRÖDNER, P.; HETZLER, H.W.; SCHIENSTOCK, G. — /Innovationsentscheidung/
Die Innovationsentscheidung,
Göttingen 1975.

BRAUCHLIN, E. /Problemlösungsmethodik/
Problemlösungs- und Entscheidungsmethodik, 2. Aufl., Bern - Stuttgart 1984.

BRAUD, D.H.; IRVIN, D.M.; KAWAMURA, K. /Implementation/
Implementation of Interpretive Structure Modeling in a State-Level Planning Context.
In: Proceedings of the 7. Pittsburgh Conference on Modeling and Simulation, Instrument Society of Amercia 1976, S. 1152-1157.

BRETZKE, W.-R. /Formulierung/
Die Formulierung von Entscheidungsproblemen als Entscheidungsproblem.
In: Die Betriebswirtschaft, Jg. 38 (1978), S. 135-143.

BRETZKE, W.-R. /Problembezug/
Der Problembezug von Entscheidungsmodellen,
Tübingen 1980.

BUDÄUS, D. /Entscheidungsprozeß/
Entscheidungsprozeß und Mitbestimmung, Wiesbaden 1975.

BURNS, J.R.; MARCY, W.M. /Causality/
Causality: Its Characterization in System Dynamics and KSIM Models of Socioeconomic Systems.
In: Technological Forecasting and Social Change, Vol. 14 (1979), S. 387-398.

BUSCH, H. /Delphi/
Delphi-Methode.
In: Tumm, G.H. (Hrsg.): Die neuen Methoden der Entscheidungsfindung, München 1972, S. 144-161.

CARSS, B. /Example/
An Example of Participative Planning in Education Using Interpretive Structural Modeling, a Computer-Based Decision Making Technique.
In: Proceedings of the International Conference on Computer Applications in Developing Countries, August 1977, S. 209-233.

CARSS, B.; LOGAN, L. /Example/
An Example of Participatory Decision-Making Applied to Primary In-Service Education in Queensland.
In: Administrator's Bulletin, Vol. 7 (1976), No. 5.

CARSTENS, J. /Strukturmodellierung/
Interpretative Strukturmodellierung als Instrument zur Entwicklung und Strukturierung alternativer Strategien für die strategische Marketingplanung, Diplomarbeit Köln 1983.

CARTWRIGHT, D.; ZANDER, A. /Group/
Group Dynamics - Research and Theory, New York 1968.

CEARLOCK, D.B. /Properties/
Common Properties and Limitations of some Structural Modeling Techniques, Ph.D., University of Washington 1977.

CHRISTAKIS, A.N. /Appreciation/
Toward a Symbiotic Appreciation of the Morphology of Human Settlements. In: Baldwin/Portraits/160-178.

CHRISTAKIS, A.N. /Role/
The Role of Structural Modeling in Technology Assessment. In: Boroush, M.A.; Chen, K.; Christakis, A.N. (Eds.): Technology Assessment: Creative Futures - Perspectives From and Beyond the Second International Congress on Technology Assessment, Ann Arbor, Michigan, Oct. 24-28, 1976, New York 1980, S. 203-220.

CHURCHMAN, C.W. /Design/
The Design of Inquiring Systems, New York 1971.

CHURCHMAN, C.W. /Role/
The Role of Weltanschauung in Problem Solving and Inquiry. In: Banerji, R.; Mesarovic, M.D. (Eds.): Theoretical Approaches to Non-Numerical Problem Solving, Berlin 1970, S. 141-151.

CHURCHMAN, C.W.; ACKOFF, R.L.; ARNOFF, E.L. /Research/
Operations Research. Wien - München 1961.

COENENBERG, A.G. /Kommunikation/
Die Kommunikation in der Unternehmung, Wiesbaden 1966.

CRAIK, K. /Nature/
The Nature of Explanation, Cambridge 1943.

CRIM, C.O. /Modeling/
Using Interpretive Structural Modeling in Senior High School Environmental Studies.
In: IEEE Transactions of Systems, Man, and Cybernetics, Vol. SMC-10 (1980), S. 581-585.

CRIM, C.O. /Use/
Use of Interpretive Structural Modeling in Environmental Studies at the Senior High Level,
Research Institute, University of Dayton, Dayton, Ohio 1979.

CYERT, R.M.; WELSCH, L.A. (Eds.) /Management/
Management Decision Making - Selected Readings,
Middlesex 1970.

DAVIS, G.A. /Psychology/
Psychology of Problem-Solving,
New York 1973.

DELBECQ, A.L.; VAN DE VEN, A.H.; GUSTAFSON, D.H. /Group/
Group Techniques for Programm Planning - A Guide to Nominal Group and Delphi Processes,
Glenview, Illinois 1975.

DEWEY, J. /Analyse/
Analyse eines vollständigen Denkaktes.
In: Graumann, C.F. (Hrsg.): Denken, Köln 1969, S. 116-123.

DIENSTBACH, H. /Dynamik/
Dynamik der Unternehmungsorganisation - Anpassung auf der Grundlage des "Planned Organizational Change",
Wiesbaden 1972.

DINKELBACH, W. /Informationstechnik/
Informationstechnik in Konferenzräumen - ein Überblick über den Forschungsstand.
In: GMD-Jahresbericht 1983, St. Augustin 1984, S. 67-74.

DINKELBACH, W. /Modell/
Modell - ein isomorphes Abbildung der Wirklichkeit?
In: Grochla, E.; Szyperski, N. (Hrsg.): Modell- und computergestützte Unternehmungsplanung, Wiesbaden 1973, S. 153-162.

DÖRNER, D.
/Heuristics/
Heuristics and Cognition in Complex Systems.
In: Groner, R.; Groner, M.; Bischof, W.F. (Eds.): Methods of Heuristics, Hillsdale, New Jersey 1983, S. 89-107.

DÖRNER, D.
/Organisation/
Die kognitive Organisation beim Problemlösen,
Bern 1974.

DÖRNER, D.
/Problemlösen/
Problemlösen als Informationsverarbeitung, Stuttgart 1976.

DOMSCH, M.
/Personalplanung/
Systemgestützte quantitative Personalplanung in der Praxis - Ergebnisse einer kritischen Bestandsaufnahme.
In: Müller-Merbach, H. (Hrsg.): Quantitative Ansätze in der Betriebswirtschaftslehre, München 1978, S. 345-359.

DRUCKER, P.F.
/Management/
What We Can Learn from Japanese Management.
In: Harvard Business Review, Vol. 49 (1971), S. 110-122.

DUNCAN, R.B.
/Characteristics/
Characteristics of Organizational Environments and Perceived Environmental Uncertainty.
In: Administrative Science Quarterly, Vol. 17 (1972), S. 313-327.

EDEN, C.; JONES, S.; SIMS, D.
/Problems/
Messing About in Problems - An Informal Approach to their Identification and Management,
Oxford 1983.

EDEN, C.; JONES, S.; SIMS, D.
/Thinking/
Thinking in Organizations,
London 1979.

EISENMANN, M.
/Fällen/
Fällen von Entscheidungen.
In: Tumm, G.H. (Hrsg.): Die neuen Methoden der Entscheidungsfindung, München 1972, S. 353-364.

EL-MOKADEM, A.M.; WARFIELD, J.N.; POLLICK, D.M.; KAWAMURA, K.
/Modularization/
Modularization of Large Econometric Models: An Application of Structural Modeling.
In: Baldwin/Portraits/194-201.

EMORY, W.; NILAND, P.
/Making/
Making Management Decisions,
New York u. a. 1968.

ETZIONI, A.
/Society/
The Active Society - A Theory of Societal and Political Processes,
New York 1968.

EUL-BISCHOFF, M.
/Planungsproblem/
Planungsproblem.
In: Szyperski, N. (Hrsg.): Handwörterbuch der Planung (im Druck).

EUL-BISCHOFF, M.; ESSER, F.; BIERDÜMPEL, E.
/Bibliographie/
Annotierte Bibliographie - Interpretative Strukturmodellierung,
Arbeitsbericht Nr. 51 des Seminars für Allgemeine Betriebswirtschaftslehre und Betriebswirtschaftliche Planung der Universität zu Köln, Köln 1983.

FARRIS, D.R.
/System/
System Structure Identification and Worth Assessment for Decision Analysis by Interpretive Structural Modeling,
Ph. D., Southern Methodist University 1974.

FARRIS, D.R.; BLANDFORD, D.K.
/Aids/
On the Use of Technological Aids, Methodologies, and Structure in Decision Making - Policy and Implementation.
In: Proceedings of the 7. Pittsburgh Conference on Modeling and Simulation, Instrument Society of America 1976, S. 1182-1187.

FARRIS, D.R.; SAGE, A.P.
/Use/
On the Use of Interpretive Structural Modeling to Obtain Models for Worth Assessment.
In: Baldwin/Portraits/153-159.

FEIGENBAUM, E.A.; FELDMAN, J. (Eds.)
/Computers/
Computers and Thought,
New York u. a. 1963.

FERTIG, J.A.; WARFIELD, J.N. /Relations/
Relations and Decision Making.
In: Proceedings of the 7. Pittsburgh Conference on Modeling and Simulation, Instrument Society of America 1976, S. 1177-1181.

FITZ, R. /Policy/
Interpretive Structural Modeling and the Policy Planning Process.
In: Proceedings of the 6. Pittsburgh Conference on Modeling and Simulation, Instrument Society of America 1975, S. 773-777.

FITZ, R. /Technology/
Interpretive Structural Modeling as Technology for Social Learning.
In: Baldwin/Portraits/109-118.

FITZ, R.; HORNBACH, D. /Methodology/
A Participative Methodology for Designing Dynamic Models through Structural Models.
In: Proceedings of the 7. Pittsburgh Conference on Modeling and Simulation, Instrument Society of America 1976, S. 1168-1176.

FITZ, R.; TROHA, J. /Experiment/
An Experiment in Mapping Urban Vitality: A Summary of the Dayton City Commission's Workshop on Interpretive Structural Modeling,
Unpublished Report, University of Dayton, Engineering Management Program, Dayton, Ohio 1976.

FITZ, R.; YINGLING, D.R.; TROHA, J.B.; CRIM, K.O. /Computer/
Computer Implementation of Interpretive Structural Modeling (Part One),
University of Dayton, Ohio 1979.

FORRESTER, J.W. /Grundzüge/
Grundzüge einer Systemtheorie,
Wiesbaden 1972.

FORRESTER, J.W. /World/
World Dynamics,
Cambridge 1971.

FRANKE, H. /Gruppenproblemlösen/
Gruppenproblemlösen - Problemlösen in oder durch Gruppen?
In: Problem und Entscheidung, Arbeiten zur Organisationspsychologie aus der Abteilung für Angewandte Psychologie des Psychologischen Instituts der Universität München und der Fachgruppe Psychologie der Universität Augsburg, Heft 7, München 1972, S. 1-36.

FRANKE, H. /Interaktion/
Problemlösen als soziale Interaktion,
Berlin 1976.

FRANKE, H. /Lösen/
Das Lösen von Problemen in Gruppen,
München 1975.

FRANKLIN, C.W. /Intent/
The Intent of Sociology.
In: Baldwin/Portraits/23-32.

FRESE, E. /Entscheidungsstrategien/
Heuristische Entscheidungsstrategien der Unternehmungsführung.
In: Zeitschrift für betriebswirtschaftliche Forschung, Jg. 23 (1971), S. 283-307.

FRETER, H. /Aussagewert/
Aussagewert ökonometrischer Modellierungen für die Werbebudgetierung - dargestellt am Beispiel pharmazeutischer Erzeugnisse.
In: Müller-Merbach, H. (Hrsg.): Quantitative Ansätze in der Betriebswirtschaftslehre, München 1978, S. 271-282.

GABELE, E. /Entwicklung/
Die Entwicklung komplexer Systeme: Elemente einer Theorie der Gestaltung von Informations- und Entscheidungssystemen in Organisationen,
Diss. Mannheim 1972.

GÄFGEN, G. /Theorie/
Theorie der wirtschaftlichen Entscheidung,
Tübingen 1974.

GAITANIDES, M. /Planungsmethodologie/
Planungsmethodologie,
Berlin 1979.

GASS, S.I. /Documenting/
Documenting a Computer-Based Model.
In: Interfaces, Vol. 14 (1984), May/June, S. 84-93.

GEIGER, D.; FITZ, R. /Design/
The Design of a Sustainable Human Ecosystem,
Unpublished Report, University of Dayton, Dayton, Ohio 1976.

GEIGER, D.; FITZ, R. /Modeling/
Structural Modeling and Normative Planning for Ecosystems.
In: Proceedings of the International Conference on Cybernetics and Society, Washington 1976, S. 660-666.

GERARDIN, L.A. /Complex/
How Complex Is Complex?
In: Large Scale Systems, Vol. 2 (1981), S. 45-63.

GERARDIN, L.A. /Model/
A Structural Model of Industrialized Societies: Evolutions, Stability, Policies, Governability.
In: Billeter, E.; Cuenod, M.; Klaczko, S. (Eds.): Overlapping Tendencies in Operation Research System Theory and Cybernetics, Proceedings of an International Symposium, University of Fribourg, Basel 1976, S. 34-47.

GERARDIN, L.A. /Modeling/
Structural Modeling, Including Temporal Dimensions as an Aid to Study Complex System Governabilities and to Foresee Unforecastable Alternative Futures.
In: Technological Forecasting and Social Change, Vol. 14 (1979), S. 367-385.

GÖßLER, R. /Einsatzformen/
Operations-Research-Praxis - Einsatzformen und Ergebnisse,
Wiesbaden 1974.

GOMEZ, P. /Modelle/
Modelle und Methoden des systemorientierten Managements,
Bern - Stuttgart 1981.

GORDON, W.J.J. /Synectics/
Synectics,
New York 1961.

GORE, W.J. /Decision/
Decision-Making Research: Some Prospects and Limitations.
In: Mailick, S.; Van Ness, E.H. (Eds.): Concepts and Issues in Administrative Behavior, Englewood Cliffs, New Jersey 1963, S. 49-65.

GORE, W.J. /Making/
Administrative Decision-Making: A Heuristic Model,
New York u. a. 1964.

GRAUMANN, C.F. /Denken/
Denken im vorwissenschaftlichen Verständnis.
In: Graumann, C.F. (Hrsg.): Denken, Köln 1969, S. 15-22.

GREENBERG, H.J.; MAYBEE, J.S. (Eds.) /Analysis/
Computer-Assisted Analysis and Model Simplification,
New York 1981.

GREVE, J. /Störungen/
Störungen im Industriebetrieb: Eine klassifizierende Untersuchung der Störungen und Analyse des Störverhaltens betrieblicher Systeme unter Anwendung kybernetischer Betrachtungsweise,
Diss. Darmstadt 1970.

GRIEM, H. /Prozeß/
Der Prozeß der Unternehmungsentscheidung bei unvollkommener Information,
Berlin 1968.

GROCHLA, E. /Einführung/
Einführung in die Organisationstheorie,
Stuttgart 1978.

GROCHLA, E. /Planung/
Betriebliche Planung und Informationssysteme,
Hamburg 1975.

GROCHLA, E. /Unternehmungsorganisation/
Unternehmungsorganisation,
6. Aufl., Reinbek 1976.

GROCHLA, E.; LEHMANN, H. /Systemtheorie/
Systemtheorie und Organisation.
In: Grochla, E. (Hrsg.): Handwörterbuch der Organisation, 2. Aufl., Stuttgart 1980, Sp. 2204-2216.

GRÜN, O.
/Lernverhalten/
Das Lernverhalten in Entscheidungsprozessen der Unternehmung,
Tübingen 1973.

GUILFORD, J.P.
/Creativity/
Creativity: Its Measurement and Development.
In: Parnes, S.J.; Harding, H.F. (Eds.): A Source Book for Creative Thinking, New York 1962, S. 156-168.

GUILFORD, J.P.
/Persönlichkeit/
Persönlichkeit,
Weinheim 1964.

GUILFORD, J.P.
/Personality/
Personality,
New York 1959.

GUZZO, R.A. (Ed.)
/Group/
Improving Group Decision Making in Organizations,
New York 1982.

GZUK, R.
/Messung/
Messung der Effizienz von Entscheidungen,
Tübingen 1975.

HABERMAS, J.
/Theorie/
Theorie des kommunikativen Handelns,
Band 1, Frankfurt 1981.

HÄUSLER, J.
/Integration/
Integration des Systemelements "Mensch" in Mensch-Maschine-Systemen.
In: Aufbauseminar Systemtechnik, Vorlesungsmanuskripte Herbst 1971, Technische Universität Berlin, Berlin 1971, S. 1-30.

HANSEN, J.V.; MCKELL, L.J.; HEITGER, L.E.
/ISMS/
ISMS: Computer-aided Analysis for Design of Decision-Support Systems.
In: Management Science, Vol. 25 (1979), S. 1069-1081.

HARARY, F.
/Graph/
Structural Models and Graph Theory.
In: Greenberg, Maybee/Analysis/31-58.

HARARY, F.; NORMAN, R.F.; CARTWRIGHT, D.
/Models/
Structural Models: An Introduction to the Theory of Directed Graphs,
New York 1965.

HART, W.L.; MALONE, D.W.
/Goal/
Goal Setting for a State Environmental Agency.
In: Baldwin/Portraits/89-94.

HARTMANN, N.
/Grundzüge/
Grundzüge einer Metaphysik der Erkenntnis,
4. Aufl., Berlin 1949.

HARUNA, K.; KOMODA, N.
/Algorithm/
An Algorithm for Structural Sensitivity Analysis in Structural Modeling.
In: Proceedings of the IEEE International Conference on Cybernetics and Society, New York 1978, S. 989-994.

HASELOFF, O.W.; JORSWIECK, E.
/Psychologie/
Psychologie des Lernens,
Berlin 1970.

HAWTHORNE, R.W.
/Application/
Application of Unified Program Planning and Interpretive Structural Modeling to Public and Societal Systems,
Ph. D., Southern Methodist University 1973.

HAWTHORNE, R.W.; SAGE, A.P.
/Modeling/
On Applications of Interpretive Structural Modeling to Higher Education Program Planning.
In: Journal of Socio-Economic Planning Sciences, Vol. 9 (1975), No. 1, S. 31-43.

HEINEN, E.
/Ansatz/
Der entscheidungsorientierte Ansatz der Betriebswirtschaftslehre.
In: Zeitschrift für Betriebswirtschaft, Jg. 41 (1971), S. 429-444.

HEINEN, E.
/Denkansätze/
Neue Denkansätze in der entscheidungsorientierten Betriebswirtschaftslehre.
In: Der österreichische Betriebswirt, Jg. 24 (1974), S. 97-107.

HEINEN, E.
/Einführung/
Einführung in die Betriebswirtschaftslehre,
Wiesbaden 1984.

HEINEN, E.
/Grundfragen/
Grundfragen der entscheidungsorientierten Betriebswirtschaftslehre,
München 1976.

HEINEN, E. /Grundlagen/
Grundlagen betriebswirtschaftlicher Entscheidungen - Das Zielsystem der Unternehmung,
Wiesbaden 1976.

HEINEN, E. /Problembezogenheit/
Zur Problembezogenheit von Entscheidungsmodellen.
In: Wirtschaftswissenschaftliches Studium, Jg. 1 (1972), S. 3-7.

HEINEN, E. /Problemlösungsprozesse/
Innovative Problemlösungsprozesse in der entscheidungsorientierten Betriebswirtschaftslehre.
In: Marr, R.: Innovation und Kreativität, Wiesbaden 1973, S. 11-15.

HEINEN, E. /Wissenschaftsprogramm/
Zum Wissenschaftsprogramm der entscheidungsorientierten Betriebswirtschaftslehre.
In: Zeitschrift für Betriebswirtschaft, Jg. 39 (1969), S. 207-220.

HELLRIEGEL, D.; SLOCUM, J.W. /Problem/
Managerial Problem-Solving Styles.
In: Business Horizons, Vol. 18 (1975), No. 6, S. 29-37.

HILL, W.; FEHLBAUM, R.; ULRICH, P. /Organisationslehre/
Organisationslehre: Ziele, Instrumente und Bedingungen der Organisation sozialer Systeme, Band 1,
Stuttgart 1974.

HOFSTÄTTER, P.R. (Hrsg.) /Psychologie/
Psychologie,
Frankfurt 1972.

HOUSE, R.W. /Application/
Application of Interpretive Structural Modeling in Brazil's Alcohol Fuel Program.
In: IEEE Transactions on Systems, Man, and Cybernetics, Vol. SMC-9 (1979), S. 376-381.

HUBER, G.P. /Group/
Group Decision Support Systems as Aids in the Use of Structured Group Management Techniques.
In: DSS-82 Transactions, 2. International Conference on Decision Support Systems, San Francisco 1982, S. 96-108.

HUDSON, L.
/Imaginations/
Contrary Imaginations - A Psychological Study of the English Schoolboy,
London 1966.

INAGAKI, T.; HENLEY, E.J.
/Method/
A Systematic Method for Identifying Structural Differences Between Minimum-Edge Digraphs.
In: IEEE Transactions on Systems, Man, and Cybernetics, Vol. SMC-10 (1980), S. 887-891.

IRLE, M.
/Macht/
Macht und Entscheidungen in Organisationen,
Frankfurt 1971.

JACOB, J.P.
/ISM/
ISM - Interpretive Structural Modeling, Unpublished Report, IBM Research Center, San José, California 1980.

JAIN, V.
/Analyses/
Structural Analyses of General Systems Theory.
In: Behavioral Science, Vol. 26 (1981), S. 51-62.

JEDLICKA, A.
/Transfer/
Interpretive Structural Modeling and Transfer of Technology to Subsistence Farmers.
In: Desarrollo Rural en las Américas, Vol. 11 (1979), No. 1, S. 19-27.

JEDLICKA, A.; MEYER, R.
/Modeling/
Interpretive Structural Modeling: Cross Cultural Uses.
In: IEEE Transactions on Systems, Man, and Cybernetics, Vol. SMC-10 (1980), S. 49-51.

JOHNSON-LAIRD, P.N.
/Models/
Mental Models in Cognitive Science.
In: Norman, D.A.: Perspectives on Cognitive Science, Norwood, New Jersey 1979, S. 147-191.

JUNG, C.G.
/Typen/
Psychologische Typen,
Zürich 1971.

JURAN, J.M.
/Führungstaktik/
Offensive Führungstaktik: Eine systematische Methode zur Geschäftsbelebung,
München 1966.

KAHLE, E. /Problemlösungsverhalten/
Betriebswirtschaftliches Problemlösungsverhalten: Theoretische Oberlegungen zum Einfluß von Zielen und Entscheidungsmodellen auf die Lösung betriebswirtschaftlicher Probleme,
Wiesbaden 1973.

KANE, J. /KSIM/
A Primer for a New Cross-Impact Language - KSIM.
In: Technological Forecasting and Social Change, Vol. 4 (1972), S. 129-142.

KANE, J.; VERTINSKY, I.B. /Arithmetic/
The Arithmetic and Geometry of the Future.
In: Technological Forecasting and Social Change, Vol. 8 (1975), S. 115-130.

KANT, I. /Kritik/
Kritik der reinen Vernunft, Text der Ausgabe 1781,
2. Aufl., Leipzig o.J.

KAWAMURA, K. /Conducting/
Conducting Issue-Focussed Workshops as an Aid to Policy and Program Planning,
Battelle Columbus Laboratories, Columbus, Ohio 1979.

KAWAMURA, K.; CHRISTAKIS, A.N. /Modeling/
An Interpretive Structural Modeling (ISM) Planning Workshop,
Battelle Columbus Laboratories, Columbus, Ohio 1979.

KAWAMURA, K.; MALONE, D.W. /Complexity/
Probing Complexity in Social Systems Through Interpretive Structural Modeling.
In: Finsterbusch, K.; Wolf, C.P. (Eds.): Methodology of Social Impact Assessment, Stroudsburg, Pennsylvania 1977, S. 347-354.

KAWAMURA, K.; MALONE, D.W. /Objectives/
Structuring Objectives in a Systematic Decision-Making Methodology.
In: Proceedings of the 6. Pittsburgh Conference on Modeling and Simulation, Instrument Society of America 1975, S. 779-784.

KAWAMURA, K.; SHERRILL, D.G. /Modeling/
An Interpretive Structural Modeling Workshop,
Battelle Columbus Laboratories, Columbus, Ohio 1977.

KEPNER, C.H.; TREGOE, B.B. /Management/
Management-Entscheidungen vorbereiten und richtig treffen,
3. Aufl., München 1971.

KIESER, A. /Theorien/
Theorien um die Ideenproduktion.
In: Der Volkswirt, Jg. 24 (1970), Nr. 28, S. 39-41.

KIESER, H.-P. /Mensch/
Mensch-Maschine-Kommunikation in Organisationen,
Diss. Mannheim 1973.

KILMANN, R.H.; MITROFF, I.I. /Analysis/
Qualitative versus Quantitative Analysis for Management Science: Different Forms for Different Psychological Types.
In: Interfaces, Vol. 6 (1976), No. 2, S. 17-27.

KIRSCH, W. /Einführung/
Einführung in die Theorie der Entscheidungsprozesse,
2. Aufl., Wiesbaden 1977.

KIRSCH, W. /Entscheidungslogik/
Entscheidungslogik, kognitives Problemlösen und Psychologik des Entscheidungsverhaltens.
In: Kirsch, W.: Entscheidungsverhalten und Handhabung von Problemen, München 1976, S. 1-98.

KIRSCH, W. /Entscheidungsverhalten/
Entscheidungsverhalten und Handhabung von Problemen,
München 1976.

KIRSCH, W. /Handhabung/
Die Handhabung von Entscheidungsproblemen,
München 1978.

KIRSCH, W. /Unternehmensführung/
Wissenschaftliche Unternehmensführung oder Freiheit vor der Wissenschaft?
2. Halbband, München 1984.

KIRSCH, W.; BAMBERGER, I.; GABELE, E.; KLEIN, H.K. /Logistik/
Betriebswirtschaftliche Logistik: Systeme, Entscheidungen, Methoden,
Wiesbaden 1973.

KIRSCH, W.; MAYER, G. /Probleme/
Die Handhabung komplexer Probleme in Organisationen.
In: Kirsch, W.: Entscheidungsverhalten und Handhabung von Problemen, München 1976, S. 99-219.

KIRSCH, W.; SCHOLL, W. /Demokratisierung/
Demokratisierung - Gefährdung der Handlungsfähigkeit organisatorischer Führungssysteme?
In: Die Betriebswirtschaft, Jg. 37 (1977), S. 235-246.

KLEIN, H.-K. /Entscheidungsmodelle/
Heuristische Entscheidungsmodelle - Neue Techniken des Programmierens und Entscheidens für das Management,
Wiesbaden 1971.

KLEIN, H.-K.; WAHL, A. /Logik/
Zur "Logik" der Koordination interdependenter Entscheidungen in komplexen Organisationen (II. Teil).
In: Kommunikation, Jg. 6 (1970), S. 137-160.

KLIX, F. /Information/
Information und Verhalten - Kybernetische Aspekte der organismischen Informationsverarbeitung,
Bern u. a. 1971.

KÖHLER, R. /Modelle/
Modelle.
In: Grochla, E.; Wittmann, W. (Hrsg.): Handwörterbuch der Betriebswirtschaft, 4. Aufl., Stuttgart 1976, Sp. 2701-2716.

KÖNIG, R. /Morphologie/
Soziale Morphologie.
In: König, R. (Hrsg.): Soziologie, Frankfurt 1967, S. 280-290.

KONIETZKA, R. /Entscheiden/
Sequentielles Entscheiden bei der Bewältigung komplexer unternehmerischer Probleme - Deskription und Analyse einer Verhaltensstrategie unter besonderer Berücksichtigung entscheidungslogischer Implikationen,
Diss. Essen 1981.

KOPPERSCHMIDT, J. /Argumentation/
Argumentation - Sprache und Vernunft, Teil II,
Stuttgart u. a. 1980.

KOSIOL, E. — /Organisation/
Organisation der Unternehmung,
Wiesbaden 1968.

KOSIOL, E. — /Unternehmung/
Die Unternehmung als wirtschaftliches Aktionszentrum,
Reinbek 1966.

KOSIOL, E.; SZYPERSKI, N.; CHMIELEWICZ, K. — /Standort/
Zum Standort der Systemforschung im Rahmen der Wissenschaften.
In: Zeitschrift für betriebswirtschaftliche Forschung, Jg. 17 (1965), S. 337-378.

KOSSBIEL, H. — /Möglichkeiten/
Möglichkeiten und Grenzen einer langfristigen Personalbereitstellungsplanung mit Hilfe quantitativer Ansätze.
In: Müller-Merbach, H. (Hrsg.): Quantitative Ansätze in der Betriebswirtschaftslehre, München 1978, S. 361-373.

KRAEMER, K.L.; KING, J.L. — /Computer/
Computer Supported Conference Rooms:
Final Report of a State of the Art Study,
Arbeitspapiere der GMD, St. Augustin 1984.

KRÜGER, W. — /Grundlagen/
Grundlagen der Organisationsplanung,
Gießen 1983.

KRÜGER, W. — /Konflikt/
Konflikt in der Organisation.
In: Grochla, E. (Hrsg.): Handwörterbuch der Organisation, 2. Aufl., Stuttgart 1980, Sp. 1070-1082.

KRÜGER, W. — /Konfliktsteuerung/
Konfliktsteuerung als Führungsaufgabe,
München 1973.

KRÜGER, W. — /Perspektiven/
Machttheoretische Perspektiven der Partizipation und Demokratisierung.
In: Reber, G. (Hrsg.): Personal- und Sozialorientierung der Betriebswirtschaftslehre, Stuttgart 1977, S. 250-274.

KRÜGER, W. — /Probleme/
Grundlagen, Probleme und Instrumente der Konflikthandhabung in der Unternehmung,
Berlin 1972.

KRUZIC, P.G.
/Cross/
Cross Impact Simulation in Water Resources Planning,
Stanford Research Institute, Menlo Park, California 1974.

KÜHN, A.A.; HAMBURGER, M.J.
/Program/
A Heuristic Program for Locating Warehouses.
In: Cyert, R.M.; Welsch, L.A. (Eds.): Management Decision Making - Selected Readings, Middlesex 1970, S. 228-258.

KÜRPICK, H.
/Unternehmenswachstum/
Das Unternehmenswachstum als betriebswirtschaftliches Problem,
Berlin 1981.

KUPSCH, P.
/Risiko/
Das Risiko im Entscheidungsprozeß,
Wiesbaden 1973.

LABSCH, N.
/Intuition/
Intuition und Unternehmungsentscheidungen.
In: Zeitschrift für Organisation, Jg. 42 (1973), S. 156-162.

LADY, G.M.
/Organizing/
On Organizing Analysis.
In: Greenberg, Maybee/Analysis/1-15.

LANGHORST, F.E.
/Computer/
Computer Graphics Aided Interpretive Structural Modeling: A Tool for Conceptualizing Complex Design Problems,
Ph. D., Purdue University 1977.

LEAVITT, H.J.
/Psychology/
Managerial Psychology: An Introduction to Individuals, Pairs, and Groups in Organizations,
Chicago 1969.

LENDARIS, G.G.
/Aspects/
On the Human Aspects in Structural Modeling.
In: Technological Forecasting and Social Change, Vol. 14 (1979), S. 329-351.

LENDARIS, G.G.
/ISM/
ISM.
In: Linstone, H.A.: The Use of Structural Modeling for Technology Assessment, Vol. 2, Portland State University, Portland, Oregon 1978, S. B-1 bis B-31.

LENDARIS, G.G. /Modeling/
Structural Modeling - A Tutorial Guide.
In: IEEE Transactions on Systems, Man, and Cybernetics, Vol. SMC-10 (1980), S. 807-840.

LENDARIS, G.G. /Tools/
Generating Tools.
In: Linstone, H.A.: The Use of Structural Modeling for Technology Assessment, Vol. 2, Portland State University, Portland, Oregon 1978, S. A-1 bis A-32.

LILIEN, G.L. /Model/
Model Relativism: A Situational Approach to Model Building.
In: Interfaces, Vol. 5 (1975), May, S. 11-18.

LINSTONE, H.A. /Modeling/
The Use of Structural Modeling for Technology Assessment, Vol. 2,
Portland State University, Portland, Oregon 1978.

LINSTONE, H.A. /Use 1/
The Use of Structural Modeling for Technology Assessment, Vol. 1,
Portland State University, Portland, Oregon 1978.

LINSTONE, H.A.; LENDARIS, G.G.; ROGERS, S.D.; WAKELAND, W.; WILLIAMS, M. /Use/
The Use of Structural Modeling for Technology Assessment.
In: Technological Forecasting and Social Change, Vol. 14 (1979), S. 291-327.

LÜER, G. /Denkabläufe/
Gesetzmäßige Denkabläufe beim Problemlösen,
Weinheim 1973.

LUHMANN, N. /Zweckbegriff/
Zweckbegriff und Systemrationalität - Über die Funktion von Zwecken im sozialen System,
Tübingen 1968.

MACKENNEY, J.L.; KEEN, P.G.W. /Minds/
How Manager's Minds Work.
In: Harvard Business Review, Vol. 52 (1974), S. 79-90.

MALIK, F.F. /Strategie/
Strategie des Managements komplexer Systeme,
Bern 1984.

MALONE, D.W. /Applications/
Applications of Interpretive Structural Modeling: Relating Factors for Urban Success.
In: Baldwin/Portraits/146-152.

MALONE, D.W. /Introduction/
An Introduction to the Application of Interpretive Structural Modeling.
In: Baldwin/Portraits/119-126.

MALONE, D.W. /Overview/
Interpretive Structural Modeling: An Overview and Status Report.
In: Proceedings of the 6. Pittsburgh Conference on Modeling and Simulation, Instrument Society of America 1975, S. 767-772.

MARCH, J.G.; SIMON, H.A. /Individuum/
Organisation und Individuum, Wiesbaden 1976.

MARR, R. /Innovation/
Innovation und Kreativität, Wiesbaden 1973.

MASLOW, A.H. /Motivation/
Motivation und Persönlichkeit, Freiburg i.Br. 1977.

MATTHES, W. /Netzplantechnik/
Netzplantechnik, Erweiterungen der.
In: Kern, W. (Hrsg.): Handwörterbuch der Produktionswirtschaft, Stuttgart 1979, Sp. 1327-1340.

MCCHARTHY, J. /Inversion/
The Inversion of Functions Defined by Turing Machines.
In: Shannon, D.E.; McCarthy, J. (Eds.): Automata Studies, Annals of Mathematical Studies, Vol. 34 (1956), S. 177-181.

MCLEAN, M. /Problem/
Getting the Problem Right - A Role for Structural Modeling.
In: Linstone, H.A.; Simmonds, W.H.C. (Eds.): Futures Research: New Directions, Reading, Massachusetts 1977, S. 144-157.

MCLEAN, M.; SHEPHERD, P. /Importance/
The Importance of Model Structure.
In: Futures, Vol. 8 (1976), No. 1, S. 40-51.

MCLEAN, J.M.; SHEPHERD, P.; CURNOW, R. — /Techniques/
Techniques for Analysis of System Structure,
Science Policy Research Unit, SPRU Occasional Paper Series No. 1, University of Sussex, Falmer Brighton, Sussex BN 1 9 RF, United Kingdom 1976.

MEADOWS, D.L.; MEADOWS, D.; ZAHN, E.; MILLING, P. — /Limits/
The Limits to Growth,
New York 1972.

MESCHKOWSKI, H. — /Begriffswörterbuch/
Mathematisches Begriffswörterbuch,
3. Aufl., Mannheim 1971.

MESCHKOWSKI, H. — /Einführung/
Einführung in die moderne Mathematik,
Mannheim 1971.

MEYER ZU SELHAUSEN, H. — /Möglichkeiten/
Möglichkeiten und Grenzen der quantitativen Analyse im Bank-Marketing.
In: Müller-Merbach, H. (Hrsg.): Quantitative Ansätze in der Betriebswirtschaftslehre, München 1978, S. 285-300.

MEYER ZUR HEYDE, M. — /Problemlösungsprozesse/
Problemlösungsprozesse in Teams - Verhaltens- und entscheidungstheoretische Aspekte ihrer Strukturierung in der Unternehmung,
Diss. Köln 1976.

MICHAEL, M. — /Produktideen/
Produktideen und "Ideenproduktion",
Wiesbaden 1973.

MILLER, D.W.; STARR, M.K. — /Decisions/
Executive Decisions and Operations Research,
Englewood Cliffs, New Jersey 1969.

MILLER, D.W.; STARR, M.K. — /Structure/
The Structure of Human Decisions,
Englewood Cliffs, New Jersey 1967.

MILLER, G.A. — /Number/
The Magical Number Seven Plus or Minus Two: Some Limits on Our Capacity for Processing Information.
In: Psychological Review, Vol. 63 (1956), S. 81-97.

MINSKY, M. /Steps/
Steps Toward Artificial Intelligence.
In: Feigenbaum, E.A.; Feldman, J. (Eds.): Computers and Thought, New York 1963, S. 406-450.

MINTZBERG, H. /Planning/
Planning on the Left Side and Managing on the Right.
In: Harvard Business Review, Vol. 54 (1976), S. 49-58.

MITROFF, I.I.; BETZ, F. /Decision/
Dialectical Decision Theory: A Meta-Theory of Decision-Making.
In: Management Science, Vol. 19 (1972), S. 11-24.

MOLL, R.H.H.: WOODSIDE, C.M. /Argumentation/
Argumentation of Cross-Impact Analysis by Interactive Systems Analysis Tools, Report No. SE-76-1, Department of Systems Engineering, Carleton University, Ottawa, Canada, 1976.

MÜLLER, J. /Grundlagen/
Grundlagen der systematischen Heuristik, Berlin 1970.

MÜLLER-MERBACH, H. /Individuum/
Das Individuum und das Modell.
In: Fandel, G.; Fischer, D.; Pfohl, H.-C.; Schuster, K.-P.; Schwarze, J. (Eds.): Operations Research, Proceedings 1980, DGOR, Papers of the Annual Meeting, Berlin u. a. 1981, S. 144-154.

MÜLLER-MERBACH, H. /Modeling/
The Modeling Process: Steps Versus Components.
In: Szyperski, N.; Grochla, E. (Hrsg.): Design and Implementation of Computer-Based Information Systems, Alphen aan den Rijn 1979, S. 47-59.

MÜLLER-MERBACH, H. /Modelldenken/
Modelldenken und der Entwurf von Unternehmensplanungsmodellen für die Unternehmensführung.
In: Hahn, D. (Hrsg.): Führungsprobleme industrieller Unternehmungen. Festschrift für Friedrich Thomee zum 60. Geburtstag, Berlin - New York 1980, S. 471-491.

MÜLLER-MERBACH, H. /Operations Research/
Operations Research - mit oder ohne Zukunftschancen.
In: Krüger, K.; Rühl, G.; Zink, K.J. (Hrsg.): Industrial Engineering und Organisations-Entwicklung im kommenden Dezennium, München 1979, S. 291-311.

MÜLLER-MERBACH, H. /OR/
Operations Research,
München 1971.

MÜLLER-MERBACH, H.; NELGEN, D.W. /Nutzen/
Der Nutzen psychologischer Typologien für die modellgestützte Entscheidungsvorbereitung.
In: Schwarze, J. u. a. (Hrsg.): Proceedings in Operations Research 9, Vorträge der Jahrestagung 1979, DGOR, Würzburg - Wien 1980, S. 622-629.

NASCHOLD, F. /Organisation/
Organisation und Demokratie,
2. Aufl., Stuttgart u. a. 1971.

NEUBERGER, O. /Aspekte/
Psychologische Aspekte der Entscheidung: Eine kritische Analyse vorliegender Ansätze,
Diss. München 1970.

NEWELL, A. /Programming/
Heuristic Programming: Ill-Structured Problems.
In: Aronofsky, J.S. (Ed.): Progress in Operations Research, Relationship Between Operations Research and the Computer, Vol. III, New York u. a. 1969, S. 361-414.

NEWELL, A.; SHAW, J.C.; SIMON, H.A. /Elements/
Elements of a Theory of Human Problem Solving.
In: Psychological Review, Vol. 65 (1958), S. 151-166.

NEWELL, A.; SHAW, J.C.; SIMON, H.A. /Process/
The Process of Creative Thinking.
In: Gruber, H.E.; Terrell, G.; Wertheimer, M. (Eds.): Contemporary Approaches to Creative Thinking, New York 1962, S. 63-119.

NEWELL, A.; SHAW, J.C.; SIMON, H.A. /Report/
Report on a General Problem-Solving Program.
In: Proceedings of the International Conference on Information Processing, Paris 1960, S. 256-264.

NEWELL, A.; SIMON, H.A. /Computers/
Computers in Psychology.
In: Luce, D.R.; Bush, R.R.; Galanter, E. (Eds.): Readings in Mathematical Psychology, Vol. I, New York 1963, S. 361-428.

NEWELL, A.; SIMON, H.A. /GPS/
GPS - A Program that Simulates Human Thought.
In: Feigenbaum, E.A.; Feldman, J. (Eds.): Computers and Thought, New York u. a. 1963, S. 279-293.

NEWELL, A.; SIMON, H.A. /Memory/
Memory and Process in Concept Formation.
In: Kleinmuntz, B. (Ed.): Concepts and the Structure of Memory, New York u. a. 1967, S. 241-274.

NEWELL, A.; SIMON, H.A. /Problem/
Human Problem Solving,
Englewood Cliffs 1972.

NIEMEYER, K. /Anwendungen/
Anwendungen der Planspielmethodik.
In: Schwarze, J. u. a. (Hrsg.): Proceedings in Operations Research 9, Vorträge der Jahrestagung 1979, DGOR, Würzburg - Wien 1980, S. 633-646.

NISHIKAWA, Y.; UDO, A. /Methods/
Methods of Interpretive Structural Modeling Considering Intransitivity in Human Judgments.
In: Proceedings of the IEEE International Conference on Cybernetics and Society, New York 1978, S. 1266-1271.

NORBERG, A.L.; JOHNSON, G.P. /Structure/
Structure and Understanding: Some Observations on Current Activities in the Field of Structural Modeling.
In: Technological Forecasting and Social Change, Vol. 14 (1979), S. 277-289.

OERTER, P. /Entwicklungspsychologie/
Moderne Entwicklungspsychologie,
13. Aufl., Donauwörth 1973.

ORNSTEIN, R.E. /Bewußtseins/
Die Psychologie des Bewußtseins,
Köln 1974.

OSBORN, A.F. /Imagination/
Applied Imagination,
3. Aufl., New York 1963.

OSBORN, A.F. /Mind/
Wake up your Mind,
New York 1952.

OSBORN, A.F. /Think/
How to "Think up",
New York 1942.

OSTERLOH, M. /Begriff/
Zum Begriff des Handlungsspielraums in der Organisations- und Führungstheorie.
In: Zeitschrift für betriebswirtschaftliche Forschung, Jg. 37 (1985), S. 291-310.

O'LEARY, N. /Forecasting/
Forecasting with Dynamic Systems, Learning Resources in International Studies, 60 E. 42nd St.,
New York 1975.

PEAY, E.R. /Models/
Structural Models With Qualitative Values.
In: Journal of Mathematical Sociology, Vol. 8 (1982), S. 161-192.

PFEIFFER, W.; STAUDT, E. /Element/
Das kreative Element in der technologischen Voraussage.
In: Zeitschrift für Betriebswirtschaft, Jg. 42 (1972), S. 853-870.

PFOHL, H.-C. /Entscheidungsfindung/
Problemorientierte Entscheidungsfindung in Organisationen,
Berlin - New York 1977.

PFOHL, H.-C. /Grundlage/
Methodische und verhaltenswissenschaftliche Grundlage der Problemdefinition.
In: Schwarze, J. u. a. (Hrsg.): Proceedings in Operations Research 9, Vorträge der Jahrestagung 1979, DGOR, Würzburg - Wien 1980, S. 607-614.

PFOHL, H.-C. /Logistik/
Die Logistik als Beispiel für Auswirkungen des Systemdenkens in der entscheidungsorientierten Betriebswirtschaftslehre.
In: Management International Review, Vol. 14 (1974), No. 1, S. 67-80.

PFOHL, H.-C. /Planung/
Planung und Kontrolle,
Stuttgart u. a. 1981.

PFOHL, H.-C. /Problematik/
Zur Problematik von Entscheidungsregeln.
In: Zeitschrift für Betriebswirtschaft, Jg. 42 (1972), S. 305-336.

PFOHL, H.-C. /Problemlösungstechniken/
Problemlösungstechniken.
In: Grochla, E. (Hrsg.): Handwörterbuch der Organisation, 2. Aufl., Stuttgart 1980, Sp. 1917-1923.

PFOHL, H.-C. /Problemstellungsphase/
Problemstellungsphase in Planungs- und Entscheidungsprozessen: Ergänzung der Lösungs- durch die Problemorientierung bei betriebswirtschaftlichen Entscheidungen,
Habil. Darmstadt 1974.

PFOHL, H.-C.; BRAUN, G.E. /Entscheidungstheorie/
Entscheidungstheorie - Normative und deskriptive Grundlagen des Entscheidens,
Landsberg am Lech 1981.

RAGADE, R.K. /Fuzzy/
Fuzzy Interpretive Structural Modeling.
In: Journal of Cybernetics, Vol. 6 (1976), S. 189-211.

REBER, G. /Verhalten/
Personales Verhalten im Betrieb,
Stuttgart 1973.

REITMAN, W.R. /Cognition/
Cognition and Thought,
New York 1965.

REITMAN, W.R. /Decision/
Heuristic Decision Procedures, Open Constraints and the Structure of Ill-Defined Problems.
In: Shelly, M.W.; Bryan, G.L. (Eds.): Human Judgements and Optimality, New York 1964, S. 282-315.

ROBERTS, F.S. /Analysis/
Structural Analysis of Energy Systems.
In: Roberts, F.S. (Ed.): Energy: Mathematics and Models, Proceedings of a SIMS Conference on Energy, Atlanta, Utah, July 7-11, 1975, Society for Industrial and Applied Mathematics 1976.

ROBERTS, F.S. /Mathematical/
Discrete Mathematical Models,
Englewood Cliffs 1976.

ROBERTS, F.S. /Models/
Structural Models and Graph Theory.
In: Greenberg, Maybee/Analysis/59-67.

ROHR, A.R. /Prozesse/
Kreative Prozesse und Methoden der Problemlösung,
Weinheim - Basel 1975.

ROHRBACH, B. /Regeln/
Kreativ - nach Regeln.
In: Absatzwirtschaft, Jg. 12 (1969), Nr. 19, S. 73-76.

ROY, B. /ELECTRE II/
La Méthode ELECTRE II: Une Méthode de Classement en Présence de Critéres Multiples,
Groupe METRA, N.T., No. 142, Q.S. 1971.

ROY, B.; BERTIER, P. /ELECTRE II/
La Méthode ELECTRE II: Une Application au Media-Planning.
In: Proceedings of the 6. IFORS International Conference on Operational Research, August 21-25, Dublin, Ireland, S. 291-302.

SAGASTI, F.R.; MITROFF, I.I. /Research/
Operations Research from the Viewpoint of General Systems Theory.
In: OMEGA, Vol. 1 (1973), S. 695-709.

SAGE, A.P. /Methodology/
Methodology for Large Scale Systems,
New York 1977.

SAGE, A.P.; RAJALA, D.W. /Relationships/
On Structural Relationships in Decision Analysis.
In: Proceedings of the 7. Pittsburgh Conference on Modeling and Simulation, Instrument Society of America 1976, S. 1158-1162.

SAGE, A.P.; SMITH, T.J. /Group/
On Group Assessment of Utility and Worth Attributes Using Interpretive Structural Modeling.
In: Computerial and Electronical Engineering, Vol. 4 (1977), S. 185-198.

SCHLICKSUPP, H. /Ideenfindung/
Kreative Ideenfindung in der Unternehmung - Methoden und Modelle,
Berlin - New York 1977.

SCHMITZ, P.; SEIBT, D. /Einführung/ Einführung in die anwendungsorientierte Informatik, München 1975.

SCOTT, J.R.; JOHN, G.A. /System/ The Interpretive Structural Modeling System, Command and Control Technical Center, The Pentagon, Washington 1978.

SHEEHAN, W.G.; KAWAMURA, K. /Use/ The Use of Interpretive Structural Modeling in Implementing a Management by Objectives Program. In: Proceedings of the 8. Pittsburgh Conference on Modeling and Simulation, Instrument Society of America 1977, S. 825-830.

SHEPHERD, P.; MCLEAN, M. /SPIN/ The SPIN System Computer Software Tapes SPIN-DOC. Science Policy Research Unit, University of Sussex, Falmer, Brighton, Sussex, BN1 9RF, United Kingdom, 1976.

SIMON, H.A. /Chunk/ How Big Is a Chunk? In: Science, Vol. 183 (1974), S. 482-488.

SIMON, H.A. /Decision/ The Decision Maker as Innovator. In: Mailick, S.: Van Ness, E.H. (Eds.): Concepts and Issues in Administrative Behavior, Englewood Cliffs, New Jersey 1963, S. 66-69.

SIMON, H.A. /Models/ Models of Man, New York 1957.

SIMON, H.A. /Perspektiven/ Perspektiven der Automation für Entscheider, Quickborn 1966.

SIMON, H.A. /Probleme/ Wie lösen wir schlecht-strukturierte Probleme? In: Die Betriebswirtschaft, Jg. 40 (1980), S. 337-345.

SIMON, H.A. /Sciences/ The Sciences of the Artificial, Cambridge, Massachusetts 1969.

SIMON, H.A.; ANDO, A. — /Aggregation/
Aggregation of Variables in Dynamic Systems.
In: Econometrica, Vol. 29 (1961), S. 111-138.

SIMON, H.A.; NEWELL, A. — /Simulation/
Simulation of Human Thinking.
In: Greenberger, M. (Ed.): Computers and the World of the Future, 2. Edition, Cambridge, Massachusetts 1965, S. 95-131.

SIMS, D. — /Problem/
Problem-Construction in Teams,
Ph.D., University of Bath 1978.

SIMS, D.; EDEN, C.; JONES, S. — /Problem/
Facilitating Problem Definition in Teams.
In: European Journal of Operational Research, Vol. 6 (1981), S. 360-366.

STACHOWIAK, H. — /Gedanken/
Gedanken zu einer allgemeinen Theorie der Modelle.
In: Studium Generale, Jg. 18 (1965), S. 432-463.

STACHOWIAK, H. — /Modelltheorie/
Allgemeine Modelltheorie,
Wien - New York 1973.

STAEHLE, W.H. — /Anpassung/
Organisatorische Anpassung an Umweltveränderungen.
In: Betriebswirtschaftliche Forschung und Praxis, Jg. 23 (1971), S. 286-296.

STEINECKE, V.; SEIFERT, O.; OHSE, D. — /Planungsmodelle/
Lineare Planungsmodelle im praktischen Einsatz - Auswertung einer Erhebung,
DGOR-Schrift Nr. 6, Berlin 1973.

SÖLLWOLD, F. — /Bedingungen/
Bedingungen und Gesetzmäßigkeiten des Problemlösungsverhaltens.
In: Graumann, C.F. (Hrsg.): Denken, Köln 1969, S. 273-295.

SUGIYAMA, K.; TAGAWA, S.; TODA, M. — /Representations/
Effective Representations of ISM Hierarchies.
In: Proceedings of the IEEE International Conference on Cybernetics and Society, New York 1979, S. 413-418.

SZYPERSKI, N. /Aspekte/
Wirtschaftliche Aspekte der Durchsetzung und Realisierung von Unternehmungsplänen - Ein Beitrag zur betriebswirtschaftlichen Analyse der Unternehmungspolitik,
Habil. Köln 1969.

SZYPERSKI, N. /Handhabung/
Handhabung schlecht-definierter Situationen im Planungsprozeß - Die Gestaltung von Task Force Support Systems (TFSS) als planungswissenschaftlicher Auftrag,
Arbeitsbericht Nr. 33 des Seminars für Allgemeine Betriebswirtschaftslehre und Betriebswirtschaftliche Planung der Universität zu Köln, Köln 1981.

SZYPERSKI, N. /Modellimplementierung/
Modellimplementierung.
In: Fandel, G.; Fischer, D.; Pfohl, H.-C.; Schuster, K.-P.; Schwarze, J. (Eds.): Operations Research Proceedings - Papers of the Annual Meeting, Vorträge der Jahrestagung 1980 der Deutschen Gesellschaft für Operations Research (DGOR), Berlin u. a. 1981, S. 387-399.

SZYPERSKI, N. /Stand/
Gegenwärtiger Stand und Tendenzen der Entwicklung betrieblicher Informationssysteme.
In: IBM-Nachrichten, Jg. 23 (1973), S. 473-482.

SZYPERSKI, N. /Unternehmungsführung/
Unternehmungsführung als Objekt und Adressat der Betriebswirtschaftslehre.
In: Wild, J. (Hrsg.): Unternehmungsführung, Festschrift für Erich Kosiol zu seinem 75. Geburtstag, Berlin 1974, S. 3-28.

SZYPERSKI, N. /Vorgehensweise/
Vorgehensweise bei der Gestaltung computer-gestützter Entscheidungssysteme.
In: Grochla, E. (Hrsg.): Computer-gestützte Entscheidungen in Unternehmungen, Wiesbaden 1971, S. 37-64.

SZYPERSKI, N.; EUL-BISCHOFF, M. /ISM/
Interpretative Strukturmodellierung (ISM) - Stand der Forschung und Entwicklungsmöglichkeiten,
Braunschweig - Wiesbaden 1983.

SZYPERSKI, N.; MÜLLER-SILVA, K.; EUL-BISCHOFF, M.
/Strukturmodellierung/
Strukturmodellierung - Methoden zur Problemformulierung, Arbeitsbericht Nr. 57 des Seminars für Allgemeine Betriebswirtschaftslehre und Betriebswirtschaftliche Planung der Universität zu Köln, Köln 1984.

SZYPERSKI, N.; MÜLLER-SILVA, K.; BECHTOLSHEIM, M. VON; EUL-BISCHOFF, M.
/Mapping/
Cognitive Mapping - Methode und Technik computergestützter Problemhandhabung für Einzel- und Gruppenanwendung, Arbeitsbericht Nr. 58 des Seminars für Allgemeine Betriebswirtschaftslehre und Betriebswirtschaftliche Planung der Universität zu Köln, Köln 1984.

SZYPERSKI, N.; WINAND, U.
/Entscheidungstheorie/
Entscheidungstheorie - Eine Einführung unter besonderer Berücksichtigung spieltheoretischer Konzepte, Stuttgart 1974.

SZYPERSKI, N.; WINAND, U.
/Grundbegriffe/
Grundbegriffe der Unternehmungsplanung, Stuttgart 1980.

SZYPERSKI, N.; WINAND, U.
/Planungslehre/
Einführung in die Planungslehre, Fern-Universität, Gesamthochschule Hagen o.J.

TAMURA, H.; NARAI, O.
/Application/
An Application of Interpretive Structural Modelling to Analyse Preference Structure in Multiobjective Dynamic Environmental-Economic Systems. In: International Journal of Systems Science, Vol. 12 (1981), S. 601-614.

TAYLOR, J.
/Building/
Building an Interdisciplinary Team. In: Arnstein, S.; Christakis, A. (Eds.): Perspectives on Technology Assessment, Jerusalem 1975.

TAYLOR, R.N.
/Age/
Age and Experience as Determinants of Managerial Information Processing and Decision Making Performance. In: Academy of Management Journal, Vol. 18 (1975), S. 74-97.

THISSEN, W.A.H.; SAGE, A.P.; WARFIELD, J.N. — /Users/
A Users Guide to Public Systems Methodology - Draft Descriptions of Systemic Methods Written for Policy Advisers and Analysts,
Department of Engineering Science and System, School of Engineering and Applied Science, University of Virginia, Charlottesville 1980.

TOULMIN, S. — /Gebrauch/
Der Gebrauch von Argumenten,
Kronberg 1975.

TOULMIN, S. — /Uses/
The Uses of Argument,
Cambridge 1958.

TOULMIN, S.; RIEKE, R.; JANIK, A. — /Introduction/
An Introduction to Reasoning,
New York 1979.

TÜRK, K. — /Gruppenentscheidungen/
Gruppenentscheidungen - Sozialpsychologische Aspekte der Organisation kollektiver Entscheidungsprozesse.
In: Zeitschrift für Betriebswirtschaft, Jg. 43 (1973), S. 295-322.

ULRICH, H. — /Unternehmung/
Die Unternehmung als produktives soziales System,
Bern - Stuttgart 1970.

ULRICH, W. — /Einführung/
Einführung in die heuristischen Methoden des Problemlösens.
In: Das Wirtschaftsstudium, Jg. 5 (1976), S. 251-256.

ULRICH, W. — /Kreativitätsförderung/
Kreativitätsförderung in der Unternehmung,
Bern - Stuttgart 1975.

ULRICH, W. — /Metaphysics/
The Metaphysics of Design: A Simon-Churchman "Debate".
In: Interfaces, Vol. 10 (1980), No. 2, S. 35-40.

ULRICH, W. — /Methoden/
Einführung in die heuristischen Methoden des Problemlösens: Diskursive Heuristik als Systemmethode und Systemanalyse.
In: Das Wirtschaftsstudium, Jg. 5 (1976), S. 401-406.

VANGUNDY, A.B. /Techniques/
Techniques of Structured Problem Solving, New York 1981.

VENKATESAN, M. /Approach/
An Alternate Approach to Transitive Coupling in ISM.
In: IEEE Transactions on Systems, Man, and Cybernetics, Vol. SMC-9 (1979), S. 125-130.

VESTER, F. /Denken/
Denken, Lernen, Vergessen,
München 1982.

VINACKE, W.E. /Psychology/
The Psychology of Thinking,
New York 1974.

WAGNER, T.A. /Problemlösungsbarrieren/
Kognitive Problemlösungsbarrieren bei Entscheidungsprozessen in der Unternehmung,
Bern - Frankfurt 1982.

WAKELAND, W. /ASSESS/
ASSESS, An Application of Structural Modeling to Technology Assessment,
Systems Science Ph.D. Program, Paper 76-1, Portland State University, Portland, Oregon 1976.

WAKELAND, W. /QSIM 2/
QSIM 2: A Low Budget Heuristic Approach to Modeling and Forecasting.
In: Technological Forecasting and Social Change, Vol. 9 (1976), S. 213-229.

WAKELAND, W. /Teleconference/
Teleconference on Structural Modeling,
Newark, New Jersey 1978.

WAKELAND, W.; SOLLEY, E. /QSIM 2/
QSIM 2 User's Manual,
The Life Support Systems Group, Ltd., Portland, Oregon, 1977.

WALLER, R.J. /Application/
An Application of Interpretive Structural Modeling to Priority-Setting in Urban Systems Management.
In: Baldwin/Portraits/104-108.

WALLER, R.J. /Management/
Applications of Interpretive Structural Modeling in Management of the Learning Disabled.
In: Baldwin/Portraits/95-103.

WALLER, R.J. /Modeling/
Interpretive Structural Modeling: Reflections on its Current State and some Speculations about its Future Application.
In: Proceedings of the 6. Pittsburgh Conference on Modeling and Simulation, Instrument Society of America 1975, S. 785-789.

WALLER, R.J. /Relations/
Contextual Relations and Mathematical Relations in Interpretive Structural Modeling.
In: IEEE Transactions on Systems, Man, and Cybernetics, Vol. SMC-10 (1980), S. 143-145.

WALLER, R.J. /Synthesis/
The Synthesis of Hierarchical Structures: Technique and Applications.
In: Journal for the American Institute for Decision Sciences, Vol. 7 (1976), S. 659-674.

WARFIELD, J.N. /Arranging/
On Arranging Elements of a Hierarchy in Graphic Form.
In: IEEE Transactions on Systems, Man, and Cybernetics, Vol. SMC-3 (1973), S. 121-132.

WARFIELD, J.N. /Assault/
An Assault on Complexity,
Battelle Monograph No. 3, Battelle Memorial Institute, Columbus, Ohio, April 1973.

WARFIELD, J.N. /Complex/
Structuring Complex Systems,
Battelle Monograph No. 4, Battelle Memorial Institute, Columbus, Ohio, April 1974.

WARFIELD, J.N. /Complexity/
Complexity in the Social Sciences.
In: Warfield/Assault/1-1 bis 1-8.

WARFIELD, J.N. /Correction/
Correction Theory and Procedures.
In: Warfield/Complex/7-1 bis 7-4.

WARFIELD, J.N. /Designs/
Designs for the Future of Environmental Education,
U.S. Department of Education, Office of Educational Research and Improvement, 1981.

WARFIELD, J.N. /Extending/
Extending Interpretive Structural Modeling. In: Proceedings of the 7. Pittsburgh Conference on Modeling and Simulation, Instrument Society of America 1976, S. 1163-1167.

WARFIELD, J.N. /Hierarchies/
Hierarchies and the Study of Complexity. In: Warfield/Assault/4-1 bis 4-2.

WARFIELD, J.N. /Ideas/
Surrounding Ideas and Background. In: Warfield/Complex/3-1 bis 3-7.

WARFIELD, J.N. /Implication/
Implication Structures for System Interconnection Matrices.
In: IEEE Transactions on Systems, Man, and Cybernetics, Vol. SMC-6 (1976), S. 18-24.

WARFIELD, J.N. /Interaction/
Binary Interaction Matrices and Graphs. In: Warfield/Assault/10-1 bis 10-5.

WARFIELD, J.N. /Interconnection/
Developing Interconnection Matrices in Structural Modeling.
In: IEEE Transactions on Systems, Man, and Cybernetics, Vol. SMC-4 (1974), S. 81-87.

WARFIELD, J.N. /Interface/
The Interface between Models and Policymakers.
In: Journal of Policy Analysis and Information Systems, Vol. 3 (1979), S. 53-63.

WARFIELD, J.N. /Interpretation/
Toward Interpretation of Complex Structural Models.
In: IEEE Transactions on Systems, Man, and Cybernetics, Vol. SMC-4 (1974), S. 405-417.

WARFIELD, J.N. /Learning/
Learning Through Model Building.
In: Greenberg, Maybee/Analysis/69-78.

WARFIELD, J.N. /Matrices/
Binary Matrices in System Modeling.
In: IEEE Transactions on Systems, Man, and Cybernetics, Vol. SMC-3 (1973), S. 441-449.

WARFIELD, J.N. /Modeling/
Interpretive Structural Modeling, Lehrgang der Carl-Cranz-Gesellschaft e.V. (CCG) gemeinsam veranstaltet mit der Gesellschaft für Mathematik und Datenverarbeitung mbH (GMD), Bonn 1982.

WARFIELD, J.N. /Planning/
Systems Planning for Environmental Education.
In: IEEE Transactions on Systems, Man, and Cybernetics, Vol. SMC-9 (1979), S. 816-823.

WARFIELD, J.N. /Principles/
Some Principles of Knowledge Organization.
In: IEEE Transactions on Systems, Man, and Cybernetics, Vol. SMC-9 (1979), S. 317-325.

WARFIELD, J.N. /Priority/
Priority Structures.
In: IEEE Transactions on Systems, Man, and Cybernetics, Vol. SMC-10 (1980), S. 642-645.

WARFIELD, J.N. /Probing/
Probing Complexity.
In: Warfield/Complex/1-1 bis 1-11.

WARFIELD, J.N. /Relations/
Complementary Relations and Map Reading.
In: IEEE Transactions on Systems, Man, and Cybernetics, Vol. SMC-10 (1980), S. 285-291.

WARFIELD, J.N. /Role/
A Role for Values in Educational System Design.
In: IEEE Transactions on Systems, Man, and Cybernetics, Vol. SMC-10 (1980), S. 234-241.

WARFIELD, J.N. /Structures/
Intent Structures.
In: IEEE Transactions on Systems, Man, and Cybernetics, Vol. SMC-3 (1973), S. 133-140.

WARFIELD, J.N. /Subsystem/
Developing Subsystem Matrices in Structural Modeling.
In: IEEE Transactions on Systems, Man, and Cybernetics, Vol. SMC-4 (1974), S. 74-80.

WARFIELD, J.N. /Systems/
Societal Systems - Planning, Policy and Complexity,
New York u. a. 1976.

WARFIELD, J.N. /Theory/
Crossing Theory and Hierarchy Mapping.
In: IEEE Transactions on Systems, Man, and Cybernetics, Vol. SMC-7 (1977), S. 505-523.

WARFIELD, J.N. /Transitive/
Transitive Interconnection of Transitive Structures.
In: Proceedings of the 6. Pittsburgh Conference on Modeling and Simulation, Instrument Society of America 1975, S. 791-794.

WATSON, J.B. /Behaviorism/
Behaviorism,
New York 1925.

WATSON, R.H. /Modeling/
Interpretive Structural Modeling - A Useful Tool for Technology Assessment?
In: Technological Forecasting and Social Change, Vol. 11 (1978), S. 165-185.

WIENER, N. /Kybernetik/
Kybernetik,
2. Aufl., Düsseldorf - Wien 1963.

WITTE, E. /Forschung/
Empirische Forschung in der Betriebswirtschaftslehre.
In: Grochla, E.; Wittmann, W. (Hrsg.): Handwörterbuch der Betriebswirtschaft, 4. Aufl., Stuttgart 1976, Sp. 1264-1281.

WITTE, E. /Informationsverhalten/
Das Informationsverhalten in Entscheidungsprozessen,
Tübingen 1972.

WITTE, E. /Organisation/
Die Organisation komplexer Entscheidungsverläufe - ein Forschungsbericht.
In: Zeitschrift für betriebswirtschaftliche Forschung, Jg. 20 (1968), S. 581-599.

WITTE, E. /Phasen-Theorem/
Phasen-Theorem und Organisation komplexer Entscheidungsverläufe.
In: Zeitschrift für betriebswirtschaftliche Forschung, Jg. 20 (1968), S. 625-647.

WITTE, T. /Planen/
Heuristisches Planen - Vorgehensweisen zur Strukturierung betrieblicher Planungsprobleme,
Wiesbaden 1979.

WRIGHT, T. /Systems/
Systems, Models and Decisions,
Milton Keynes 1979.

ZAHN, E. /Planung/
Strategische Planung zur Steuerung der langfristigen Unternehmensentwicklung - Grundlagen zu einer Theorie der Unternehmensplanung,
Berlin 1979.

ZAMIEROWSKI, E.; HORNBACH, D.; FITZ, R. /Components/
Ecological Components of Climax Agriculture: An Example of Structuring Complex Feedback Systems.
In: Proceedings of the IEEE International Conference on Cybernetics and Society, New York 1976, S. 667-673.

ZENTES, J. /Stand/
Der Stand der Implementierung quantitativer Ansätze zur Außendienststeuerung.
In: Müller-Merbach, H. (Hrsg.): Quantitative Ansätze in der Betriebswirtschaftslehre, München 1978, S. 259-270.

ZEPF, G. /Führungsstil/
Kooperativer Führungsstil und Organisation - Zur Leistungsfähigkeit und organisatorischen Verwirklichung einer kooperativen Führung in Unternehmungen,
Wiesbaden 1972.

ZIMMERMANN, H.-J. /Entscheidungen/
Optimale Entscheidungen bei unscharfen Problembeschreibungen.
In: Zeitschrift für betriebswirtschaftliche Forschung, Jg. 27 (1975), S. 785-795.

ZIMMERMANN, H.-J. /Sets/
Using Fuzzy Sets in Operational Research.
In: European Journal of Operational Research, Vol. 13 (1983), S. 201-216.

ZWICKY, F. /Denken/
Morphologisches Denken und Vorgehen.
In: Tumm, G.W. (Hrsg.): Die neuen Methoden der Entscheidungsfindung, München 1972, S. 130-143.

Verlagsprogramm des Josef Eul Verlages

REIHE: STEUER, WIRTSCHAFT UND RECHT
Herausgegeben von StB Dr. Johannes Georg Bischoff, Köln; Dr. Alfred Kellermann, Vorsitzender Richter am BGH, Karlsruhe; Prof. Dr. Günter Sieben, Köln und Prof. Dr. Norbert Herzig, Aachen

Band 1: Johannes Georg Bischoff
Die Beeinflußbarkeit des Kapitalrisikos eines Gesellschafters einer Personengesellschaft durch den Gesellschaftsvertrag
Bergisch Gladbach 1983, 306 S., 29,50 DM, ISBN 3-89012-001-6

Band 2: Hans-Joachim Marschdorf
Unternehmensverwertung im Vorfeld und im Rahmen gerichtlicher Insolvenzverfahren – eine entscheidungsorientierte Analyse unter besonderer Berücksichtigung personalbedingter Belastungen
Bergisch Gladbach 1984, 312 S., 48,— DM, ISBN 3-89012-002-4

Band 3: Bernd Kempen
Der Provisionsanspruch des Zivilmaklers bei fehlerhaftem Hauptvertrag
Bergisch Gladbach 1984, 280 S., 49,— DM, ISBN 3-89012-003-2

Band 4: Hans-Bert Binz
Kritik an deutschen Wirtschaftsprüfern – ein Glaubwürdigkeitsproblem?
Eine Profession im Spannungsfeld der Interessen
2. Aufl., Bergisch Gladbach 1985, 344 S., 49,— DM, ISBN 3-89012-028-8

Band 5: Klaus Müller
Steuerzahlungen in der Kapitalbedarfsrechnung einer Kapitalgesellschaft
Bergisch Gladbach 1984, 238 S., 42,— DM, ISBN 3-89012-005-9

Band 6: Ursula Ley
Der Begriff ‚Wirtschaftsgut' und seine Bedeutung für die Aktivierung
Bergisch Gladbach 1984, 291 S., 48,— DM, ISBN 3-89012-006-7

Band 7: Erich Dörner
Plankostenrechnungen aus produktionstheoretischer Sicht
Bergisch Gladbach 1984, 406 S., 54,— DM, ISBN 3-89012-012-1

Band 8: Wolfgang Rebel
Der Widerruf des betrieblichen Ruhegeldes bei wirtschaftlicher Notlage des Arbeitgebers
Bergisch Gladbach 1984, 292 S., 49,— DM, ISBN 3-89012-011-3

Band 9: Wolfgang Russ
Der Anhang als dritter Teil des Jahresabschlusses – Eine Analyse der bisherigen und der zukünftigen Erläuterungsvorschriften für die Aktiengesellschaft, 2., überarbeitete Aufl.
Bergisch Gladbach 1986, 320 S., 59,— DM, ISBN 3-89012-054-7

Band 10: Klaus Duck

Die Prüfung von ADV-Programmen – Eine entscheidungsorientierte Analyse der Methoden zur Revision von Softwaresystemen
Bergisch Gladbach 1985, 296 S., 49,— DM, ISBN 3-89012-018-0

Band 11: Robert Schlömer

Das aktienrechtliche Überwachungssystem unter Berücksichtigung der Besonderheiten von Unternehmenskrisen – Anforderungen, Probleme und Ansätze zur Effizienzsteigerung
Bergisch Gladbach 1985, 384 S., 54,— DM, ISBN 3-89012-020-2

Band 12: Claus Gerling

Unternehmensbewertung in den USA
Bergisch Gladbach 1985, 480 S., 59,— DM, ISBN 3-89012-023-7

Band 13: Harald Maser

Betriebspacht- und Betriebsüberlassungsverhältnisse in Konzernen
Bergisch Gladbach 1985, 320 S., 54,— DM, ISBN 3-89012-024-5

Band 14: Heribert Monz

Methodische Entscheidungshilfen der Rechtsformwahlberatung
Bergisch Gladbach 1985, 316 S., 48,— DM, ISBN 3-89012-031-8

Band 15: Michael Kamm

Freizeichnungsklauseln im deutschen und im schweizerischen Recht – ein Vergleich
Bergisch Gladbach 1986, 528 S., 69,— DM, ISBN 3-89012-034-2

Band 16: Stephan Fabri

Grundsätze ordnungsmäßiger Bilanzierung entgeltlicher Nutzungsverhältnisse
Bergisch Gladbach 1986, 248 S., 45,— DM, ISBN 3-89012-036-9

Band 17: Werner Rausch

Gläubigerschutz im Insolvenzverfahren – Eine ökonomische Analyse einschlägiger rechtlicher Regelungen
Bergisch Gladbach 1986, 516 S., 64,— DM, ISBN 3-89012-037-7

Band 18: Jochen Axer

Abstrakte Kausalität – ein Grundsatz des Handelsrechts? – Zugleich ein Beitrag zur gesetzlichen Konzeption und Risikozuordnung durch Außenhaftungsnormen des Handelsgesetzbuches
Bergisch Gladbach 1986, 408 S., 54,— DM, ISBN 3-89012-040-7

Band 19: Ursula Ley

Besteuerung des Nießbrauchs an Betriebsgrundstücken, Privatgrundstücken und an Wertpapieren
Bergisch Gladbach 1986, 184 S., 39,— DM, ISBN 3-89012-041-5

Band 20: Günter Stolze

Enteignungsentschädigung und Unternehmensbewertung – Eine Analyse auf der Basis funktionsspezifischer Bewertungstheorie
Bergisch Gladbach 1986, 336 S., 54,— DM, ISBN 3-89012-045-8

Band 21: Reimund Becker
Die Sanierungsfähigkeit der Unternehmung – Ein durch die Kommission für Insolvenzrecht aktualisierter Begriff in betriebswirtschaftlicher Sichtweise
Bergisch Gladbach 1986, 344 S., 49,— DM, ISBN 3-89012-046-6

Band 22: Dorothee König
Die mittelgroße Familienunternehmung in der Rechtsform der Aktiengesellschaft – Eine Analyse unter dem Gesichtspunkt der Property RightsTheorie
Bergisch Gladbach 1986, 324 S., 52,— DM, ISBN 3-89012-048-2

Band 23: Werner Lothmann
Die vermögensverwaltende Personengesellschaft im Bereich der Einkommensteuer
Bergisch Gladbach 1986, 688 S., 78,— DM, ISBN 3-89012-050-4

Band 24: Hubert Jany
Die Bedeutung der steuerlichen Berater, insbesondere der steuerberatenden Berufe für mittelständische Gewerbebetriebe
Bergisch Gladbach 1986, 496 S., 64,— DM, ISBN 3-89012-055-5

Band 25: Eckhard Verbeek
Steuerberatung außerhalb der steuerberatenden Berufe – Rechtliche Grenzen und praktische Erscheinungsformen des Steuerberatungsangebots durch die Träger beschränkter Steuerberatungsbefugnis
Bergisch Gladbach 1986, 404 S., 58,— DM, ISBN 3-89012-056-3

Band 26: Christian Gans
Betriebswirtschaftliche Prüfungen als heuristische Suchprozesse – Der Entwurf einer pragmatisch orientierten Prüfungstheorie auf der Grundlage der angelsächsischen empirischen Prüfungsforschung
Bergisch Gladbach 1986, 640 S., 69,— DM, ISBN 3-89012-058-X

Band 27: Peter Dahl
Steuerberatungspraxis und Steuerberatungslehre in Europa
Bergisch Gladbach 1986, 288 S., 46,— DM, ISBN 3-89012-065-2

Band 28: Karl-Werner Schulte
Bilanzpolitik und Publizitätsverhalten deutscher Aktiengesellschaften – Derzeitige Praxis und erwartete Auswirkungen des Bilanzrichtlinien-Gesetzes
Bergisch Gladbach 1986, 592 S., 85,— DM, ISBN 3-89012-070-9

Band 29: Peter A. Doetsch
Die betriebliche Altersversorgung in den Vereinigten Staaten von Amerika und der Bundesrepublik Deutschland – Ein Rechtsvergleich unter besonderer Berücksichtigung der Insolvenzsicherung
Bergisch Gladbach 1986, 432 S., 54,— DM, ISBN 3-89012-072-5

Band 30: Jürgen Wegmann
Die Sanierungsprüfung
Bergisch Gladbach 1987, 436 S., 62,— DM, ISBN 3-89012-077-6

REIHE: GRÜNDUNG, INNOVATION UND BERATUNG
Herausgegeben von Prof. Dr. Norbert Szyperski, Köln; StB Dr. Johannes Georg Bischoff, Köln und Dr. Heinz Klandt, Köln

Band 1: Heinz Klandt
Aktivität und Erfolg des Unternehmungsgründers – Eine empirische Untersuchung unter Einbeziehung des mikrosozialen Umfeldes
Bergisch Gladbach 1984, 461 S., 59,— DM, ISBN 3-89012-007-5

Band 2: Norman Rentrop
Ausgewählte Strategien im Gründungsprozeß – Die Strategie der innovativen Imitation und das Konzept der kritischen Erfolgsfaktoren als strategische Ansätze zur Verbesserung der Qualität von Unternehmungsgründungen
Bergisch Gladbach 1985, 112 S., 24,— DM, ISBN 3-89012-026-1

Band 3: Heinz-Peter Renkel
Technologietransfer-Management in Japan
Bergisch Gladbach 1985, 336 S., 48,— DM, ISBN 3-89012-030-X

Band 4: Nikolaus Uhlenbruck
Dienstleistungen als Innovationspotential für Unternehmungen des verarbeitenden Gewerbes
Bergisch Gladbach 1986, 136 S., 29,— DM, ISBN 3-89012-057-1

REIHE: MEDIZINISCHE FORSCHUNG
Herausgegeben von Prof. Dr. med. Victor Weidtman (em.), Köln;

Band 1: Bernhard Kohlberger
Praktische Aspekte optimaler Versuchsplanung in der Medizin
Bergisch Gladbach 1986, 148 S., 29,— DM, ISBN 3-89012-047-4

Band 2: Axel Karenberg
Frédéric Chopin (1810 – 1849) als Mensch, Patient und Künstler
Bergisch Gladbach 1986, 111 S., 39,— DM, ISBN 3-89012-068-7

Band 3: Werner Waters
Parametrische Darstellung der regionalen Lungenfunktion
Bergisch Gladbach 1986, 252 S., 59,— DM, ISBN 3-89012-071-7

Band 4: Michael Schopen
Allgemeine oder gezielte BCG-Impfung der Neugeborenen? Eine epidemiologische Studie aus dem Kölner Raum
Bergisch Gladbach 1986, 156 S., 34,— DM, ISBN 3-89012-074-1

Band 5: Burckhard Viell; Karl-Heinz Vestweber; Hans Troidl
Enteral Nutrition in Surgery – Fashion or Progress? – A Textbook
Bergisch Gladbach 1987, 352 S., 19,— DM, ISBN 3-89012-083-0

REIHE: WISO-STUDIENTEXTE

Band 1: Eckart Bomsdorf
Deskriptive Statistik
2.Aufl., Bergisch Gladbach 1986, 180 S., 14,80 DM, ISBN 3-89012-059-8

Band 2: Eckart Bomsdorf
Induktive Statistik – Eine Einführung
2. Aufl., Bergisch Gladbach 1987, 216 S., 17,80 DM, ISBN 3-89012-082-2

REIHE: PLANUNG, INFORMATION UND UNTERNEHMUNGSFÜHRUNG
Herausgegeben von Prof. Dr. Norbert Szyperski, Köln; Prof. Dr. Paul Schmitz, Köln; Prof. Dr. Winfried Matthes, Köln und Dr. Udo Winand, Frankfurt

Band 1: Renate Mayntz, Norbert Szyperski
Dokumentation und Organisation – Eine vergleichende Studie zu Primär- und Sekundär-Dokumentationen in Wirtschaft, Wissenschaft und öffentlicher Verwaltung
Bergisch Gladbach 1984, 135 S., 29,— DM, ISBN 3-89012-008-3

Band 2: Michael Timm
Konstruktion und Analyse Strukturierter Spezifikationen der Benutzeranforderungen bei der Gestaltung Rechnergestützter Betrieblicher Informationssysteme
Bergisch Gladbach 1984, 310 S., 48,— DM, ISBN 3-89012-009-1

Band 3: Hartmut Voß
Nutzungsmöglichkeiten von Bildschirmtext an wissenschaftlichen Hochschulen – dargestellt am Beispiel der Universität zu Köln
2. Aufl., Bergisch Gladbach 1986, 252 S., 49,— DM, ISBN 3-89012-039-3

Band 4: Andreas Paffhausen
Grundlagen eines Informationssystems für die langfristige Absatzführung in mittelständischen Betrieben der Konsumgüterindustrie
Bergisch Gladbach 1984, 230 S., 45,— DM, ISBN 3-89012-014-8

Band 5: Gerhard Eschenröder
Planungsaspekte einer ressourcenorientierten Informationswirtschaft
Bergisch Gladbach 1985, 332 S., 48,— DM, ISBN 3-89012-015-6

Band 6: Bernd Rosenstengel
Entwicklung eines Netz-Modells zur Erfassung einer petrochemischen Produktion
Bergisch Gladbach 1985, 228 S., 39,— DM, ISBN 3-89012-022-9

Band 7: Rainer Moll
Verfahren zur mehrzielorientierten Verschnittplanung in der Wellpappenindustrie
Bergisch Gladbach 1985, 236 S., 44,— DM, ISBN 3-89012-025-3

Band 8: Andreas Schmidt
Operative Beschaffungsplanung und -steuerung – Konzepte und Entscheidungskalküle
Bergisch Gladbach 1985, 260 S., 44,— DM, ISBN 3-89012-029-6

Band 9: Fred G. Becker
Anreizsysteme für Führungskräfte im Strategischen Management
2. Aufl., Bergisch Gladbach 1987, 480 S., 64,— DM, ISBN 3-89012-076-8

Band 10: Hans-Jürgen Walbrück
Entwicklung von branchenspezifischen Integrierten Bürokommunikationssystemen – dargestellt am Beispiel der Wirtschaftsverbände
Bergisch Gladbach 1986, 384 S., 54,— DM, ISBN 3-89012-044-X

Band 11: Heinz Wergen
Mitarbeiterführung – Ein konfliktorientiertes Modell der Mitarbeiterführung unter besonderer Berücksichtigung der Sprachhandlung
Bergisch Gladbach 1986, 336 S., 49,— DM, ISBN 3-89012-049-0

Band 12: Gunter Schäfer
Entwurf logischer Datenstrukturen für konzeptionelle Schemata von Datenbanken
Bergisch Gladbach 1986, 280 S., 49,— DM, ISBN 3-89012-053-9

Band 13: Barbara Schmidt-Prestin
Bildschirmtext in Unternehmen – Theoretische Ableitung von Anwendungsfeldern und Ergebnisse einer empirischen Untersuchung
Bergisch Gladbach 1986, 344 S., 49,— DM, ISBN 3-89012-064-4

Band 14: Bernd Fronhoff
Die Gestaltung von Marketingstrategien – Ein konzeptioneller Planungsansatz im situativen Kontext der Unternehmung
Bergisch Gladbach 1986, 392 S., 54,— DM, ISBN 3-89012-067-9

Band 15: Dirk Tröndle
Kooperationsmanagement – Organisatorische Grundfragen der Gestaltung und Steuerung von Interaktionen bei Unternehmungskooperationen
Bergisch Gladbach 1987, 228 S., 49,— DM, ISBN 3-89012-078-4

Band 16: Margot Eul-Bischoff
Computergestützte Problemstrukturierung – Anwendung der Interpretativen Strukturmodellierungs-Technik in Gruppen
Bergisch Gladbach 1987, 412 S., 54,— DM, ISBN 3-89012-080-6

EINZELSCHRIFTEN

Klaus Nathusius; Heinz Klandt; Günter Kirschbaum (Hrsg.),
Unternehmungsgründung – Konfrontation von Forschung und Praxis, Festschrift für Prof. Dr. Norbert Szyperski
Bergisch Gladbach 1984, 296 S., 45,– DM, ISBN 3-89012-016-4

Brigitte Schenkluhn
Konjunkturpolitik und Wahlen – eine fallanalytische Langzeituntersuchung der konjunkturpolitischen Regierungsentscheidungen in 7 Wahlperioden (von 1949 – 1976)
Bergisch Gladbach 1985, 502 S., 64,– DM, ISBN 3-89012-017-2

Rüdiger Clauß
Marketing der Unternehmen des öffentlichen Personennahverkehrs im Spannungsfeld erwerbswirtschaftlicher und gemeinwirtschaftlicher Ziele
Bergisch Gladbach 1985, 332 S., 49,– DM, ISBN 3-89012-019-9

Gerhard Hinterhäuser
Die Personalanpassung in der japanischen Stahlindustrie nach der ersten Ölkrise
Bergisch Gladbach 1985, 156 S., 32,– DM, ISBN 3-89012-021-0

Wolfgang Zipp
Genossenschaften als Betriebsverbände – Möglichkeiten zur Integration der Mitglieder in die genossenschaftliche Organisationsstruktur
Bergisch Gladbach 1985, 260 S., 45,– DM, ISBN 3-89012-032-6

Rolf Kranüchel
Kooperation auf homogenen und heterogenen Oligopolmärkten – Eine spieltheoretische Analyse
Bergisch Gladbach 1986, 240 S., 45,— DM, ISBN 3-89012-042-3

Ralph-Rainer Ohlsen
Der deutsche Export nach Großbritannien von 1923 bis 1933 – seine Veränderung und seine Bedeutung
Bergisch Gladbach 1986, 276 S., 48,— DM, ISBN 3-89012-043-1

Viktor Matz
Entwicklungsländer im internationalen Konjunkturzusammenhang – Eine spektralanalytische Untersuchung am Beispiel der Wirkung außenhandelsinduzierter Nachfrageveränderungen der USA auf Brasilien, Kolumbien und Mexiko
Bergisch Gladbach 1986, 296 S., 49,— DM, ISBN 3-89012-052-0

Jürgen Flaskamp
Aufgaben und Wirkungen der Reichsbank in der Zeit des Dawes-Planes
Bergisch Gladbach 1986, 220 S., 44,— DM, ISBN 3-89012-060-1

Herbert Willms
Zur Großschadenproblematik in der Kraftfahrt-Haftpflichtversicherung
Bergisch Gladbach 1986, 124 S., 29,— DM, ISBN 3-89012-061-X

Dietmar Bester
Aufsichtsrechtliche Kontrolle internationaler Bankkonzerne – Möglichkeiten und Grenzen aus Sicht der deutschen Bankenaufsicht
Bergisch Gladbach 1986, 284 S., 49,— DM, ISBN 3-89012-063-6

Hanns Arnulf Engels
Der Ost-West-Handel nach dem Zweiten Weltkrieg – Unter besonderer Berücksichtigung der westlichen Banken
Bergisch Gladbach 1986, 420 S., 58,— DM, ISBN 3-89012-066-0

Jürgen Gerhardt
Dienstleistungsproduktion – Eine produktionstheoretische Analyse der Dienstleistungsprozesse
Bergisch Gladbach 1987, 272 S., 48,— DM, ISBN 3-89012-075-X

REIHE: BIFOA-MONOGRAPHIEN
Herausgegeben von Prof. Dr. Dr. h.c. mult. Erwin Grochla †, Prof. Dr. Norbert Szyperski, Prof. Dr. Dietrich Seibt und Prof. Dr. Paul Schmitz

Band 25: Manfred Puhlmann
Die organisatorische Gestaltung der integrierten Materialwirtschaft in industriellen Mittelbetrieben – Konzeptionelle und empirische Grundlagen
Bergisch Gladbach 1985, 508 S., 64,— DM, ISBN 3-89012-027-X

Band 26: Rolf Meyer
Integration der Informationsverarbeitung im Büro – Konzeptionelle und empirische Ansätze zur organisatorischen Gestaltung der betrieblichen Informationsverarbeitung
Bergisch Gladbach 1986, 352 S., 59,— DM, ISBN 3-89012-062-8

Band 27: Ulrich Flatten
Controlling in der Materialwirtschaft – Eine explorative Studie in der deutschen Automobilindustrie
Bergisch Gladbach 1986, 340 S., 54,— DM, ISBN 3-89012-073-3

REIHE: KÖLNER JURISTISCHE GESELLSCHAFT
Herausgegeben vom Vorstand

Band 1/2: Gerd Pfeiffer
Rechtsfortbildung durch den Bundesgerichtshof unter Berücksichtigung des Arztrechts
Roman Herzog
Der Integrationsgedanke und die obersten Staatsorgane
Bergisch Gladbach 1986, 60 S., 19,30 DM, ISBN 3-89012-069-5

REIHE: BETRIEBLICHE PRAXIS

Band 1: Johannes Georg Bischoff; Jürgen Tracht
Wie mache ich mich als Handelsvertreter selbständig?
Bergisch Gladbach 1987, 192 S., 48,— DM, ISBN 3-89012-081-4